KB250323

열혈강의

No More Copy & Paste

자바스크립트

열.혈.강.의
No More Copy & Paste
자바스크립트

발행일 2012년 8월 25일 초판

지은이 김천호
발행인 최홍석

편집 안동현
표지 디자인 이대범
내지 디자인 김혜정

발행처 주식회사 프리렉
출판등록 2000년 3월 7일   제 13-634호
주소 경기도 부천시 원미구 상동 532-12 나루빌딩 401호
전화 032-326-7282(代)
팩스 032-326-5866
홈페이지 www.freelec.co.kr
ISBN 978-89-6540-030-1

No More **Copy** & **Paste**

자바스크립트

프리렉

인터넷 강의 및 쿠폰 사용 안내

이 책은 전자쿠폰을 발행하므로 인터넷 강의를 수강하시려면
다음의 절차를 따르시면 됩니다.

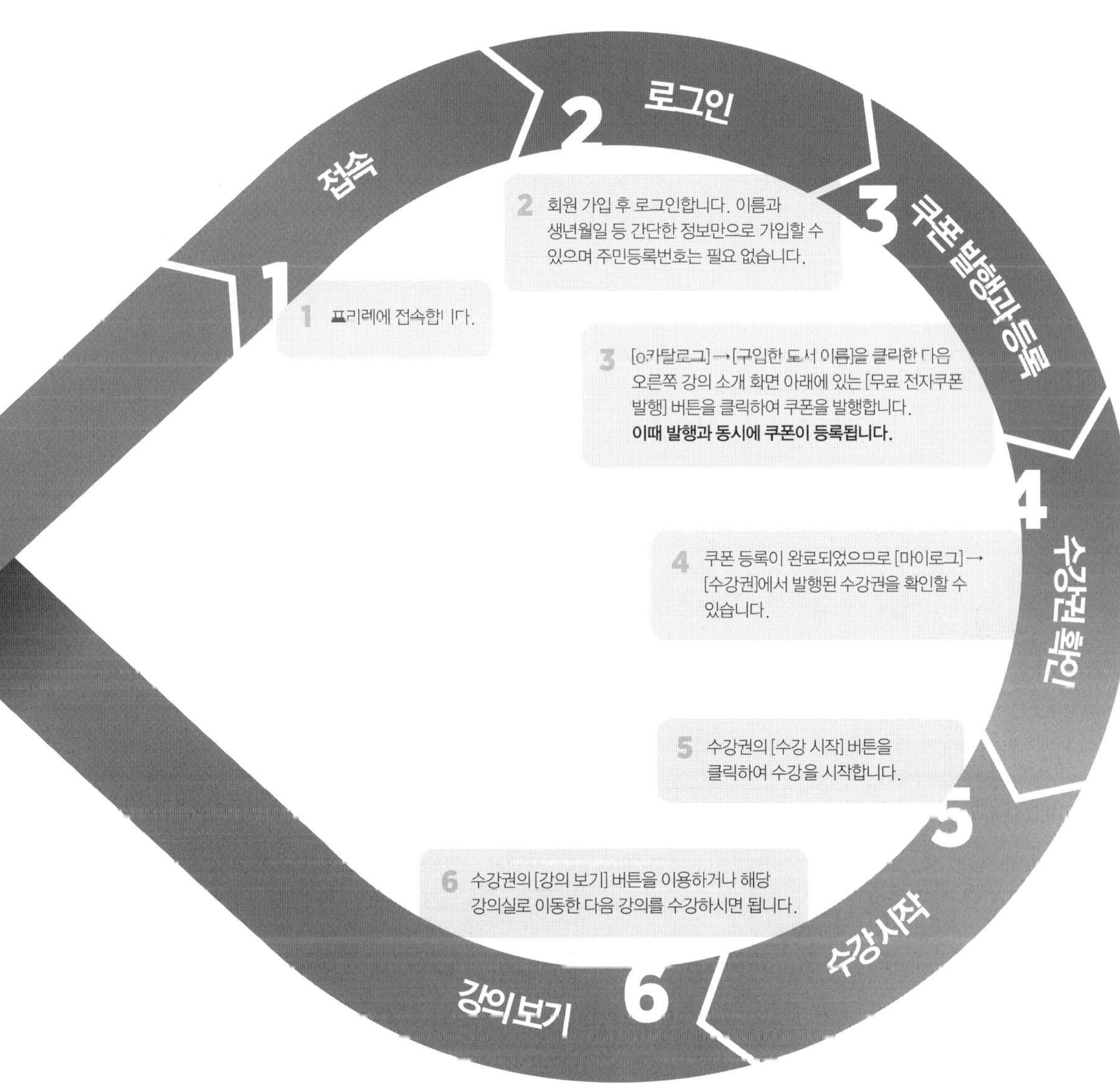

머리말

음. 서문이랍니다. 첫 경험이라 무엇을 해도 어색하군요. 어떤 말을 드려야 더 나은 결과를 얻어 가실 수 있을지 모르겠네요. 사실 무슨 말을 하더라도 여러분 가슴에 크게 와 닿거나 하지는 않을 거로 생각합니다. 그래서 제가 좋아하는 문구 하나를 인용하면서 이 글을 시작하고자 합니다.

"훌륭한 항해사는 잔잔한 바다에서 나오지 않는다."

어릴 때 읽던 책에서 봤던 글인데 사춘기 방황하던 시절 저에게 무척이나 힘이 되고 저를 위로해 주던 말이었습니다. 여러분이 자바스크립트를 접하게 되기까지 어떤 과정을 겪었는지 저는 모릅니다. 어떤 생각으로 공부하는지도 모르고 왜 자바스크립트를 선택했는지 역시 저는 알지 못합니다. 다만, 자바스크립트도 그렇고 어떤 언어를 접하게 되더라도 프로그래밍 언어를 처음 접하는 분이라면 당연하게도 무척이나 어렵게 느껴지실 것입니다. 우리의 사고방식과 조금은 다르기 때문입니다. 그뿐만 아니라 프로그래밍을 하게 된다면 고려해야 할 부분이 무척이나 많습니다. 프로그래밍이 실행되는 환경이나 유지보수에 관련한 일도 있고 내가 아닌 다른 사람이 내가 만든 프로그램의 소스를 얼마나 정확하게 알아볼 수 있는지, 그리고 얼마나 효율적인지 재사용성은 얼마나 되는지 등 고려해야 하는 부분들이 수십 가지는 더 될 것입니다. 그러나 위의 문구처럼 비록 그 과정은 힘들고 괴로울지라도 수많은 고민을 안고 해결해 나가는 과정에서 여러분은 분명히 성장하게 될 것입니다. 거친 바다를 헤쳐온 자신감이 어느새 몸에 밸 것이기 때문입니다.

부디 포기하면 편하다는 꼬임에 넘어가지 마시고 힘든 과정 속에서 어떻게 하면 더 편해질 수 있는지를 고민하시기 바랍니다. 저는 그러한 방법의 하나로 여러분만의 라이브러리를 만들기를 권장하고 있습니다. 직접 만든 이 라이브러리가 발전할수록 할 일은 점점 더 줄어들고 편해질 것입니다.

훌륭한 항해사가 잔잔한 바다에서 나오지 않듯이 앞으로 겪을 고민과 스트레스가 여러분을 훌륭한 항해사로 만들어 어떤 거친 바다라도 쉽게 항해할 수 있게 해줄 것으로 믿습니다.

김친호

글쓴이| **김천호** (erim1005@gmail.com)

21살에 전지상기계 과정을 배우며 ASP, NT4.0, SQL Server 등의 개발 과정을 공부히었고 정보공유 사이트인 '도둑창고'라는 웹사이트를 제작, 운영하였습니다. 서른 살이 되던 해에 개발을 취미에서 주입으로 진환하게 됩니다. 그 첫 회사로 오픈소스 BPMS를 민드는 유엔신솔루션즈에 입사합니다. 이후 모바일 광고 솔루션늘 제넹하는 라이브포인트를 거쳐 지금은 동영상 서비스를 제공하는 엠군이라는 회사에서 근무하고 있습니다.

자바스크립트 시작하기

1.1 자바스크립트란?　**1.2** 배경 지식　**1.3** 환경 설정

자바스크립트는 기본적으로 객체와 배열을 기반으로 한 언어입니다. 자유롭게 확장하고 필요에 따라 마음대로 바꾸어 쓸 수 있는 것이 이 언어의 최대의 편리함이자 장점이지만, 많은 웹 애플리케이션 개발자들은 이를 모른 채 웹이나 책 등에서 단지 필요한 기능만을 찾아 붙여 넣기 하곤 했습니다. 이처럼 정확한 의미를 알지 못한 채 사용했던 옛 습관에서 벗어나고자 이 책에서는 단순한 문법만을 알려주는 것이 아닌, 본질을 이해하고 이를 직접 활용하는 방법을 제시해 드리고자 합니다. 먼저 자바스크립트가 무엇인지부터 알아보겠습니다.

1.1 자바스크립트란?

자바스크립트(JavaScript)는 객체 기반의 스크립트 프로그래밍 언어이다. 이 언어는 웹 사이트에서의 사용으로 많이 알려졌지만, 다른 응용프로그램의 내장 객체에도 접근할 수 있는 기능을 가지고 있다. 자바스크립트는 본래 넷스케이프 커뮤니케이션즈 코퍼레이션의 브렌던 아이크(Brendan Eich)가 처음에는 모카(Mocha)라는 이름으로, 나중에는 라이브스크립트(LiveScript)라는 이름으로 개발하였으며, 최종적으로 자바스크립트가 되었다. 자바스크립트가 선마이크로시스템스의 자바와 구문(syntax)이 유사한 점도 있지만, 이는 사실 두 언어 모두 C 언어의 기본 구문에 바탕을 두었기 때문이고, 자바와 자바스크립트는 직접적인 관련성이 없다. 이름과 구문 외에는 자바보다 셀프와 유사성이 많다.

http://ko.wikipedia.org/wiki/자바스크립트

웹(Web) 이라는 것이 어떤 것인지는 독자 여러분 모두 알고 계실 것입니다. 지금 여러분이 컴퓨터의 인터넷 브라우저를 통해 보는 모든 것이 웹 페이지입니다. 혹은 스마트폰의 모바일 브라우저를 통해 보는 것도 앱이고 스마트폰에 설치된 수많은 애플리케이션 속에도 웹 페이지들이 잔뜩 들어 있습니다. 이렇게 우리는 알게 모르게 웹 속의 세상을 살고 있습니다. 그래서 수많은 웹 개발자들이 어떻게 하면 조금 더 예쁘게 혹은 화려하게 만들고자 애를 써 왔습니다.

그러나 이를 위해 자바스크립트를 사용하면서도 사람들은 자바스크립트를 무시해 왔습니다. 스크립트 언어이기 때문에 성능도 떨어지고 기껏해야 웹 페이지의 특정 부분을 보였다 안 보였다 하는 정도나 컨트롤하는, 개발자가 아닌 웹 페이지 디자이너들이 필요에 따라 조금씩 익혀서 사용하는 언어 정도로 치부해 왔습니다. 그래서 사람들은 고급 개발자는 자바스크립트 따위는 신경 쓰지 않는다며 서버의 기술을 최고로 중요하게 여겨 왔고 웹 개발자들은 asp, jsp, php 등의 서버 측 웹 언어에 집중해왔습니다. 자바스크립트는 그렇게 사람들에게 무시당하고 있었던 것입니다.

하지만, 시대는 변해서 웹에서 지내는 시간이 점점 길어지고 하나의 페이지에서 조금 더 많은 사람의 요구를 수용하며 실시간으로 정보의 변화를 지켜보길 원하게 되면서 자바스크립트는 하나의 애플리케이션 언어로서 인정받게 됩니다. 그리고 드디어 웹의 지배자가 되었습니다.

웹 개발자는 앞으로 서버와 완전히 분리된 환경에서 개발하게 될 것입니다. 웹 디자이너도 마찬가지일 것입니다. 서버에서는 정보를 정제하고 분리해서 사용자들의 입맛에 맞는 정보들을 추려내는 데 더욱 집중할 것이고 그렇게 만들어진 정보를 전송하게 됩니다. 그렇다면, 웹 개발자들은 그렇게 내려받은 정보를 사용자들에게 어떻게 표현하고 보여주며 조작할 것인지 하는 부분에 집중하게 될 것입니다. 그 과정에서 사용자들이 무엇을 원하는가를 분석하고 찾아내야 하고, 사람들이 조금 더 쉽게 정보에 접근하도록 여러 가지 편의를 제공해야 합니다.

즉 사람들과 직접 마주하는 모든 것을 조작하고 제공하는 것이 웹 개발자가 해야 할 일들입니다. 따라서 자바스크립트는 사용자들과 가장 가까이에서 소통하는 개발 언어로서 웹을 지배하게 될 것입니다.

그리고 여러분은 지금부터 자바스크립트를 활용해서 웹 페이지를 내 마음대로 조종하는 방법을 배우게 될 것입니다. 하지만, 오해하지 마십시오. 자바스크립트를 정말 잘 사용하는 사람은 자바스크립트로 모든 기능을 구현하는 사람이 아니라 자바스크립트 사용을 최대한 줄이고 최소한의 스크립트를 사용하고 심지어는 스크립트를 사용하지 않아도 웹을 사용하는 데 지장이 없도록 할 수 있는 사람입니다. 이를 위해서는 HTML과 CSS 능력이 필요합니다.

1.2 배경 지식

자바스크립트를 이용하는 주된 목적을 다시 한 번 더 생각해 본다면 자바스크립트는 정보를 정제하고 저장하고 필요할 때 불러 쓰는 등의 목적이 아닌, 사용자들과 직접 대면하여 사용자들의 요구를 수용하고 그들의 목적에 맞도록 그들이 원하는 명령을 대신 해주는 것입니다.

그러려면 표현할 수 있는 그래픽으로 된 UI(User Interface)가 필요한데 자바스크립트 자체로서는 혼자서 표현하는 방법이 무척 제한적입니다. 하지만, 스스로 가지고 있지 않다고 해서 불가능한 것은 아닙니다. 독립적으로 UI를 표현할 수는 없지만, 웹 페이지를 보여주는 능력을 갖춘 웹 브라우저와 그 내부에 표현되는 것들을 제어할 수 있는 것이 바로 자바스크립트입니다.

▪ HTML ^{1.2.1}

웹 브라우저에 표현되는 문서 대부분은 HTML입니다. 마이크로소프트 인터넷 익스플로러(Microsoft Internet Explorer)를 포함한 웹 브라우저를 통해 보는 문서와 요즘 스마트폰에서 웹 브라우저를 통해 보는 모바일 웹 페이지도 대부분 HTML(Hypertext Markup Language)을 기반으로 하는 문서이며 심지어는 우리가 앱 스토어를 통해 내려받은 애플리케이션 중에서도 HTML로 작성된 애플리케이션이 생각보다 많습니다.

이처럼 HTML이 우리에게 점점 가까워진 것은 HTML로 작성된 문서가 플랫폼 환경의 제약이 가장 적기 때문일 것입니다. 인터넷만 가능하다면 어떤 플랫폼이라도 인터넷 브라우저는 탑재되어 있기 때문이죠. 또한, 예전의 HTML은 정말 '문서'의 기능만을 충실히 해왔고 정말 문서로만 바라보았지만, 이제는 HTML과 자바스크립트를 결합하여 단순 문서가 아닌 사용자와 소통하고 정보를 교환할 수 있는 애플리케이션으로 발전하고 있습니다. 이뿐만 아니라 이미 인터넷에 넘치는 수많은 정보도 활용할 수도 있습니다. 그런 만큼 우리 생활에 밀접하게 연관되어 있어서 일상생활의 상당 부분을 HTML 속에서 살고 있습니다. 이처럼 자바스크립트는 HTML 문서를 단순 문서가 아닌 웹 애플리케이션으로 만들어 주는 것입니다.

HTML 문서는 XML이라는 문서 작성 기법을 따라 작성되는데, 몇 가지 미리 약속된 태그를 통해 정의합니다. 이렇게 정의된 문서는 브라우저에서 기본 제공되는 각 태그의 모양에 따라 혹은 따로 정의된 CSS 문서에 따라 각각의 시각적인 형태를 사용자에게 보여주게 됩니다.

우선 HTML 작성 방법인 XML 기술 방법부터 살펴보겠습니다. XML에서는 하나하나의 각 구성 요소를 요소(Element)와 속성(Property, Attribute) 내용물로 구분하는데 그를 구분하는 기준은 다음과 같습니다.

- **요소**(엘리먼트, Element)   내용을 구성하는 것으로, 태그로 표현됩니다.
- **속성**(프로퍼티, Property)   요소가 가진 고유의 특성이나 성질을 말합니다. (객체의 속성)
- **속성**(애트리뷰트, Attribute)   요소에 대한 추가적인 속성을 말합니다. (HTML 요소의 속성)

많은 사람이 Property와 Attribute를 모두 '속성'으로 번역하므로 혼동하기 쉽지만 저는 다음과 같은 의미로 구분합니다.

기본적인 고유 속성과 추가적인 속성이라는 것의 차이를 예로 든다면 사람에게 있어 팔, 다리, 눈, 코, 입 등 기본적인 신체 일부는 프로퍼티(Property)라 하고 성능의 향상이나 다른 편의 같은 것을 위해 덧붙이는 옷, 신발 등과 같은 것들을 애트리뷰트(Attribute)라고 부릅니다. 따라서 HTML 요소에서 속성이라 칭하는 것들은 애트리뷰트입니다. 기본적인 고유 속성은 이미 정해져 있기 때문입니다. 참고로 이 책에서는 혼동될 염려가 있을 때를 제외하고는 두 가지 모두를 '속성'으로 번역하여 사용하겠습니다.

지금부터 XML 문법에 따라서 HTML 문서를 작성하는 방법을 살펴보겠습니다. 우선은 가장 기본적인 XML 문법입니다.

【태그 사용법】

```
<element attribute="값">본문</element>
```

태그 구성 요소는 다음과 같습니다.

- **여는 태그**   꺾쇠(〈 〉) 사이에 요소의 이름으로 태그를 정의합니다.
- **닫는 태그**   꺾쇠(〈 〉) 사이에 어떤 태그를 닫는지 정의합니다. 꺾쇠로 열고 빗금(/)을 입력하여 닫는 태그임을 명시합니다.

- **속성**(Attribute)　여는 태그의 인에서 태그의 속성을 정의합니다. 속성 이름="속성값"의 형태로 구성되며 큰따옴표나 작은따옴표로 묶어 값을 입력합니다.

- **본문**(Content)　여는 태그와 닫는 태그 사이에 보여주고자 하는 본문 내용을 넣어 표시합니다.

한 가지 주의할 것은 몇 가지 태그는 표시할 내용을 내부에 입력하지 않기 때문에 닫는 태그를 사용하지 않는다는 것입니다. 이럴 때는 여는 태그를 마치기 전에 빗금(/)을 입력하여
과 같이 닫는 태그가 없음을 명시해주어야 합니다.

이와 같은 방법으로 W3C라고 하는 웹 표준을 지정하는 단체에서 정한 XML 문법 기준을 따라 만들어진 문서가 바로 HTML 문서입니다. 이 HTML 문서에 가장 기본적인 구성 요소는 〈html〉, 〈head〉, 〈body〉 요소입니다.

- **〈html〉〈/html〉**　문서에서 가장 큰 구성 요소입니다. HTML 문서에 필유한 모든 정부는 이 구성 요소 내부에 들어가야 합니다. 또한, 하나의 HTML 문서는 하나의 구성 요소만을 가질 수 있습니다.

- **〈head〉〈/head〉**　문서의 정보를 가지고 있습니다. 문서의 제목이나 문서의 요약, 그리고 문서에서 사용하는 외부 정보들 따위를 포함하게 됩니다. 〈html〉의 직속 구성 요소로 〈body〉 구성 요소와는 형제가 됩니다.

- **〈body〉〈/body〉**　문서에 보여주는 모든 내용이 들어 있습니다. 눈으로 보는 모든 구성 요소가 바로 이곳에 들어 있습니다. 〈head〉 구성 요소와 마친가지로 〈html〉의 직속 구성 요소이며 〈head〉 구성 요소와는 형제가 됩니다.

이 구성대고 긴단히 HTML 문서를 민들어 본 깃이 예제 1-1입니다. 해당 파일은 HTML.html로 저장히고 실행히기나 웹 브라우저를 통해 열게 되면 문서의 내용을 볼 수 있습니다.

예제 ┃ 1-1 HTML 문서 형식

```
<html>
  <head>
    <title>HTML 문서</title>
  </head>
  <body>
```

```
이글이 사용자에게 보이는 글입니다.
    </body>
</html>
```

그림 1-1은 구글의 크롬이라는 웹 브라우저를 통해 열어본 문서입니다. 〈head〉의 〈title〉이 문서 제목이 되어 나타나고 〈body〉 안의 내용이 보이는 것을 볼 수 있습니다.

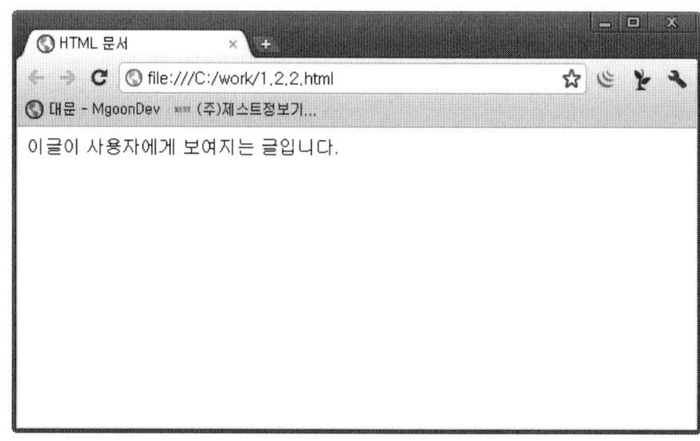

그림 1-1 예제 1-1을 크롬에서 실행한 모습

이와 같은 태그 요소 외에도 수많은 태그 요소들이 있습니다. 또한, HTML의 버전에 따라 사용할 수 있는 구성 요소가 조금씩 다릅니다. 웹 개발을 하는 사람 중에는 보이는 기준에 따라 태그를 작성하는 경우가 많이 있으나 이 책을 읽는 독자 분들은 태그의 의미에 맞게 적재적소에 사용해 주시길 바랍니다. 즉, 표준을 지켜서 HTML 문서를 작성하시는 것이 좋습니다. 단순히 결과물의 모양만을 보고 구성된 웹 페이지는 분명히 훗날 더 많은 일거리를 만들어 주고 많은 사람의 원망을 듣게 될 것입니다.

주로 가장 많이 사용되고 다루게 되는 태그 요소들은 표 1-1과 같습니다.

표 1-1 많이 사용되는 태그 요소

태그 요소	설명
<div> (Division)	영역(구역)을 구분한다.
<p> (Paragraph)	문단을 구분한다.
<span>	문단 안에서 특정 영역, 단어 혹은 문장을 구분한다.
<a> (Anchor)	href 속성에 정의된 웹 페이지 혹은 자체 페이지의 앵커로 이동한다.
<img /> (Image)	src 속성의 URL에 있는 이미지를 표현한다. 닫는 태그는 없다.
  (Break)	줄 바꿈 표시이다. 닫는 태그는 없다.
<h1> ~ <h6> (Header 1~6)	문단이나 영역의 첫 번째부터 여섯 번째 제목을 구분한다.
<ul> (Unordered List)	순서가 없는 목록이다.
<ol> (Ordered List)	순서가 있는 목록이다.
<li> (List)	목록 내용이다. 〈ul〉 혹은 〈ol〉 안에 삽입한다.
<dl> (Definition list)	의미를 정의하는 목록이다.
<dt> (Definition title)	의미의 제목이나 정의 대상이다.
<dd> (Definition data)	의미의 내용 혹은 설명이다.
<table>	표이다.
<caption>	〈table〉의 내부에 들어가고 해당 〈table〉의 설명을 표시한다.
<thead> (Table Head)	〈table〉의 머리 영역이다. 〈table〉 안에 하나만 있어야 한다.
<tbody> (Table Body)	〈table〉의 본문 영역이다. 〈table〉 안에 여러 개의 〈tbody〉를 넣을 수 있다.
<tfoot> (Table Foot)	〈table〉의 꼬리 영역이다. 〈table〉 안에 하나만 있어야 한다.
<tr> (Table Row)	〈table〉, 〈thead〉, 〈tbody〉, 〈tfoot〉 안에 들어가는 행이다.
<th> (Table Header)	〈tr〉 안에 들어가며 하나의 헤더 열이다
<td> (Table Data)	〈tr〉 안에 들어가며 하나의 데이터 열이다.
<form>	입력 양식이다. 내부의 입력 받은 데이터를 모아 action 속성에 지정된 URL로 제출한다.
<input>	사용자로부터 입력받는 영역을 제공한다. text, password, hidden, radio, checkbox 등과 같은 여러 가지 형식의 입력 방법을 제공한다.
<button>	사용자가 클릭할 수 있는 버튼을 제공한다. submit, reset, button 등의 형식이 있고 〈button〉은 사용자가 기능을 직접 만든다.

또한, 태그마다 특성별로 지원되는 속성도 있지만, 항상 사용되고 반드시 알아 두어야 할 속성도 있습니다. 표 1-2는 모든 요소에 공통으로 사용되므로 반드시 알아두어야 할 속성입니다.

표 1-2 반드시 알아둘 속성

속성	설명
id	다른 요소들과 구분할 수 있는 요소의 이름이다. 같은 이름을 가진 요소가 있어선 안 된다.
class	요소의 특성을 나타낸다. 다른 요소와 중복될 수 있다.
title	요소의 제목 혹은 설명을 설정할 수 있다.
style	CSS 문법에 따라 작성하며 요소의 레이아웃을 설정할 수 있다.

표 1-1과 표 1-2를 참고하여 HTML 문서를 하나 작성해 보았습니다. 예제 1-2는 가상의 성적표를 만들어 본 것입니다. 파이어폭스 웹 브라우저로 해당 문서를 실행하면 그림 1-2와 같은 웹 페이지를 보실 수 있습니다. 한 가지 덧붙이자면 앞으로 작성할 예제는 모두 UTF-8 인코딩을 적용할 것이므로 편집기로 파일을 만드신 다음에는 반드시 UTF-8 형식으로 저장하셔야 합니다. 그러지 않으면 한글이 정확하게 표현되지 않습니다.

예제 | 1-2 HTML 요소 표현

```html
<html>
<head>
<meta charset="UTF-8">
<title>태그 요소 정리</title>
</head>
<body>
<h1>성적표</h1>
<div id="description">
    <h2>평가</h2>
    <p>
        부모님의 각별한 관심과 애정이 필요합니다.<br />
        이 학생은 성적이<span class="highlight">우수</span>하였으나
        노는데 심취하여 성적이 크게 떨어졌습니다.
    </p>
    <p>
```

```html
            <span class="highlight">머리는 좋은 아이입니다.</span><br />
            약간의 의지만으로도 다른 아이들보다 남다른 성취를 이루고 있습니다.
        </p>
    </div>
    <div id="scoreContainer">
        <h2>점수</h2>
        <table border="1">
            <caption>2년 간의 성적표</caption>
            <thead>
                <tr><th>과목</th><th>국어</th><th>수학</th></tr>
            </thead>
            <tbody id="year1Container">
                <tr><th>1학년 1학기</th><td>100점</td><td>80점</td></tr>
                <tr><th>1학년 2학기</th><td>90점</td><td>70점</td></tr>
            </tbody>
            <tbody id="year2Container">
                <tr><th>2학년 1학기</th><td>60점</td><td>70점</td></tr>
                <tr><th>2학년 2학기</th><td>60점</td><td>30점</td></tr>
            </tbody>
            <tfoot>
                <tr><th>총점</th><td>310점</td><td>250점</td></tr>
            </tfoot>
        </table>
    </div>
</body>
</html>
```

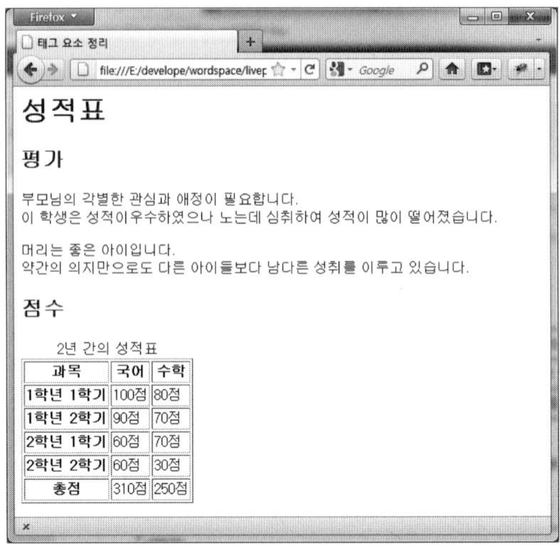

그림 1-2 성적표

이 절에서 설명한 것 외의 상세한 것들은 다른 서적과 인터넷 검색이나 다음 웹 사이트를 통해 정보를 찾아보실 수 있습니다.

World Wide Web Consortium (W3C)

LINK http://www.w3.org(영어)

W3Schools

LINK http://www.w3schools.com/html(영어)

World Wide Web Consortium 대한민국 사무국

LINK http://www.w3c.or.kr/Translation(한글)

트리오 홈페이지

LINK http://trio.co.kr/autohtml.html(한글)

KoXo 자바스크립트 매뉴얼

LINK http://koxo.com(한글)

▪ CSS ^{1.2.2}

HTML이 문서의 형식을 정의한다면 CSS(Cascading Style Sheet)는 문서의 레이아웃을 결정합니다. HTML 문서 내부의 특정 구성 요소나 형식을 지정해서 크기, 글자, 배경, 위치, 형태와 같은 수많은 꾸밈을 정의할 수 있습니다. 물론 HTML 자체도 속성으로 몇 가지 꾸밈을 정의할 수는 있지만, 한계가 있으며 점점 꾸밈에 관련된 HTML 속성들은 사라지고 있습니다. 그러므로 HTML 문서를 꾸미고 싶다면 CSS에 대한 기본적인 지식이 필요합니다.

CSS를 모른 채로 HTML과 자바스크립트만으로 문서를 작성하게 되면 많은 제약이 있습니다. 대표적인 예로 마우스 커서를 특정 엘리먼트 위로 올렸을 때 클릭할 수 있는 것임을 암시하도록 배경 음영이나 글자의 색을 바꿀 수 있다거나 큰 메뉴에 붙어 있는 작은 메뉴를 평소에 안 보이게 하고 마우스를 메뉴 위로 올리거나 클릭하면 작은 메뉴를 보여 주는 등 레이아웃 관련 수많은 조작을 자바스크립트와 HTML만으로는 구현하기가 어렵습니다.

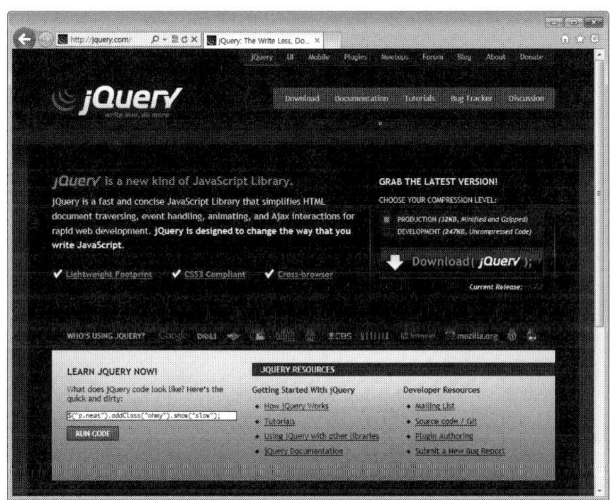

그림 1-3 jQuery 홈페이지

CSS가 적용된 그림 1-3의 웹 페이지(www.jquery.com)에서 CSS를 제거하면 되면 그림 1-4와 같은 모습으로 변하게 됩니다. 이것만 보더라도 CSS가 사용자에게 보여주는 모습과 관련하여 얼마나 중요한 것인지 알 수 있을 것입니다.

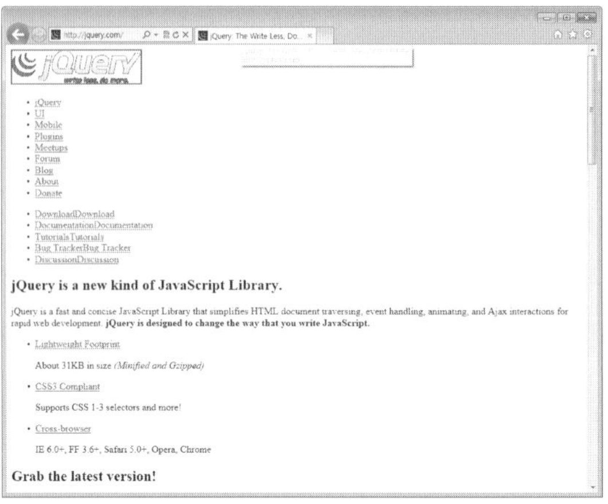

그림 1-4 CSS를 제거한 모습

이처럼 CSS는 HTML 문서의 레이아웃에 관련된 거의 모든 것을 조작할 수 있습니다. 또한, 특정한 이벤트가 생겼을 때 모양이 바뀌도록 자바스크립트와 함께 사용하여 제어할 수도 있습니다. 그러므로 단순히 예쁜 문서뿐만 아니라 여러 가지 기능을 위해서도 반드시 CSS는 필요합니다. 이 CSS를 잘 사용할 수 있다면 좀 더 사용자들의 요구에 충실한, 그리고 더욱 효율적인 웹 애플리케이션을 제작할 수 있게 될 것입니다.

CSS 정의는 〈head〉에 소속되며 외부 CSS 문서를 가져오거나 HTML 문서 안에 직접 작성할 수도 있습니다.

【HTML 문서 안에 직접 작성】

```
<style type="text/css">
/* 스타일 내용 */
</style>
```

【HTML 문서에 CSS 파일을 삽입】

```
<link rel="stylesheet" href="CSS 파일 주소">
```

스타일 태그 안에 들어가는 내용과 CSS 파일에 들어가는 내용에 차이는 없습니다. 자신이 원하는 대상과 그 대상에게 어떤 외형을 부여할 것인지만 정해주면 됩니다.

CSS에서 일치 패턴 명령들은 문서 트리(Document Tree)에서 요소에 어떤 스타일(Style) 명령을 적용할 것 인가를 결정합니다. CSS 선택자(CSS Selector)로 불리는 이들 패턴은 단일 요소 이름 패턴부터 훨씬 더 복잡하고 풍부한 패턴 등으로 구성되어 있습니다. 원하는 요소를 선택할 수 있는 CSS 선택자를 표 1-3에 정리했습니다.

표 1-3 CSS 선택자

패턴	대상
*	모든 엘리먼트
#c	id 속성값이 c인 엘리먼트
.c	class 속성값이 c인 엘리먼트
E	태그 이름이 E인 엘리먼트
E F	E 엘리먼트의 하위(Descendant)인 F 엘리먼트
E > F	E 엘리먼트의 자식(Child)인 F 엘리먼트
E:first-child	부모 엘리먼트를 기준으로 첫 번째 자식인 E 엘리먼트
E:link	E 엘리먼트가 아직 방문 안 했던 곳(:link)의 자원
E:visited	이미 방문했던(:visited) 연결 자원
E:active	E 엘리먼트가 활성화되었을 때
E:hover	E 엘리먼트 위에 마우스가 올라왔을 때
E:focus	E 엘리먼트가 주목받고 있을 때
E:lang(c)	설정 언어가 c인 E 엘리먼트
E + F	E 엘리먼트 바로 앞(Adjacent)의 F 엘리먼트
E[foo]	속성(값에 관계없이)이 foo로 설정된 E 엘리먼트
E[foo="warning"]	foo 속성값이 warning인 E 엘리먼트
E[foo~="warning"]	foo 속성값이 공간으로 분리된 값들의 목록으로, 그중 하나가 warning과 같은 E 엘리먼트
E[lang|="en"]	lang 속성이 붙임표(-)로 분리된 값들의 목록일 때, 왼쪽에서 en~으로 시작하는 E 엘리먼트
DIV.warning	DIV[class~="warning"]과 같음
E#myid	ID가 myid인 E 엘리먼트

이렇게 대상을 지정하고 대상에 대한 스타일 내용을 **선택자 { 속성: 값; }** 형식으로 지정하게 됩니다. 대괄호({ }) 사이에 속성과 값은 쌍점(:)으로 구분하고 여러 가지 속성을 늘어놓을 때는 쌍반점(;)으로 구분합니다.

만들어 두었던 예제 1-2 문서에 스타일을 몇 가지 첨부해서 예제 1-3 문서로 만들어 보았습니다. 다양하고 화려하게 꾸며 보려 했지만, 흑백이라는 제약이 있어 간단히 글자의 크기나 두께 정도만 조절했습니다.

| 예제 | 1-3 CSS를 적용한 HTML 문서 |

```
<html>
<head>
<meta charset="UTF-8">
<title>태그 요소 정리</title>
<style type="text/css">
  h1 {
    font-size: 20px;
  }
  h2 {
    font-size: 15px;
  }
  #description p {
    font-size: 12px;
  }
  .highlight {
    font-weight: bold;
  }
</style>
</head>
<body>
<h1>성적표</h1>
<div id="description">
  <h2>평가</h2>
  <p>
    부모님의 각별한 관심과 애정이 필요합니다.<br />
    이 학생은 성적이<span class="highlight">우수</span>하였으나
    노는데 심취하여 성적이 크게 떨어졌습니다.
  </p>
```

```html
    <p>
        <span class="highlight">머리는 좋은 아이입니다.</span><br />
        약간의 의지만으로도 다른 아이들보다 남다른 성취를 이루고 있습니다.
    </p>
</div>
<div id="scoreContainer">
    <h2>점수</h2>
    <table border="1" style="width: 100%;">
        <caption>2년 간의 성적표</caption>
        <thead>
            <tr><th>과목</th><th>국어</th><th>수학</th></tr>
        </thead>
        <tbody id="year1Container">
            <tr><th>1학년 1학기</th><td>100점</td><td>80점</td></tr>
            <tr><th>1학년 2학기</th><td>90점</td><td>70점</td></tr>
        </tbody>
        <tbody id="year2Container">
            <tr><th>2학년 1학기</th><td>60점</td><td>70점</td></tr>
            <tr><th>2학년 2학기</th><td>60점</td><td>30점</td></tr>
        </tbody>
        <tfoot>
            <tr><th>총점</th><td>310점</td><td>250점</td></tr>
        </tfoot>
    </table>
</div>
</body>
</html>
```

보시는 것처럼 〈head〉 요소 내에 〈style〉 요소를 삽입해서 정의했습니다. 그리고 〈table〉 요소
에는 style 속성을 사용해 직접 스타일을 적용했습니다. 이 HTML 문서를 실행한 결과는 그림
1-5입니다.

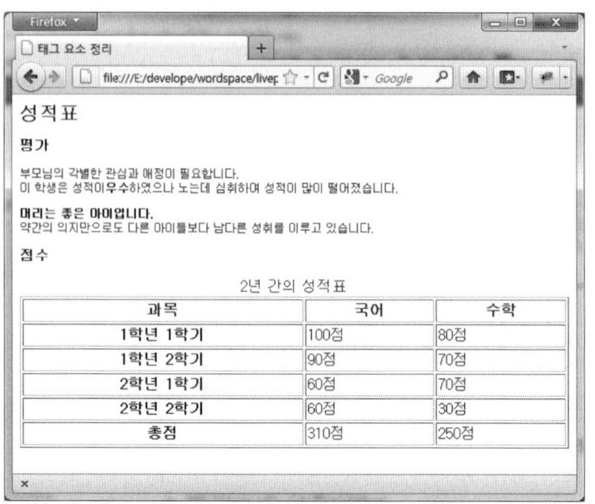

성적표

평가

부모님의 각별한 관심과 애정이 필요합니다.
이 학생은 성적이우수하였으나 노는데 심취하여 성적이 많이 떨어졌습니다.

머리는 좋은 아이입니다.
약간의 의지만으로도 다른 아이들보다 남다른 성취를 이루고 있습니다.

점수

2년 간의 성적표

과목	국어	수학
1학년 1학기	100점	80점
1학년 2학기	90점	70점
2학년 1학기	60점	70점
2학년 2학기	60점	30점
총점	310점	250점

그림 1-5 CSS를 적용한 HTML

이러한 CSS는 자체적으로 상당히 많은 암기와 지식을 요구합니다. 바꿀 수 있는 내용과 값들이
엄청나게 많기 때문입니다. 하지만, 이 책에서 그 모든 것을 다룰 수는 없으므로 자바스크립트
를 통해 사용하는 몇 가지만을 다루도록 하겠습니다. 꾸밈에 흥미가 많으신 분들은 다른 CSS
관련 서적을 참고하시거나 잘 정리된 다른 웹 사이트를 이용하시기 바랍니다. 독자 여러분을 위
해 CSS의 내용을 잘 정리한 웹 사이트를 몇 개 알려 드립니다.

World Wide Web Consortium

LINK http://www.w3.org/Style/CSS/

W3Schools

LINK http://www.w3schools.com/css/

ECMASctipt [1.2.3]

이처럼 HTML과 CSS 등으로 만들어지고 꾸며진 문서 내의 요소를 문서가 생성된 이후 혹은 생
성되는 과정에서 이를 향상시키는 방법으로 스크립트 언어의 적용을 생각했습니다. 그래서 넷

스케이프 웹 브라우저인 내비게이터 2.0에서 스크립트를 처음 지원하기 시작했고 이는 상당히 성공적이었습니다. 그에 따라 마이크로소프트사에서는 이것과 '적당히' 호환되는 J 스크립트를 개발하여 인터넷 익스플로러 3.0에 포함하게 됩니다.

그러나 이러한 '적당한' 호환이 불편했는지 넷스케이프에서는 ECMA 인터내셔널이라는 단체에 표준화를 위한 자바스크립트 기술 규격을 제출하고 이를 토대로 자바스크립트의 기술 표준화 작업을 진행하였습니다. 이렇게 ECMA 인터내셔널의 ECMA-262 기술 규격에 정의된 표준화된 스크립트 프로그래밍 언어를 ECMAScript라고 이야기합니다. 이처럼 자바스크립트, J 스크립트, ECMA 스크립트는 같은 것을 의미하는 것이 아니라 서로 조금씩 다르다는 차이가 있습니다.

1.3 환경 설정

그럼 이제부터 본격적으로 자바스크립트를 공부하는 데 필요한 것들에 대해 정리해보겠습니다. 자바스크립트는 기본적으로 텍스트 기반의 개발 언어이고 영어로 만들어진 언어이기 때문에 텍스트 편집기를 준비하고 몇 개의 영어 단어도 외워야 합니다. 그리고 만들어진 자바스크립트 기반 애플리케이션을 확인할 수 있는 웹 브라우저도 필요합니다. 이것들을 어떻게 준비해야 하는지 어디서 필요한 것들을 얻을 수 있는지 지금부터 살펴보겠습니다.

문서 편집기와 통합 개발 환경 1.3.1

자바스크립트 문서를 편집하는데 여러 가지 도구가 제공되고 있으므로 여러분의 취향에 맞도록 환경을 설정하시면 됩니다. 단순한 텍스트 편집기도 있고 각종 강력한 기능을 제공해 주는 IDE(Integrated Development Environment, 통합 개발 환경)도 많이 있기 때문입니다. 좀 더 쉽고 편리한 환경을 원하신다면 통합 개발 환경을 설치하실 수도 있고 가볍고 빠르게 실행할 수 있는 환경을 원하신다면 텍스트 편집기를 취향에 따라 선택하시는 것도 좋습니다. 또한, 메모장 이외의 다른 도구들은 대부분 구문 강조 기능이 있어 문서 소스를 볼 때 알아보기 쉽도록 하므로 될 수 있으면 메모장보다는 전문 개발 도구를 사용하시길 권장 드립니다.

지금부터 설명하는 도구 외에도 많은 도구가 있으므로 개발 도구에 민감하고 관심이 많은 분이라면 한 번 인터넷 검색을 통해 어떤 도구들이 있는지 장점과 단점을 비교하면서 살펴보셔도 좋습니다.

텍스트 편집기: 메모장

우선 컴퓨터에 마이크로소프트 윈도우 혹은 다른 운영체제가 설치되어 있다고 해도 기본적으로 메모장 같은 단순 문서 편집기가 있습니다. 다른 운영체제를 사용하시는 분들은 기본적인 사용법을 알고 계신다는 가정하에 윈도우를 기준으로 설명하겠습니다. 이 프로그램의 기본적인 실행은 [시작] → [모든 프로그램] → [보조 프로그램] → [메모장]으로 실행할 수 있습니다. 혹은 단축키 〈Windows〉 + 〈R〉을 눌러 나오는 실행 창에 notepad라고 입력해도 바로 실행할 수 있습니다.

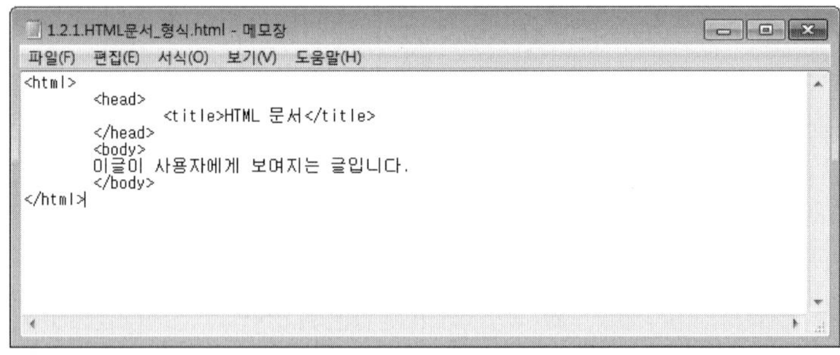

그림 1-6 메모장

텍스트 편집기: 에디트 플러스

예전에 많은 분의 사랑을 받던 텍스트 편집 프로그램입니다. 다만, 무료 프로그램이 아니므로 제품을 사시거나 사용 기간 제한이 있는 제품으로 사용하셔야 합니다. 인터넷 웹 사이트 http://www.editplus.com/kr/에서 내려받을 수 있습니다.

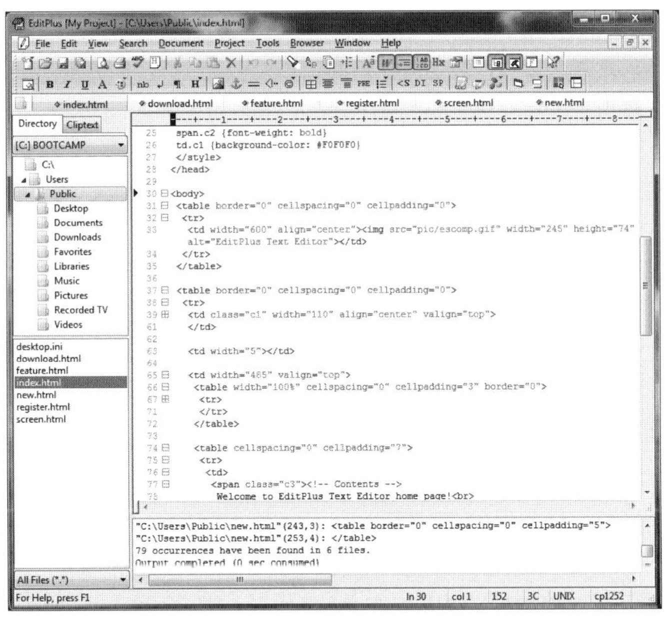

그림 1-7 에디트 플러스(EditPlus)

텍스트 편집기: 노트패드++

오픈 소스로 등록되어 사용 제약이 없는 무료 프로그램입니다. 오픈 소스인 만큼 여러 가지 플러그인이 있어 굉장히 강력한 기능들을 제공하고 있어 저도 즐겨 사용하는 프로그램입니다. 하지만, 한글 입력에서의 약간의 부자연스러움이 눈에 거슬릴 수도 있습니다. http://sourceforge.net/projects/notepad-plus/ 웹 사이트에서 내려받을 수 있습니다.

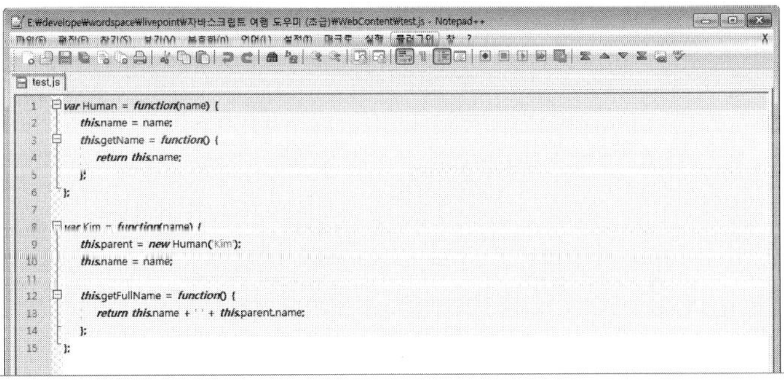

그림 1-8 노트패드++(Notepad++)

통합 개발 환경: 압타나 스튜디오

최근 가장 주목받는 웹 애플리케이션 제작 도구입니다. 자바스크립트와 웹 제작에 관련된 HTML, CSS 외에도 많은 언어와 기능들을 제공합니다. 많은 사람이 이용하는 이유 중 가장 큰 이유는 아마도 자신이 만들었던 자바스크립트를 미리 인식하고 관련 구문 등을 지원하는 것과 요즘 대부분의 자바스크립트 개발자들에게 사랑받는 jQuery, Prototype, YUI 등과 같은 여러 가지 자바스크립트 프레임워크나 라이브러리를 지원해준다는 점일 것입니다. 또한, 플러그인 형태로도 제공되고 있어서 아래 소개하는 이클립스에서도 사용할 수 있습니다. 다만, 많은 기능을 가진 만큼 크고 무겁다는 점은 고려하셔야 합니다. http://aptana.com/ 웹 사이트에서 〈DOWNLOAD APTANA STUDIO 3〉 버튼을 통해 내려받기 페이지로 이동할 수 있습니다.

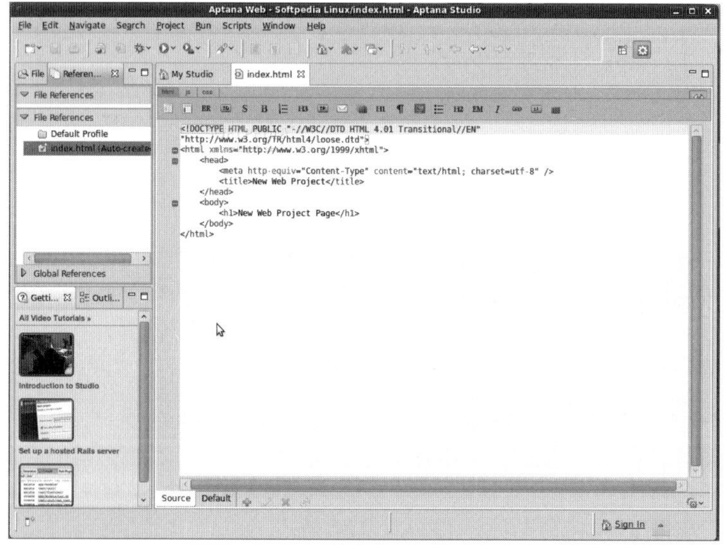

그림 1-9 압타나 스튜디오(Aptana Studio)

통합 개발 환경: 이클립스

오픈 소스 통합 개발 도구입니다. 많은 참여자가 개발에 참여하고 있어 기능의 업그레이드도 빠르고 저의 경우 자바도 함께 개발하고 있기에 항상 이용하는 도구입니다. 또한, 플러그인 형식으로 여러 가지 개발 언어를 함께 지원하고 있습니다. 그리고 다른 통합 개발 환경이나 텍스트 편집기들과 다른 점은 설치할 필요 없이 압축만 풀어 사용할 수 있다는 점입니다. 이클립스를 사용하려면 자바가 설치되어 있어야 합니다. 자바는 웹사이트 http://www.java.com/ko/download/index.jsp에서 내려받아 설치하실 수 있습니다.

http://www.eclipse.org/downloads/ 웹사이트에서 내려받을 수 있습니다. 만일 자바스크립트만 사용하실 거라면 'Eclipse IDE for JavaScript Web Developers, 110MB' 항목 오른쪽에 있는 자신의 운영체제에 맞는 프로그램으로 내려받으시면 됩니다.

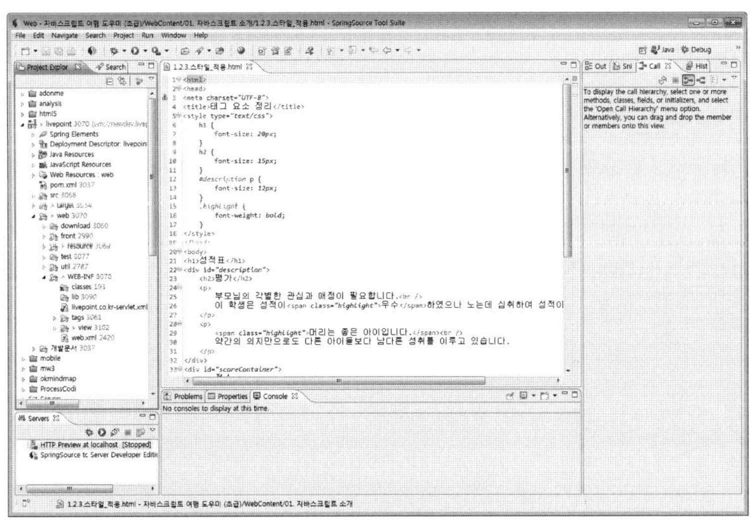

그림 1-10 이클립스(Eclipse)

통합 개발 환경: 스프켓

마찬가지로 무료 자바스크립트 통합 개발 도구입니다. 한때 반짝하고 떠오를 뻔했지만 압타나 스튜디오의 등장으로 말미암아 지금은 거의 사용되지 않습니다. 자바스크립트뿐만 아니라 플렉스나 다른 몇 가지 개발 언어도 함께 지원합니다. http://spket.com/ 웹 사이트에서 내려받을 수 있습니다.

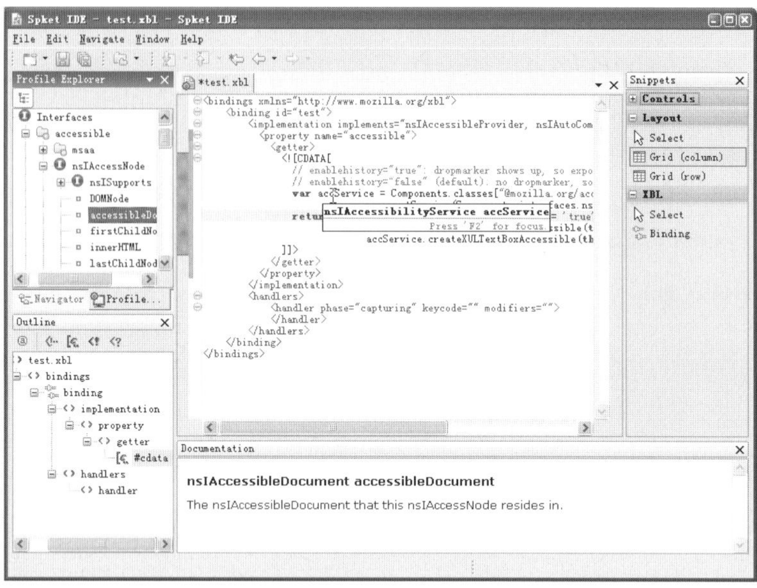

그림 1-11 스프켓(Spket IDE)

통합 개발 환경: 넷빈즈

자바 언어 개발 회사에서 만든 통합 개발 도구입니다. 자바스크립트에 강력한 도구를 제공하지만 무겁다는 이유와 이클립스라는 강력한 개발 도구에 밀려 국내에서는 많이 사용되고 있지 않습니다. 하지만, 강력한 개발 도구라는 점에서는 두말할 나위 없는 멋진 도구입니다. 이클립스와 마찬가지로 자바가 설치되어 있어야 사용할 수 있습니다. http://netbeans.org/ 웹 사이트에서 내려받을 수 있습니다.

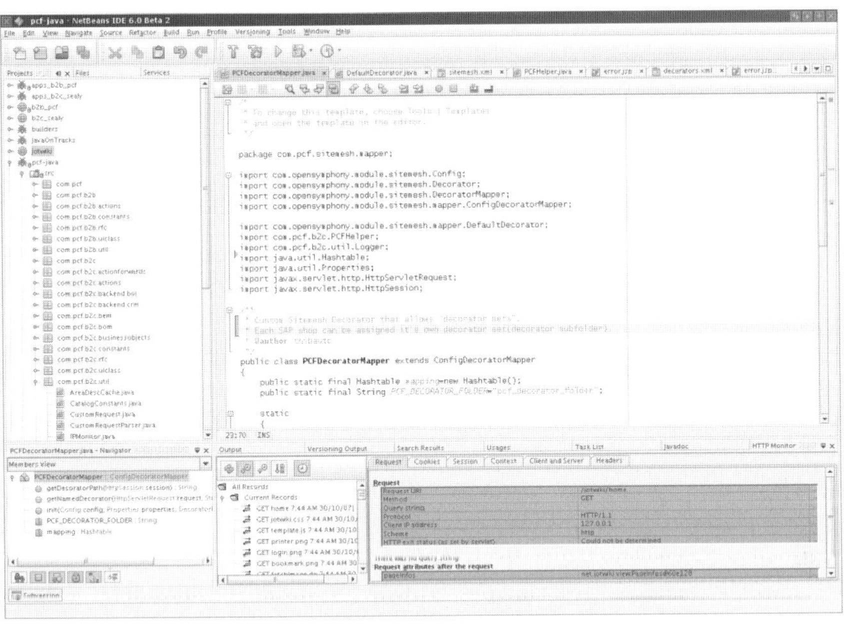

그림 1-12 넷빈즈(NetBeans)

▌ 인터넷 익스플로러 1.3.2

윈도우가 설치된 PC에 함께 설치되어 있습니다. 또한, 인터넷 익스플로러 8부터는 개발 도구가
포함되어 있어 개발에 많은 도움을 주고 있습니다. 다만, 윈도우 버전에 따라 업데이트에 제약
이 있어 최신 기술을 인터넷 익스플로러에서 사용하려면 최신 윈도우가 필요합니다. 윈도우를
사용하신다면 인터넷 익스플로러의 [도구] 메뉴를 통해 업데이트해주시길 권장합니다.

인터넷 익스플로러는 윈도우 버전에 따라 업데이트에 제약이 있지만, 크롬이나 파이어폭스는
운영체제의 제약이 없어서 더욱 사랑받고 있습니다. 금융기관이나 정부기관들이 ActiveX라는
인터넷 익스플로러 종속 기술을 사용하지 않는다면 자신이 취향에 맞는 브라우저를 자유롭게
선택할 수 있을 것인데 이점은 매우 아쉽습니다. 하지만, 이미 인터넷 익스플로러 자체적으로도
10 이상의 버전에서는 ActiveX를 지원하지 않기로 정했고 국내에도 웹 개발자를 시작으로 하
는 탈 인터넷 익스플로러 바람이 거세게 불고 있기 때문에 많은 금융기관과 정부의 웹 페이지들
도 ActiveX 기술에서 벗어나려는 움직임을 보이고 있습니다. 얼마 지나지 않아 자신에 취향에
맞는 웹 브라우저를 통해 최신 웹 기술을 즐길 수 있게 될 것입니다.

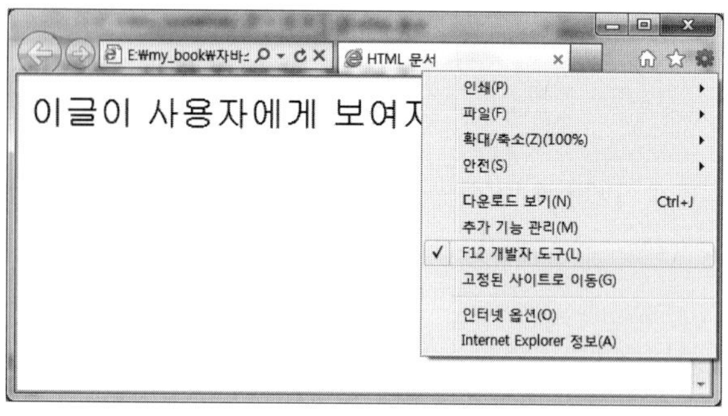

그림 1-13 인터넷 익스플로러 개발자 도구 열기

인터넷 익스플로러의 버전이 8버전 이상이라면 톱니 모양 아이콘(⚙)을 클릭한 다음 [F12 개발
자 도구]를 선택하거나 단축키 F12 를 통해 개발자 도구를 활성화할 수 있습니다. 이 개발자 도
구는 저와 여러분이 자바스크립트, HTML, CSS 등의 내부 정보, 즉 브라우저로는 볼 수 없는
것들을 확인할 수 있도록 도와주기 때문에 자바스크립트 내부의 내용과 정보를 확인하는 데 큰
힘이 되어줄 것입니다.

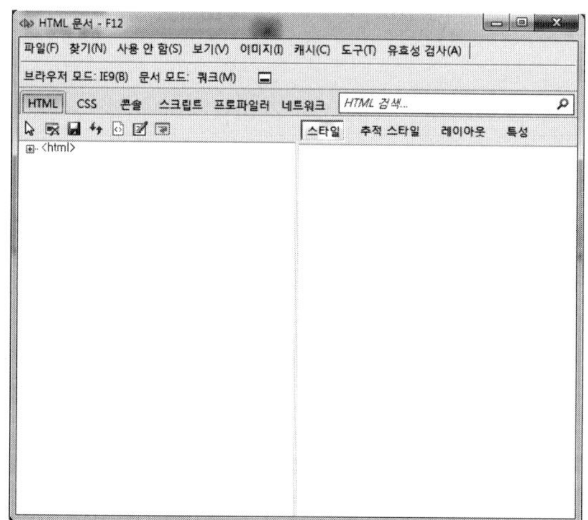

그림 1-14 인터넷 익스플로러 개발자 도구

▪ 모질라 파이어폭스 ^{1.3.3}

기존 인터넷 익스플로러의 횡포와 버그에 시달리던 많은 사람이 주로 사용하던 웹 브라우저입니다. 웹 기술에 적극적인 사람들은 주로 이 웹 브라우저를 사용해왔습니다. 우리나라에서는 사용자가 정말 적었지만, 세계적으로는 많은 사랑을 받아 왔고 아직도 많은 사람이 사랑하고 있습니다. 또한, 개발자를 위한 부가 기능들도 많아 웹 개발자들에게 필수인 웹 브라우저이기도 합니다. 그러므로 이 책에서는 파이어폭스 웹 브라우저를 기준으로 예제를 만들도록 할 것입니다. 파이어폭스 브라우저는 http://www.mozilla.or.kr/ko/ 웹 사이트에서 내려받을 수 있습니다.

파이어폭스 브라우저를 설치했다면 이번에는 디버깅 도구인 파이어버그를 설치해보도록 하겠습니다. 파이어버그 설치 순서는 다음과 같습니다.

① 파이어폭스(Mozila FireFox) 브라우저를 실행합니다.

② 주소 표시술에 https://addons.mozilla.org/를 입력하여 파이어폭스 부가 기능 페이지로 이동합니다.

③ 오른쪽 위 검색창에 firebug라고 입력하여 검색 결과를 봅니다.

④ 첫 번째 검색 결과 Firebug에 마우스를 올리면 〈+ Firefox에 추가〉 버튼이 생깁니다.

⑤ 〈+ Firefox에 추가〉 버튼을 눌러 파이어폭스 브라우저에 이 기능을 추가합니다.

이 과정을 거치면 파이어폭스 브라우저를 재시작해야 한다는 알림이 나오는데, 안내에 따라 다시 시작하면 파이어버그라는 기능이 추가된 파이어폭스가 실행됩니다.

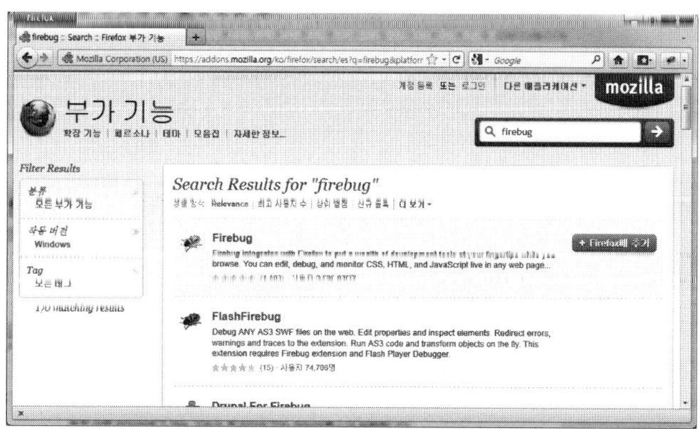

그림 1-15 파이어버그가 설치된 파이어폭스

그림 1-15처럼 오른쪽 위에 벌레 그림 버튼(　)이 나온다면 설치가 완료된 것입니다. 그 버튼을 클릭하면 그림 1-16처럼 인터넷 익스플로러의 개발자 도구와 비슷한 역할을 하는 파이어버그가 실행됩니다.

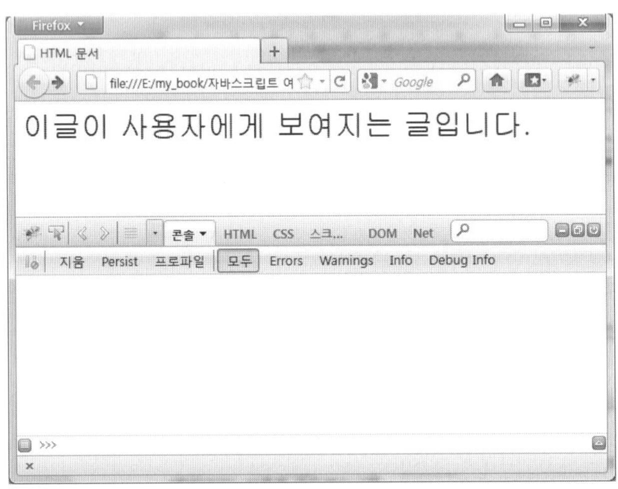

그림 1-16 파이어버그 실행 모습

▌ 구글 크롬 ^{1.3.4}

요즘 최고의 기업이라 일컬어지는 구글이 내놓은 브라우저가 크롬(Chrome)입니다. 가볍고 빠르며 최신 기술인 HTML5, CSS3 등의 기술 적용, 빠른 업데이트 등 여러 가지 장점들로 말미암아 사용자가 큰 폭으로 늘어가는 브라우저입니다. 요즘은 파이어폭스보다 많은 사용자를 보유하게 되었습니다.

개발자 도구와 구글 계정을 통한 동기화 기능 외에도 여러 가지 편리한 기능이 있고 다른 웹 브라우저에 비해 넓은 화면을 제공하고 있습니다. http://www.google.com/chrome 웹 사이트에서 내려받아 설치하실 수 있습니다.

크롬 웹 브라우저에서 개발자 도구를 사용하려면 그림 1-17과 같이 오른쪽 위의 도구 버튼(🔧)을 클릭하여 [도구] → [개발자 도구]를 선택하거나 단축키 F12를 눌러 그림 1-18과 같이 개발자 도구를 활성화할 수 있습니다.

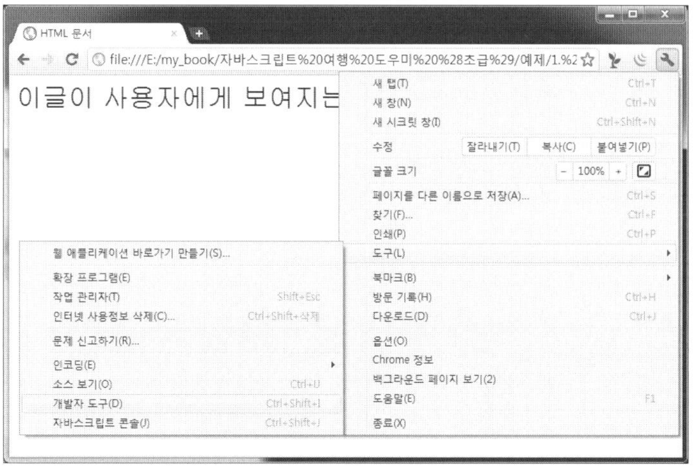

그림 1-17 크롬 브라우저

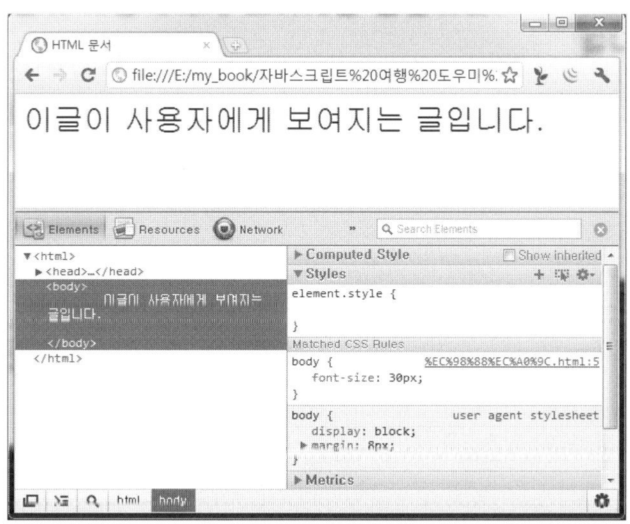

그림 1-18 개발자 도구가 활성화된 크롬

이것으로 자바스크립트를 이용한 웹 애플리케이션 제작 준비를 마쳤습니다. 다음 장부터 가장 기초적인 부분부터 자바스크립트 언어를 배우고 그 언어를 이용하여 웹 애플리케이션 제작 방법을 배워보도록 하겠습니다.

자바스크립트, 이것만은 알아두자

이번 장의 목적은 여러분도 웹 애플리케이션에 자바스크립트를 쉽게 적용할 수 있다는 것을 배우는 것입니다. 그중 앞으로 학습에 필요한 기본적인 지식 몇 가지를 알아보도록 하겠습니다. 혹시 기본적인 자바스크립트 관련 내용을 알고 계신 분이라면 이 장을 건너뛰셔도 무방할 것입니다.

2.1 Hello, JavaScript!

"Hello, JavaScript!"라는 제목은 사실 프로그래밍 관련 서적을 자주 보신 분이라면 물릴 수도 있는 제목입니다. 하지민, 그런 분들이리면 "이것만 히면 이미 반은 했디!"리는 말도 많이 들어 보셨을 것입니다. 정말 이것만 하면 반을 한 것인지는 확신할 수는 없지만, 반드시 필요한 과정임은 부정할 수 없습니다. 이 첫걸음의 목적은 HTML 페이지에 "Hello, JavaScript!"라는 문구를 자바스크립트를 통해 출력하는 것입니다.

우선 적당한 위치에 여러분이 앞으로 학습할 자료를 모아둘 폴더를 만들어두도록 합니다. 그리고 폴더의 [도구](Windows XP) 혹은 [구성](Windows 7) 메뉴 '폴더 및 검색 옵션'을 클릭하여 그림 2-1과 같이 [보기] 탭에서 '알려진 파일 형식의 피일 획장멍 숨기기' 체그를 해제한 디음 〈확인〉을 클릭해 적용합니다.

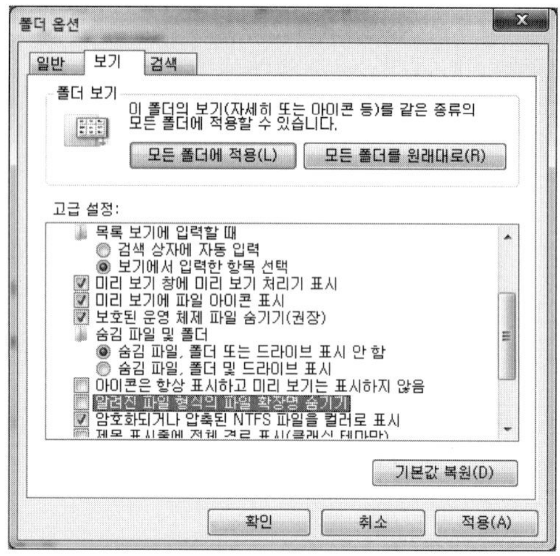

그림 2-1 폴더 옵션 설정

해당 폴더에서 마우스 오른쪽 버튼을 클릭한 다음 그림 2-2와 같은 컨텍스트 메뉴에서 [새로 만들기] → [텍스트 문서]를 클릭하여 빈 텍스트 문서를 하나 만든 다음 만들어진 파일의 이름을 HelloJavaScript.html로 지정합니다.

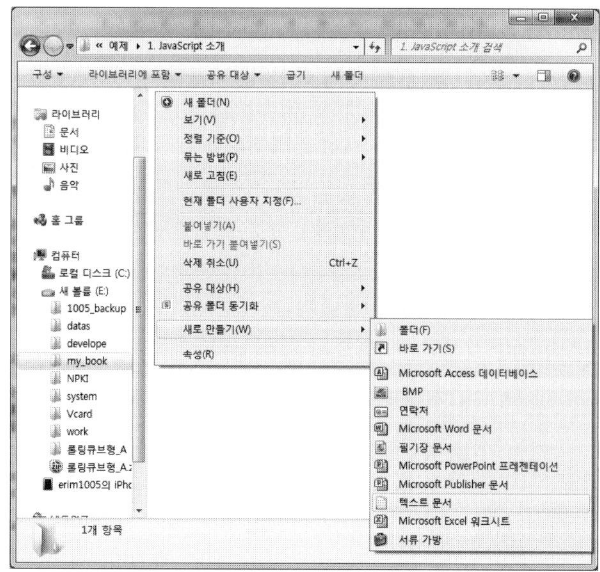

그림 2-2 파일 새로 만들기

일반 텍스트 편집기가 아닌 통합 개발 환경(IDE)을 사용한다면 해당 도구에서 새로운 프로젝트
(Project)를 생성하여 웹 콘텐츠를 담는 폴더에 새로운 HTML 파일을 생성하시면 됩니다.

생성한 빈 파일에 예제 2-1와 같은 기본적인 HTML 코드를 작성합니다. 사용하시는 환경에 따
라 <meta> 태그의 내용 부분은 바뀔 수도 있지만, 기본적인 구성은 모두 같습니다. 예제 2-1의
경우는 HTML5를 기준으로 하는 기본 구성의 웹 페이지입니다.

예제 | 2-1

```
<!DOCTYPE html>
<html>
<head>
<meta charset="UTF-8">
<title>제목을 넣어 주세요.</title>
</head>
<body>

</body>
</html>
```

이제 이 페이지에 자바스크립트 코드를 삽입해야 합니다. 삽입하는 방법에는 두 가지가 있는데,
페이지에 직접 삽입하는 방법과 자바스크립트 파일을 따로 생성하고 HTML 파일에서 호출하
여 사용하는 방법입니다. 이 두 가지 방법은 자바스크립트의 구문 작성은 모두 같지만, HTML
에 삽입하는 형태가 조금 다릅니다.

다음 구문은 자바스크립트의 내용을 직접 HTML 페이지에 삽입하는 방법입니다. <script> 태
그가 열리고 </script> 태그로 닫는 사이에 자바스크립트 구문을 입력할 수가 있습니다.

```
<script type="text/javascript">
//  자바스크립트 구문
</script>
```

그리고 다음 구문은 외부의 자바스크립트 파일을 불러와 사용할 때의 방법입니다.

```
<script type="text/javascript" src="자바스크립트 파일 주소"></script>
```

자 그렇다면 이제 실제로 HTML 페이지에 직접 자바스크립트를 삽입하여 자바스크립트가 웹 브라우저에 영향을 줄 수 있도록 해보겠습니다. 기본적인 HTML 내용을 완성하고 〈body〉 태그의 안쪽 "Hello, JavaScript"라는 문구를 넣고 싶은 위치에 〈script〉 태그를 직접 삽입합니다. 예제 2-2에서 보듯이 저의 경우에는 〈h1〉Hello, JavaScript!〈/h1〉와 〈h1〉Bye Bye〈/h1〉 사이에 삽입하였습니다. 삽입된 내용인 document.write("〈p〉Hello, JavaScript!〈/p〉");의 내용은 문서에 〈p〉Hello, JavaScript!〈/p〉를 쓰도록 하는 명령입니다. document 객체라는 녀석에 대해서는 나중에 조금 더 자세히 배우기로 하고 지금은 document 객체라는 녀석 내부에 있는, 문서의 내용을 직접 적을 수 있는 write( )라는 명령(메서드)만 사용해보기로 합니다.

자바스크립트에서 어떤 행동에 대한 명령은 끝에 괄호( )를 붙입니다. 그리고 그 괄호( ) 안에는 명령에 필요한 재료나 정보를 알려 주어야 합니다. 정리하자면 document 객체라는 녀석의 내부에 있는 명령을 사용하기 위해 온점(.)을 찍고 접근해서 write( ) 메서드라는 녀석을 찾습니다. 이 write( ) 메서드라는 녀석은 행동하는 녀석이기 때문에 괄호( )를 붙이고 이 괄호 안에 write( ) 행동과 관련한 정보를 넣어 줍니다. 그 정보(〈p〉Hello, JavaScript!〈/p〉)는 문자열의 형태이므로 큰따옴표로 묶어 주었습니다.

이 행동과 명령에 대한 부분은 후에 자세히 다룰 것이니 지금 이해하지 못한다 해도 상관없습니다. 지금은 〈script〉 태그를 사용해 HTML 문서에 자바스크립트를 어떻게 넣는지에만 집중하시면 됩니다.

예제 | 2-2

```
<!DOCTYPE html>
<html>
<head>
    <meta charset="UTF-8">
    <title>Hello, JavaScript!</title>
</head>
<body>
```

```
<h1>Hello, JavaScript!</h1>

<script type="text/javascript">
   document.write("<p>Hello, JavaScript!</p>");
</script>

<h1>Bye Bye</h1>
</body>
</html>
```

예제 2-2를 브라우저에서 실행해보면 그림 2-3과 같은 결과가 나옵니다. 〈script〉 태그가 들어간다고 해도 다른 HTML 구성 요소는 그대로 유지되고 있음을 알 수 있습니다.

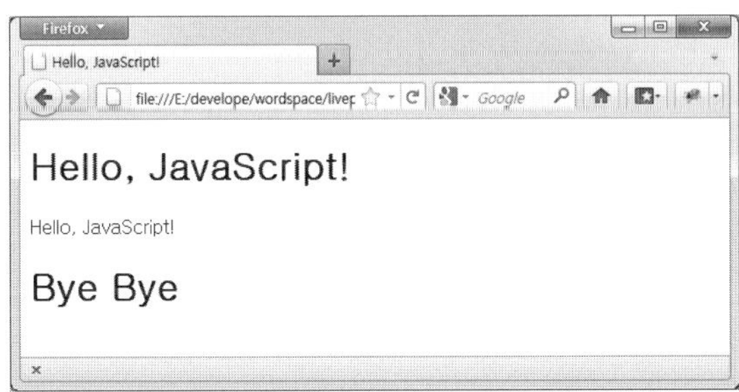

그림 2-3

이번엔 같은 내용으로 〈body〉가 아닌 〈head〉에 삽입해 보겠습니다. 예제 2-3의 내용을 웹 브라우저로 실행해보면 그림 2-4와 같음을 확인할 수 있습니다. 즉 자바스크립트가 어디 있느냐에 따라 자바스크립트가 실행되는 위치가 달라지는 것입니다.

예제 | 2-3

```
<!DOCTYPE html>
<html>
<head>
   <meta charset="UTF-8">
   <title>Hello, JavaScript!</title>
```

```
<script type="text/javascript">
    document.write("<p>Hello, JavaScript!</p>");
</script>
</head>
<body>
  <h1>Hello, JavaScript!</h1>

  <h1>Bye Bye</h1>
</body>
</html>
```

그림 2-4

여기서 눈여겨보실 부분은 자바스크립트가 실행되는 순서입니다. 너무 당연한 듯하지만 많은 분이 이를 간과하고 넘어가는 것을 보았는데 이것은 너무나 중요한 것입니다. HTML, CSS, 자바스크립트뿐만 아니라 모든 프로그래밍 언어에는 언어별로 실행되는 순서가 있습니다. 반드시 이 순서를 기억하세요.

자바스크립트의 실행 순서는 다음과 같습니다.

① 왼쪽에서 오른쪽 순서로 실행됩니다.
② 위에서 아래의 순서로 실행됩니다.
③ 하나의 명령 끝은 쌍반점(;)으로 구분합니다.

이 순서대로 명령을 진행해나간다는 것을 정확하게 알고 있다면 어떤 개발을 하더라도 예상치 못한 상황에서 조금 더 빠르고 정확하게 그러한 상황을 처리해나가실 수가 있을 것입니다.

2.2 주석

개발하다 보면 여러분이, 혹은 남들이 개발한 소스 코드를 보면서 난감해질 때가 상당히 많을 것입니다. 그럴 때를 대비해 주석(Comment)을 적극적으로 활용하는 것이 좋습니다. 특히 개발 언어가 영어로 되어 있다 보니 한글을 사용하는 우리에게는 알아보기 더욱 어려울 수도 있습니다. 그래서 때로는 소스 코드만으로 어떠한 내용인지 알아보기 어려울 때 주석을 통해 의미 전달이나 소스를 이해하는 데 도움을 줄 수 있습니다.

이 주석은 자바스크립트의 명령으로써 해석되지 않기 때문에 여러분이 무엇을 적더라도 문제가 없습니다. 자바스크립트 명령을 작동할 때 주석 부분은 제외하고 작동하기 때문이죠. 다시 말해서 주석은 사람이 보려고 만든 것입니다.

주석에는 다음과 같이 2가지가 있습니다.

- **한줄 주석**　시작 선언만 있고 선언된 위치로부터 같은 줄에 있는 모든 내용을 주석으로 인정합니다. 시작 선언은 //로 합니다.
- **구간 주석**　시작 선언과 마침 선언이 있고 시작 선언 후로부터 마침 선언이 있는 위치까지 줄의 수나 위치에 관계없이 해당하는 구간만을 주석으로 인정합니다. 시작 선언은 /*로 하고 마침 선언은 */로 합니다.

```
// 이 줄은 모두 자바스크립트로 해석되지 않고 주석이 됩니다.

/*
    이 안쪽만 자바스크립트가 해석하지 않는 주석입니다.
*/
```

가장 좋은 소스 코드는 주석이 잘 달려 해석하기 좋은 소스 코드가 아니라 최소한의 주석과 소스 코드만으로도 쉽게 알아볼 수 있도록 만들어진 코드입니다. 즉 소스 코드 자체를 의미 있게 구분하고 한눈에 알아보기 쉽게 만들어야 합니다. 간혹 주석이 달리지 않으면 알아보기 어려운 소스 코드가 있는데, 이 책을 보는 여러분은 그런 소스 코드를 작성하지는 않을 것이라 굳게 믿습니다.

그리고 또 하나, 개발자들 사이에 암묵적으로 지켜지는 주석이 있는데 그것은 설명 주석입니다. 시작 선언은 /**로 하고 마침 선언은 */로 합니다. 이 설명 주석은 주석의 바로 아래에 있는 변수, 함수, 파일 따위에 대해 설명하는 것으로, 간혹 이 설명만 따로 떼어 해당 프로그램을 활용하는 설명 문서로 만들기도 합니다. 그러므로 이 설명을 잘 기록해 놓는다면 훗날 다른 개발자뿐만 아니라 그 소스를 작성한 자신에게도 큰 도움이 될 것입니다.

```
/**
 * 바로 아래에 있는 것에 대한 설명을 넣습니다.
 * 제작자 : 1005
 */
```

그리고 이 설명 주석을 파일의 가장 위에 놓는다면 그것은 그 파일에 대한 설명을 의미합니다. 언제 만들었는지, 누가 만들었는지, 이 파일의 목적이 무엇인지 등에 관한 것입니다. 추가로 여러 사람이 함께 작업하는 프로젝트라면 해당 파일 개발자의 이메일과 같은 연락처를 넣어두기도 합니다.

예제 2-4는 외부 자바스크립트 파일인 예제 2-5를 불러 사용하고 있습니다. 예제 2-5에서 사용되는 주석의 예를 보십시오. 이 두 소스와 그 결과로 나타난 그림 2-5를 보시면 금방 이해하실 수 있을 것입니다.

예제 | 2-4

```html
<!DOCTYPE html>
<html>
<head>
  <meta charset="UTF-8">
  <title>JavaScript Comment</title>
  <script type="text/javascript" src="2-5.js"></script>
</head>
<body>
  <h1>Hello, JavaScript!</h1>
  <h1>Bye Bye</h1>
</body>
</html>
```

```
/**
 * 만든이: 1005
 * 만든날: 2011년 어느날
 * 버전: 1.0
 * 이 파일은 2-4.html에서 사용되는 스크립트 파일입니다.
 */

//document.write("JavaScript");
/* 주석 글자에요.
 * 여러 줄도 쓸 수 있어요.
 * 이 줄에서 끝나지만, 이 줄에 명령도 할 수 있지요. */ document.write("Comment");
```

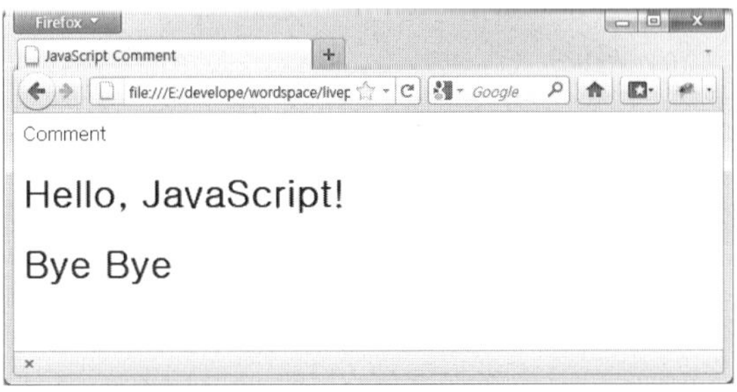

그림 2-5 주석이 포함되었을 때

예제 2-5에서 여러 줄로 주석을 달 때 제일 앞에 *를 붙이는 것은 단지 알아보기 쉽도록 쓴 것일 뿐이고 이것이 없다고 해서 주석이 아닌 것은 아닙니다. 이 외에도 아직 작업이 마무리되지 않은 부분을 잊지 않고자 //TODO: 등의 형식으로 한줄 주석을 활용하기도 합니다. 일종의 메모를 남겨 두는 것이죠.

2.3 대화창

다른 프로그래밍 언어를 다루어 보신 분들은 프로그래밍 언어에는 반드시 사용자의 의사를 확인할 도구가 필요하다는 것을 아실 것입니다. 아니 프로그래밍의 경험이 없더라도 누구나 짐작할 수 있는 것입니다. 언제나 같은 상황만 반복되고 달라지는 것이 없다면 사용자의 의사를 물을 필요가 없겠지만, 무엇인가 항상 변합니다. 마치 우리가 구글이나 다음과 같은 검색 사이트에 접속해서 항상 같은 검색어만을 입력하지 않는 것처럼요.

이렇게 검색 사이트에서 무엇을 검색하길 원하는지 물어보는 것처럼 우리도 사용자가 요구하는 것이 무엇인지 물어야 할 때가 잦습니다. 그때 사용하기 위해 자바스크립트를 지원하는 웹 브라우저에서 대화창을 사용하는 방법을 배워보고자 합니다.

▌경고창 2.3.1

첫 번째로 사용자들에게 어떤 의견을 묻는 것이 아닌 단순 알림을 보내는 방법입니다. 우리가 가장 많이 접하는 대화창이기도 합니다. 이 경고창(Alert Window)을 사용하는 방법은 매우 단순합니다.

alert( ) 메서드의 괄호( ) 사이에 사용자에게 전달하고자 하는 내용을 문자 형태로 담습니다. 앞서 설명한 document.write( ) 메서드와 같은 형태로 행동을 위한 정보를 전달해주는 것입니다. 다만 write( ) 메서드라는 행동은 document 객체라는 녀석이 가지고 있고 alert( ) 메서드라는 행동은 window 객체라는 녀석이 가지고 있습니다.

window 객체를 간단히 설명하자면 이 녀석은 자바스크립트를 만들어 담는 세계로 치자면 창조주 같은 녀석입니다. 그렇기에 자바스크립트의 모든 정보와 모든 행동은 window 객체라는 녀석에게 소유권이 있습니다. 그리고 document 객체라는 녀석은 window 객체의 첫 번째 피조물이라고 보시면 됩니다. 그렇기에 write( ) 메서드는 document 객체에게 접근해서 요청하고 alert( ) 메서드는 document 객체가 아닌 window 객체에 소속되어 있는 행동(메서드)이기 때문에 정확히는 window.alert( ), window.document.write( )라고 표현해야 합니다. 이때 window.는 생략할 수 있습니다. 이 내용도 나중에 자세히 다룰 것입니다.

다시 돌아와서 alert( ) 메서드를 사용하는 방법은 다음 예제와 같습니다. 이와 같은 명령을 하면 브라우저에서는 그림 2-6과 같은 대화창을 사용자에게 보여 줍니다.

예제

```
alert("메시지");
```

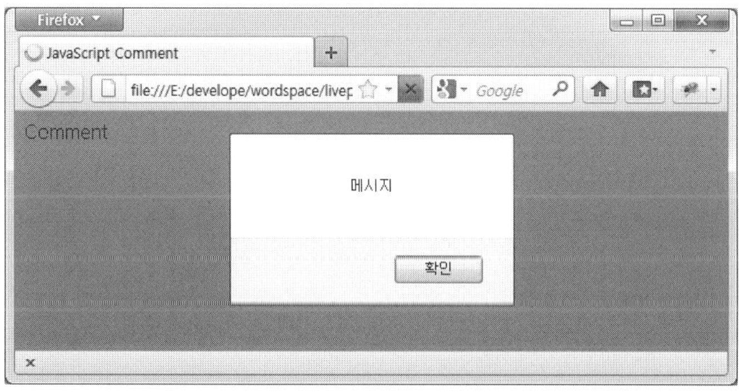

그림 2-6 alert( ) 메서드 실행

경고창의 특징은 다음과 같이 정리할 수 있습니다.

- 자기 할 말만 하고 대답은 듣지 않는 일방통행입니다.
- 경고창이 활성화되면 사용자가 경고창에 응답할 때까지 다음 작업을 진행하지 않습니다.

이러한 특성 때문에 사용자로부터 특별한 요청을 받을 필요가 없을 때 사용합니다. 즉 알려주기만 하면 되는, 말 그대로 경고할 때 사용됩니다.

■ 확인창 2.3.2

확인창(Confirm Window)도 기본적인 내용은 alert( ) 메서드와 같습니다. 이 대화창이 활성화 되면 이 명령을 수행하던 자바스크립트는 활동을 멈추고 사용자의 응답을 기다립니다. 하지만, 이 confirm( ) 메서드는 사용자의 의견을 예와 아니오라는 매우 단순한 방법으로만 받습니다.

다음 예제에서와같이 명령할 수 있습니다. HTML 문서에서 이 명령을 실행하면 그림 2-7과 같 은 결과가 나오게 되는데 특이점은 앞의 alert( ) 메서드와는 달리 〈확인〉 버튼과 〈취소〉 두 개 의 버튼이 보인다는 것입니다. 어떤 버튼을 선택하는지를 통해 사용자의 의사를 확인할 수 있습 니다.

예제 |

```
confirm("메시지");
```

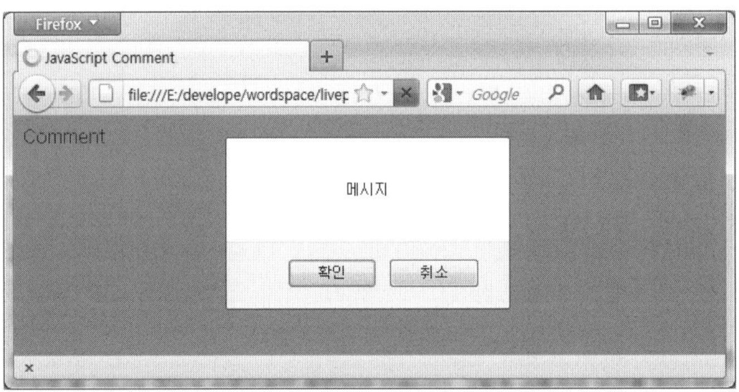

그림 2-7 confirm( ) 메서드 실행

이렇게 사용자의 의견을 받아 바로 행동에 적용하거나 뒤에서 배울 변수라는 녀석에게 담았다 가 사용할 수도 있습니다. true(옳다), false(그르다)로 전달된 사용자의 답변으로 보통은 if(만 약)라는 구문을 이용하지만, 이에 대한 자세한 내용은 뒤에 다시 다룰 예정이므로 지금은 어떤 형태의 사용자 의견을 받을 수 있는 것인지에만 집중하셔서 기억하시면 됩니다.

■ 프롬프트창 2.3.3

프롬프트창(Prompt Window)을 사용하면 사용자의 의견을 조금 더 적극적으로 받아들일 수 있습니다. 사용자의 의견을 적극적으로 받아들이는 방식이란 사용자가 어떤 글이나 의견을 직접 입력할 수 있도록 하는 것입니다. 프롬프트창 또한, 앞의 alert( ), confirm( ) 메서드와 마찬가지로 자바스크립트 동작을 일시 중지시킵니다.

우선 어떻게 다른 모습이고 사용자로부터는 어떻게 입력받는지 직접 확인해 보겠습니다.

예제 |

```
prompt("메시지", "미리 입력된 값");
```

그림 2-8 prompt( ) 메서드 실행

예제처럼 prompt( ) 메서드를 실행하면 그림 2-8과 같은 화면을 보실 수 있습니다. 단 alert( ) 메서드나 confirm( ) 메서드와는 다르게 괄호 안에 두 가지 정보를 입력할 수 있습니다. 먼저 입력된 "메시지" 부분은 다른 명령들과 같은 방식으로 표현되고 있고 뒤에 입력된 "미리 입력된 값" 부분은 문자 입력 상자에 자동으로 입력되는 것입니다. 즉 사람들이 가장 많은 대답을 할 것으로 예상하는 답을 미리 정하여 대답하지 않으면 "기본적으로 이렇게 처리하겠나."라는 의미를 전달하는 방법입니다. 이것을 보통 기본값(Default Value)이라고 말합니다.

특이점은 〈확인〉 버튼, 〈취소〉 버튼과 함께 직접 입력받는 문자 입력 상자가 함께 있다는 것입니다.

〈확인〉 버튼을 누르게 되면 문자 입력 상자에 사용자가 입력한 내용을 받을 수 있고 〈취소〉 버튼을 누르게 되면 아무것도 입력받지 못하게 됩니다. 이럴 때는 널(null) 값이 나오게 되는데, 널이라는 것의 의미는 아무것도 없다는 것입니다. 무효라는 의미이죠.

그래서 prompt( ) 메서드를 사용하게 되면 무효인 널을 포함해서 어떤 문자가 입력될지 예측할 수 없습니다. 따라서 입력된 값을 별도의 자바스크립트로 하나하나 확인해야 하므로 프로그램 작성하기가 조금 복잡해지게 되죠. 우선 간단히 어떤 값을 받았는지 확인하는 예제를 작성해보겠습니다. 조금 복잡해 보일 수도 있으니 신중하게 보셔야 합니다.


```
alert( prompt("메시지", "미리 입력된 값") );
```

예제를 보시면 alert( ) 메서드 안에 prompt( ) 메서드가 있습니다. 이럴 때 alert( ) 메서드의 괄호가 닫혀서 끝나지 않았기 때문에 괄호가 먼저 닫혀 명령을 확인할 수 있는 prompt( ) 메서드가 먼저 실행됩니다. 이 예제를 실행하면 앞에 예제에서 보여준 그림 2-8과 같은 화면이 먼저 나온 다음 입력된 값을 alert( ) 메서드에 적용해서 보여주게 됩니다.

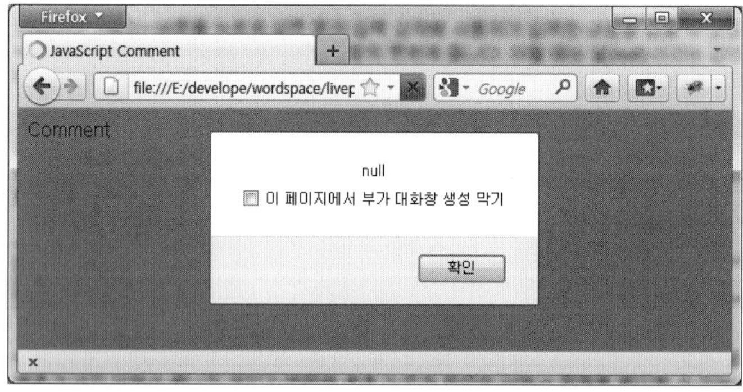

그림 2-9 alert( ) 메서드 안에서 prompt( ) 메서드 사용

그림 2-9의 화면은 예제를 실행했을 때 나온 프롬프트창에서 〈취소〉 버튼을 눌렀을 때 나온 사용자 응답에 대한 값을 경고창을 통해 본 것입니다.

2.4 본격적인 학습에 앞서

앞으로 소스 코드를 작성하는 일이 점점 많아지게 될 것입니다. 이 작업을 코딩이라고 부르는데 코딩을 하는 데 있어서 몇 가지 당부할 것들이 있어 이 내용을 추가하였습니다. 이 내용은 굳이 보지 않으셔도 자바스크립트를 학습하는 데 별문제는 없습니다. 하지만, 앞으로 학습의 효율을 극대화하고 여러분이 다른 개발자들과 함께 대화하며 소스 코드를 공유하게 될 때 조금 더 좋은 이미지를 구축할 수 있습니다.

1) 줄 바꾸기를 아까워하지 마십시오.

소스 코드의 줄이 길어진다는 이유 때문에 줄 바꾸기에 무척 인색한 분들이 있습니다. 하지만, 소스 코드의 줄을 줄이는 것이 좋다는 것은 소스 코드에서 없어도 되는 코드를 줄이거나 반복 사용되는 코드를 분리해 내라고 하는 의미이지 줄 바꾸기를 하지 말라는 것이 아닙니다. 오히려 줄 바꾸기를 적극적으로 활용해서 소스 코드의 구역이 한눈에 구분되도록 해야 합니다.

2) 의미 있는 이름 붙이기에 신경 써 주십시오.

영어로 된 개발 언어이기 때문에 이름을 붙이는데 상당히 고민이 되는 일이 많습니다. 어떤 개발자들은 개발 기간의 40% 이상을 이름 붙이기를 고민하며 보내기도 합니다. 이는 훗날 소스 코드를 보았을 때 무엇을 위한 소스 코드인지 한눈에 알 수 있도록 도와줍니다. 작성하는 지금 당장은 그렇게 하지 않아도 될 것 같지만, 며칠만 지나도 무엇을 위한 소스 코드인지 알 수 없게 되는 경우가 많습니다. 이때 자신이 이름을 잘 붙여 놓았던 분들이라면 소스 코드를 보는 순간 그때의 기억들이 되살아나며 이 소스 코드가 어떻게 작성되었는지 기억해 내고 기억하지 못하더라도 추정할 수 있습니다.

3) 설명 주석을 직극직으로 활용해 주십시오.

앞서 설명한 설명 주석은 이름만으로는 이해하기 어려울 때가 잦으므로 사용 예에 대한 것들이나 활용법, 목적 등의 정보들을 설명 주석으로 담아 놓는다면 해당 소스 코드를 활용할 때 더욱 효율적으로 활용할 수 있습니다.

4) 되도록 HTML, CSS, JavaScript 파일들을 각각 따로 분리해 주십시오.

각각의 파일이 자신의 역할에만 충실하도록 하고 서로 간섭을 최소화시켜 주는 것이 좋습니다. 이것은 디자이너와 개발자 사이에 명확한 업무의 분리가 가능하도록 도와줄 것입니다.

5) 될 수 있으면 경험은 모두 남겨두십시오.

개인적인 파일 모음도 좋고 블로그나 그 무엇이라도 좋습니다. 기록이 기억을 지배한다는 말도 있듯이 그 기록들은 여러분이 나중에 맞게 될 어떤 어려움에서도 도움이 될 것입니다. 여러분의 학습 내용, 생각지 못한 예외 상황 등 가능한 많은 것을 남기고 이것을 정리한다면 덤으로 복습의 효과도 보실 수 있습니다.

6) 자주 사용되는 소스 코드는 따로 분류해 보관하십시오.

특성에 따라 자주 사용되는 소스 코드는 달라질 수 있습니다. 하지만, 분명히 자주 사용되는 소스 코드는 존재합니다. 이것들을 따로 분류 보관한다면 새로운 것을 개발해야 할 때에 이미 만들어 둔 것을 활용해 더욱 빠르고 편리하게 개발할 수 있습니다. 여러분만의 '자바스크립트 라이브러리'를 만들어 두는 것이죠.

제 3 장

변수와 함수

여러분은 수학 시간에 자주 등장하던 x와 y를 기억하시나요? 수학 공식에서 정해지지 않은 값을 표현할 때 썼던 골치 아픈 문자라는 것을 기억하실 겁니다. 자바스크립트에서도 이와 마찬가지로 정해지지 않은 값을 표현하는 문자, 즉 변수를 사용하여 다양한 값을 저장한 다음 이를 다양하게 활용할 수 있습니다. 이 장에서는 이러한 변수에 대해 알아보도록 하고, 아울러 자바스크립트에서 제공하는 함수에는 어떤 것이 있는지도 함께 살펴보겠습니다.

3.1 변수

자바스크립트로 코딩하다 보면 변화되는 값을 바꿔가며 다시 사용할 때가 있는데, 이때 다시 사용하기 위해 정해진 이름을 붙여 변하는 값이 아닌 변하지 않는 이름을 이용해야 합니다. 이렇게 프로그램 내에서 변하는 값에 이름을 부여하기 위해서 변수(Variable)를 사용할 수 있습니다. 변수의 이름은 식별자(Identifier)라고 불리며 몇 가지 규칙을 따라야 합니다.

- 변수 이름은 문자, 밑줄(_), 달러 기호($)로 시작해야 합니다. 그 뒤에는 숫자(0~9)도 올 수 있습니다.
- 대소문자를 구별하기 때문에 문자는 대문자 A~Z와 소문자 a~z를 사용할 수 있습니다.
- 자바스크립트에서 정한 예약어는 사용할 수 없습니다(var, this, if 등).
- 문자로 한글을 사용할 수 있습니다(영문자를 권장합니다).

자바스크립트는 변수로 사용할 수 없는 많은 예약어를 가지고 있습니다. 이 예약어들은 언어 구문의 일부이므로 특별한 의미가 있습니다. 따라서 변수 이름으로 예약어를 사용하면 스크립트를 읽어들일 때 오류가 발생합니다.

미래 사용할 예약어의 목록도 있는데, 이 예약어들은 현재는 사용하지 않지만, 미래에 사용하기 위해 예약해 둔 것들이기 때문에 조심해서 사용해야 합니다.

【예약어】

break	delete	function	return	typeo
Case	do	if	switch	var
catch	else	in	this	void
continue	false	instanceof	throw	while
debugger	finally	new	true	with
default	for	null	try	

【미래 예약어】

abstract	double	goto	native	static
boolean	enum	implements	package	super
byte	export	import	private	synchronized
char	extends	int	protected	throws
class	final	interface	public	transient
const	float	long	short	volatile

이 외에도 식별자를 선택할 때 String이나 parseInt 등 자바스크립트 내장 객체 또는 기능 함수 이름도 사용하지 않도록 주의해야 합니다.

이러한 여러 가지 제약이 있지만, 변수 이름을 지을 때는 의미를 정확히 반영하여 이름을 정해 주셔야 합니다. 그리고 몇 가지 규칙을 정해 두신다면 예약어를 피함과 동시에 변수 이름 정하 기가 훨씬 쉬울 것입니다.

▪ 변수의 선언 3.1.1

보통은 객체의 형태를 3글자에서 4글자 정도로 하고 뒤에 의미가 있는 이름을 부여합니다. 두 개 이상의 단어가 합성되기 때문에 두 번째 단어부터 단어의 첫 글자를 대문자로 하여 각 단어를 구분합니다. 이것을 따르지 않는다고 쇠고랑차지 않습니다. 경찰 출동 안 해요. 하지만, 지켜지기 때문에 아름다운 것입니다.

여러분이 더욱 향상된 자바스크립트 애플리케이션을 만들고자 할 때 이것은 큰 도움이 될 것입니다. 이에 대한 단순한 예를 표 3-1에서 표현해보았습니다.

표 3-1 변수 이름 짓기

정의	변수명	풀이
문자 형태로 된 이름 데이터	strName	string + name
숫자 형태로 된 나이 데이터	numAge	number + age

이러한 이름을 변수로 사용하려면 지금부디 이 변수를 사용하겠다는 신인이 필요합니다. 일반적인 프로그래밍 언어에서는 아래와 같이 변수를 선언하기 위해 변수 타입과 함께 변수 이름을 지정할 필요가 있습니다.

```
String variableName;
```

하지만, 자바스크립트에서의 변수 타입은 **객체(Object)**로 규정되어 있기 때문에 어떤 형태의 변수인시 선언할 필요 없이 모두 var라고 하는 예약어를 봉해 선언하게 됩니다. 그리고 자바스크립트에서 사용되는 모든 자료형은 객체에 귀속되기 때문에 어떤 형태의 변수를 담더라도, 심지어 일반적인 문자열을 담았다가 후에 숫자나 배열 형태로 타입 변경을 하더라도 문제가 되지 않습니다.

```
var variableName;
```

위 구문은 변수를 선언하는 방법입니다. 변수를 뜻하는 Variablo이 야자인 예야어 var를 통채 변수를 만들겠다고 선언합니다. 이렇게 만들어진 변수는 처음에 아무 값도 가지고 있지 않습니다. 나중에 따로 값을 할당해 주어도 되고 변수를 선언하면서 바로 값을 할당해 줄 수도 있습니다.

필요에 따라 예약어 var를 생략하고도 변수로 할당해 사용할 수 있습니다. 다만, 예약어 var를 생략하고 variableName = 1;과 같은 형태로 사용하면 해당 변수는 가장 최상위 객체인 window에 귀속된 변수로 생성됩니다. 이 부분이 중요한 것은 상위에 선언된 변수는 접근 경로 없이 바로 하위 객체가 사용할 수 있지만, 형제 객체나 하위 객체에서 선언된 변수를 상위 객체가 사용하려면 반드시 접근 경로가 필요하기 때문입니다. 어머니의 집은 굳이 허락받지 않아도 아무 때고 찾아가 쉴 수 있지만, 형제나 자식의 집은 허락을 얻고 찾아가서 쉬어야 한다고 할까요(허락 없이 찾아가더라도 어머님께 미리 찾아갈 거라고 귀띔 정도는 해주세요).

▪ 변수의 유효 범위 ^{3.1.2}

```
var human = function(){};
var age = 18;
var name = 'js1005';
```

이 구문에서는 human이라는 변수를 선언하면서 정의 객체를 생성하여 할당했습니다. 그러면 이렇게 만들어진 변수는 어디서든 접근할 수 있는 것일까요? 그렇지는 않습니다. 변수에는 각각 자신이 할당된 지역이 있습니다. 가장 큰 단위는 window 객체입니다.

변수를 선언하는 위치가 어느 객체 안에 있는가를 기준으로 하여 해당 객체의 내부에서는 항상 변수에 접근할 수 있습니다. 그러나 어느 객체에도 속하지 않는 변수를 만들었다면 그것은 window 객체에 속하게 되고 이것을 **전역 변수(Global Variable)**라고 합니다. 이러한 전역 변수가 아닌 특정한 객체 내부에서 활동하는 변수는 **지역 변수(Local Variable)**라고 합니다.

```
var 사람 = function(){
  var 머리 = function(){
    var 눈;
  };
  var 몸통 = function(){
    var 심장;
  };
```

```
var 팔 = function(){
    var 팔꿈치;
  };
  var 다리 = function(){
    var 무릎;
  };
};
```

위 구문을 예로 들어보겠습니다. 이것은 객체의 속성(Property)이 아닌 객체 내부의 변수로 사람의 구성 요소를 몇 가지 나열해본 것입니다. 여기서 변수 '사람'은 가장 바깥에 있습니다. 즉 window에 속한 변수가 됩니다. 그러므로 이 변수는 어디서든 접근할 수 있는 전역 변수가 됩니다. 그런데 이 내부에 있는 '머리', '몸통', '팔', '다리'는 '사람' 객체를 벗어나면 접근할 수가 없습니다. 지역 변수인 '머리', '몸통', '팔', '다리'는 '사람' 안에서라면 어디서든 접근할 수 있지만 '사람' 밖을 벗어나면 접근할 수 없는 것이죠. 이처럼 접근할 수 있는 변수의 영역을 정확히 구분하실 수 있어야 합니다.

쉽게 말하면 소속이 어디냐는 거죠. 1학년 3반에 소속된 김영희를 1학년 3반 학생들은 알지만, 1학년 5반 학생들은 동명이인인 1학년 5반의 김영희를 떠올리거나 1학년 5반에 김영희가 없다면 누군지 아예 모를 테니까요.

이 밖에도 변수와는 달리 값을 한 번 정하면 변하지 않는 상수(Constant)도 있지만, 인터넷 익스플로러에서는 지원하지 않으므로 자세한 내용은 생략하도록 하겠습니다. 상수형을 지정하는 예약어는 const이고 선언 방법은 var와 같습니다.

데이터가 변하지 않는 상수형 식별자는 대문자로 지정하며 두 가지 이상이 단어가 조합될 때는 밑줄(_)을 이용하여 연결합니다. 예를 들어 var STR_NAME = 'js1005';와 같은 형태로 작성합니다. 이렇게 지정해 주지 않으면 변해도 되는 변수와 변하면 안 되는 상수가 나중에 혼동될 수 있으니 지켜주는 것이 좋습니다.

3.2 기본 자료형

우리가 다루게 될 자바스크립트에는 JSON 객체라든지 직접 정의했던 사용자 정의 객체와 같이 여러 가지 자료 형태가 있습니다. 하지만, 그 밑바탕에는 미리 만들어져 제공되는 여러 자료형 이 있습니다. 모두 아무렇지 않게 생각하고 넘어갔을 문자나 숫자가 그 대표적인 예입니다. 이 것들에 대해 잠깐 이야기해 보겠습니다.

여기서 말하는 기본 자료형이라는 것은 자주 사용하는 데이터의 형태를 window 객체가 미리 정의해둔 객체입니다. 단순 문자나 숫자와 같은 기본적인 데이터의 형태와 날짜의 형태 등을 포 함해서 우리가 사용할 수 있는 여러 가지 객체 정의를 미리 제공해주는 것이지요.

이 장 곳곳에서 등장하는 표에는 각 속성의 설명과 문법, 그리고 사용되는 간단한 예제 코드를 보여주고 해당 코드가 어떤 결과를 보여주는지가 나와 있습니다. 분량이 상당하기 때문에 이것 들을 모두 외우기는 쉽지 않습니다. 모두 외우지는 못하더라도 어떤 객체가 어떤 기능과 속성들 을 가졌는지를 연상할 수 있으면 됩니다. 그것을 연상할 수 있다면 책이나 인터넷 검색 등을 통 해 필요할 때 찾아서 활용할 수 있을 테니까요.

다 외우면 좋겠지만 절대로 외우는 데 집착하지 마십시오. 어떤 기능들을 활용할 수 있는지 정 도만 기억하시면 됩니다. 지금부터는 상당히 많은 표가 나오게 될 것입니다. 표를 보고 이해할 수 있도록 표에서 표기하는 내용을 확인하고 표를 봐주시기 바랍니다.

- **인수**　메서드를 실행시키기 위해 괄호 안에 들어가는 정보를 이야기합니다.
- **대괄호([ ])**　둘러싸인 것은 필수가 아닌 생략할 수 있는 인수라는 뜻입니다.
- **문법**　해당 기능을 사용하는 구문을 나타냅니다.
- **코드**　해당 문법을 사용하는 간단한 예제입니다.
- **결과**　코드 부분의 예제를 실행했을 때 나오는 결과를 나타냅니다.

숫자(Number) 3.2.1

숫자는 정수(Integer, 소수점 없는 양수와 음수)와 실수(Float, 소수점을 포함한 양수와 음수)가 기본적인 데이터입니다. 하지만, 여기에 예외로 발생하는 숫자 데이터 NaN(Non a Number, 숫자 아님), Infinity(범위를 벗어난 숫자) 두 가지가 있음을 알아 두어야 합니다.

우선 Number 객체를 상속받는 데이터 객체를 만드는 방법은 다음과 같습니다.

```
new Number(숫자)
```

하지만, 자바스크립트에서는 이를 줄여서 단순히 필요한 곳에 숫자를 대입시키는 var x = 17;
과 같은 단순한 구문만으로도 자동으로 생성해주게 됩니다. Number 객체가 가진 속성과 메서
드를 기억해둔다면 Number형 데이터를 좀 더 손쉽게 다룰 수 있을 것입니다.

표 3-2 Number 객체의 속성

속성	설명
MAX_VALUE	자바스크립트에서 나타낼 수 있는 절댓값이 가장 큰 수를 반환한다. 이 수치보다 큰 수치 값은 값이 infinity이다. 고정(static) 속성이므로 항상 Number.MAX_VALUE를 사용하여야 한다.
	문법 `Number.MAX_VALUE`
	코드 `document.write(Number.MAX_VALUE)`
	결과 `1.7976931348623157e+308`
MIN_VALUE	자바스크립트에서 나타낼 수 있는 0에 가장 가까운 절댓값이 가장 작은 수를 반환한다. 고정(static) 속성이므로 항상 Number.MIN_VALUE를 사용하여야 한다. 이 수치보다 직은 수치 값은 값이 0이 된다.
	문법 `Number.MIN_VALUE`
	코드 `document.write(Number.MIN_VALUE)`
	결과 `5e-324`
NaN	숫자가 아닌 값을 반환한 산술식을 나타내는 특수한 값이다. 이는 0을 포함하여 어떤 수치 값도 아님을 나타낸다. 고정(static) 속성이므로 항상 Number.NaN를 사용하여야 한다.
	문법 `Number.NaN`
	코드 `document.write(Number.NaN)`
	결과 `NaN`
	코드 `document.write(isNaN('1234'),'	',isNaN('1,234'))`
	결과 `false	true *`

→ 다음 페이지에 계속

← 전 페이지에 이어

속성	설명
NEGATIVE_INFINITY	자바스크립트에서 나타낼 수 있는 가장 작은 음수(–Number.MAX_VALUE)보다 작은 값을 반환한다. 고정(static) 속성이므로 항상 Number.NEGATIVE_INFINITY를 사용하여야 한다. 문법 `Number.NEGATIVE_INFINITY` 코드 `document.write(Number.NEGATIVE_INFINITY,'	', isNaN(Number.NEGATIVE_INFINITY))` 결과 `-Infinity	false *`
POSITIVE_INFINITY	자바스크립트에서 나타낼 수 있는 가장 큰 수치(Number.MAX_VALUE)보다 큰 값을 반환한다. 고정(static) 속성이므로 항상 Number.POSITIVE_INFINITY를 사용하여야 한다. 문법 `Number.POSITIVE_INFINITY` 코드 `document.write(Number.POSITIVE_INFINITY,'	', isNaN(Number.POSITIVE_INFINITY))` 결과 `Infinity	false`

표 3-3 Number 객체의 메서드

메서드	설명
toExponential( )	지정된 Number 객체를 지정한 수의 지수 문자열로 표시한다. 문법 `numObject.toExponential(baseDigit)` 코드 `myNum=100;` `document.write(myNum.toExponential(4))` 결과 `1.0000e+2`
toFixed( )	지정된 Number 객체를 지정한 수의 고정 소수점 문자열로 표시한다. 문법 `numObject.toFixed(fixedDecimal)` 코드 `myNum=100;` `document.write(myNum.toFixed(4))` 결과 `100.0000`

→ 다음 페이지에 계속

← 전 페이지에 이어

메서드	설명
toLocaleString( )	지정된 Number 객체를 로케일 문자열로 표시한다.

문법 `numObject.toLocaleString( )`

코드
```
myNum=100;
document.write(myNum.toLocaleString( ))
```

결과 `100`

메서드	설명
toPrecision( )	지정된 Number 객체를 지정한 수의 정밀도를 갖는 문자열로 표시한다.

문법 `numObject.toPrecision(totalDigit)`

코드
```
myNum=100;
document.write(myNum.toPrecision(4))
```

결과 `100.0`

메서드	설명
toSource( )	지정된 Number 객체를 생성하는 데 사용된 소스 코드를 반환한다. 일반적으로 자바스크립트로 직접 호출한다. Object.toSource( ) 메서드를 오버라이딩 (Overriding)하여 새로운 객체를 만들 수 있다.

문법 `numObject.toSource( )`

메서드	설명
toString( )	Object 객체로부터 상속되고 Number 객체를 문자열로 반환한다. radix는 2와 36 사이의 정숫값으로, 진수를 나타낸다. Object.toString( )를 오버라이딩하여 새로운 객체를 만들 수 있다.

문법 `numObject.toString([radix])`

코드
```
myNum=255;
document.write(myNum.toString(16))
```

결과 `ff`

코드
```
myNum=255*256;
document.write(myNum.toString(16))
```

결과 `ff00`

→ 다음 페이지에 계속

← 전 페이지에 이어

메서드	설명
valueOf( )	보통 자바스크립트 내부적으로 호출하며 Number 객체의 값을 반환한다. Object.valueOf( ) 메서드를 오버라이딩하여 새로운 객체를 만들 수 있다. 문법　numObject.valueOf( ) 코드　myNum=123; 　　　document.write(myNum.valueOf( )) 결과　123

▪ 문자(String, Text) ^{3.2.2}

식별할 수 있는 가장 강력한 자료형이라고 생각되는 것이 바로 문자 데이터입니다. 이를 자바스크립트에서는 String 객체라고 하는데, 이것은 우리가 HTML이라는 문서 데이터를 다루는 만큼 굉장히 밀접한 관계 속에 있습니다.

먼저 가장 중요한 것은 문자 데이터는 작은따옴표(' ')나 큰따옴표(" ") 둘 중에 한 가지로 둘러싸야 한다는 것입니다. 그렇지 않으면 변수로 인식해서 식별자를 찾지 못한다는 오류가 발생할 것입니다. 그리고 될 수 있으면 자바스크립트에서는 작은따옴표를 사용하고, HTML 엘리먼트의 속성을 설정할 때는 큰따옴표를 사용하길 권장합니다. 이 String 객체 역시 Number 객체와 마찬가지로 new String('문자')의 형식으로 생성하게 되는데, 이 역시도 var str = '문자';의 형태로 원하는 곳에 직접 삽입하는 방법으로 간단하게 생성할 수도 있습니다.

표 3-4 String 객체의 속성

속성	설명
length	String 객체의 길이를 반환한다. 문법　strObject.length=newLength 코드　strObject='테스트 문자열'; 　　　document.write(strObject+' | '+strObject.length); 결과　테스트 문자열	7

표 3-5 String 객체의 메서드

메서드	설명
charAt( )	문자열에서 index 번째 문자를 반환한다.

문법

```
strObject.charAt(index)
```

코드

```
strObject='012345';
document.write(strObject.charAt(3));
```

결과
```
3
```

charCodeAt( )	문자열에서 index 번째 문자를 Unicode 값으로 반환한다.

문법

```
strObject.charCodeAt(index)
```

코드

```
strObject='012345';
document.write(strObject.charCodeAt(3));
```

결과
```
51
```

concat( )	문자열을 결합하여 새로운 문자열을 만든다.

문법

```
strObject.concat(strName2,strName3,...strName[n])
```

코드

```
strObject1='012345';
strObject2=' 문자열의 ';
strObject3='결합 예제';
document.write(strObject.concat
(strObject1,strObject2,strObject3));
```

결과
```
012345012345 문자열의 결합 예제
```

lastIndexOf( )	String 객체에서 호출하면 지정된 시작 위치(fromIndex)에서 뒤로 검색하여 지정된 검색 문자열(searchValue)을 만나면 그 위치(index)를 반환한다. 검색 문자가 마지막으로 나오는 부분이다.

문법

```
strObject.lastIndexOf(searchValue,[fromIndex])
```

코드

```
strObject='012345 123 12345';
document.write(strObject.lastIndexOf('1',8));
```

결과
```
7
```

→ 다음 페이지에 계속

← 전 페이지에 이어

메서드	설명

replace( )	문자열에 대해 지정된 정규식(RegExp)을 검정하여 일치 부분 문자열을 인수에서 지정한 newSubString 문자열로 대체한다.
	
	문법 `strObject.replace(regexp, newSubString)`
	
	코드 `strObject='abc Abc ABC aBc abC';`
	`regexp=RegExp(/b/ig);`
	`document.write(strObject.replace(regexp,'i'));`
	
	결과 `aic Aic AiC aic aiC`

split( )	문자열을 limit 인수 개수까지 separator로 분리하여 새로운 부분 문자열들을 생성하고 생성된 문자열들을 배열 변수(array)로 만든다. **문법** `strObject.split([separator][,limit])` **코드** `strObject='abc Abc ABC aBc abC';` `document.write(strObject.split('a',3));` **결과** `,bc Abc ABC ,Bc`
substr( )	문자열에서 시작 인수 start부터 지정된 길이(length)만큼 추출하여 부분 문자열을 생성한다. **문법** `strObject.substr(start[,length])` **코드** `strObject='123456789012345';` `document.write(strObject.substr('0',4));` **결과** `1234`
substring( )	문자열에서 시작 인수 startIndex부터 지정된 마지막 인수 endIndex 인수까지 추출하여 부분 문자열을 생성한다. **문법** `strObject.substring(startIndex,endIndex)` **코드** `strObject='123456789012345';` `document.write(strObject.substring(3,9));` **결과** `456789`
toLowerCase( )	문자열의 각 문자를 소문자로 변환하여 반환한다. **문법** `strObject.toLowerCase( )` **코드** `strObject='Characters to Lower Case';` `document.write(strObject+'⇒'+strObject.toLowerCase( ));` **결과** `Characters to Lower Case⇒characters to lower case`

→ 다음 페이지에 계속

← 전 페이지에 이어

메서드	설명
toString( )	다른 객체에 의하여 생성된 문자열을 String 문자열로 반환한다. 문법 `strObject.toString( )` 코드 `strObject=new Date( );` `document.write(strObject.toString( ));` 결과 `Mon Oct 24 2011 16:40:44 GMT+0900` (대한민국 표준시)
toUpperCase( )	문자열의 각 문자를 대문자로 변환하여 반환한다. 문법 `strObject.toUpperCase( )` 코드 `strObject='String Characters';` `document.write(strObject+'⇒'+strObject.toUpperCase( ));` 결과 `String Characters⇒STRING CHARACTERS`
valueOf( )	String 객체의 값을 반환한다. 숫자라면 문자열로 반환하므로 결과는 strObject.toString( ) 과 같다. 문법 `strObject.valueOf( )` 코드 `strObject=12345;` `document.write(strObject.valueOf( ),'	',Date( ).valueOf( ));`  결과 `12345	Mon Oct 24 2011 16:40:44 GMT+0900` (대한민국 표준시)

▪ 논리(Boolean) 3.2.3

숫자 데이터와 문자 데이터처럼 무언가 많은 것을 담을 수 있는 데이터가 필요하기도 하지만 가끔은 정말 단순 명쾌한 데이터가 필요할 때도 있습니다. 예를 들면 찬반 투표를 할 때 중립은 받지 않습니다. 찬성 아니면 반대뿐이죠. 이러한 찬성, 반대 외에는 표현할 수 없는 데이터를 논리 데이터라고 합니다.

이 논리 데이터는 아주 단순 명쾌합니다. 컴퓨터가 2진수 기반으로 돌아가는 계산기라는 것을 생각했을 때 가장 기본적인 데이터라 할 수 있습니다. 참(True, 1)과 거짓(False, 0)으로 데이터를 판별하기 때문입니다.

Boolean 객체를 생성할 때는 언제 false 데이터가 생성되는지, 언제 true 데이터가 생성되는지를 알고 있어야 합니다. 우선 false 데이터가 생성되는 경우는 다음과 같습니다.

【 false 값을 갖는 Boolean 객체 】

- new Boolean( )
- new Boolean(0)
- new Boolean(−0)
- new Boolean(null)
- new Boolean(false)
- new Boolean(NaN)
- new Boolean(undefined)
- new Boolean("")

즉 데이터가 정의되지 않았거나 없을 때, 그리고 빈 문자열과 숫자 0인 데이터에 대해 Boolean 객체는 false(거짓)이라고 판단합니다.

흔히 사람들이 혼동하는 경우가 new Boolean('false')로 데이터를 생성했을 때 false 값이 나오리라 예상하지만, 이때에는 true 값을 가진 데이터가 생성됩니다. 얼핏 보면 이해하기 어려울 수도 있겠지만 잘 보시면 'false'는 true, false와 같은 논리값이 아닌 문자열로 이루어진 데이터입니다. 그러므로 데이터가 들어 있다면 true 값이 되고 비어 있다면 false 값이 됩니다. 이처럼 혼동하기 쉬운 간단한 예들을 다음 목록에서 볼 수 있습니다.

【 true 값을 갖는 Boolean 객체 】

- new Boolean(1)
- new Boolean('0')
- new Boolean('false')
- new Boolean(true)
- new Boolean(new Boolean(false))

그리고 다른 데이터 객체와 마찬가지로 다음 구문과 같은 형식으로 사용할 수 있습니다.

```
var bln = true;
```

배열(Array) 3.2.4

배열이란 하나의 객체에 여러 개의 값을 나열해서 넣을 수 있는 객체입니다. 앞서 설명드린 객체의 개념에서 보신 바와 같이 하나의 객체는 여러 개의 내용물(값)들을 가질 수 있는데 일반 객체와 달리 배열은 자동으로 내용물에 이름을 번호 형식으로 차례로 붙여주는 편리함이 있습니다. 배열은 앞으로 굉장히 자주 사용되기 때문에 몇 가지 기본적인 내용은 반드시 숙지하셔야 합니다. 우선 가장 기본적인 선언 방법을 보겠습니다.

배열을 선언할 때 정해신 길이가 있나면 나음 구문과 같이 원하는 길이를 인자로 주어 생성하면 인자만큼 비어 있는 값을 넣어 자동으로 생성할 수 있습니다.

```
var arr = new Array(5);
```

또는 직접 배열의 값들로 들어갈 것들을 다음 구문과 같이 직접 나열해서 넣어 줄 수도 있습니다.

```
var arr = new Array(값1, 값2, 값3);
```

그리고 배열 내부의 값에 접근하려면 해당 배열의 인덱스(Index) 번호를 알아야 하는데 생성할 때 0에서부디 순서대로 1씩 증기한 값이 할당됩니다.

예를 들어 3개의 문자열이 들어 있는 배열을 다음 구문과 같은 형식으로 생성했다면 0번에는 '사과'가, 1번에는 '배', 2번에는 '귤'이라는 관계가 자동으로 형성됩니다. 이후 해당하는 인덱스를 대괄호([ ]) 안에 넣어주면 해당 값에 접근할 수 있습니다. arr[0] = '사과', arr[1] = '배', arr[2] = '귤'이 성립되는 것입니다.

```
var arr = new Array('사과', '배', '귤');
```

이 Array 객체 역시 빠른 생성이 가능합니다. 대괄호([ ])를 이용하여 내부 데이터를 반점(,)으로 구분해 여러 개를 넣어 다음과 같은 방식으로 표현할 수 있습니다.

```
var arr = ['사과', '배', '귤'];
```

표 3-6 Array 객체의 속성

속성	설명
length	배열의 요소 개수를 반환한다. 문법　`ArrayObject.length [=integerValue]` 코드　`myArray=new Array(1,2,3,4,5);` 　　　`document.write(myArray.length)` 결과　`5`

표 3-7 Array 객체의 메서드

메서드	설명

concat( )	Array 객체들을 결합하여 새로운 배열 변수를 만든다. 원래의 Array 객체는 변화가 없고 문자열을 복사하거나 배열 변수의 개수를 수정하면 해당 객체만 수정되므로 두 개의 별도 객체를 유지할 수 있다.
	
	문법　`ArrayObject.concat(arrayName2, arrayName3, ..., arrayNameN)`
	
	코드　`arr1=new Array(1,2,3);`
	　　　`arr2=new Array(5,6,7);`
	　　　`document.write(arr3=arr1.concat(arr2));`
	
	결과　`1,2,3,5,6,7`

join( )	지정된 구분자로 모든 Array 객체의 요소를 문자열로 결합한다. 구분자가 지정되지 않으면 기본값인 반점(,)이 적용된다. 문법　`ArrayObject.join(separator)` 코드　`arr1=new Array('사과','딸기','수박');` 　　　`document.write(arr1.join('/'));` 결과　사과/딸기/수박

→ 다음 페이지에 계속

← 전 페이지에 이어

메서드	설명
pop( )	마지막 Array 객체 요소를 제거하고 전체 개수를 1 줄인다. 문법 `ArrayObject.pop( )` 코드 `arr1=new Array('사과','딸기','수박');` `document.write('(-)'+arr1.pop( )+' => '+arr1);` 결과 `(-)수박 => 사과,딸기`
push( )	Array 객체에 요소를 추가하고 배열 변수의 길이를 증가시킨다. 문법 `ArrayObject.push(element1, ..., elementN)` 코드 `arr1=new Array('사과','딸기','수박');` `document.write(arr1.push('복숭아','포도')+' '+arr1);` 결과 `5 사과,딸기,수박,복숭아,포도`
reverse( )	Array 객체의 요소를 역순으로 바꾼다. 문법 `Array.reverse( )` 코드 `arr1=new Array(1,2,3,4,5);` `document.write(arr1+'	'+arr1.reverse( )+'	'+arr1);`  결과 `1,2,3,4,5	5,4,3,2,1	5,4,3,2,1`
shift( )	Array 객체의 맨 처음 요소를 제거한다 문법 `ArrayObject.shift( )` 코드 `arr1=new Array(1,2,3,4,5);` `document.write(arr1+'	'+arr1.shift( )+'	'+arr1);`  결과 `1,2,3,4,5	1	2,3,4,5`
slice( )	Array 객체의 지정한 부위로부터 발췌하여 새로운 배열 변수를 만든다. 문법 `ArrayObject.slice(begin1,end1)` 코드 `arr1=new Array(1,2,3,4,5,6,7);` `arr2=arr1.slice(2,5);` `document.write(arr1+'	'+arr2);`  결과 `1,2,3,4,5,6,7	3,4,5`

→ 다음 페이지에 계속

← 전 페이지에 이어

메서드	설명
splice( )	Array 객체의 지정한 부위에 요소를 삽입하거나 제거한다.
	문법 `ArrayObject.splice(index,howMany,[element1][, ..., elementN])`

	코드 `arr1=new Array(1,2,3,4,5,6,7);`
	`arr2=arr1.splice(2,3,'A','B','C');`
	`document.write(arr1+' | '+arr2)`

	결과 `1,2,A,B,C,6,7	3,4,5`
sort( )	Array 객체의 배열 변수를 정렬한다.
	문법 `ArrayObject.sort(compareFunction)`
	코드 `arr1=new Array(9,5,2,3,1,2,0,7); arr2=arr1.sort( );` `document.write(arr1+' | '+arr2);`
	결과 `0,1,2,2,3,5,7,9	0,1,2,2,3,5,7,9`
toString( )	Object 객체로부터 상속되며 배열 변수를 문자열로 반환한다.
	문법 `ArrayObject.toString( )`
	코드 `arr1=new Array(1,2,3,4,5);` `document.write(arr1.toString( ));`
	결과 `1,2,3,4,5`
unshift( )	Array 객체의 배열 변수 맨 앞에 새로운 배열 요소를 삽입한다.
	문법 `ArrayObject.unshift(element1,...,elementN)`

	코드 `arr1=new Array(1,2,3,4,5);`
	`arr1.unshift('A','B','C');`
	`document.write(arr1+' | '+arr1.length);`

	결과 `A,B,C,1,2,3,4,5	8`

▚ 수학(Math) 3.2.5

평소에는 많이 사용하진 않지만, 가끔 꼭 필요한 기능을 찾으려 하면 찾기가 어려운 것들이 있습니다. 이 Math 객체 같은 것이 바로 그렇습니다. 어떤 프로그래밍을 하고 어떤 애플리케이션을 만드는지에 따라 달라지겠지만, 꼭 한두 번씩은 사용하지만 평소에는 그리 사용하지 않기 때문에 종종 잊곤 합니다.

어려운 수에 관한 공식을 만들어야 하거나 공학 계산 등에 필요한 함수를 만들려면 굉장히 어려운 상황에 부딪히게 됩니다. 또는 어떤 단순한 올림이나 반올림, 내림 등에 관한 수식을 만들어야 하거나 특정한 수를 무작위로 뽑아 내어야 할 때 어떤 방식으로 처리해야 할지 난감하기도 합니다.

이러한 여러 가지 어려운 계산이나 값에 대한 기능 함수와 속성을 제공해 주는 고마운 객체가 Math 객체입니다. 이 객체를 알아두지 못하면 게임이나 복잡한 수식 계산을 등 고급 프로그래밍을 할 수 없게 될 것입니다.

이 Math 객체는 엔진을 로드하면 스크립팅 엔진이 만들어 주게 되므로 생성하지 않고도 사용할 수 있는 최상위 내장 객체입니다. 특이하게도 Math 객체는 new 연산자를 사용하여 만들 수 없으며 만약 그렇게 하면 오류가 발생합니다. 이것은 자바스크립트 내부에서 미리 정의되어 있어 해당하는 내용만을 사용할 수 있기 때문입니다.

표 3-8 Math 객체의 속성

속성	설명
E	오일러(e: Euler) 상수를 반환한다. 이는 자연대수의 기초 수치가 된다. (약 2.7183)
	문법 `Math.E`
	코드 `document.write(Math.E)`
	결과 `2.718281828459045`
LN10	10의 자연대수(log)를 반환한다. (약 2.3026)
	문법 `Math.LN10`
	코드 `document.write(Math.LN10)`
	결과 `2.302585092994046`

→ 다음 페이지에 계속

← 전 페이지에 이어

메서드	설명
LN2	2의 자연대수(log)를 반환한다. (약 0.6931) 문법 `Math.LN2` 코드 `document.write(Math.LN2)` 결과 `0.6931471805599453`
LOG10E	밑이 10인 E의 로그를 반환한다. (약 0.4343) 문법 `Math.LOG10E` 코드 `document.write(Math.LOG10E)` 결과 `0.4342944819032518`
LOG2E	밑이 2인 E의 로그를 반환한다. (약 1.4427) 문법 `Math.LOG2E` 코드 `document.write(Math.LOG2E)` 결과 `1.4426950408889633`
PI	원주율(π)을 반환한다. (약 3.1416) 문법 `Math.PI` 코드 `document.write(Math.PI)` 결과 `3.141592653589793`
SQRT1_2	2의 제곱근의 역수를 반환한다. (약 0.7071) 문법 `Math.SQRT1_2` 코드 `document.write(Math.SQRT1_2)` 결과 `0.7071067811865476`
SQRT2	2의 제곱근을 반환한다. (약 1.4142) 문법 `Math.SQRT2` 코드 `document.write(Math.SQRT2)` 결과 `1.4142135623730951`

표 3-9 Math 객체의 메서드

메서드	설명
abs( )	절댓값을 반환한다. 문법 `Math.abs(number)` 코드 `number=-123;` `document.write(Math.abs(number))` 결과 `123`
acos( )	0과 PI radian 사이의 아크코사인(Arccosine) 값을 반환한다. number 값이 유효 범위 −1 과 1 사이의 값이 아니면 NaN을 반환한다. −1이면 PI 값을 반환한다. 문법 `Math.acos(number)` 코드 `number=-1:` `document.write(Math.acos(number))` 결과 `3.141592653589793`
asin( )	−PI/2과 PI/2 radian 사이의 아크사인(Arcsine) 값을 반환한다. number 값이 유효 범위 −1 과 1 사이의 값이 아니면 NaN을 반환한다. 1이면 PI/2 값을 반환한다. 문법 `Math.asin(number)` 코드 `number=1;` `document.write(Math.asin(number))` 결과 `1.5707963267948965`
atan( )	−PI/2과 PI/2 radian 사이의 아크탄젠트(Arctangent) 값을 반환한다. 문법 `Math.atan(number)` 코드 `number=0.5;` `document.write(Math.asin(number))` 결과 `0.5235987755982989`

atan2( )	−PI/2과 PI/2 radian 사이의 주어진 좌표점(y, x)의 각도를 나타내는 아크탄젠트(Arctangent) 값을 반환하다.
	
	문법 `Math.atan2(y,x)`
	
	코드 `x=100;`
	`y=100;`
	`document.write(Math.atan2(y,x))`
	
	결과 `0.7853981633974483`

→ 다음 페이지에 계속

← 전 페이지에 이어

메서드	설명
ceil( )	같거나 다음으로 큰 정수 값을 반환한다. 소수점은 무조건 올림이 된다.

문법
```
Math.ceil(number)
```

코드
```
number=5.1;
document.write(Math.ceil(number)+' | ');
number=-5.1;
document.write(Math.ceil(number))
```

결과 `6 | -5`

메서드	설명
cos( )	−1과 1 radian 사이의 코사인(Cosine) 값을 반환한다.

문법
```
Math.cos(number)
```

코드
```
number=60;
document.write(Math.cos(number))
```

결과 `-0.9524129804151563`

메서드	설명
exp( )	오일러(e: Euler) 상수를 number번 제곱한 값을 반환한다.

문법
```
Math.exp(number)
```

코드
```
number=10;
document.write(Math.exp(number))
```

결과 `22026.465794806718`

메서드	설명
floor( )	같거나 다음 작은 정수 값을 반환한다. 소수점 무조건 내림이 된다.

문법
```
Math.floor(number)
```

코드
```
number=5.9;
document.write(Math.floor(number)+' | ');
number=-5.9;
document.write(Math.floor(number))
```

결과 `5 | -6`

메서드	설명
log( )	밑이 오일러 상수(e: Euler)인 자연로그를 반환한다. log( ) 메서드에서 0이 전달되면 −무한대(−Infinity)를 반환하고, 음수가 전달되면 NaN이 반환된다.

문법
```
Math.log(number)
```

코드
```
number=10;
document.write(Math.log(number)+' | '+Math.log(100))
```

결과 `2.302585092994046 | 4.605170185988092`

→ 다음 페이지에 계속

← 전 페이지에 이어

메서드	설명
max( )	제공된 인수를 비교하여 제일 큰 값을 반환한다.

문법
```
Math.max(number1,number2, ..., numberN)
```

코드
```
number1=5.5;
number2=12.5;
number3=20;
document.write(Math.max(number1,number2,number3))
```

결과
```
20
```

코드
```
number1=-5.5;
number2=-12.5;
number3=-20;
document.write(Math.max(number1,number2,number3))
```

결과
```
-5.5
```

메서드	설명
min( )	제공된 인수를 비교하여 제일 작은 값을 반환한다.

문법
```
Math.min(number1,number2,...numberN)
```

코드
```
number1=5.5;
number2=12.5;
number3=20;
document.write(Math.min(number1,number2,number3))
```

결과
```
5.5
```

코드
```
number1=-5.5;
number2=-12.5;
number3=-20;
document.write(Math.min(number1,number2,number3))
```

결과
```
-20
```

메서드	설명
pow( )	number1을 number2만큼 제곱한 값을 반환한다.

문법
```
Math.pow(number1,number2)
```

코드
```
number1=2;
number2=8;
document.write(Math.pow(number1,number2))
```

결과
```
256
```

→ 다음 페이지에 계속

← 전 페이지에 이어

메서드	설명
random( )	0과 1 사이의 무작위 값을 반환한다. 이 값은 현재 시각 값에서 만든다. 문법 `Math.random( )` 코드 `document.write(Math.random( ))` 결과 `0.31320602153645743`
round( )	가장 가까운 정수 값을 반환한다. 소수점 반올림이 된다. 문법 `Math.round(number)` 코드 `number=5.5;` `document.write(Math.round(number)+'	');` `number=-5.4;` `document.write(Math.round(number))`  결과 `6	-5`

sin( )	-1과 1 사이의 사인(Sine) 값을 반환한다.
	
	문법 `Math.sin(number)`
	
	코드
	`number=60;`
	`document.write(Math.sin(number))`
	
	결과 `-0.3048106211022167`

sqrt( )	인수의 제곱근 수치 값을 반환한다. 인수가 음수이면 NaN을 반환한다.
	
	문법 `Math.sqrt(number)`
	
	코드
	`number=10000;`
	`document.write(Math.sqrt(number))`
	
	결과 `100`

tan( )	인수인 각도에 대한 탄젠트(Tangent) 값을 반환한다.
	
	문법 `Math.tan(number)`
	
	코드
	`number=45;`
	`document.write(Math.tan(number))`
	
	결과 `1.6197751905438615`

▊ 날짜(Date) ^{3.2.6}

"처음 사귄 날부터 오늘이 며칠이나 되었을까?" 혹은 "다음 대통령 선거까지 며칠이나 남았을까?" 하는 것들이 궁금할 때가 있습니다. 이런 것들을 계산하거나 표현하려면 이 Date 객체가 필요합니다.

Date 객체는 밀리 초(ms) 단위까지 특정 시간을 나타내는 숫자로 되어 있습니다. 그리고 인수가 정해진 범위보다 크거나 음수이면 저장된 다른 값은 그에 따라 자동으로 수정됩니다. 예를 들어 150초가 지정된다면 자바스크립트는 2분 30초로 재정의합니다. 이처럼 유용한 Date 객체는 다음 구문과 같은 방법으로 생성할 수 있습니다.

```
DateObject = new Date();
DateObject = new Date(dateValue);
DateObject = new Date(year,month,date
                 [,hours[,minutes[,seconds[,ms]]]]);
```

구문에 여러 가지 인수들이 나오는데 이 인수들을 설명하면 다음 표 3-10과 같습니다.

표 3-10 Date 객체 인수 설명

인수	설명
DateObject 일자 객체	필수 요소이며 Date 객체가 할당되는 변수 이름이다.
dateValue 일사값	필수 요소이며 숫자이면 dateValue는 1970년 1월 1일 자정부터 주어진 날짜 사이의 시간을 협성 세계 표순시(UTC)로 밀리 초까지 나타내고, 문자열이면 dateValue는 parse 메서드의 규칙에 따라 구문을 분석한다. dateValue 인수는 일부 ActiveX 객체에서 반환된 VT_DATE 값일 수도 있다.
year 연도	필수 요소이며 76이 아니라 1976처럼 전체 연도로 나타낸다.
month 월	필수 유소이며 월은 0부터 11까지의 정수(1월부터 12월)로 나타낸다.
date 날짜	필수 요소이며 날짜는 1부터 31까지의 정수로 나타낸다.

→ 다음 페이지에 계속

← 전 페이지에 이어

인수	설명
hours 시간	선택 요소이며. minutes를 사용하면 반드시 입력해야 한다. 시간은 0부터 23까지(자정부터 오후 11시)의 정수로 나타낸다.
minutes 분	선택 요소이며 seconds를 사용하면 반드시 입력해야 한다. 분은 0부터 59까지의 정수로 나타낸다.
seconds 초	선택 요소이며 milliseconds를 사용하면 반드시 입력해야 한다. 초는 0부터 59까지의 정수로 나타낸다.
ms(1/1,000초)	선택 요소이며 밀리 초는 0부터 999까지의 정수로 나타낸다.

Date 객체로 나타낼 수 있는 날짜 범위는 1970년 1월 1일부터 앞뒤로 약 285,616년입니다. 정확히 말하면 UTC 1970/01/01/00:00:00:000 ±100,000,000일입니다. Date 객체를 생성할 때 매개 변수의 숫자가 NaN이면 그 객체는 특정 시간을 표시하지 못하게 될 것이고 객체에 매개 변수를 전달하지 않으면 현재 시간(UTC)으로 초기화됩니다.

Date 객체가 가진 메서드들은 기본적인 개발 메서드 이름 규칙을 따라 get, set, to 등의 접두어를 갖고 있습니다. 가령 연도를 설정할 때는 DateObject.setYear( ) 메서드를, 설정된 연도를 확인하려면 DateObject.getYear( )메서드를 사용합니다. Date 객체가 가진 상세한 메서드들은 뒤의 표 3-11을 참조하시기 바랍니다.

예제 | **시간 출력하기**

```
var weekstr='일월화수목금토';                    // 요일 문자열
var now = new Date();                        // 현재 시각 가져오기
year = now.getYear();                        // 연도 가져오기
month = now.getMonth();                      // 월 가져오기 (+1)
date = now.getDate();                        // 날짜 가져오기
hour = now.getHours();                       // 시각 가져오기
min = now.getMinutes();                      // 분 가져오기
sec = now.getSeconds();                      // 초 가져오기
mils = now.getMilliseconds();               // 밀리 초 가져오기
wkday = now.getDay();                        // 요일 수치 가져오기 0=일, 1=월,...

document.write(year+'년 ' + (month+1) + '월 '
```

```
                   + date + '일('+weekstr.substr(wkday,1)+') ');
// 문자열로 결합하여 출력하기
document.write(hour+'시 '+min+'분 '+sec+'초:'+mils+'ms');
```

| 예제 | 날짜 계산하기 |

```
var weekstr='일월화수목금토';            // 요일 문자열
daygap=2000;                            // 설정된 일자 차이
now=newday=new Date();                  // 현재 시각 가져오기
// 현재 일자에서 날짜를 가져다 간격일 수 만큼 더해서 새로운 일자에 넣음
newDay.setDate(now.getDate()+daygap);
newyy=newDay.getYear();                 // 새로운 일자에서 연도 가져오기
newmm=newDay.getMonth()+1;              // 새로운 일자에서 월 가져오기 (+1)
newdd=newDay.getDate();                 // 새로운 일자에서 날짜 가져오기
// 요일수치 가져와서(0=일, 1=월,...) 해당 문자열로 환산
newww=weekstr.substr(newDay.getDay(),1);

// 문자열로 결합하여 출력하기
document.write('현재부터 ' + daygap + '일 후는' + newyy + '년 '
               + newmm + '월 ' + newdd + '일('+newww+'요일)<BR>');
```

앞의 두 예제에서 보시는 것처럼 우리가 아는 기본적인 단어들인 Year, Month, Date, Hours, Minutes 등과 같은 단순한 단어와 get, set의 조합만으로 이루어진 메서드들로도 원하는 작업 대부분은 해낼 수가 있습니다. 그러나 이것으로 해결할 수 없다면 표 3-11에 있는 메서드 목록 을 이용하여 문제를 해결해야 합니다.

표 3-11 Date 객체의 메서드

메서드	설명
getDate( )	현지 시각을 사용하여 Date 객체의 일자 값(1부터 31까지의 정수)을 반환한다.
	문법 `DateObject.getDate( )`
	코드 `now=new Date( );` `document.write(now.getDate( ))`
	결과 31

→ 다음 페이지에 계속

← 전 페이지에 이어

메서드	설명
getDay( )	현지 시각을 사용하여 Date 객체의 요일 값(0~6) 정수를 반환한다. 일요일은 0이다. 문법 `DateObject.getDay( )` 코드 `now=new Date( );` `document.write(now.getDay( ))` 결과 `1`
getFullYear( )	현지 시각을 사용하여 Date 객체의 연도 값을 반환한다. 문법 `DateObject.getFullYear( )` 코드 `now=new Date( );` `document.write(now.getFullYear( ))` 결과 `2011`
getHours( )	현지 시각을 사용하여 Date 객체의 시간 값(0 ~ 23) 정수를 반환한다. 문법 `DateObject.getHours( )` 코드 `now=new Date( );` `document.write(now.getHours( ))` 결과 `0`
getMilliseconds( )	현지 시각을 사용하여 Date 객체의 밀리 초 값(0 ~ 999) 정수를 반환한다. 문법 `DateObject.getMilliseconds( )` 코드 `now=new Date( );` `document.write(now.getMilliseconds( ))` 결과 `969`
getMinutes( )	현지 시각을 사용하여 Date 객체의 분 값(0 ~ 59) 정수를 반환한다. 문법 `DateObject.getMinutes( )` 코드 `now=new Date( );` `document.write(now.getMinutes( ))` 결과 `44`

→ 다음 페이지에 계속

← 전 페이지에 이어

메서드	설명
getMonth( )	현지 시각을 사용하여 Date 객체의 월 값(0 ~ 11) 정수를 반환한다. 0은 1월, 11은 12월이다. 문법 `DateObject.getMonth( )` 코드 `now=new Date( );` `document.write(now.getMonth( ))` 결과 9
getSeconds( )	현지 시각을 사용하여 Date 객체의 초 값(0 ~ 59) 정수를 반환한다. 문법 `DateObject.getSeconds( )` 코드 `now=new Date( );` `document.write(now.getSeconds( ))` 결과 29
getTime( )	1970년 1월 1일 자정과 Date 객체의 시간 값 사이의 시간을 밀리 초 단위로 나타내는 정수를 반환한다. 문법 `DateObject.getTime( )` 코드 `now=new Date( );` `document.write(now.getTime( ))` 결과 1319989469977
getTimezoneOffset( )	호스트 컴퓨터의 시간(지역 시간)과 협정 세계 표준시(UTC Greenwich 표준시) 사이의 시간차를 분으로 반환한다. 일조시간 절약제(Daylight Saving Time) 때문에 항상 일정하지는 않다. 문법 `DateObject.getTimezoneOffset( )` 코드 `now=new Date( );` `document.write(now.getTimezoneOffset( )+'	'` `+ now.getTimezoneOffset( )/60+'시간')` 결과 -540 | -9시간

→ 다음 페이지에 계속

← 전 페이지에 이어

메서드	설명
getUTCDate( )	협정 세계 표준시(UTC)를 사용하여 Date 객체의 일자 값(1 ~ 31) 정수를 반환한다. 문법 `DateObject.getUTCDate( )` 코드 `now=new Date( );` `document.write(now.getUTCDate( ))` 결과 `30`
getUTCDay( )	협정 세계 표준시(UTC)를 사용하여 Date 객체의 요일 값(0~6) 정수를 반환한다. 일요일이 0이다. 문법 `DateObject.getUTCDay( )` 코드 `now=new Date( );` `document.write(now.getUTCDay( ))` 결과 `0`
getUTCFullYear( )	협정 세계 표준시(UTC)를 사용하여 Date 객체의 연도 값을 반환한다. 문법 `DateObject.getUTCFullYear( )` 코드 `now=new Date( );` `document.write(now.getUTCFullYear( ))` 결과 `2011`
getUTCHours( )	협정 세계 표준시(UTC)를 사용하여 Date 객체의 시간 값(0 ~ 23) 정수를 반환한다. 문법 `DateObject.getUTCHours( )` 코드 `now=new Date( );` `document.write(now.getUTCHours( ))` 결과 `15`

→ 다음 페이지에 계속

← 전 페이지에 이어

메서드	설명
getUTCMilliseconds( )	협정 세계 표준시(UTC)를 사용하여 Date 객체의 밀리 초 값(0 ~ 999) 정수를 반환한다. 문법 `DateObject.getUTCMilliseconds( )` 코드 `now=new Date( );` `document.write(now.getUTCMilliseconds( ))` 결과 `980`
getUTCMinutes( )	협정 세계 표준시(UTC)를 사용하여 Date 객체의 분 값(0 ~ 59) 정수를 반환한다. 문법 `DateObject.getUTCMinutes( )` 코드 `now=new Date( );` `document.write(now.getUTCMinutes( ))` 결과 `44`
getUTCMonth( )	협정 세계 표준시(UTC)를 사용하여 Date 객체의 월 값(0 ~ 11) 정수를 반환한다. 0은 1월, 11은 12월이다. 문법 `DateObject.getUTCMonth` 코드 `now=new Date( );` `document.write(now.getUTCMonth( ))` 결과 `9`
getUTCSeconds( )	협정 세계 표준시(UTC)를 사용하여 Date 객체의 초 값(0 ~ 59) 정수를 반환한다. 문법 `DateObject.getUTCSeconds( )` 코드 `now=new Date( );` `document.write(now.getUTCSeconds( ))` 결과 `29`
getVarDate( )	협정 세계 표준시(UTC)를 사용하여 Date 객체의 VT_DATE 값을 반환한다. 문법 `DateObject.getVarDate( )` 코드 `now=new Date( );` `document.write(now.getVarDate( ))` 결과 `Mon Oct 31 00:44:29 UTC+0900 2011`

→ 다음 페이지에 계속

← 전 페이지에 이어

메서드	설명
getYear( )	현지 시각을 사용하여 Date 객체의 연도 값을 반환한다. **문법** `DateObject.getYear( )` **코드** `now=new Date( );` `document.write(now.getYear( ))` **결과** `2011`
parse( )	일자를 포함한 문자열 구문을 분석하여 1970년 1월 1일 자정부터 해당 일자 사이의 시간을 밀리 초로 반환한다. **문법** `Date.parsedateString` **코드** `document.write(` `Date.parse('Fri Jan 24 15:17:20 UTC+0900 2003'))` **결과** `1043389040000`
setDate( )	현지 시각을 사용하여 Date 객체의 일자 값(1 ~ 31)을 설정한다. **문법** `DateObject.setDate(dateValue)` **코드** `now=new Date( ); now.setDate(22);` `document.write(now.toLocaleString( ))` **결과** `2011년 10월 22일 토요일 오전 12:44:29`
setFullYear( )	현지 시각을 사용하여 Date 객체의 연도 값을 설정한다. **문법** `DateObject.setFullYear(yearVal [,monthVal,dayVal])` **코드** `now=new Date( ); now.setFullYear(2222);` `document.write(now.toLocaleString( ))` **결과** `2222년 10월 31일 목요일 오전 12:44:29`

setHours( )	현지 시각을 사용하여 Date 객체의 시간 값(0 ~ 23)을 설정한다.
	
	문법 `DateObject.setHours(hoursVal`
	`[,minutesVal,secondsVal,msVal])`
	
	코드 `now=new Date( ); now.setHours(22);`
	`document.write(now.toLocaleString( ))`
	
	결과 `2011년 10월 31일 월요일 오후 10:44:29`

→ 다음 페이지에 계속

← 전 페이지에 이어

메서드	설명

setMilliseconds( )	현지 시각을 사용하여 Date 객체의 밀리 초 값(0 ~ 999)을 설정한다. 1000을 초과하면 자동으로 계산하여 초, 분 등 상위 시간을 증가시킨다.
	
	문법 `DateObject.setMilliseconds(millisecondsVal)`
	
	코드 `now=new Date( );`
	`now.setMilliseconds(99);`
	`document.write(now.toLocaleString( ))`
	
	결과 `2011년 10월 31일 월요일 오전 12:44:29`

setMinutes( )	현지 시각을 사용하여 Date 객체의 분 값(0 ~ 59)을 설정한다.
	
	문법 `DateObject.setMinutes(minutesVal`
	`[,secondsVal,msVal])`
	
	코드 `now=new Date( );`
	`now.setMinutes(22,0,0);`
	`document.write(now.toLocaleString( ))`
	
	결과 `2011년 10월 31일 월요일 오전 12:22:00`

setMonth( )	현지 시각을 사용하여 Date 객체의 월 값(0 ~ 11)을 설정한다. 0은 1월, 11은 12월이다.
	
	문법 `DateObject.setMonth(monthVal[,dayVal])`
	
	코드 `now=new Date( );`
	`now.setMonth(11,11);`
	`document.write(now.toLocaleString( ))`
	
	결과 `2011년 12월 11일 일요일 오전 12:44:29`

setSeconds( )	현지 시각을 사용하여 Date 객체의 초 값(0 ~ 59)을 설정한다.
	
	문법 `DateObject.setSeconds(secondsVal[,msVal])`
	
	코드 `now=new Date( );`
	`now.setSeconds(33,333);`
	`document.write(now.toLocaleString( ))`
	
	결과 `2011년 10월 31일 월요일 오전 12:44:33`

→ 다음 페이지에 계속

← 전 페이지에 이어

메서드	설명
setTime( )	현지 시각을 사용하여 Date 객체의 일자와 시간 값을 GMT 1970년 1월 1일 자정 부터 지난 시간을 밀리 초로 설정한다.

문법
```
DateObject.setTime(timeValue)
```

코드
```
now=new Date( );
now.setTime(1234561290);
document.write(now.toLocaleString( ))
```

결과 **1970년 1월 15일 목요일 오후 3:56:01**

setUTCDate( )	협정 세계 표준시(UTC)를 사용하여 Date 객체의 일자 값(1 ~ 31)을 설정한다.

문법
```
DateObject.setUTCDate(dateValue)
```

코드
```
now=new Date( );
now.setUTCDate(11);
document.write(now)
```

결과 `Wed Oct 12 00:44:29 UTC+0900 2011`

setUTCFullYear( )	협정 세계 표준시(UTC)를 사용하여 Date 객체의 연도 값을 설정한다.

문법
```
document.getSelection( )
```

코드
```
now=new Date( );
now.setUTCFullYear(3000);
document.write(now)
```

결과 `Fri Oct 31 00:44:29 UTC+0900 3000`

setUTCHours( )	협정 세계 표준시(UTC)를 사용하여 Date 객체의 시간 값(0 ~ 23)을 설정한다.

문법
```
DateObject.setUTCHours(hoursVal
[,minutesVal,secondsVal,msVal])
```

코드
```
now=new Date( );
now.setUTCHours(11,11,11,11);
document.write(now)
```

결과 `Sun Oct 30 20:11:11 UTC+0900 2011`

→ 다음 페이지에 계속

← 전 페이지에 이어

메서드	설명

setUTCMilliseconds( )	협정 세계 표준시(UTC)를 사용하여 Date 객체의 밀리 초 값(0 ~ 999)을 설정한다. 1000을 초과하면 자동으로 계산하여 초, 분 등 상위 시간을 증가시킨다.
	
	문법 `DateObject.setUTCMilliseconds(millisecondsVal)`
	
	코드 `now=new Date( );`
	`now.setMilliseconds(000);`
	`document.write(now)`
	
	결과 `Mon Oct 31 00:44:29 UTC+0900 2011`

setUTCMinutes( )	협정 세계 표준시(UTC)를 사용하여 Date 객체의 분 값(0 ~ 59)을 설정한다.
	
	문법 `DateObject.setUTCMinutes(minutesVal`
	`[,secondsVal,msVal])`
	
	코드 `now=new Date( );`
	`now.setUTCMinutes(11,11,11);`
	`document.write(now)`
	
	결과 `Mon Oct 31 00:11:11 UTC+0900 2011`

setUTCMonth( )	협정 세계 표준시(UTC)를 사용하여 Date 객체의 월 값(0 ~ 11)을 설정한다. 0은 1월, 11은 12월이다.
	
	문법 `DateObject.setUTCMonth(monthVal[,dayVal])`
	
	코드 `now=new Date( );`
	`now.setUTCMonth(11,11);`
	`document.write(now)`
	
	결과 `Mon Dec 12 00:44:29 UTC+0900 2011`

setUTCSeconds( )	협정 세계 표준시(UTC)를 사용하여 Date 객체의 초 값(0 ~ 59)을 설정한다.
	
	문법 `DateObject.setUTCSeconds(secondsVal[,msVal)`
	
	코드 `now=new Date( );`
	`now.setUTCSeconds(11,11);`
	`document.write(now)`
	
	결과 `Mon Oct 31 00:44:11 UTC+0900 2011`

→ 다음 페이지에 계속

← 전 페이지에 이어

메서드	설명
setYear( )	현지 시각을 사용하여 Date 객체의 연도 값을 설정한다.

문법
```
DateObject.setYear(yearVal)
```

코드
```
now=new Date( );
now.setYear(22);
document.write(now.toLocaleString( ))
```

결과   1922년 10월 31일 화요일 오전 12:44:29

메서드	설명
toDateString( )	시간을 문자열로 변환된 일자를 반환한다.

문법
```
DateObject.toDateString( )
```

코드
```
now=new Date( );
document.write(now.toDateString( ))
```

결과   Mon Oct 31 2011

메서드	설명
toGMTString( )	현지 시각을 그리니치 표준시(GMT)를 사용하여 문자열로 변환된 일자를 반환한다.

문법
```
DateObject.toGMTString( )
```

코드
```
now=new Date( );
document.write(now.toGMTString( ))
```

결과   Sun, 30 Oct 2011 15:44:29 UTC

메서드	설명
toLocaleDateString( )	현재 날짜를 로케일 문자열로 반환한다.

문법
```
DateObject.toLocaleDateString( )
```

코드
```
now=new Date( );
document.write(now.toLocaleDateString( ))
```

결과   2011년 10월 31일 월요일

메서드	설명
toLocaleString( )	현재 날짜와 시간을 로케일 문자열로 반환한다.

문법
```
DateObject.toLocaleString( )
```

코드
```
now=new Date( );
document.write(now.toLocaleString( ))
```

결과   2011년 10월 31일 월요일 오전 12:44:29

→ 다음 페이지에 계속

← 전 페이지에 이어

메서드	설명
toLocaleTimeString( )	현재 시각을 로케일 문자열로 반환한다. 문법 `DateObject.toLocaleTimeString( )` 코드 `now=new Date( );` `document.write(now.toLocaleTimeString( ))` 결과 `오전 12:44:29`
toString( )	Date 객체를 나타내는 문자열을 반환한다. 문법 `DateObject.toString( )` 코드 `now=new Date( );` `document.write(now.toString( ))` 결과 `Mon Oct 31 00:44:29 UTC+0900 2011`
toTimeString( )	현재 시각을 표준시를 사용하여 시간 문자열로 반환한다. 문법 `DateObject.toTimeString( )` 코드 `now=new Date( );` `document.write(now.toTimeString( ))` 결과 `00:44:29 UTC+0900`
toUTCString( )	협정 세계 표준시(UTC)를 사용하여 문자열로 변환된 일자를 반환한다. 문법 `DateObject.toUTCString( )` 코드 `now=new Date( );` `document.write(now.toUTCString( ))` 결과 `Sun, 30 Oct 2011 15:44:29 UTC`
UTC( )	Date 객체의 협정 세계 표준시(UTC) 또는 그리니치 표준시(GMT) 1970년 1월 1일 자정부터 주어진 일자 사이의 시간을 밀리 초 값으로 반환하거나 설정한다. Date의 static 메서드이므로 objectName.UTC( )가 아니라 항상 Date.UTC( )를 사용하여야 한다.

→ 다음 페이지에 계속

← 전 페이지에 이어

메서드	설명
UTC( )	**문법** `DateObject.UTC(year,month,day [,hours,minutes,seconds,ms])` **코드** `now=Date.UTC(2000,11,11,11,11,11,11); document.write(now)` **결과** `976533071011` **코드** `document.write(Date.UTC( ))` **결과** `-2208988800000`
valueOf( )	지정한 Date 객체의 원시값을 반환한다. **문법** `DateObject.valueOf( )` **코드** `now=Date.UTC(2000,11,11,11,11,11,11); document.write(now.valueOf( ))` **결과** `976533071011`

Date 객체는 이처럼 많은 메서드를 지원하고 있습니다. 하지만, 이 많은 것을 다 외울 필요는 없습니다. 몇 가지 예제를 통해서 많이 사용되는 것들만 기억하시고 그 외에 다른 메서드들은 항상 찾아서 사용할 수 있도록 책이나 인터넷을 가까이에 두고 찾아서 사용하도록 연습하세요.

▉ 예외 자료 3.2.7

앞서 살펴본 자료형 외에도 우리가 알아두어야 할 것 중에 널(null), 언디파인드(undefined)라는 녀석이 있습니다. 이것은 매우 중요하고도 단순한 것입니다. 반드시 기억해 두어야 합니다. 널은 우리가 아는 영어 단어 Empty와 비슷한 의미가 있습니다. 단 Empty와 다른 점은 Empty는 그릇이 비었음을 뜻하지만, null은 그릇조차도 없다는 뜻입니다. 즉 아무것도 없는 상태를 null이라고 합니다.

이것과 비슷하지만 다른 언디파인드는 찾을 수 없다는 의미로 해석할 수 있습니다. 예를 들어 다음 구문은 "변수 aaa를 비워라."라는 뜻입니다. 이는 변수가 담고 있던 데이터를 모두 비우고 초기화하기 위한 구문으로 많이 사용하게 됩니다.

```
var aaa = null;
```

그에 반해 undefined는 초기화조차 되지 않은, 전혀 알 수 없다는 의미가 있습니다. 이 때문에 변수에 var aaa = undefined;와 같은 형태로 담을 수 있는 것이 아닙니다. 이것이 발생하는 것은 var aaa;의 형식으로 선언되어 아무런 정보가 없는 변수를 호출할 때 혹은 선언된 적조차 없는 변수를 호출할 때입니다.

일반적으로 우리가 개발을 진행할 때는 잘 나타나지 않지만, 실제 프로그래밍을 구동하거나 테스트할 때에는 undefined라는 너석을 자주 접하게 됩니다. 이때 null과 혼동하는 분들이 많이 있는데(저도 그랬었습니다.) null과 undefined의 의미를 명확히 구분하고 있다면 여러분의 능력은 더욱 발전하는 것입니다.

3.3 전역 함수

지금까지 기본 자료형에 대해 이야기를 했습니다. 이러한 자료 형태는 window라는 자바스크립트의 최상위 객체에 처음부터 미리 정의되어 있는 것들입니다. 그리고 이러한 자료 형태에 대한 것들만 미리 정의되어 있는 것이 아니라 자주 사용되는 몇 가지 명령(기능 함수)들도 미리 정의되어 있습니다. 이렇듯 window 객체에 소속되어 있기 때문에 언제든 어느 때든 사용할 수 있는 명령 체계들을 **전역 함수(Global Function)**라고 합니다.

재미있는 것은 대부분의 객체지향 프로그래밍 언어에서는 어떠한 명령을 실행시키는 것들에 대해 함수(Function)라고 부르고 이를 선언할 때는 아래의 구문(자바에서 사용하는 메서드의 형태)과 같이 반환값을 명시해서 함수임을 나타내고 있습니다.

```
public String toString() { return "aaa";}
```

하지만, 자바스크립트에서는 반환값을 따로 명시하지 않는 대신 function이라고 하는 예약어를 통해 호출했을 때에만 실행되는 명령을 만들어 낼 수가 있습니다. 이 부분은 아주 재미있고 해야 할 이야기가 많으므로 뒤에 사용자 정의 함수를 설명하는 부분에서 좀 더 자세하게 다루어 보도록 하겠습니다.

다시 돌아와서 이처럼 어떠한 기능을 미리 정의해 놓고 필요할 때마다 불러 사용하는 것을 함수라고 부르는데 지금부터 자바스크립트에서 미리 정의되어 있는 기능 함수에 대해서 알아보도록 하겠습니다.

문자 관련 함수 ^{3.3.1}

자바스크립트에서 가장 많이 사용되는 데이터는 문자형 데이터일 것입니다. 다른 곳으로 어떠한 정보를 보내거나 사용자들에게 입력을 받거나 서버에서 데이터를 받는 등 거의 모든 데이터가 문자로 이루어져 있습니다. 그러다 보니 여러 가지 상황에 맞도록 문자를 변형해야 할 때가 있습니다.

특히 컴퓨터의 환경마다 특정한 문자(예를 들어 한글)를 다르게 인식하는 경우가 생기는 것을 막고자 표준 부호를 미리 정의해두고 있습니다. 아스키(ASCII, American Standard Code for Information Interchange)라 불리는 미국 정보 교환 표준 부호를 사용하는데, ISO 8859와 인코딩이 이를 기반으로 확장된 형태입니다.

특수문자 변환 escape( ) 함수

프로그램을 만들다 보면 간혹 당혹스러운 경우가 생깁니다. HTML 문서 내부에 자바스크립트를 통해 내용을 입력하는데 의도치 않게 어떤 글자들이 태그의 정렬을 방해하거나 태그의 속성값을 엉뚱하게 인식하도록 하는 경우들이 생깁니다. 그것은 입력 내용에 포함된 특정 글자나 특수 문자가 태그 사용법과 부딪혀 발생하게 되는 문제입니다.

이뿐만 아니라 서버와 통신을 할 때 서버가 한글을 인식하지 못할 때도 있습니다. 이럴 때 네트워크를 통하여 누구나 ASCII 코드로 접속할 수 있도록 문자를 변환해 주는 함수가 escape( ) 함수입니다. 영문자와 숫자는 문제가 없지만 @ * - _ + . / 등과 같은 특수 문자들은 문제가 발생할 수 있기 때문에 미리 변환해두어야 합니다. 예를 들어 빈칸(' ')은 %20, 쌍반짐(;)은 %3B, '한 글'은 ' %uD55C%uAE00'이 되는 식입니다.

예제

```
document.write("1) " + escape("aA1 *")+"<BR>");
document.write("2) " + escape("abcdeABCDE12345")+"<BR>");
document.write("3) " + escape("Miss Kim. How are you?")+"<BR>";
document.write("4) " + escape("~!@#$%^&*()_+|{}:<>?")+"<BR>";
document.write("5) " + escape("오늘은 한글날")+"<BR>";
document.write("6) " + escape(" a b c d e f g")+"<BR>");
```

앞의 예제는 영어와 띄어쓰기, 특수 문자 등 여러 가지 형태의 문자에 escape( ) 함수를 사용해 변환해본 것입니다. 결과는 다음과 같습니다. 띄어쓰기가 %20라는 문자로 대체되어 있고 그 외에 특수 문자나 한글 등도 브라우저 주소 표시줄에 적혀 있어도 전혀 문제없을 문자로 대체되어 있습니다. 읽기는 어렵지만, 기본적인 알파벳과 숫자 외의 특수 문자나 공백 등이 ASCII 글자 16진수 표기 기준에 맞추어 대체된 것입니다.

::: 실행 결과 ▶

```
1) aA1%20*
2) abcdeABCDE12345
3) Miss%20Kim.%20How%20are%20you%3F
4) %7E%21@%23%24%25%5E%26*%28%29_+%7C%7B%7D%3A%3C%3E%3F
5) %uC624%uB298%uC740%20%uD55C%uAE00%uB0A0
6) %20a%20b%20c%20d%20e%20f%20g
```

하지만, 주의해야 할 점은 escape( ) 함수와 unescape( ) 함수는 URI(Uniform Resource Identifiers)를 인코딩하는 데에는 사용할 수 없으므로 이때는 encodeURI( ), decodeURI( ) 메 서드나 encodeURIComponent( ), decodeURIComponent( ) 메서드를 사용해야 합니다.

특수문자 되돌리기 unescape( ) 함수

위에서처럼 escape( ) 함수로 변환된 데이터는 컴퓨터는 알아볼 수 있어도 사람은 알아보기가
쉽지 않습니다. 그래서 esacpe( ) 함수로 변환된 문자를 다시 사람이 알아볼 수 있도록 변환해
주어야 합니다. 이때 사용하는 함수가 unescape( ) 함수입니다.

예제

```
document.write("1) " + unescape("aA1%20*")+"<BR>");
document.write("2) " + unescape("abcdeABCDE12345")+"<BR>");
document.write("3) "
    + unescape("Miss%20Kim.%20How%20are%20you%3F")+"<BR>");
document.write("4) " + unescape("~!@#$%^&*()_+|{}:<>?")+"<BR>");
document.write("5) "
    + unescape("%uC624%uB298%uC740%20%uD55C%uAE00%uB0A0")+"<BR>");
document.write("6) " + unescape("%20a%20b%20c%20d%20e%20f%20g")+"<BR>");
```

앞서 escape( ) 함수로 변환되어서 나온 문자를 다시 unescape( ) 함수로 되돌리는 것을 위의
예제와 같이 할 수 있습니다. 실행 결과를 보면 앞서 입력한 내용이 다시 그대로 나타나는 것을
확인할 수 있습니다.

::: 실행 결과 ▶

```
1) aA1 *
2) abcdeABCDE12345
3) Miss Kim. How are you?
4) ~!@#$%^&*()_+|{}:<>?
5) 오늘은 한글날
6) a b c d e f g
```

URI 주소 변환

요즘 나온 최신 브라우저는 주소 표시줄에 한글을 입력해도 문제가 없지만, 예전 일부 브라우저
들은 한글이나 특수 문자를 주소 표시줄에 입력하면 오류가 나거나 주소를 제대로 읽지 못하곤

했습니다. 이처럼 문자 데이터를 이용하여 URI 주소를 만드는 경우 ASCII 문자로 변환해야 하는데 이때 escape( ) 함수는 URI 주소 변환에 적절하지 못합니다. :, ;, /, ? 등 변환하지 말아야 할 문자까지 변환하기 때문입니다. 그러므로 이때는 encodeURI( ) 메서드나 encodeURIComponent( ) 메서드를 사용해야 합니다.

encodeURIComponent( ) 메서드와 encodeURI( ) 메서드의 다른 점은 encodeURIComponent( ) 메서드는 빗금 문자(/)도 함께 변환한다는 점입니다. 그러므로 다음 구문과 같이 주소의 특정 부분만을 변환할 때는 encodeURIComponent( ) 메서드를 사용하고 주소 전체를 대상으로 사용할 때는 encodeURI( ) 메서드를 사용합니다.

```
encodeURI('http://www.frelec.co.kr/js1005/한글/JavaScript');

'http://www.frelec.co.kr/js1005/'
        + encodeURIComponent('한글') + '/JavaScript';
```

그러나 될 수 있으면 귀찮더라도 encodeURIComponent( ) 메서드를 사용할 것을 권장합니다. encodeURI( ) 메서드를 통해 변환된 것은 decodeURI( ) 메서드로 되돌리고 encodeURIComponent( ) 메서드로 변환된 것은 decodeURIComponent( )로 되돌릴 수 있습니다.

URI와 URL

URL(Uniform Resource Locator)은 웹으로 서비스를 제공하는 각 서버에 있는 파일들의 위치를 표시하기 위한 것으로, 접속할 서비스의 종류, 도메인, 파일의 위치 능을 포함합니다. URI(Uniform Resource Identifier)는 존재하는 지원을 식별하기 위한 일반적인 식별지를 규정하기 위한 것으로, URL에서 HTTP 프로토콜, 호스트 이름, 포트 번호를 제외한 것입니다.

예를 들어 `http://localhost:8080/study/javascript.html`라는 주소가 있다면

- URL은 `http://localhost:8080/study/javascript.html`
- URI는 `/study/javascript.html`

가 됩니다.

▌ 형변환 함수 ^{3.3.2}

자바스크립트 엔진은 사용자로부터 입력받는 문자를 모두 문자열(String)로 판단합니다. 그런데 실제 처리할 데이터는 숫자일 때가 뜻밖에 많습니다. 그 밖에도 데이터의 형변환이 필요한 이유는 많이 있습니다. 예를 들어 1 + 1이라는 연산을 할 때에 우리가 원하는 답은 2일 것입니다. 하지만, 1이 아닌 '1' + 1을 했을 경우 자바스크립트는 '11'이라는 결과를 반환하게 됩니다. 뒤에 배우게 되겠지만, 문자 데이터와 + 연산을 할 경우 모두 문자열로 자동 변경시켜 버리기 때문입니다. 이와 같은 오류를 피하려면 데이터 형변환을 사용해야 합니다.

숫자형 형변환 Number( ) 함수

앞에서 한 번 다루었던 Number입니다. 그런데 지금 다루는 것은 객체가 아닌 함수로서의 Number( )입니다. 인자를 넣으면 정수 형태이든 실수 형태이든 숫자 형태로 돌려줍니다. 이때 주의할 것은 방금 설명한 것처럼 숫자와 문자열을 더할 때는 문자열이 하나라도 있으면 모두 문자열로 결합하므로 문자열은 숫자로 형변환한 다음에 계산해야 한다는 점입니다. 다음에 소개하는 예는 그러한 실수를 포함한 예입니다.

```
10+1=11
10+2=102
10+3=13
Number(10+4)=14
"10"+5=105
Number("10"+6)=106
Number("10")+7=17
a="10"; b="8";
Number(a)+Number(b)=18
```

정수형 형변환 parseInt( ) 함수

가장 많이 사용되는 정수형 형변환 함수입니다. 이 함수는 '1'처럼 문자로 인식되는 숫자일 때 유효 수치 중에서 정수만을 반환한다는 점에 주의하셔야 합니다. 그 외에도 다음과 같은 유의 사항을 기억하셔야 합니다.

- 제일 앞에 나오는 문자열이 아닌 정수만을 얻어 온다.
- 첫 문자가 숫자가 아니면 유효 수치가 아닌 첫 문자부터 문자들을 모두 무시하고 NaN을 반환한다.
- 첫 문자가 판정되면 한 문자씩 우측으로 판정해가는데, 문자열 중에 숫자가 아닌 문자를 만나면 그 뒤에 어떤 문자들이 나오거나 관계없이 버리고 맨 먼저 얻어진 정수만을 반환한다. (소수점이나 소수점 뒤의 값도 버린다.)
- 반환되는 값은 숫자 문자열이 아닌 정수 데이터이다.
- 첫 문자가 숫자가 아니거나 빈칸이 맨 먼저 나오는 문자열(빈칸도 숫자가 아니므로)도 NaN을 반환한다.

실수형 형변환 parseFloat( ) 함수

parseInt( ) 함수와 마찬가지지만, 소수점까지 모두 반환한다는 점에서 차이가 있습니다. 이 소수점과 관련하여 몇 가지 오해가 있을 수 있어 다음과 같은 구문을 준비했습니다. 예제와 실행 결과를 확인해주십시오.

예제

```
// 유효 수치
document.write("1) " + parseFloat("123"));
// 유효 수치. 소수점이 두 개인데 뒤의 것은 수치가 아니므로 잘린다.
document.write("<BR>2) " + parseFloat("12345.123.45"));
// 유효 수치
document.write("<BR>3) " + parseFloat("3000.00000000"));
// 빈 칸 들어 있음. 빈칸부터 잘림
document.write("<BR>4) " + parseFloat("123.123 456.456 789.789"));
// 문자열이 들어 있음. 문자열부터 잘림
document.write("<BR>5) " + parseFloat("123 맞는가?"));
// 반점(,) 있음. 반점부터 잘림
document.write("<BR>6) " + parseFloat("123,456,789"));
// 첫 문자부터 문자이므로 유효 수치가 없음
document.write("<BR>7) " + parseFloat("숫자로 시작하지 않는 문자열 2003년"));
// 문자열이 들어 있음. 앞부분 수치만 반환한다.
document.write("<BR>8) " + parseFloat("2003년 1월 1일"));
```

```
1)  123
2)  12345.123
3)  3000
4)  123.123
5)  123
6)  123
7)  NaN
8)  2003
```

▌ 검증 함수 3.3.3

자바스크립트는 너무 개방되어 있습니다. 즉 굉장히 유연하다는 것을 뜻합니다. 무엇이든 받아들일 수가 있고 어떤 형식이든 사용자 혹은 개발자가 원하는 대로 바꾸어 사용할 수 있습니다. 그러다 보니 필연적으로 올바른 데이터가 들어왔는지 검증할 필요가 있습니다. 너무 유연하기 때문에 할 일이 많아졌다고 해야 할까요?

이러한 현실 때문에 자바스크립트는 몇 가지 검증 함수를 제공하고 있습니다. 이 검증 함수가 없었다면 아마 엄청난 오류로 많은 개발자가 디버깅으로 날을 새며 괴로워했을 것입니다. 그러므로 여러분도 이러한 검증 함수를 꼭 알아두어야 합니다. 앞으로 많이 사용하게 될 것이니까요.

코드 검증 eval( ) 함수

Ajax 프로그래밍이라고 들어 보셨을 것입니다. 그것은 딱히 어떤 기술을 지칭하는 것은 아니지만, 일반적으로 자바스크립트를 통해 서버에서 데이터를 받아 오고 그 데이터를 조작하는 일련의 과정을 일컫습니다. 즉 자바스크립트 통신 프로그래밍이라고 이야기해도 될 것입니다. 이때 단순한 문장이나 단어만 받는다면 문제가 없지만, 대부분은 한꺼번에 여러 가지 정보를 받아 오게 됩니다. 그렇다면, 그것을 객체로 인식해서 활용한다면 훨씬 간편하게 개발할 수 있지 않을까요? 바로 이럴 때 필요한 함수가 eval( ) 함수입니다. 이 함수의 특징은 인수로 주어진 문자열에 대하여 다음과 같은 작업을 수행합니다.

① 제공된 인수 문자열이 자바스크립트로서 유효한가를 먼저 검증한다.

② 자바스크립트 코드로 해석하기 위하여 파싱(parse)한다.

③ eval( ) 기능 함수는 파싱된 내용에서 자바스크립트 문장 코드를 발견하면 그 내용을 수행한다.

④ 그에 따라 결괏값이 있으면 그 값을 반환한다(return).

이 내용을 확인하기 위해 다음 예제를 실행해보면 아래와 같은 결과를 얻을 수 있습니다.

예제

```javascript
// 여러 문장 수행(계산), 결과 출력 수행
// 숫자가 문자열과 결합하면 문자열이 되므로 괄호로 묶어 주어야 한다.
eval('number1=1234; number2=5678;
        document.write("덧셈 계산 = " + (number1 + number2) + " | ")');

// 여러 문장 수행(계산), 결과 출력 수행
// 문자열과 결합하지 않으므로 괄호가 없어도 계산된다.
eval('number1=1234; number2=5678; document.write(number1+number2)');

// 여러 문장 수행(문자열 결합), 결과 출력 수행
eval('number1=1234; number2=5678;
        document.write("<BR>문자열 결합 = "+number1+number)');
```

::: 실행 결과 ▶

```
덧셈 계산 = 6 912 | 6912
문자열 결합 = 12345678
```

숫자 검증 isNaN( ) 함수와 isFinite( ) 함수

isNaN( ) 함수는 'is Not a Number'의 약자로, 이 함수는 테스트하고자 하는 수(Number)를 검증하여 그 수치가 무효인지를 판별하여 그 결과를 논리값으로 반환합니다. 즉 숫자가 아니라면 true를 반환하고 숫자라면 false를 반환합니다. 반대로 isFinite( ) 함수는 테스트하는 값을 검증하여 그 수치가 무효한가 유효한가를 판별하여 논리값으로 반환합니다. 즉 유효한 유한 수치이면 true를 그렇지 않으면 false를 반환합니다.

단순한 숫자 검증을 통해 어떤 값이 나오는지 다음 예제를 통해 검증해보면 아래와 같은 실행
결과를 확인하실 수가 있습니다.

예제 |

```
document.write(isNaN('123.4567') + '<BR>' + isFinite('123.4567')); // 유효
document.write(isNaN('123,000') + '<BR>' + isFinite('123,000'));   // 무효
```

::: 실행 결과 ▶

```
false
true
true
false
```

제 4 장

연산자와 제어문

이런 심부름 내용을 들어본 적이 있을 것입니다. 만 원을 줄 테니 5천 원짜리 음료와 3천 원짜리 과자와 7천 원짜리 책을 사와라, 뭐 이런 말도 되지 않는 심부름 말입니다. 물론 장난이지만 만일 실제로 그런 심부름을 시킨다면 어떻게 될까요? 아마도 내 주머닛돈을 더해야 살 수 있을 것입니다. 하지만, 그마저도 없다면 난감한 상황에 직면하게 될 것입니다.

우리는 기본적으로 두뇌가 판단해서 우리에게 주어진 일이 할 수 있는 일인지, 이치에 맞는 일인지 등을 알 수 있습니다. 자바스크립트도 그렇게 스스로 판단해서 시키는 대로 할 수 있다면 얼마나 좋을까요? 하지만, 안타깝게도 자바스크립트는 스스로 판단하지 못합니다. 그저 시키는 대로 하다가 문제가 발생하면 하던 일을 그만둬 버리거나 가끔은 예상치 못한 행동을 하기도 합니다.

그래서 판단할 수 있는 부분에 대해서는 미리 알려주어야 합니다. 어떠한 경우에는 어떠한 행동을 해야 하는지 경우를 조목조목 나누어서 판단해주지 않는다면 앞서 말한 것처럼 시킨 일을 제대로 하지 않는 게으름뱅이 애플리케이션이 되어 버릴 것입니다.

지금부터 배울 내용은 바로 자바스크립트와 애플리케이션 개발자들이 어떻게 대화할 것인가에 대한 것입니다. 즉 자바스크립트에 무엇인가를 알려주고 무언가 명령을 내리고 판단하게 하는 방법들입니다.

4.1 연산자

연산자(Operator)라고 부르는 몇 가지 명령들은 가장 기본적인 명령입니다. 즉 값을 알려주거나 계산을 시키거나 하는 가벼운 것들입니다. 자바스크립트를 비롯한 개발 언어들은 기막힌 기억력과 끝을 알 수 없는 수학 능력을 갖추고 있기 때문에 명령만 정확히 내릴 수 있다면 우리가 원하는 결과를 얻어내는 것은 그리 어렵지 않습니다.

▪ 대입 연산자 ^{4.1.1}

대입 연산자는 변수에 값을 할당할 때 사용합니다. 앞서 예제에서 보았던 등호(=)의 경우가 가장 대표적인 대입 연산자입니다. 등호 표시를 기준으로 오른쪽의 값을 왼쪽 변수에 대입하게 됩니다. 영어로 치자면 is라는 단어와 비슷합니다. 즉 변수 = 값은 "변수 is 값."이라는 문장과 같은 의미입니다. 특이하게도 자바스크립트에서는 valA=valB=valC='value'와 같은 형식으로 여러 개의 변수에 값을 동시에 할당할 수도 있습니다.

대입 연산자는 다음 구문과 같이 사용합니다.

```
result = expression;
```

- **result(결괏값 변수)** 결괏값을 할당할 임의의 변수 이름
- **expression(표현식)** 임의의 수식(공식, 변수, 수치, 문자, 문자열, 개체 등)

앞의 구문에서 expression 표현식의 결과가 변수 result의 값이 됩니다. 즉 대입 연산자(=)는 변수에 값을 할당하고 변수는 그 값을 가집니다. 이때 할당할 수 있는 값은 문자열, 숫자, 객체 등입니다. 이뿐만 아니라 대입 연산자는 다른 연산자들과 결합하여 특수한 의미가 있는 복합 대입 연산자(예를 들어 +=, -=, *=, /=, %=, ^=, &=, |= 등)가 됩니다.

다음과 같은 복합 할당도 가능합니다.

```
valA = valB = valC = 'value';
```

한 가지 주의하실 점은 비교문에서 같음 연산자(==) 대신 대입 연산자를 사용하면 엉뚱한 결과를 가져온다는 것입니다. 틀리기 쉬운 부분이므로 꼭 유념하시기 바랍니다.

▪ 산술 연산자 ^{4.1.2}

산술 연산자는 사칙연산을 할 수 있도록 도와줍니다. 더하기, 빼기, 곱하기, 나누기와 같은 셈을 하여 그 결과를 반환합니다.

표 4-1 산술 연산자

연산자	설명
+	값을 더한다. 코드 ```\nvar number1 = 10;\nvar number2 = 20;\ndocument.write(number1 + number2);\n``` 결과 30
-	값에서 다른 값을 뺀다. 코드 ```\nvar number1 = 10;\nvar number2 = 20;\ndocument.write(number2 ? number1);\n``` 결과 10
*	값을 곱한다. 코드 ```\nvar number1 = 10;\nvar number2 = 20;\ndocument.write(number1 * number2);\n``` 결과 200
/	한 값을 다른 값으로 나눈다. 코드 ```\nvar number1 = 10;\nvar number2 = 4;\ndocument.write(number1 / number2);\n``` 결과 2.5
%	한 값을 다른 값으로 나눈 다음 나머지를 구한다. 코드 ```\nvar number1 = 10;\nvar number2 = 4;\ndocument.write(number1 % number2);\n``` 결과 2

→ 다음 페이지에 계속

← 전 페이지에 이어

연산자	설명
++	변수의 값을 1 증가시킨다. 코드 `var number = 10;` `document.write(++number);` 결과 `11`
--	변수의 값을 1 감소시킨다. 코드 `var number = 10;` `document.write(--number);` 결과 `9`

▪ 비교 연산자 ^{4.1.3}

비교 연산자는 두 개의 값이나 변수를 두고 어느 것이 큰지 혹은 같은지 다른지 비교한 다음 true와 false의 결과를 반환합니다. 예를 들어 과일 구입비용과 만 원을 비교하여 과일 구입비용이 더 적은지 더 큰지를 물어볼 수 있습니다.

표 4-2 비교 연산자

연산자	설명

==	두 값이 같으면 결과는 true이고 두 값이 같지 않으면 결과는 false이다.
	
	코드 `var number1 = 10;`
	`var number2 = 20;`
	`document.write(number1 == number2);`
	
	결과 `false`

!=	두 값이 같지 않으면 결과는 true이고 두 값이 같으면 결과는 false이다.
	
	코드 `var number1 = 10;`
	`var number2 = 20;`
	`document.write(number1 != number2);`
	
	결과 `true`

→ 다음 페이지에 계속

← 전 페이지에 이어

연산자	설명
| > | 왼쪽 식이 오른쪽 식보다 크면 결과가 true이고 아니면 결과가 false이다.<br><br>코드<br>```
var number1 = 10;
var number2 = 20;
document.write(number1 > number2);
```<br>결과 `false` |
| >= | 왼쪽 식이 오른쪽 식보다 크거나 두 값이 같으면 결과가 true이고 아니면 결과가 false이다.<br><br>코드<br>```
var number1 = 10;
var number2 = 20;
document.write(number1 >= number2);
```<br>결과 `false` |
| < | 왼쪽 식이 오른쪽 식보다 작으면 결과가 true이고 아니면 결과가 false이다.<br><br>코드<br>```
var number1 = 10;
var number2 = 20;
document.write(number1 < number2);
```<br>결과 `true` |
| <= | 왼쪽 식이 오른쪽 식보다 작거나 같으면 결과가 true이고 아니면 결과가 false이다.<br><br>코드<br>```
var number1 = 10;
var number2 = 20;
document.write(number1 <= number2);
```<br>결과 `true` |
| === | 왼쪽 식이 오른쪽 식의 값과 자료형이 같으면 결과가 true이고 아니면 결과가 false이다.<br><br>코드<br>```
var number1 = 10;
var number2 = '10';
document.write(number1 === number2);
```<br>결과 `false` |
| !== | 왼쪽 식이 오른쪽 식의 값과 자료형이 같지 않으면 결과가 true이고 아니면 결과가 false이다.<br><br>코드<br>```
var number1 = 10;
var number2 = '10';
document.write(number1 !== number2);
```<br>결과 `true` |

여기서 일부 자바스크립트 개발자들이 잘 사용하지는 않지만, 굉장히 중요하게 봐야 할 것이 있습니다. 그것은 표 4-2의 마지막 두 연산자(===, !==)입니다. 자바스크립트는 여전히 속도가 중요한 이슈이고 연산자 선택은 속도에 큰 영향을 미칩니다.

일반적인 비교 연산에서 자바스크립트는 자동으로 값의 자료형을 변경합니다. '10'은 문자 데이터지만 숫자 데이터 10과 같은지를 비교할 때 ==로 비교했다면 자료형을 변환한 다음 비교하므로 true를 반환하지만 ===로 비교했을 때는 이러한 변환 과정이 없으므로 false를 반환합니다. 즉 편리한 자동 변환 기능이지만 이 변환 과정과 검증 과정은 애플리케이션 속도에 커다란 영향을 줄 수 있습니다. == 연산자와 === 연산자의 차이점과 함께 이점을 꼭 유념하시기 바랍니다. 다음 예제는 이러한 === 연산자와 == 연산자의 차이점을 보여주는 예제입니다.

예제 |

```
numb = 10;                              // 숫자 데이터 할당
document.write(numb === 10);            // 같음
document.write('<br />');               // 줄 바꿈
numb = '10';                            // 문자 데이터 할당
document.write(numb === 10);            // 값은 같으나 자료형이 다름
document.write('<br />');
numb = '010';
document.write(numb === 10);            // 값은 같으나 자료형이 다름
```

::: 실행 결과 ▶

```
true
false
false
```

기타 연산자 4.1.4

앞서 언급한 연산자들 외에도 더 편리하게 개발할 수 있도록 자바스크립트는 여러 가지 특수한 연산자를 제공하고 있습니다. 이 특수한 연산자를 잘 기억하시면 더 멋진 소스 코드를 만들어낼 수가 있습니다. 이러한 연산자 중 가장 자주 사용되는 것은 typeof, instanceof입니다. 이 연산자들은 매우 특별하고 요긴하게 사용됩니다.

먼저 typeof 연산자를 살펴보겠습니다. typeof 연산자는 데이터가 어떤 형인지에 대한 정보를 알려줍니다.


```
document.write('문자: ', typeof 'string data', '<br />');
document.write('숫자: ', typeof 123456, '<br />');
document.write('논리: ', typeof true, '<br />');
document.write('객체: ', typeof new Object(), '<br />');
document.write('함수: ', typeof function(){}, '<br />');
```



```
문자: string
숫자: number
논리: boolean
객체: object
함수: function
```

예제와 실행 결과에서 보듯이 typeof 연산 시에는 어떤 정보를 넘기든지 해당 정보의 자료형을 알려주게 됩니다. 예외로 알 수 없는 정보를 준다면 undefined 결과가 발생하게 될 것입니다. 이러한 typeof 연산이 중요한 이유는 일반적인 프로그래밍 언어에서는 입력받는 자료형을 규정할 수 있지만, 자바스크립트에서는 어떠한 메서드를 호출할 때 입력되는 자료형과는 상관없이 메서드 이름만 일치하면 해당 메서드를 호출하기 때문에 오류가 발생할 가능성이 크다는 것입니다. 만일 + 연산을 하는 단순한 메서드의 경우 문자형 데이터 '123'을 입력받고 더하기 해야할 숫자형 데이터 123이 있다면 결과는 '123123'이 되어 버리고 숫자형 데이터인 123을 입력받게 된다면 246이라는 결과가 될 것이기 때문입니다. 이와 같은 여러 가지 상황에 대처하려면 typeof 연산자를 반드시 알아두어야 합니다.

또한, typeof 연산자는 자료형을 비교하여 검사할 수는 있지만, 객체와 비교해볼 수는 없습니다. 즉 typeof 연산자를 통해 a라는 변수에 담긴 데이터가 객체라는 것은 알 수 있지만 어떤 객체의 데이터인지는 알 수 없습니다. 이때 객체를 비교하기 위해 사용하는 연산자가 instanceof 연산자입니다.

예제 |

```
var now = new Date();
document.write(now instanceof Date, '<br />');     // 결과     true
document.write(now instanceof Object, '<br />');   // 결과     true
```

위의 구문에서 now 변수는 Date 객체입니다. 이때 typeof 연산자를 이용하면 객체(Object)인 것은 확인할 수 있지만, Date 객체라는 것을 알 수는 없습니다. 그러나 instanceof 연산자를 이용하면 어떤 객체인지를 확인할 수 있습니다. 이 연산자를 사용하려면 instanceof 왼쪽엔 검사를 위한 데이터를 놓고 오른쪽엔 비교할 객체를 놓습니다. 그러면 결과가 true 혹은 false로 반환됩니다.

표 4-3은 이와 같은 특수한 역할을 하는 연산자를 정리한 표입니다.

표 4-3 기타 연산자

연산자	설명
new	새로운 개체를 만든다.
	코드 `now = new Date( );` `document.write(now.toLocaleDateString( ));`
	결과 `2012년 7월 27일 금요일`
typeof	식의 자료형을 나타내는 문자열을 반환한다.
	코드 `document.write(typeof(123) + ', ' + typeof '문자'` `+ ', ' + typeof isNaN( ));`
	결과 `number, string, boolean`
in	개체에 속성이 존재하는지를 테스트하여 논리값을 반환한다.
	코드 `document.write('location' in document,' '` `,'length' in String);`
	결과 `true true`

→ 다음 페이지에 계속

← 전 페이지에 이어

연산자	설명
instanceof	개체가 특정 클래스의 인스턴스인지를 나타내는 논리값을 반환한다.

코드
```
arr = new Array( );
arr['birth'] = Date;
document.write(new Date( ) instanceof arr['birth']);
```

결과
```
true
```

delete	개체에서 속성을 삭제하거나 배열에서 요소를 제거한다.

코드
```
arr = new Array(1,2,3,4,5);
delete arr[1];
for (i=0;i<arr.length;i++) document.write(arr[i], ', ');
```

결과
```
1, undefined, 3, 4, 5,
```

void	식은 실행하되 식이 값을 반환하지 않도록 한다.

코드
```
voidString = '반환값 없음';
document.write(void voidString, ' ', voidString);
```

결과
```
undefined 반환값 없음
```

▪ 연산자 우선순위 ^{4.1.5}

연산에도 우선순위가 있습니다. 하나의 문장에 여러 연산이 함께 있을 때 단순히 앞에서부터 순서대로 연산하는 것이 아니라는 것입니다. 이를 간과하면 내가 의도하지 않았던 결과가 나오기노 합니다. 일례로 3 + 3 × 3 − 3 ÷ 3이라는 연산을 수행했을 때 어떤 결과가 나올까요? 만일 순서대로 계산한다면 5라는 결과가 나올 것입니다. 하지만, 실제 결과는 11입니다. 그래서 일반적으로 원하는 결과를 얻고자 괄호 등으로 묶어서 연산의 우선순위를 정하곤 합니다. (3 + 3) × (3 − 3) ÷ 3과 같은 형식이라넌 한눈에 보기에노 어떤 결과를 얻을지 예측할 수노 있고 내가 원하는 내로의 연산 결과를 쉽게 만들어 낼 수 있을 것입니다.

표 4-4 연산자 우선순위

연산자	설명
. [ ] ( )	필드 접근, 배열 변수 인덱스, 기능 함수 호출, 식 묶기
++ -- - ~ ! delete new typeof void	단항 연산자, 자료형 반환, 개체 만들기, undefined
* / %	곱하기, 나누기, 나머지 나누기
+ -	더하기, 빼기, 문자열 연결
<< >> >>>	비트 이동
< <= > >= instanceof	더 작음, 작거나 같음, 더 큼, 크거나 같음, instanceof
== != === !==	같음, 같지 않음, 자료형과 값이 모두 같음, 같지 않음
&	비트 논리곱('그리고'라고 해석)
^	비트 배타적 논리합(반대로 해석)
|	비트 논리합('혹은' 또는 '~이거나'라고 해석)
&&	논리곱('그리고'라고 해석)
||	논리합('혹은' 또는 '~이거나'라고 해석)
? ... : ...	조건 삼항식(조건식 ? true 반환값 : false 반환값)
= opr= <<=	할당, 복합 할당, 연산자 할당, 비트 할당
,	반점으로 분리된 여러 개의 식 계산

▥ 복합 할당 연산자 ^{4.1.6}

이쯤 되면 연산자는 더 없을 것 같은데 아직도 할 이야기가 남았습니다. 다른 프로그래밍 언어에 못지않은 너무나도 넓고 깊은 자바스크립트의 세계에 감탄할 따름입니다. 이번에 살펴볼 것은 복합 할당 연산자라고 하는 것인데요, 이 복합 할당 연산자는 몰라도 개발에는 지장을 주지 않을 수도 있습니다. 하지만, 좀 더 깔끔하고 편리한 소스 코드를 만들 수 있다는 장점이 있습니다.

간단히 설명하자면 변수에 변수 자신을 통한 값을 만들어 내고 싶을 때 사용하는 것입니다. 예를 들자면 varA = varA + 1;이라는 구문이 있을 때 varA를 반복해서 적기 싫다면 varA += 1로 줄여서 사용할 수도 있다는 것입니다. 그저 단순히 개발자들의 귀찮음 때문에 나온 것일 수 있지만, 자바스크립트는 소스 코드의 양도 성능과 연관되기 때문에 이를 적극적으로 활용해야 합니다. 이러한 방법의 몇 가지 예는 다음과 같습니다. 너는 설명이 필요 없죠. 왼쪽의 일반 연산자를 사용한 구문은 오른쪽 복합 할당 연산자를 사용한 구문과 같은 표현입니다.

일반 연산자	복합 할당 연산자
varA = varA + 1	varA += 1
varA = varA - 1	varA -= 1
varA = varA / 1	varA /= 1
varA = varA * 1	varA *= 1

4.2 흐름의 제어

아, 드디어 무언가 느낌이 듭니다. 여기까지 책을 보신 분들께 존경의 박수를 보내 드립니다. 사실 기본을 익힌다는 것은 참 힘든 일이죠. 재미도 없고 지루하니까요. 제가 여기서 존경의 박수를 보내드리는 이유는 지금부터는 정말 무언가를 하면서 좀 더 재미있게 공부할 수 있기 때문입니다.

흐름의 제어라고 하는 것은 상황 판단을 뜻합니다. 앞의 연산자만 하더라도 도대체 그것을 왜 배워야 하는지 어디에 어떻게 써먹을 것인지에 대하여 도무지 재미도 없고 의미도 모르겠다고 느끼시는 분들이 많았으리라 생각합니다. 지금부터는 여러 가지 상황을 가정하고 그 상황에 맞는 행동을 설정한 다음 이를 어떤 방법으로 제어할 것인지를 익히게 될 것입니다.

하지만, 이렇게 문법을 외우고 사용하는 것도 중요하지만, 더 중요한 것은 어떻게 하면 수많은 상황을 제어할 수 있을 것이며 어떻게 하면 그 수많은 상황 중에 내가 의도한 상황으로 이끌어 갈 것이냐 하는 것입니다. 예외 상황을 최대한 줄이고 내가 생각할 수 없는 예외 상황까지 준비해야 하는 것이 우리가 가져야 할 자세입니다.

그럼 흐름을 제어하는 문법에 나오는 몇 가지 기호에 대해 잠깐 짚고 넘어가겠습니다.

- **영어 단어**   예약어로 된 명령어입니다. 이 명령으로 흐름을 조절합니다.

- **소괄호 ( )**   true나 false의 값을 받는 창구입니다. 다른 값을 받으면 그 값을 기준으로 true인지 false인지를 판단합니다.

- **중괄호 { }**   실행할 명령을 모아 놓은 객체입니다. ( ) 안의 값이 true일 때 실행하거나 do, else 등의 특정 명령으로 ( ) 안의 값을 검증하지 않고 실행하기도 합니다.

- **쌍반점 ;**   명령을 구분 짓습니다. A = a+b;와 같은 형식으로, 명령의 끝에는 반드시 쌍반점을 붙이는 습관을 들여야 합니다.

이 기호들을 정확히 이해한다면 나머지는 몇 개 영어 단어의 뜻과 흐름의 방향만 알면 됩니다.

비교 구문(if ~ else) ^{4.2.1}

가장 단순하면서도 가장 확실한 물음이죠. 마치 "너는 독립운동가이냐? 아니라면 친일파다!"와 같은 이분법적 논리입니다. 회색분자 따위는 취급하지 않습니다. 이처럼 약간 위험한 질문이기도 하지만 개발자가 가장 많이 사용하는 종류의 질문이기도 합니다.

주로 많이 사용되는 부분 중 사용자에게 직접 묻는 것들의 경우를 예로 들면 어떤 게시판의 글을 삭제하고자 할 때 앞서 배운 confirm( ) 메서드를 통해 "정말 삭제하시겠습니까?"라는 확인이 있습니다. 하지만, 이렇게 직접 사용자에게 묻는 것 말고도 우리는 프로그램 내부에 수많은 물음을 던지게 될 것입니다.

우선 비교 구문의 모양을 살펴보겠습니다. 다음 구문을 보면 쉽게 이해하실 수 있을 것입니다. if로 시작하고 괄호 안에 true 혹은 false의 값을 넣습니다. 값을 직접 넣을 수도 있지만, 괄호 안에서 여러 가지 명령을 실행하여 값을 받아와도 됩니다. 일반적으로 비교 연산자를 이용한 조건문을 가장 많이 사용합니다.

그리고 해당 조건의 값이 true가 된다면 ( ) 다음 {} 안에 있는 명령을 실행하게 됩니다. 하지만 ( ) 안의 값이 false라면 {} 안의 내용은 그냥 지나가 버립니다. 그리고 {}가 끝난 부분에 else라는 명령이 있는지 확인해본 다음 있다면 else 다음의 명령을 실행합니다. 하지만, 만일 else 다음의 명령이 if라고 한다면 다시 ( ) 안의 값을 검사해 true인지 false인지를 판별합니다. 그리고 값이 true라면 ( ) 바로 뒤의 {} 안에 있는 내용을 실행합니다. 이때 else 다음 if가 나오지 않았다면 별다른 확인 절차 없이 {} 안의 내용을 실행합니다.

```javascript
if (true || false) {
  실행문 1;
} else if (true || false) {
  실행문 2;
} else {
  실행문 3;
}
```

말이 길어서 이해가 어려울 수도 있으니 좀 더 쉽게 해보겠습니다. if는 '만약'이라고 읽고 ( )는 '맞으면'이라고 읽습니다. 그리고 { }는 '한다'라고 읽습니다. 또 else는 '아니면'이라고 읽습니다. 이러한 방식으로 앞의 구문을 그대로 읽어 보겠습니다.

```
"if 만일 ( ) 맞으면 { }해라. else 아니면 if 만일 ( ) 맞으면 { }해라. else 아니면 { }해라."
```

이처럼 읽어 본다면 쉽게 이해되실 것입니다. 그렇다면, 이를 활용하는 간단한 예제를 만들어 보겠습니다.

예제 | 4-1

```html
<!DOCTYPE html>
<html>
<head>
<meta charset="UTF-8">
<title>비교 연산자</title>
<script type="text/javascript">
   var blnMan = confirm('딩신은 님자입니까?');
   if (blnMan) {
      document.write('남자는 삭제');
   } else {
      document.write('사랑해요!!!');
   }
</script>
</head>
<body>
</body>
</html>
```

예제 4-1을 보시면 아주 간단하게 if 문의 예를 확인하실 수 있습니다. 이것을 위의 설명에 나온 문장대로 한 번 정도 큰 소리로 읽으실 수 있다면 if 문의 기본은 익히신 것입니다. "if 만일 (blnMan) 남자가 맞으면 { … } 해라 else 아니면 { … } 해라." 꼭 큰소리로 소리 내어 읽으세요.

| 객체(Object)에 관하여

뜬금없이 무슨 소리냐 하실 분들도 많이 있겠지만 여기서 잠깐 객체라는 녀석에 대해 이야기하고 넘어가겠습니다. 중괄호({ })로 묶어서 그 안에 원하는 내용을 채워 객체를 만들 수 있는데 지금 보시는 if 문에서도 { }로 둘러싸인 것은 객체이고 그 안에는 우리가 원하는 명령을 채워 넣어 하나의 묶음을 만든 것으로 생각하십시오. 우선 지금은 이렇게만 생각하시고 객체에 관련하여 상세한 내용은 뒤에 나올 객체 관련 내용을 참고하세요.

너무 간단하니까 재미가 별로 없죠. 조금만 응용해보겠습니다. 앞서 나온 예제처럼 if ~ else 문을 한 번만 더 사용해보겠습니다.

예제 | 4-2

```html
<!DOCTYPE html>
<html>
<head>
<meta charset="UTF-8">
<title>비교 연산자</title>
<script type="text/javascript">
   var blnMan = confirm('당신은 남자입니까?');

   if (blnMan) {
      document.write('남자는 삭제');
   } else {
      var intAge = prompt('당신의 나이를 숫자로 적어 주세요.');

      if (intAge > 30) {
         document.write('나이가 너무 많군요. 생각 좀 해볼게요.');
      } else {
         document.write('남자도 아니고 나이도 많지 않아요. 알라뷰!');
      }
   }
</script>
```

```
</head>
<body>

</body>
</html>
```

예제 4-2에서는 else { … } 내부에 다시 if 문을 삽입해 보았습니다. 실제 if 문을 사용할 때는 이처럼 구문 안에 또 다른 if 문을 반복해서 사용할 때가 잦습니다. else if ( ) { … } 이 구문과 else {} 내부에 다시 if ( ) { … } 구문을 중복해서 사용하는 이 내용은 사실 큰 차이는 없습니다. 필요에 따라 다르게 사용하는 부분일 뿐입니다. 예제 4-2의 경우 else { if ( ) { … } } 이 부분을 else if (prompt('당신의 나이를 숫자로 적어주세요.') > 30) { … } 로 표현해도 된다는 이야기죠.

어렵지 않죠? 만일 어렵다고 느끼신다면 소스 코드를 작성하면서 'if 만일 (blnMan) 남자가 맞으면 { … }' 방법으로 두 번 정도만 큰소리로 읽고 다시 보시면 훨씬 쉬워질 것이라고 확신합니다.

반복 구문(for, do, while) ^{4.2.2}

이제 if 문은 충분히 이해하셨을 것으로 생각합니다. 혹 이해가 안 되신 분은 앞으로 돌아가셔서 다시 한 번 해당 부분을 읽어보시기 바랍니다. if 문을 이해했다면 이번엔 반복 구문을 살펴보겠습니다. 이것도 사실 if 문과 구조가 크게 다르지 않으니 걱정은 일단 던져 놓고 시작하겠습니다.

반복 구문에는 for 문, do 문, while 문의 세 가지가 있습니다. 기본은 모두 같지만 작은 차이가 있습니다. 그 차이점을 알고자 우선 세 가지 반복 구문이 어떤 형식으로 사용되는지 보겠습니다.

반복 구문에서의 무한 루프

모든 반복 구문은 항상 무한 루프를 조심해야 합니다. 이것은 반복 구문에서 빠져나오지 못하고 영원히 반복하는 것을 이야기하는데 이 무한 루프에 한번 걸리게 되면 브라우저는 강제로 종료되기 전까지 매우 느려지거나 다른 일을 못하게 됩니다. 그러므로 항상 어떤 상황에서 반복이 종료되는지를 확실히 알고 있어야 합니다.

반복 구문에서 사용되는 두 가지의 예약 명령어가 있습니다. 이것은 반드시 익히셔야 합니다. 필요에 따라 일부러 무한 루프의 구문을 만들거나 무한 루프가 아니더라도 상황에 따라 해당 구문을 빠져나가거나 다음 단계로 넘어가야 할 때가 있기 때문입니다.

- **break { ... }** 영역 안에서 해당하는 구문의 실행을 즉각 멈추고 빠져나갑니다.
- **continue { ... }** 영역 안에서 현재의 반복을 멈추고 다음 단계로 넘어갑니다.

이 break와 continue는 자주 사용되지는 않습니다만 반드시 알아두어야 할 명령어이니 꼭 기억하시기 바랍니다.

while

우선 if 문과 가장 비슷한 while 문을 보겠습니다. "while ~할 동안 ( )가 맞으면 { ... }를 실행하라."라고 해석할 수 있습니다. 말이 좀 이상하죠? 이것은 영어의 어순이 우리말의 어순과 차이가 있기 때문에 그렇습니다. 만일 이 구문이 우리말의 어순에 맞게 만들어졌다면 "( ) 맞는 while 동안 { ... }를 해라."가 될 텐데 아쉽습니다.

즉 while ( ) { ... } 구문이 하나의 완성형 구문입니다. 물론 if 문 때와 마찬가지로 ( ) 안에는 true 혹은 false가 들어갈 것이고 { ... } 안에는 실행할 내용이 들어가겠지요.

```
while ( true || false ) { 실행할 내용 }
```

그러면 그냥 보면 if 문과 똑같아 보이는데 어느 부분이 다른 것이냐에 대한 궁금증이 생기실 겁니다. 물론 대부분 눈치를 채겠지만, if 문은 한번 판단하고 지나가 버리지만 while 문은 { ... } 부분을 실행하고 다시 ( ) 안의 값을 검사합니다. 그리고 검사 결과가 true라면 { ... } 실행을 반복합니다. false가 나오거나 자바스크립트 자체가 종료되기 전까지는 영원히 반복합니다. 그러므로 이러한 반복 구문을 사용할 때는 ( ) 안에 들어가게 되는 값이 언제 true가 되고 언제 false가 되는지를 정확히 알아야 합니다. 그렇지 않으면 블랙홀 프로그램이 돼버릴 것입니다.

그러면 어떻게 해야 true와 false의 값이 바뀌게 될 것인지를 알아보겠습니다. 그렇지 않으면 { } 안에서 영원히 빠져나오지 못하는 코드가 될 테니까요. 가장 중요한 것은 { ... } 안에서 ( ) 안의 값이 false가 나오도록 변경해주어야 한다는 점입니다.

가장 많이 사용되는 예를 들자면 다음과 같은 내용입니다.

예제 |

```
var a = 0;
while (a < 10) {
    a++
}
```

a의 값이 { ... } 내용 안에서 a++ 되고 있기 때문에 반복하다 보면 언젠가는 10을 넘게 될 것입니다. 참 쉽죠? 그럼 어떻게 쓰이는지 예제를 한번 만들어 볼까요? 예제 4-3은 누군가의 공격을 받는 게임 캐릭터를 가상으로 표현해본 것입니다. 2,500의 생명력을 가지고 있고 공격을 받기 시작해 공격을 받을 때마다 생명력이 520씩 빠져나갑니다. 물론 생명력이 0 이하로 떨어지면 이 캐릭터는 전사하게 되겠죠.

예제 | 4-3

```html
<!DOCTYPE html>
<html>
<head>
<meta charset="UTF-8">
<title>while 문</title>
<script type="text/javascript">
    var life = 2500;
    var hitCount = 0;
    while (life > 0) {
        life -= 520;
        hitCount++;
        document.write(hitCount + '번째 공격을 당했습니다. ');
        document.write(life + ' 만큼 생명력이 남았습니다.<br />');
    }
    document.write(hitCount + '번의 공격을 당하고 전사했습니다. <br />');
</script>
</head>
<body>
</body>
</html>
```

한 가지 아쉬운 것이 있다면 우리가 결과를 볼 때 모든 것이 너무 순식간에 지나가기 때문에 한 순간에 전사하게 된다는 것이겠네요. 그렇지만, 결코 한방에 딱 하고 끝나지 않고 여러 번 반복해서 실행되었다는 사실은 그림 4-1과 같은 실행 결과로 확인할 수 있습니다.

결국, if 문과 while 문의 차이점은 if 문은 ( ) 값을 보고 { ... } 내용을 한 번 실행하면 끝이지만 while 문은 { ... } 내용을 실행하고 나면 다시 ( ) 값을 검사하는 절차로 되돌아간다는 것입니다. 길게 설명했지만 참 간단한 내용이었습니다.

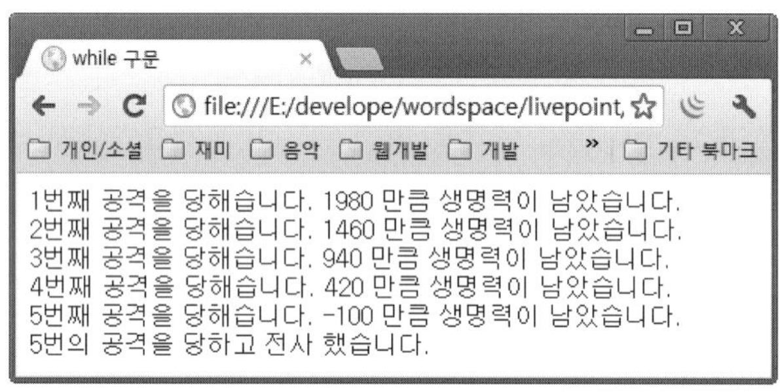

그림 4-1 예제 4-3을 실행한 결과

do ~ while

이것도 while 문과 매우 흡사하지만 한 가지 재미난 것이 있습니다. ( ) 안의 검사를 나중에 한다는 것입니다. 문법 순서를 보면 do { ... } while ( )입니다. 이상하죠? 지금까지 본 것들은 if 문 혹은 while 문 바로 뒤에서 ( ) 검사를 했는데 이번엔 검사하는 ( ) 내용이 제일 뒤에 나오는군요.

```
do { ... } while ( true || false )
```

비밀은 do라는 명령어에 있습니다. 해석해 보아도 do는 하라라는 뜻이기 때문에 { ... } 내용을 일단 실행합니다. 그리고 나서 while ( )를 만나면 ( ) 안의 값을 검사해서 true일 경우 다시 { ... }를 실행합니다. while 문과 거의 똑같지만 단 하나 다른 점은 { ... } 안의 내용을 처음 한 번은 ( ) 안의 검사 없이 무조건 실행한다는 것입니다.

한 번은 실행하고 나서 검사하는 do ~ while 문은 조심해서 사용해야 합니다. 한 번은 실행한다는 말은 조건에 관계없이 무조건 한 번은 실행한다는 말이기 때문에 오류의 가능성이 매우 크고 그러한 위험성 때문에 사실 많이 사용되지는 않는 구문입니다.

하지만, 가끔은 아주 유용하게 사용할 수도 있습니다. 안 되는 줄 알아도 한 번은 해봐야 할 때가 있습니다. 그래서 뜻밖에 좋은 결과를 얻어 계속 할 수도 있고 그냥 한 번 하고 끝날 수도 있습니다. 다음 예제는 그러한 상황의 예를 들어 본 것입니다.

예제 |

```javascript
var pathPoint = 10, myPoint = 5, tryCount = 0;
do {
   tryCount++;
   document.write(tryCount + '번째로 순이와 이야기를 나누어요.<br />');
   if (confirm('당신은 나를 좋게 생각하십니까?')) {
      myPoint += 10;
   } else {
      myPoint -= 10;
   }
} while (pathPoint < myPoint)
document.write(tryCount + '번째로 이야기를 나누고 차였어요. ㅠ.ㅜ<br />');
```

변수 pathPoint는 순이와 이야기를 할 수 있는 기준 포인트입니다. 그보다 낮으면 이야기할 수 없습니다. myPoint는 순이가 나의 모습을 보고 판단한 포인트입니다. 10포인트가 없어도 처음에는 이야기해볼 수 있습니다. 그리고 나서 호감을 얻어 포인트를 올릴 수도 있고 호감을 얻지 못하고 오히려 점수가 더 깎인 채로 물러나야 할 수도 있습니다.

이러한 형태의 소통이 필요할 때 바로 do ~ while 문을 사용하는 것입니다. 자주 사용하지는 않겠지만, 언젠가 굉장히 유용하게 써먹을 수 있는 구문입니다.

for

지금 알아보려고 하는 이 for 문은 반드시 숙지하셔야 합니다. 가장 많이 사용되기 때문이고 아주 유용하게 만들어져 여러 가지 편리함을 제공해주고 있기 때문입니다. 그리고 ( ) 안에 단순히 true나 false만 들어가는 것이 아니라 여러 가지로 유용한 조건을 설정할 수도 있습니다.

```
for( 시작 설정 ; true || false ; 반복 설정) { ... }
```

for 문의 특이한 점은 앞의 구문에서 보듯이 ( ) 안에 쌍반점(;)으로 구분하여 시작 설정과 반복 설정을 한다는 것입니다. 시작 설정은 { ... } 내부에서 사용할 변수 같은 것을 설정하고 반복 설정에는 { ... } 실행을 한 번 끝낸 다음 할 일을 설정합니다. 예를 들면 다음 구문과 같은 설정을 가장 많이 사용합니다.

```
for (var i = 0 ; i < 10 ; i++) { ... }
```

뭐 말로 해도 어려우니 예제를 보는 것이 제일 빠를 것입니다.

예제 |

```
var total = 0;
for (var i = 0; i < 100; i++) {
    total += i;
}
document.write('0부터 100까지 순서대로 더하면 ' + total + '입니다.');
```

예제를 보면 굳이 설명이 필요 없을 정도로 단순합니다. var i = 0;을 실행하는 시점은 for 문을 수행하기 이전입니다. 그리고 true나 false의 값을 확인하는 구문이 있고 뒤에 i++이 수행됩니다. for 문이 종료되면 변수 i는 소멸합니다.

순서를 다시 정리해보겠습니다. for ([가] ; [나] ; [다]) { ... }?라고 했을 때 다음과 같은 순서로 반복합니다.

[가] → [나] → { ... } → [다] → [나] → { ... } → [다] → [나] → { ... } → ...

물론 [나] 단계에서 true일 때를 가정한 것이고 [나] 단계에서 false의 값이 나온다면 for 문은 그 시점에서 종료되고 [가] 단계에서 설정한 변수도 소멸합니다.

for 문에 대해 어느 정도 이해하셨다면 for 문이 왜 좋은지를 알 수 있는 예제를 한번 보겠습니다. 알 만한 사람은 다 안다는 구구단 예제입니다. 이 예제는 내용을 보기 전에 직접 한번 작성해보시면 큰 도움이 될 것입니다.

예제 |

```
for (var i = 1; i < 10; i++) {
    document.write('<br />' + i + '단: ');
    for (var j = 1; j < 10; j++) {
        document.write(i + ' * ' + j + ' = ' + i * j + '<br />');
    }
}
```

앞의 예제와 이 예제는 사실 내용이 거의 같습니다. 다만, for 문의 { ... } 영역에 for 문을 한 번 더 사용하여 중첩 for 문을 이용해 구구단을 구현했다는 점만 다를 뿐입니다.

이 예제의 내용을 보실 때 유의하실 것은 i와 j를 혼동하지 말아야 한다는 점입니다. 중첩 for 문을 사용할 때 습관적으로 i를 사용하게 되므로 자주 혼동하곤 한답니다.

for in

다음 구문처럼 for 문을 사용할 때 Array 객체를 이용하여 배열의 개수만큼 반복하는 방법 등 거의 비슷한 패턴으로 많이 사용해왔습니다.

```
for (var i = 0 ; i < arr.length ; i++) { ... }
```

이러한 사용 방법을 좀 더 편리하게 해주는 구문이 for in 문입니다. 또한, 단순 숫자의 식별자를 가지는 Array 객체뿐만 아니라 문자로 된 식별자를 가지는 객체나 변수도 식별자를 받아 사용할 수 있습니다.

```
for ( 변수 in 배열 혹은 객체 ) { ... }
```

앞의 구문 방식으로 사용하는 for in 문은 ( ) 내부의 in을 기준으로 오른쪽에 있는 배열의 구성 요소나 속성의 식별자를 하나씩 왼쪽 변수에 할당합니다. 하나를 할당할 때마다 { … } 내용을 한 번씩 실행하게 됩니다. 아주 편하고 좋죠. 다음 예제를 보시면 확실히 아실 수 있습니다.

예제 |

```
for (var prop in window) {
    document.write(prop + ': ' + window[prop] + '<br />');
}
```

이 예제에서는 실용적인 부분을 예로 들고자 자바스크립트에서 사용하는 최상위 객체인 window 객체를 for in 문에 대입해봤습니다. prop이라는 변수에 window의 구성 요소와 속성의 식별자를 받아 window[prop]이라는 방법으로 해당 내용을 확인할 수가 있습니다. 그림 4-2와 같이 그 결과를 보실 수 있고 이와 똑같은 방법으로 우리가 앞으로 사용할 모든 객체의 내용을 확인해볼 수가 있습니다.

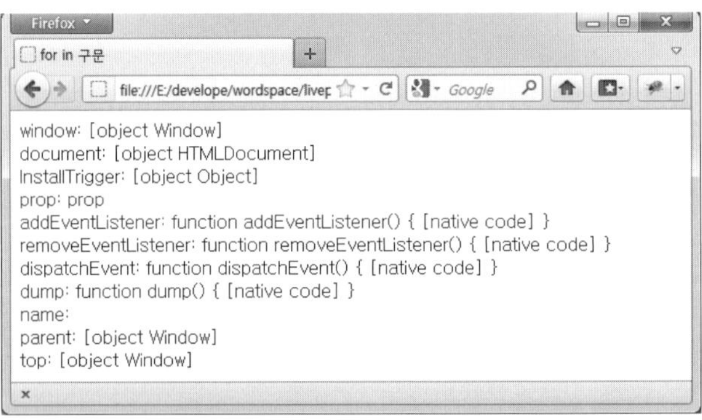

그림 4-2 window 객체의 구성 요소와 속성 확인

골라잡아(switch ~ case) 4.2.3

지금까지 매우 단순하게 맞다 틀리다 정도만을 기준으로 하는 문법들을 보았습니다. 지금부터는 맞는 것을 골라서 사용하는 방법을 말하고자 합니다. 하지만, 이 구문을 사용하라고 적극적

으로 권장하지는 않습니다. 어떻게 사용하는지만 정확히 알고 있으시면 됩니다. 권장하지 않는 이유는 퍼포먼스, 즉 성능에 미치는 영향 때문입니다. 현재까지 알려진 바로는 이 구문은 대부분 상황에서 시스템 성능에 그리 좋은 영향을 주지 않는다고 합니다. 우선 사용 방법을 알아보고 이 구문을 써야 할 경우에 어떤 대안을 사용하면 성능에 영향을 주지 않는지 등도 이야기해 보도록 하겠습니다.

```
switch (조건) {
    case 비교1: { ... }
    case 비교2: { ... }
    default: { ... }
}
```

우선 switch 문은 득이한 점이 있습니다. 단순히 true니 false만을 평가 대상으로 삼고 있지 않다는 것입니다. 앞의 구문을 보시면 ( ) 내부의 조건을 가지고 case에 붙어 있는 비교 대상과 비교하여 값이 같은 case를 찾아 해당 case의 { ... } 내용을 실행합니다. 그리고 만일 case의 비교 대상과 일치하는 조건이 없다면 default의 { ... }을 실행합니다.

switch ~ case 문의 독특한 점은 비교 대상과 조건의 값이 일치했을 때 해당 case의 { ... } 내용만을 실행하는 것이 아니라 그 위치로부터 break 명령을 만나거나 switch 문이 종료될 때까지 모든 case 문과 default 문을 실행한다는 점입니다. 그러므로 break를 switch 문과 함께 사용할 때가 잦은데, 다음 예제를 보면 그러한 예를 확인해보실 수 있습니다. 이 예제는 A, B, C 성적을 토대로 총점을 계산(점수 책정은 제 맘대로)하는 프로그램 일부를 switch 문을 사용해 만들어본 것입니다.

예제

```
var vals = {
    '국어': 'C',
    '영어': 'A',
    '수학': 'F',
    '과학': 'B'
};
var total = 0;
```

```javascript
for (var val in vals) {
  var point = 0;
  switch (vals[val]) {
    case 'A': {
      point = 100;
      break;
    };
    case 'B': {
      point = 80;
      break;
    };
    case 'C': {
      point = 60;
      break;
    };
    default: {
      point = 20;
      break;
    }
  }
  total += point;
}
document.write('총점은 ' + total + '점입니다.');
```

단순히 이 예제처럼 사용하는 것보다는 그냥 기본적인 JSON 스타일의 객체를 만들어 사용하는
방법이 자바스크립트의 성능에 효율적이고 직관적으로 소스를 파악하기에도 좋습니다. 실제로
이 예제의 switch 문을 다음 예제처럼 바꿀 수도 있습니다. 같은 결과가 나오지만 알아보기도
훨씬 쉽고 소스 코드도 효율적입니다. 그리고 이러한 소스 코드가 누적되었을 때 실제 성능 부
분에서도 효율적입니다.


```javascript
var vals = {
  '국어': 'C',
  '영어': 'A',
  '수학': 'F',
  '과학': 'B'
```

```javascript
};
total = 0;
var pointSet = { 'A': 100, 'B': 80, 'C': 60 };
for (var val in vals) {
    total += pointSet[vals[val]];
}
document.write('총점은 ' + total + '점입니다.');
```

그렇다면, 언제 switch 문을 사용하면 좋을까요? 물론 아예 사용하지 않을 수도 있습니다. if ~ else 문을 통해 충분히 해결할 수 있으니깐요. 그렇지만, switch 문이 진가를 발휘할 수 있는 부분은 바로 다음과 같은 때입니다.

예제

```javascript
var dangerLevel = prompt('대통령 등급을 [S, A, B, C] 중에 입력해 주세요.');
switch (dangerLevel) {
    case 'S': {
        document.write('FTA를 날치기 상정합니다.<br />');
    };
    case 'A': {
        document.write('언론을 통제하고 물대포를 뿌려 국민을 압박합니다.<br />');
    };
    case 'B': {
        document.write('4대강 공사를 강행합니다.<br />');
    };
    case 'C': {
        document.write('주변 사람들에게 주요 장관직을 모두 밭깁니다.<br />');
    },
}
```

좀 생뚱맞은 예제일 수도 있겠지만, 이 예제를 실행한 다음 프롬프트창(prompt( ) 메서드)에 S, A, B, C 등급 중 하나를 입력해보세요. S를 입력하면 S, A, B, C 모두 실행합니다. A를 입력하면 A, B, C를 실행합니다. 즉 하나의 행동이나 결과를 바라는 것이 아닌 포함 관계를 맺고 A 상황이 B 상황을 포함한다는 개념, 이러한 행동 패턴을 표현할 때는 switch 문을 이용해야 합니다. 그 외에는 사실상 사용해야 할 특별한 이유가 없습니다.

제 5 장

객체지향 프로그래밍

자바스크립트로 웹 애플리케이션 만들기란 어찌 보면 참 쉽지만, 어찌 보면 한없이 어려운 작업입니다. 지금까지 잘 따라오셨다면 이제 여러분도 제어문을 활용하여 간단한 자바스크립트를 코딩할 수 있게 되었을 것으로 생각합니다. 하지만, 단순히 기능이 구현된다고 해서 좋은 애플리케이션이 되는 것은 아닙니다. 좋은 애플리케이션이 되려면 사용자의 욕구를 얼마만큼 충족시켜 주는지, 얼마나 사용자에게 편리함을 제공하는지 등과 함께 성능에 관련한 부분이나 유지보수가 얼마나 수월한지 등 수 많은 요구 사항들을 충족시켜야 합니다.

물론 가장 중요한 것은 사용자의 요구와 편리성이라고 생각합니다. 하지만, 요구의 편리성에 대한 부분은 그 시대의 UI 패턴 등에 따라 계속 변화하고 사용자들이 원하는 편리성은 끝없이 높아만 갑니다. 그에 맞추어 지속적인 개선과 끊임없는 변화를 이루어 내야 하는 것이 바로 애플리케이션입니다. 그러므로 아무리 잘 만들어졌다 하더라도 유지보수가 어려운 애플리케이션이라면 좋은 점수를 받기가 어렵습니다. 이처럼 유지보수가 쉬운 구조로 만들려면 **객체지향 프로그래밍(Object-oriented Programming, OOP)** 개념을 정확히 알고 각 역할에 따라 구분하고 객체화시켜 프로그래밍하는 능력을 길러야 합니다.

5.1 자바스크립트에서의 객체

흔히들 자바스크립트는 객체 기반 언어라고 이야기합니다만 여기서 객체(Object)라는 것은 굉장히 추상적인 말입니다. 저도 객체가 무엇인지 많은 고민을 했었습니다. 하지만, 어느 정도 생각이 정리된 시점에서 다시 생각해보면 또 뜻밖에 쉬운 것이 객체라는 개념인 듯합니다.

객체를 설명하기가 어려운 것은 앞서 말씀드린 것처럼 객체라는 단어 자체가 굉장히 추상적이기 때문입니다. 하지만, 제가 내린 결론은 객체란 어떤 목적 따위의 단위로 묶어 놓은 묶음이라는 것입니다. 그리고 그 묶음을 더 큰 단위로 묶은 것도 마찬가지로 객체입니다.

이러한 객체 기반 언어가 좋은 이유는 단위로 묶여 있고 묶여 있는 단위를 불러다 사용하기 때문에 수정이 필요할 때는 해당하는 객체만 수정하면 되기 때문입니다. 이러한 장점을 전문 용어로 "유지보수가 쉽다."라고 말하곤 합니다. 객체 기반 언어로 되어 있지 않다면 하나의 프로그램에 엄청난 양의 소스 코드가 있을 것이고 같은 일을 하는 소스 코드를 하나의 페이지 안에서도 몇 번씩 반복해 가며 써야 합니다. 이것을 수정이라도 하다 모두 수정하지 않고 하나를 빼먹으면 엄청난 프로그램이 탄생할 수도 있습니다. 오류와 버그투성이인 프로그램 말입니다.

하지만, 이러한 장점만 있는 것이 아니라 단점도 있습니다. 자칫하면 프로그램 구조가 굉장히 복잡해지고 어려워질 수도 있다는 것입니다. 그래서 객체 기반의 프로그램을 작성할 때는 객체의 범위를 잡는 것과 객체의 이름을 정해주는 것, 그리고 다른 곳에서 쉽게 불러 사용할 수 있도록 해주는 것 등 신경을 써야 할 일이 많습니다.

시작하기도 전에 이러한 장점과 단점들에 관해 너무 큰 걱정은 하지 않으셔도 됩니다. 하나씩 배워가는 과정에서 자연스럽게 여러분의 몸에 밸 것으로 생각하니까요. 우선 객체에 대해 이해하고 그 객체를 어떻게 표현하고 만들어 낼 수 있는지, 그리고 우리가 많이 사용할 만한 것들에 대해 미리 만들어져 제공되는 객체들에는 어떤 것들이 있는지 지금부터 살펴보도록 하겠습니다.

우선 사람으로 객체에 대한 예를 들어보면 한 명의 사람은 하나의 객체이고 그 사람의 손이나 발, 눈, 코, 입과 같은 각각의 기관도 하나의 객체입니다. 그리고 손에 붙어 있는 손가락도 객체라 할 수 있습니다.

그림 5-1에서 보는 것과 같이 '사람'이라는 객체는 머리, 몸통, 팔, 다리라는 객체들을 포함하고 있습니다. 또한, 이 중 '팔'이라는 객체는 손, 손목, 팔꿈치 등을 포함하고 있습니다. 이렇게 객체란 우리가 이름을 붙일 수 있는 모든 것이라고 할 수 있습니다.

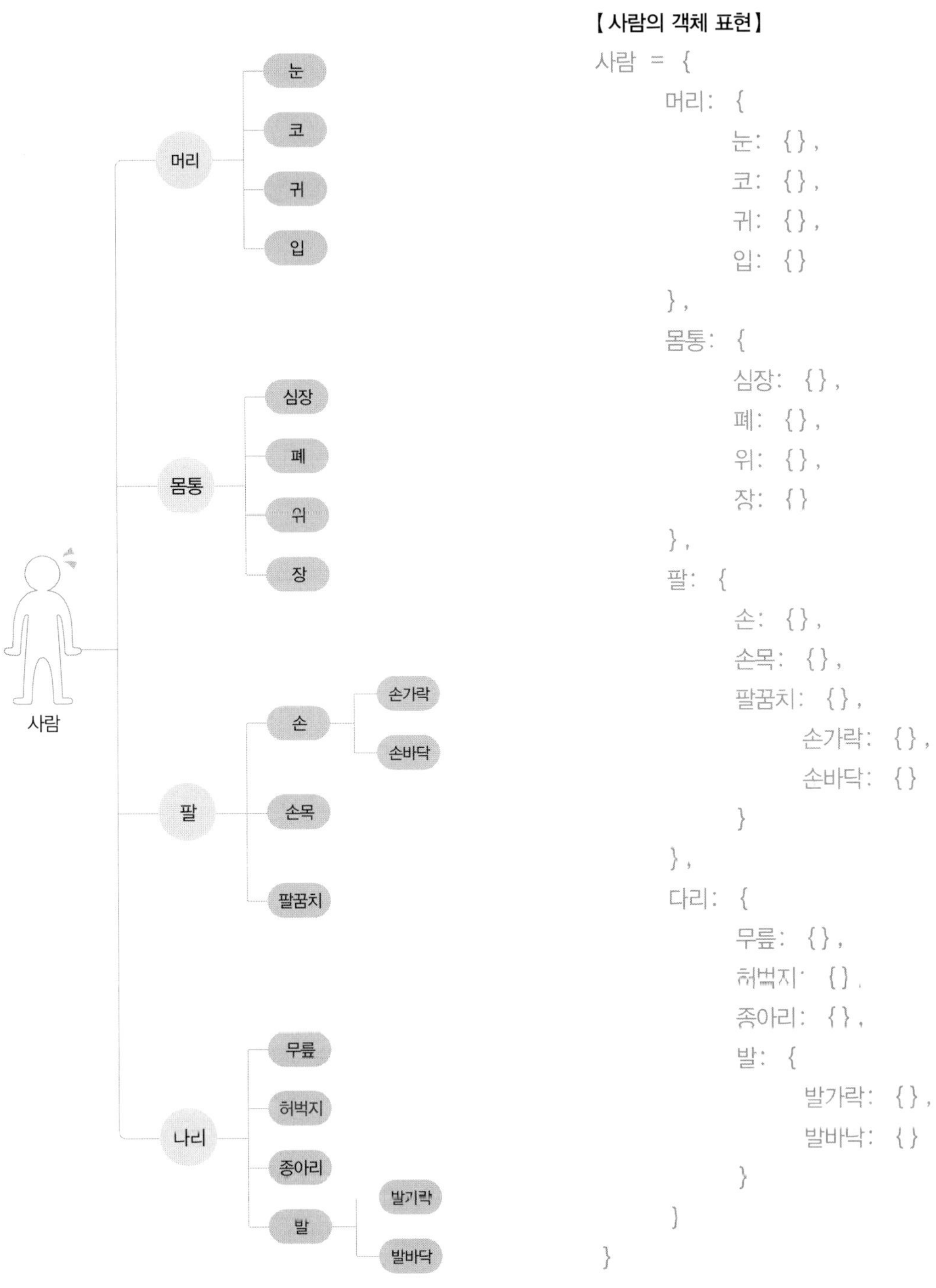

그림 5-1 '사람'이라는 객체

이 객체를 자바스크립트에서는 앞의 구문처럼 표현할 수 있습니다. 객체를 만들 때는 중괄호({})를 사용하여 해당 괄호 안에 이름과 이름에 대한 값을 '이름 : 값' 형식으로 정의합니다. 또한, 하나의 데이터가 아닌 여러 데이터를 가지고 있을 때는 각 데이터를 반점(,)으로 구분합니다.

자바스크립트는 매우 융통성 있는 개발 언어이므로 몇 가지 다른 방법도 제공하지만, 이 형식이 가장 많이 사용되고 이러한 방식의 데이터를 **JSON 객체**라고도 합니다.

하지만, 때로는 형태를 정의하는(생성이 아닙니다.) 객체가 필요합니다. 예로 들면 이런 것입니다. 사람이라는 형태를 두고 특징에 따라 '여자 사람' 또는 '남자 사람'을 만들 수 있습니다. 이렇게 남자, 여자를 만들기 위한 기본 틀인 '사람'이라는 객체를 만들 때는 function( ) 이라는 명령을 통해 만들어야 합니다. 다음 구문을 보시기 바랍니다.

```
human = function(x){
   this.gender = x;
};

man = new human("남성");
wonam = new human("여성");
```

human이라는 객체를 function( ) 명령을 통해 정의했습니다. 제가 human의 내부를 채우진 않았지만 다 예상은 하실 것입니다. 앞서 객체 표현 구문처럼 수많은 사람의 기본 데이터가 들어가게 될 것입니다. 남자든 여자든 모두 공통된 것들이죠. 하지만, 공통된 부분만 있는 것이 아닌 다른 점도 있죠. 이럴 때 공통된 부분을 모아서 미리 정의해두는데 이렇게 형태를 정의한 것을 객체 정의(Definition)라고도 합니다.

객체의 생성과 객체의 정의는 분명히 다른 부분입니다. 어려운 개념일 수도 있지만 알고 보면 쉬운 내용으로 정리할 수 있으니 짚고 넘어가겠습니다.

- **객체 정의**(Definition)　기본적인 형태와 정보를 가지고 있어서 실제 데이터로서 활용할 수도 있지만 다른 객체의 기본 모델로 사용할 수도 있습니다. 프로토타입(Prototype)을 통해 내부의 속성을 정의할 수 있습니다.

- **인스턴스 객체**(Instance)　실제 데이터입니다. 미리 정의된 객체 정의를 통해 만들어 확장할 수도 있고 JSON 객체처럼 객체 정의와 상관없이 마음대로 생성할 수도 있습니다.

그리고 그 객체 정의의 형태를 이어받은 인스턴스 객체(Instance)를 만들 때는 new라고 하는 예약어를 통해 생성합니다. 이렇게 생성된 man이나 woman은 "human을 상속받았다."라고 이 야기합니다. 부모, 자식 관계가 형성된 것이죠. 즉 human은 객체의 형태를 정의하는 것이고 man이나 woman은 미리 정의된 형태를 받아서 실제 인스턴스 객체(Instance)를 생성하는 것 입니다. 이렇게 JSON 객체이든 정의를 통해 만들어진 객체이든 만들어진 객체의 내부에 있는 내용물은 각각 이름을 불러 사용할 수 있습니다.

그러면 이것을 어떻게 불러 사용하느냐 하는 것을 미리 알 필요가 있습니다. 우리가 평상시에 누군가를 부를 때는 이름이나 별명을 지어 부르고 있습니다. 자바스크립트도 마찬가지입니다. 그림 5 1을 예로 들어 무언가를 집고자 손가락을 불러 사용하려면 사람 → 팔 → 손 → 손가락 이라는 순서로 접근하여 손가락을 움직여야 합니다. 이렇게 객체의 내부로 접근할 때는 온점(.) 을 사용합니다. 또는 대괄호([ ])를 사용해서 접근할 수도 있습니다.

【 객체 접근 방법 】
사람.팔.손.손가락
사람[팔][손][손가락]

앞에서 보면 첫 번째 방법은 온점(.)을 통한 접근이고 두 번째 방법은 대괄호([ ])를 통한 접근입 니다. 두 가지 모두 결과에는 아무런 차이는 없지만 사용하는 방법에 따라 두 번째 방법은 굉장 히 유연하게 자바스크립트를 사용하는 방법이 되기도 합니다.

지금까지 이야기한 것들을 정리하다 보면 아주 중요한 한 가지를 발견하게 됩니다. 그것은 모든 객체는 나열되는 형식으로 내부의 내용물을 가지고 있다는 점입니다. 이것은 이름을 부르면 그 이름을 가진 객체가 대답하게 되는 것과 마찬가지입니다.

객체의 내부에 있는 데이터나 기능은 형식에 따라서 각각 속성, 메서드, 프로토타입이라고 칭합 니다.

속성(Property)

객체 안에 있는 데이터를 속성이라고 합니다. 문자나 숫자 혹은 또 다른 객체와 같이 어떠한 데이터를 가진 것들입니다. 그리고 위에서 설명한 접근 방법에 의해 온점(.) 이나 대괄호([ ])를 통해 접근할 수 있습니다.

메서드(Method)

객체 안의 속성 중 어떠한 기능이나 행위를 정의한 것을 메서드라고 합니다. 객체 안의 함수이므로 멤버 함수라 부르기도 합니다. 이것은 반드시 function( )이라는 정의어로 만들어집니다. 특이한 것은 메서드를 호출하여 실행할 때에는 소괄호를 붙이고 필요에 따라 괄호 안에 몇 가지 정보(인수)를 보내주기도 한다는 점입니다.

프로토타입(Prototype)

객체의 기본적인 속성을 정의합니다. 이 기본적인 속성은 해당 객체가 복제되거나 생성되더라도 유지됩니다. 이 때문에 프로토타입은 function( ) 구문을 통해 만든 클래스라는 객체 정의로부터만 생성할 수 있습니다. 사용자가 만든 객체뿐만 아니라 웹 브라우저에 내장된 기본 객체에도 적용할 수 있습니다. 참고로 자바스크립트는 프로토타입 기반 프로그래밍 언어입니다.

예제 | 5-1

```html
<!DOCTYPE html>
<html>
<head>
<meta charset="UTF-8">
<title></title>
<script type="text/javascript">
human = function(x){
   this.gender = x;
   this.tellGender = function(){
   };
};
human.prototype.whatGender = function() {
   alert(this.gender);
```

```
};
man = new human("남성");
wonam = new human("여성");
man.whatGender();
wonam.whatGender();
</script>
</head>
<body>
</body>
</html>
```

예제 5-1은 앞서 본 객체 접근 방법을 속성, 메서드, 프로토타입을 적용해서 조금 변경한 예제입니다. 8번 줄에 있는 gender는 속성이라 부르고 9번 줄 tellGender는 메서드라 합니다. 그 아래에 있는 whatGender는 프로토타입이라 부릅니다. 프로토타입은 속성으로 객체나 단순한 값을 넣을 수도 있고 메서드를 설정해서 어떤 행동을 하도록 할 수도 있습니다. 다만, 같은 이름의 속성이나 메서드가 이미 객체 내부에 정의되어 있다면 프로토타입보다 우선하여 호출된다는 점에 유의하시기 바랍니다.

5.2 객체지향 프로그래밍이란?

개발을 하다 보면 객체지향 프로그래밍이란 말을 자주 듣게 됩니다. 그런데 객체지향이라는 것이 도대체 어떤 의미인지 참 아리송합니다. 지금부터 객체지향 프로그래밍의 특징을 이야기할 것인데, 이 특징에 대해 너무 얽매이지 마시고 모르면 모른 채로 알면 아는 채로 넘어가 주시기 바랍니다. 괜히 머리만 아프고 가뜩이나 어렵게 느껴지던 것이 더더욱 어렵게 느껴질 수 있기 때문입니다. 우선 가볍게 한 번 읽어보고 넘어가고 나서 어느 정도 프로그래밍 경험이 생기고 약간의 감이 잡히고 나면 다시 한 번 더 읽어 보시는 것이 이해하는 데 더 도움이 되리라 생각합니다.

다음은 위키백과에 실려 있는 객체지향 프로그래밍에 대한 정의입니다만 객체지향 프로그래밍을 처음 접하는 분들에게는 읽어봐도 무슨 의미인지 잘 이해되지 않으리라 생각합니다.

객체지향 프로그래밍

객체지향 프로그래밍(Object-Oriented Programming, OOP)은 컴퓨터 프로그래밍의 패러다임의 하나이다. 객체지향 프로그래밍은 컴퓨터 프로그램을 명령어의 목록으로 보는 시각에서 벗어나 여러 개의 독립된 단위, 즉 '객체'들의 모임으로 파악하고자 하는 것이다. 각각의 객체는 메시지를 주고받고 데이터를 처리할 수 있다.

객체지향 프로그래밍은 프로그램을 유연하고 변경하기 쉽게 만들기 때문에 대규모 소프트웨어 개발에 많이 사용된다. 또한, 프로그래밍을 더 배우기 쉽게 하고 소프트웨어 개발과 보수를 간편하게 하며, 더 직관적인 코드 분석을 가능하게 하는 장점을 갖고 있다. 그러나 지나친 프로그램의 객체화 경향은 실제 세계의 모습을 그대로 반영하지 못한다는 비판을 받기도 한다.

출처 ▶ http://ko.wikipedia.org/wiki/객체_지향_프로그래밍

쉽게 이야기하자면 구분하기 좋은 기준을 두고 그 기준대로 구분해서 따로 바라보자는 것입니다. 손을 객체지향 관점에서 본다면 손은 사람의 팔에 달렸지만, 사람이고 팔이고 다 떠나서 그냥 손만 생각하자는 것입니다.

손이 어떤 입력을 받으면 어떤 행동을 하고 어떤 것을 쥐고 있는지 이렇게 떼어 놓고 생각하니까 손에 무슨 일을 시킬 때 뇌가 명령만 똑바로 내렸다면 굳이 다리며 팔이며 다른 것들 전부 찾아볼 필요 없이 손에서 처리하는 것만 찾아보면 되니 이게 참 편리하고 비슷한 다른 명령을 내릴 때도 새로운 명령 처리 프로세스를 만들 필요 없이 이미 손이 가진 명령들을 활용하도록 하면 됩니다.

그렇게 하려면 명령을 받고 처리하기 위한 프로세스에 입력과 출력을 어떻게 설정할 것이냐 하는 것이 중요해집니다. 한 번 만들어 놓고 그것을 계속 재활용해서 사용해야 하기 때문이죠. 또한, 어떻게 구분 지어 주느냐는 것도 매우 중요합니다. 객체를 어떻게 구분하느냐에 따라서 매우 불편해질 수도 있고 편리해질 수도 있기 때문입니다.

▌ 기본 구성 요소 ^{5.2.1}

클래스(Class)

같은 종류(또는 문제 해결을 위한)의 집단에 속하는 속성(Attribute)과 행위(Behavior)를 정의한 것으로, 객체지향 프로그래밍의 기본적인 사용자 정의 데이터형(User Defined Data Type)이라고 할 수 있습니다. 클래스는 프로그래머가 아니지만 해결해야 할 문제가 속하는 영역에 종사하는 사람이라면 사용할 수 있고 다른 클래스 또는 외부 요소와 독립적으로 디자인하여야 합니다.

객체(Object)

클래스의 인스턴스(실제로 메모리상에 할당된 것)입니다. 객체는 자신 고유의 속성(Attribute)을 가지며 클래스에서 정의한 행위(Behavior)를 수행할 수 있습니다. 객체의 행위는 클래스에 정의된 행위에 대한 정의를 공유함으로써 메모리를 경제적으로 사용합니다.

메서드(Method)와 메시지(Message)

클래스로부터 생성된 객체를 사용하는 방법으로서 객체에 명령을 내리는 것을 메시지라 할 수 있습니다. 메서드는 한 객체의 서브루틴(Subroutine) 형태로 객체의 속성을 조작하는 데 사용됩니다. 또 객체 간의 통신은 메시지를 통해 이루어집니다.

▌ 특징 ^{5.2.2}

객체지향 프로그래밍의 특징으로는 기본적으로 자료 주상화, 상속, 다형 개념, 동적 바인딩 등을 들 수 있으며 추가로 다중 상속 등의 특징이 있습니다. 객체지향 프로그래밍은 자료 추상화를 기초로 하여 상속, 다형 개념, 동적 바인딩이 시스템의 복잡성을 제어하기 위해 서로 맞물려 기능합니다.

자료 주상화

자료 추상화(Data Abstraction)는 불필요한 정보는 숨기고 중요한 정보만을 표현함으로써 프로그램을 간단히 만드는 것을 말합니다. 자료 추상화를 통해 정의된 자료형을 추상 자료형이라고 합니다. 추상 자료형은 자료형의 자료 표현과 자료형의 연산을 캡슐화한 것으로, 접근 제어를 통해서 자료형의 정보를 은닉할 수 있습니다. 객체지향 프로그래밍에서 일반적으로 추상 자료형을 클래스, 추상 자료형의 인스턴스를 객체, 추상 자료형에서 정의된 연산을 메소드, 메소드의 호출을 메시지라고 합니다.

상속

상속(Inheritance)은 새로운 클래스가 기존의 클래스의 자료와 연산을 이용할 수 있게 하는 기능입니다. 상속을 받는 새로운 클래스를 부 클래스, 파생 클래스, 하위 클래스, 자식 클래스 등으로 부르며 새로운 클래스가 상속한 기존의 클래스를 기반 클래스, 상위 클래스, 부모 클래스 등으로 부릅니다. 상속을 통해서 기존의 클래스를 상속받은 하위 클래스를 이용해 프로그램의 요구에 맞추어 클래스를 수정할 수 있고 클래스 간의 종속 관계를 형성함으로써 객체를 조직화시킬 수 있습니다.

다중 상속

다중 상속(Mutiple Inheritance)은 클래스가 2개 이상의 클래스로부터 상속받을 수 있게 하는 기능입니다. 클래스들의 기능이 동시에 필요할 때 사용할 수 있으나 클래스의 상속 관계에 혼란을 줄 수 있고(예: 다이아몬드 상속) 프로그래밍 언어에 따라 사용 가능 유무가 다르므로 주의해서 사용해야 합니다.

다형 개념

다형 개념(Polymorphism)이란 어떤 한 요소에 여러 개념을 넣어 놓는 것으로 일반적으로 오버라이딩(같은 이름의 메소드가 여러 클래스에서 다른 기능을 하는 것)이나 오버로딩(같은 이름의 메소드가 인자의 갯수나 자료형에 따라서 다른 기능을 하는것)을 의미합니다. 다형 개념을 통해서 프로그램 안의 객체 간의 관계를 조직적으로 나타낼 수 있습니다.

동적 바인딩

동적 바인딩(Dynamic Binding)은 실행 시간 중에 일어나거나 실행 과정에서 변경될 수 있는 바인딩으로, 실행 시간 전에 일어나 변화하지 않는 정적 바인딩과 대비되는 개념입니다. 동적 바인딩은 프로그램의 한 개체나 기호를 실행 과정에 여러 속성이나 연산에 바인딩시킴으로써 다형 개념을 실현합니다.

▪ 장점 5.2.3

소프트웨어 공학의 관점에서 볼 때 소프트웨어의 질을 향상시키기 위해 높은 응집력(Strong Cohesion)과 낮은 결합력(Weak Coupling)을 지향해야 하는데, 객체지향 프로그래밍은 클래스에 하나의 문제 해결을 위한 데이터를 모아 놓은 자료형을 사용함으로써 응집력을 강화시키고 클래스들을 독립적으로 디자인함으로써 결합력을 약하게 만들 수 있습니다.

5.3 function( ) 객체의 생성과 활용

이번에 설명하는 function( )에 대한 부분은 자바스크립트를 공부할 때 가장 중요한 부분이기 때문에 반드시 밑줄 긋고 별표 다섯 개를 주고 시작하셔야 합니다. 이를 확실히 이해하지 않는다면 그냥 그저 그런 평범한 개발자에 머물고 말 것입니다. 무언가 있어 보이는, 구조적인, 차별화된 그런 자바스크립트 개발자가 되려면 반드시 이것을 정확히 알고 넘어가야 합니다. 독자분들이 "오버다!"라고 생각하실지도 모르겠지만, 이는 몇 번을 강조해도 부족합니다. 객체지향 구조의 마지막 결정은 바로 여기서 나오기 때문입니다.

▪ 함수 function( ) 5.3.1

함수라는 것은 어떤 특정 기능을 담아 두고 필요할 때마다 호출해서 사용하는 객체를 말합니다. 이 function( ) 객체가 가장 많이 사용되는 것 중 하나가 바로 이 함수입니다. 이는 객체에 특정 기능을 하도록 { ... } 중괄호 내부에 해당 기능에 대해 실행할 내용을 채우고 필요에 따라 소괄호 ( ) 안에 필요한 인자를 전달하여 실행합니다. 이 함수는 반복되는 부분을 줄이거나 특정 기능에 대한 부분을 객체화할 수 있기 때문에 매우 유용합니다.

```
function 식별자 ( 인자 ) { ... }
```

우선 기본적인 설정 방법과 호출 방법을 보겠습니다. 앞의 구문은 흔히 가장 많이 사용하는 객체 설정 방법입니다. function이라는 예약어를 통해 객체라고 선언을 합니다. 그리고 그동안 흐름 제어 문법에서 보았던 것과 다르게 true나 false를 통해 실행 여부를 판단하는 것이 아닌 { ... } 내부, 즉 객체가 실질적으로 수행하는 부분 안에서 사용될 인자를 선언합니다. 그 인자가 어떻게 사용되는지는 잠시 후에 살펴보기로 합니다.

또한, 객체를 설정할 때 식별자는 필수 사항이 아니므로 생략해도 객체는 생성할 수 있습니다. 하지만, 식별자를 입력해주지 않는다면 이 객체는 호출할 방법이 마땅치 않아서 재사용이 어려울 것입니다. 그 대신 이 객체 또한 변수와 함께 사용할 수 있으므로 다음과 같이 선언과 함께 변수에 할당할 수도 있습니다.

```javascript
var fn = function ( ) {
  ...
}
```

이렇게 만들어진 객체는 변수 사용 범위와 마찬가지로 식별자가 인지하는 공간 내에서는 언제든 호출할 수 있습니다. 이렇게 객체를 호출할 때는 반드시 식별자에 ( )를 붙여 넣어야 하는데 이 ( ) 안에 인자가 들어가게 됩니다. 그렇다면, 과연 이 인자라는 녀석이 무엇일까요? 바로 { ... } 내부에서 사용에 필요한 데이터입니다. 이를 어떻게 사용하는지 예를 들어 보고자 간단한 셈을 하는 함수를 한번 만들어보겠습니다.

예제

```javascript
function cal(a, b) {
  var intA = parseInt(a);
  var intB = parseInt(b);
  if (isNaN(intA) || isNaN(intB)) {
    document.write("숫자가 아닙니다." + a + b);
  } else {
    document.write("두 숫자의 합은 " + (intA + intB) + "입니다.");
  }
}
var inA = prompt("숫자를 입력해 주세요!");
var inB = prompt("숫자를 입력해 주세요!");
cal(inA, inB);
```

이 예제는 단순한 덧셈을 하는 함수를 만들고 이를 호출해 결과를 확인하는 자바스크립트입니다. cal이라는 식별자를 가진 function( ) 객체를 만들어 두 개의 인자를 받아 숫자인지 검사한 다음 둘 다 숫자라면 둘을 더한 결과를 화면에 출력합니다. 이를 활용하는 부분은 예제의 가장 아래 cal(intA, intB) 부분입니다. 식별자 cal을 부르면서 ( )를 열어 호출하면 cal( ) 함수는 실행됩니다. 실행 시 필요한 인자는 ( ) 안에 넘겨 주는 것이라는 것은 굳이 설명하지 않아도 알 것으로 생각합니다. 만일 ( )를 열지 않고 식별자만을 호출한다면 실행하지 않은 객체 자체만 호출하게 되기 때문에 주의하셔야 합니다.

그래서 외부에 늘어진 자바스크립트 코드가 성능과 소스 코드의 미관에 안 좋은 영향을 미친다고 생각하여 한 번 실행되고 마는 내용을 정리할 때는 다음 구문처럼 function( ) 객체를 생성해 바로 실행하는 방법을 사용합니다.

```
(function(  ){ ... })( )
```

이 구문을 알아보시겠습니까? function( ) 객체의 실행 부분 { ... } 안에 실행될 내용을 모아두고 function( ) 함수를 괄호( )로 묶어 하나의 객체인 것처럼 바라보게 하고 바로 괄호( )를 붙여 줌으로써 실행시킵니다. 이렇게 함으로써 한번 실행되는 코드들은 모두 function( ) 함수 안에 넣어두기 때문에 정돈된 소스 코드를 만들고 객체 내부에 여기저기 실행할 내용을 두지 않았으므로 이러한 간결한 구조 덕분에 자바스크립트의 성능도 향상됩니다.

그리고 중요한 부분입니다. 물론 계속 학습하다 보면 자연히 익히게 되겠지만, 중요하기 때문에 강조하고 짚어 보겠습니다. 이 함수의 사용에는 return이라는 예약된 명령어를 사용할 수 있습니다. return은 언제 어떤 상황에서도 함수를 바로 빠져나갈 수 있도록 합니다. 중요합니다. return은 함수로부터 바로 빠져나갑니다. 절대 구문을 빠져나가는 break나 continue와는 다릅니다. 그리고 return은 단순히 함수에서만 빠져나가는 것이 아니라 함수를 호출한 곳에 반환값을 함께 넘겨 줄 수가 있습니다.

return을 사용한다면 함수의 사용은 더욱 자유로워지고 많은 곳에 적용할 수 있게 됩니다. HTML 내부의 특정한 개체를 인자로 넘겨주고 개체의 위치 값을 return으로 받아 오는 등 단순 기능이 아니라 유틸리티로서의 역할도 가능해진다는 것입니다. 이의 활용에 대한 예는 뒤에서 확인해보도록 하겠습니다.

░ 객체 정의 function( ) ^{5.3.2}

앞서 잠시 이야기했던 객체 정의(Definition)를 기억하십니까? 이를 활용하면 어떤 객체들에 대한 기준을 제시해주고 여기서 파생된 데이터 객체(Instance)를 묶어 줄 수 있습니다. 다음 구문을 보시면 기억하기 쉬울 것입니다.

```
human = function(x){
  this.Gender = x;
};
man = new human("남성");
wonam = new human("여성");
```

이렇게 객체 정의를 갖는 구조는 자칫 복잡하고 불편해 보일 수 있지만, 일일이 객체의 내용을 모두 기억하지 않고 모체가 되는 객체 정의만 기억하면 된다는 점에서, 그리고 여기서 파생된 데이터 객체들이 일관성을 갖게 된다는 점에서 매우 추천할 만한 개발 방법입니다.

이러한 객체 정의를 통해 편리한 기능을 구현해서 활용할 수도 있습니다. 예를 들자면 다음 예제에서는 자바스크립트에서 문자(String, Text) 형식의 데이터에 + 연산을 하면 느려지므로 대신 배열(Array) 객체에 데이터를 모은 다음 Array.join( ) 메서드를 통해 데이터를 합치는 방법으로 속도가 느려지는 문제를 해결하고 있습니다.

예제

```
var StringBuffer = function(){
  var buffer = [];

  this.append = function(str) {
    buffer.push(str);
  };

  this.toString = function() {
    return buffer.join('');
  };
};
```

```
var sb = new StringBuffer();
sb.append('동해 물과 ');
sb.append('백두산이 ');
sb.append('마르고 닳도록 ');
sb.append('하느님이 ');
sb.append('보우하사 ');
sb.append('우리 나라 만세');
document.write(sb.toString());
```

StringBuffer라는 객체 정의를 만들어두고 필요할 때마다 new라는 예약 명령어를 통해 복제된 StringBuffer 데이터 객체를 만들어 이용하도록 했습니다. 이 객체 정의는 미리 외부에서 접근 가능하도록 두 개의 함수를 만들어 제공하고 있습니다. 하나는 자신의 객체 내부에 미리 정의된 buffer 배열 변수에 데이터를 추가하는 append( ) 메서드이고 하나는 자신이 보유한 데이터들을 합쳐서 되돌려 주는 toString( ) 메서드입니다. 여기서 앞에서 살짝 다룬 return을 볼 수 있습니다. Array.join( ) 메서드를 통해 생성된 결과를 반환(return)함으로써 호출된 위치에서는 해당 결과를 반환받게 됩니다.

document.write(sb.toString( )); 명령이 실행되면 그림 5-2와 같은 화면을 볼 수 있습니다.

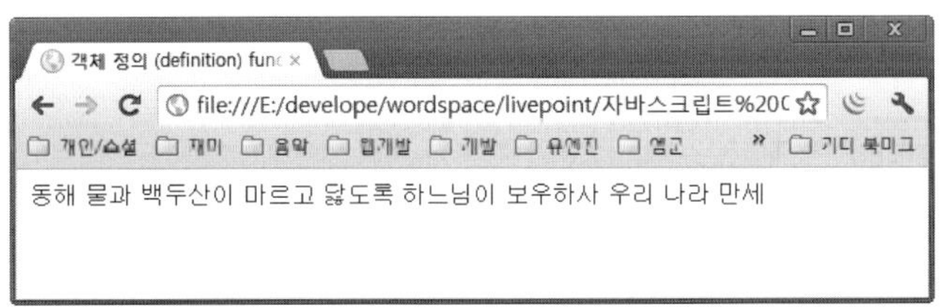

그림 5-2 join( ) 메서드를 이용한 문자열 합치기

이처럼 모체가 되는, 기본이 되는 정의 객체를 만들어 활용한다면 좀 더 고급화되고 잘 정리되어 후에 유지보수가 편리하고 맛있는 소스 코드를 사랑할 수 있을 것입니다.

5.4 객체지향 프로그래밍 시작하기

앞서 객체지향 프로그래밍에 대해 이런저런 글들을 적어보았지만 사실 그다지 크게 와 닿지는 않을 것입니다. 객체지향 프로그래밍을 시작하려면 우선 두 가지를 이해해야 합니다. 첫 번째는 객체 정의(Definition)이고 두 번째는 객체(Instance)입니다.

우선 정의라고 하는 것은 일종의 틀이라고 생각할 수 있습니다. 그리고 이 틀에서 찍어낸 하나의 물건이 객체입니다. Date 객체를 사용하려면 new Date( )라고 선언하면 됩니다. 이때 사실은 Date라는 틀이 있어서 new Date( )라는 명령을 통해 Date의 틀을 가지고 찍어낸 새로운 Date 모양의 객체를 얻게 됩니다.

▐ 정의로 틀 만들기 5.4.1

객체지향 프로그래밍을 시작하기 위해 가장 먼저 해야 할 것은 틀(객체 정의, Definition)을 만드는 것입니다. 우리가 사용해야 할 객체에 대해 고민해보고 어떤 공통점을 가졌는지 파악한 다음에 틀을 만들어야 합니다.

```
var Human = function(x){
   this.gender = x;
};
var man = new Human('남성');
var wonam = new Human('여성');
```

구문에서 만든 틀은 '사람'입니다. 이러한 '사람'이라는 틀을 이용하면 남자, 여자, 노인, 어린이와 같은 수많은 형태의 객체를 찍어낼 수 있습니다. 하지만, 사람과 비슷해 보여도 사람이 아닌 터미네이터는 찍어낼 수가 없습니다.

이렇게 만들어진 객체(인스턴스)는 같은 틀(정의)을 가지고 있다고 해도 이름, 나이, 성별 등의 데이터는 모두 다릅니다. 그러나 같은 틀로 만든 것이므로 이름이 있고 나이가 있고 성별이 있는 등 '사람'이라는 객체가 가진 속성은 모두 같습니다. 이처럼 틀을 정의하고 객체를 만들어내는 것이 바로 객체지향 프로그래밍의 시작입니다.

정의에 메서드 추가하기 5.4.2

기본적인 틀이 만들어졌으면 이 틀에는 단순히 데이터만 아니라 그 데이터를 활용하는 공통적인 임무들도 메서드로 만들어 주어야 합니다. 쉽게 이야기하면 사람이라는 틀은 생년월일을 갖고 있으므로 이를 통해 현재의 나이를 알 수 있습니다. 즉 생년월일이라는 데이터를 이용하여 나이를 계산하는 메서드를 만드는 것이죠.

물론 생년월일을 직접 받아서 그걸 계산할 수도 있습니다. 하지만, 사람들이 나이를 물을 때 보통 "너 몇 살이냐?"라고 묻습니다. "너 생년월일이 어떻게 되느냐?"라고 생년월일을 직접 물은 다음, 이 정보로 나이를 계산하는 일은 드뭅니다. 그렇듯 자주 묻는 물음에 대하여 미리 계산할 수 있도록 틀에서 미리 이러한 물음에 대한 응답을 메서드로 정의해주어야 합니다.

이러한 메서드를 정의하는 방법에는 여러 가지가 있는데, 그중 가장 기본적인 방법은 다음과 같은 구문으로 정의하는 것입니다.

```
this.메서드명 = function( ){ ... }
```

예제

```
var Human = function(y, m, d){
    this.year = y;
    this.month = m;
    this.day = d;

    this.getKoreanAge = function() {
        var now = new Date();
        return now.getFullYear() - this.year + 1;
    };
};
var man = new Human(1979, 12, 27);
alert(man.getKoreanAge());
```

그리고 이러한 방법뿐 아니라 다음 예제처럼 prototype을 이용해 정의할 수도 있습니다.

```
예제

var Human = function(y, m, d){
    this.year = y;
    this.month = m;
    this.day = d;
};

Human.prototype.getKoreanAge = function() {
    var now = new Date();
    return now.getFullYear() - this.year + 1;
};
var man = new Human(1979, 12, 27);
alert(man.getKoreanAge());
```

만일 이러한 메서드가 여러 개 있다면 다음 예제와 같은 방식으로 JSON 형식을 이용하여 여러 개의 메서드를 하나의 객체처럼 만들어 prototype으로 지정할 수도 있습니다.

```
예제

Human.prototype = {
    getKoreanAge: function() {
        var now = new Date();
        return now.getFullYear() - this.year + 1;
    }
};
```

중요한 것은 "어떠한 방식으로 메서드를 적용할 것이냐?"라는 것이 아니라 "어떤 메서드를 포함할 것인가?"라는 점이라는 것을 잊지 마세요.

▪ 확장된 정의(상속) ^{5.4.3}

객체지향 프로그래밍을 하고자 할 때 자신이 만들고자 하는 정의가 복잡하거나 한 가지로 정의하기 어려울 때가 있습니다. 예를 들어 '사람'을 정의했다고 한다면 그 사람이 남자인지 여자인지 구분하고 끝이 나는 것이 아니라 어느 나라 사람인지, 노인인지, 어린이인지 등과 같은 수많은 정보를 추가하여 그 사람에 대해 더 구체적으로 정의해야 할 필요가 생길 수 있다는 것입니다. 이때 기존 정의에 새로운 정의만 추가하는 방식으로 확장해 나간다면 매우 효율적일 것입니다. 즉, 남녀가 구분된 사람을 정의하는 객체를 물려받아 여기에 어느 나라 사람인지, 나이는 몇 살인지 등을 구분하는 메서드만 추가하는 방식이 바로 상속입니다.

쉬운 예를 들어보겠습니다. 우리는 일반적으로 아버지의 성을 물려받습니다. 물론 예외도 있겠지만, 일반적으로 부모로부터 성(Last Name)을 물려받게 됩니다. 이렇게 부모에게서 특정 성질이나 정보 혹은 어떤 물건 등을 물려받는 것을 상속이라 할 수 있습니다.

예제 | 5-2

```html
<!DOCTYPE html>
<html>
<head>
<meta charset="UTF-8">
<title>OOP Javascript</title>
<script type="text/javascript">
   var Human = function(name) {
      this.name = name;
      this.getName = function() {
         return this.name;
      };
   };

   var Kim = function(name) {
      this.parent = new Human('Kim');
      this.name = name;

      this.getFullName = function() {
         return this.name + ' ' + this.parent.name;
      };
   };

   function viewFullName() {
      var name = document.getElementById('firstName').value;

      if (name.length === 0) {
         alert('이름을 입력해 주세요.');
```

```
    } else {
      var fullName = new Kim(name);

      document.getElementById('fullName').innerHTML
          = fullName.getFullName();
    }
  }

</script>
</head>
<body>
  <h1>부모님의 성을 상속받다</h1>
  <div>
    <input type="text" id="firstName" /> 이름을 입력하세요. <br />
    <button type="button" onclick="viewFullName();">전체 이름 보기</button>
      <br />
    <span id="fullName"></span>
  </div>
</body>
</html>
```

예제 5-2는 부모님의 성을 상속받는 내용을 표현해본 것입니다. 그림 5-3에 보이는 것처럼 멋쟁이라는 이름은 Kim이라는 객체를 생성할 때 받는 것이지만 'Kim'이라고 하는 성은 미리 정의되어 있는 것입니다. Kim이라는 객체는 'Kim'이라는 성을 가진 Human 객체인 것이죠. 이와 같은 형식의 틀(정의)에 대한 확장을 우리는 상속(Inheritance)이라고 부릅니다.

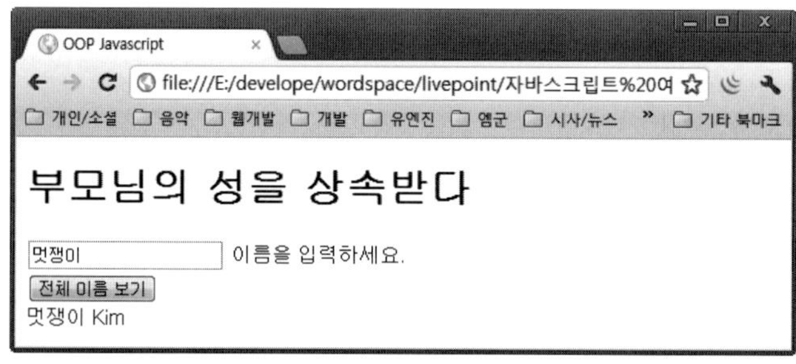

그림 5-3 부모님의 성을 상속

이러한 상속을 구현하는 것도 역시 얼마나 구분을 잘 지어야 하느냐가 무척 중요합니다. 가상 기본이 되는 틀이 있고 그 틀을 확장한 틀을 만들어야 합니다. 즉, 공통된 부분을 잘 모아서 틀을 만들고 이를 확장하여 객체(Instance)로 만들어 사용할 수 있게 된다면 여러분은 자바스크립트로 객체지향 프로그래밍을 할 수 있게 된 것입니다.

그렇다면, 이것을 활용한 예제를 한번 보겠습니다. 예제 5-3을 보시면 Unit라는 객체 정의가 있고 이 정의를 확장(상속)한 Human이라는 객체 정의, 그리고 Magician이라는 객체 정의 두 개의 정의가 있습니다. 이 정의를 물려받아 그대로 사용하기 위한 메서드인 Object.apply( ) 메서드를 통해 Unit 틀의 정의를 그대로 물려받아 사용할 수 있게 되어 있습니다. 앞서 예제 5-2에서 함수 내부에 변수로 상위 틀을 저장해 사용한 것과는 조금 대조적이죠. 아직 코드를 모두 이해하기는 어려울 것이므로 객체지향 프로그래밍에서의 상속이라는 것이 이런 것이구나라는 정도로만 봐주시기 바랍니다

예제 | 5-3

```html
<!DOCTYPE html>
<html>
<head>
<meta charset="UTF-8">
<title>OOP JavaScript</title>
<script type="text/javascript">

  /**
   * 모든 유닛의 가장 기본적인 부분에 대한 정의
   */
  var Unit = function(hp, name) {
     this.fullHelth = hp;
     this.helth = hp;
     this.name = name;
     this.power = 1;
     this.speed = 1000;
     this.level = 1;
     this.target = null,
     this.attackId = null;
     var self = this;
     // 이 유닛이 살아있는지 확인하는 메서드
     this.isDead = function() {
```

```javascript
      return (self.helth < 0);
  };
  // 유닛의 공격활동 메서드
  this.attack = function() {
    if (self.target) {
      self.target.damage(self.power);
      self.board.innerHTML = [
        self.name, '가(이) ',
        self.target.name, '에게 ',
        self.power + '의 손상을 주었습니다.',
        '남은 피(', self.target.helth, ')<br />'
      ].join('') + self.board.innerHTML;

      if (self.target.isDead()) {
        self.board.innerHTML = self.target.name
          + '가 생명력이 없습니다. 승리!!!<br />' + self.board.innerHTML;
        self.stopAttack();
        self.target = null;
        self.target.target = null;
      }
    }
  };
  // 유닛의 피해 메서드
  this.damage = function(power) {
    self.helth -= power;
    if (self.isDead()) {
      self.stopAttack();
      self.board.innerHTML = '생명력이 없습니다. 패배!!!<br />'
        + self.board.innerHTML;
    }
  };
  // 유닛의 레벨 업 메서드
  this.levelUp = function(hp, power, speed) {
    self.level++;
    self.fullHelth += hp;
    self.helth = self.fullHelth;
    self.power += power;
    self.speed -= speed;
    self.board.innerHTML = '레벨 업! ' + self.level
        + ' 레벨 달성! .<br />' + self.board.innerHTML;
```

```javascript
    };
};

/**
 * 유닛을 상속받는 휴먼을 정의
 */
var Human = function(name) {
    Unit.apply(this, [50, name]);
    this.board = document.getElementById('fightLog1');
    var self = this;
    this.expFull = function() {
        self.levelUp(40, 2, 50);
    };
    this.startAttack = function(target) {
        self.target = target;
        self.attackId = setInterval(self.attack, self.speed);
    },
    this.stopAttack = function() {
        self.target = null;
        clearInterval(self.attackId);
    };
};

/**
 * 유닛을 상속받는 매지션을 정의
 */
var Magician = function(name) {
    Unit.apply(this, [40, name]);
    this.skillSpeed = 3000;
    this.skillId = null;
    this.skillPowor = 2;
    this.board = document.getElementById('fightLog2');
    var self = this;
    this.skill = function() {
        if (!self.target || self.target.isDead()) {
            self.stopAttack();
        } else {
            self.target.damage(self.skillPowor);
            self.board.innerHTML = [
                self.name, '가(이) ',
                self.target.name, '에게 ',
```

```javascript
                 self.power + '의 스킬 공격을 주었습니다.',
                 '남은 피(', self.target.helth, ')<br />'
             ].join('') + self.board.innerHTML;
        }
    };
    this.expFull = function() {
        self.levelUp(30, 1, 20);
        self.skillPowor += 2;
        self.skillSpeed -= 30;
    };
    this.startAttack = function(target) {
        self.target = target;
        self.attackId = setInterval(self.attack, self.speed);
        self.skillId = setInterval(self.skill, self.skillSpeed);
    };
    this.stopAttack = function() {
        self.target = null;
        clearInterval(self.attackId);
        clearInterval(self.skillId);
    };
};
window.onload = function() {
    // 새로운 휴먼과 매지션 객체를 생성 후 전역 변수에 할당
    man = new Human('Man');
    woman = new Magician('Woman');
}
function startWar() {
    // 혹시 공격 중이라면 공격 멈춤
    man.stopAttack();
    woman.stopAttack();
    // 생성된 휴먼과 매지션 객체의 기록 초기화
    man.board.innerHTML = '';
    woman.board.innerHTML = '';
    // 생성된 객체의 이름을 지정
    man.name = document.getElementById('humanName').value;
    woman.name = document.getElementById('MagicianName').value;
    // 공격 시작
    man.startAttack(woman);
    woman.startAttack(man);
}
```

```
</script>
</head>
<body>
    <h1>타격 게임 시뮬레이션</h1>
    <div>
        <input type="text" id="humanName" /> Human 이름
        <button type="button" onclick="man.expFull();">레벨 업</button>
        <br />
        <input type="text" id="MagicianName" /> Magician 이름
        <button type="button" onclick="woman.expFull();">레벨 업</button>
        <br />
        <button type="button" onclick="startWar();">전투 시작</button>
        <button type="button" onclick="woman.expFull();man.expFull();">
            동시 레벨 업</button>
        <br />
        <div>
            <h3>Human 전투 로그</h3>
            <div id="fightLog1" style="height: 150px; overflow: scroll;"></div>
            <h3>Magician 전투 로그</h3>
            <div id="fightLog2" style="height: 150px; overflow: scroll;"></div>
        </div>
    </div>
</body>
</html>
```

혹시 게임 좋아하시는 분들은 어떤 내용인지 금방 아시리라 봅니다. 마법사와 전사를 만들어서 둘이 싸움을 붙였습니다. 그리고 마음대로 레벨 업도 가능하게 만들어 주었습니다. 레벨 업이나 기본 공격과 같은 행동은 모든 캐릭터가 공통으로 갖고 있기 때문에 Unit 틀에서 만들어 주고 Human 틀이나 Magician 틀에서는 그들만의 개성을 표현해줍니다.

이게 바로 상속의 묘미죠. 휴먼과 매지션 둘 다 Unit이므로 공통된 부분은 다시 작성할 필요 없이 해당 부분은 공통으로 사용하게 하였으므로 두 개를 따로 고칠 필요도 없고 모험가, 궁수 등 외 또 다른 캐릭터를 만들더라도 Unit 객체를 그대로 이용하면 됩니다. 실제 싸움을 붙인 결과는 그림 5-4와 같습니다. 레벨을 6까지 올려놓고 싸움을 붙인 결과입니다.

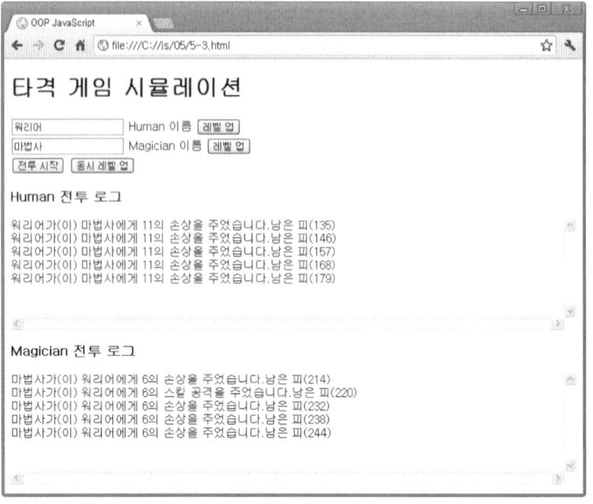

그림 5-4 타격 게임 시뮬레이션

이제 다음 장부터 본격적으로 실제로 자바스크립트가 웹 브라우저에서 어떻게 적용되고 사용되는지를 배우면서 왜 function( ) 객체가 중요한지, 어떻게 사용되는지 등을 직접 확인해보도록 하겠습니다.

제 6 장

브라우저 다루기

이제부터는 좀 더 실전적인 것들에 대해 이야기해보고자 합니다. 먼저 웹 브라우저에 관한 내용입니다. 이것은 문서 자체의 내용에 대한 부분이 아니므로 자칫 별로 중요하지 않게 생각될 수도 있지만, 실제 대단히 많은 부분에 사용되고 있으며 유용하게 활용할 수 있는 부분도 상당히 많습니다. 무시하고 넘어가면 훗날 반드시 다시 찾아보게 되는 부분이기 때문에 잘 살펴보고 넘어가야 합니다.

웹 브라우저는 우리에게 아주 많은 것을 제공하고 있습니다. 자바스크립트를 통해 우리가 웹 브라우저로부터 어떻게 정보를 얻고 어떻게 통제할 수 있는지 확인해볼 것입니다. 지금부터는 두 눈 크게 뜨고 집중하시기 바랍니다.

6.1 윈도우 객체

윈도우 객체는 브라우저와 관련해 우리가 접근할 수 있는 가장 큰 객체입니다. 이 객체를 통하면 새로운 창을 열거나 닫을 수도 있고 해당 브라우저가 가진 유용한 기능들을 사용할 수도 있습니다. 우리가 이미 사용해 보았던 alert( ), confirm( ), prompt( )와 같은 메서드들도 사실은 윈도우 객체가 제공하는 명령들입니다.

이처럼 윈도우 객체에는 유용한 기능들이 매우 많은데 이것들을 모두 다 기억하기는 어려울 것입니다. 너무 많기 때문입니다. 그러므로 자주 사용하는 부분들은 잘 학습해두고 그렇지 않은 부분에는 언제든 다시 찾아볼 수 있도록 책갈피 해두시길 권장합니다.

하나의 문서에는 하나의 윈도우가 있습니다. 그러므로 〈iframe〉 태그를 통해 문서 내에 다른 문서를 포함하고 있다면 해당 〈iframe〉에도 하나의 윈도우가 있는 것이 됩니다. 팝업 되는 창을 띄웠을 때에도 팝업 창이 하나의 윈도우가 됩니다.

이렇게 생성된 여러 윈도우들도 윈도우 객체를 통해 접근할 수 있습니다. 〈iframe〉 내부에서 자신을 포함하는 상위 문서 윈도우 객체로 접근할 때는 parent, 즉 부모를 찾아 접근하게 되는 형태입니다. 이처럼 관련된 윈도우 객체끼리는 참조할 수 있는데, 참조하는 방법은 다음과 같습니다.

표 6-1 윈도우 객체 참조

윈도우 객체	참조 방법
window.top	〈iframe〉과 같이 프레임 형태로 삽입된 구조 중 최고 상위에 있는 window 객체에 접근한다.
window.parent	〈iframe〉과 같이 프레임 형태로 삽입된 구조 중 한 단계 상위 윈도우 객체에 접근한다.
window.self	현재 위치의 window 객체에 접근한다. window와 같으므로 잘 사용하지는 않는다.
window.opener	window.open( ) 명령을 통해 새로운 창을 연 다음 해당 window 객체로 접근한다.

이와 같은 방법을 더 쉽게 사용하려면 윈도우를 생성할 때 subWin = window.open( );과 같은 방법으로 새로 연 윈도우 창을 변수에 할당해놓으면 됩니다. 이 변수를 이용하여 새로 연 창을 제어할 수 있기 때문이지요. 이처럼 해당 윈도우로 접근하게 되면 해당 윈도우에 작성된 자바스크립트 객체나 변수 따위에도 window.parent.메서드( )와 같은 형식으로 접근할 수 있습니다. 그리고 가장 중요한 것 중의 하나가 윈도우의 생성인데, 간단히 window.open( )이라는 명령을 통해서 새 창을 생성할 수가 있습니다.

```
window.open([URL], [Target], [Status], [Replace])
```

이 구문처럼 사용되는 window.open( ) 메서드는 새 창을 열거나 기존에 열려 있는 새 창에 표시되는 문서를 변경하기도 합니다. 내부에 표시되는 인수에 대해 알아보겠습니다.

- **URL** 문서의 주소입니다. 해당 주소에 있는 문서를 표시하겠다는 것입니다. about:blank라는 값을 입력한다면 비어 있는 새 창을 열 수도 있습니다.

- **Target** 창의 이름입니다. 만일 같은 이름을 가진 창이나 프레임이 있다면 해당하는 곳에 문서를 열고 없다면 새로운 창을 열고 해당 창에 이 이름을 부여합니다. 여기서 사용할 수 있는 타깃은 표 6-2와 같고 〈form〉, 〈a〉 태그의 target과도 마찬가지 값입니다.

표 6-2 새 창의 타깃 지정

target 값	설명
name	연결된 문서를 읽어 지정한 이름의 윈도우나 프레임(frame)으로 새 창을 연다.
_blank	연결된 문서를 읽어 새로운 빈 윈도우에 표시한다. 윈도우 이름은 없다.
_parent	연결된 문서를 읽어 바로 상위 부모 창에 표시한다.
_self	기본값으로, 연결된 문서를 읽어 현재 창에 표시한다.
_top	연결된 문서를 읽어 최상위 윈도우에 표시한다.

- **Status** 창에 설정 값 등을 부여합니다. 너비, 높이 등을 비롯하여 여러 가지를 설정할 수 있고 형식은 key=value 형태로, 여러 개의 값을 부여할 때는 다음 구문과 같이 반점(,)으로 구분합니다. 설정할 수 있는 값은 표 6-3과 같습니다. 표 6-3에서 yes와 1은 true(참)를 의미하고 no와 0은 false(거짓)를 의미합니다.

```
'toolbar=yes, location=no,status=yes, menubar=yes,scrollbars=yes,
 resizable=yes, width=600, height=400, top=100, left=100'
```

표 6-3 open( ) 메서드 세 번째 인자 설정 값

값	설명
channelmode [=yes|no|1|0]	윈도우를 전체 화면(F11)으로 열 것인가?
directories [=yes|no|1|0]	디렉터리 버튼을 표시할 것인가?
fullscreen [=yes|no|1|0]	윈도우를 최대 크기로 열 것인가?
height [=nn (pixels)]	높이 픽셀을 지정한다. 정수로, 최솟값은 100이며 윈도우의 높이이다.
left [=nn (pixels)]	왼쪽에서부터의 위치를 픽셀로 지정한다. 정수로, 0과 같거나 커야 하며 윈도우 위치 x 좌표이다.
location [=yes|no|1|0] 기본값: yes	주소 표시줄을 표시할 것인가?
menubar [=yes|no|1|0] 기본값: yes	메뉴를 표시할 것인가?

→ 다음 페이지에 계속

← 전 페이지에 이어

값	설명
resizable [=yes|no|1|0] 기본값: yes	윈도우 크기를 조정할 수 있는가?
scrollbars [=yes|no|1|0] 기본값: yes	스크롤 바를 표시할 것인가?
status [=yes|no|1|0] 기본값: yes	상태 표시줄(Status Bar)을 표시할 것인가?
titlebar [=yes|no|1|0] 기본값: yes	제목 표시줄을 보일 것인가?
top [=nn (pixels)]	위로부터의 위치를 픽셀로 지정한다. 정수로, 0과 같거나 커야 하며 윈도우 위치 y 좌표이다.
toolbar [=yes|no|1|0] 기본값: yes	도구 모음을 표시할 것인가?
width [=nn (pixels)]	너비 픽셀 수치를 지정한다. 정수로, 최솟값은 100이며 윈도우의 너비이다.

지금까지 언급한 몇 가지 지식을 이용한 새로운 창을 열고 닫는 형태의 예제가 예제 6-1입니다. 먼저 이 예제를 실행할 때 필요한 것은 window.open( ) 명령을 사용하려면 각 브라우저의 환경 설정에서 팝업이 허용되어 있어야 한다는 점입니다.

예제 | 6-1

```javascript
var popupWindow = null;

// 명령을 모아 놓은 객체
var commendList = {
    // 윈도우 생성하여 열기
    open: function(url){

        // url 데이터가 입력되지 않았다면
        if (!url) {
            url = 'about:blank';
        }
```

```javascript
        popupWindow = window.open(url, 'popup', 'width=100,height=100');
        document.write(url + ' 웹 사이트를 팝업으로 열었습니다.<br />');
    },

    // 생성된 윈도우 닫기
    close: function(){

        // 생성된 팝업 윈도우가 있다면
        if (popupWindow) {
            popupWindow.close();
            popupWindow = null;
            document.write('팝업 윈도우를 닫았습니다.<br />');
        // 생성된 팝업 윈도우가 없다면
        } else {
            document.write('팝업 윈도우가 열려 있지 않습니다.<br />');
        }
    }
};

// 무한 반복
while(true) {
    // 사용자에게 명령 입력받기
    var commend = prompt('명령을 입력해 주세요. 그만 하시려면 \'exit\'라고 입력하시면 됩니다.');

    if (commend === 'exit') {
        // 입력받은 명령이 'exit'라면 반복문 while에서 빠져나가기
        break;
    } else if (commend){
        // 입력받은 명령이 있다면 명령은 빈칸을 기준으로 잘라서 배열에 보관
        var commends = commend.split(' ');

        // 배열에 들어간 데이터가 1개뿐이라면
        if (commends.length === 1) {
            commendList[commend]();

        // 배열에 있는 데이터가 1개가 아니라면
        } else {
            var commend = commends[0];
            var args = commends[1];

            // 배열의 첫 번째는 명령의 식별자로 두 번째는 명령의 인자로 담아 실행
            commendList[commend](args);
```

```
    }
  } else {
    document.write(commend + ': 명령이 잘못되었습니다. 다시 입력해 주세요.<br />');
  }
}
```

예제 6-1은 프롬프트창으로 직접 명령을 받아 실행하는 애플리케이션입니다. open 명령 입력 시에는 'open http://freelec.co.kr'의 형태로 open 뒤에 한 칸 띄우고 웹 연결 주소를 입력하여 팝업 창을 열 수 있습니다. 그리고 exit라는 명령이 입력되기 전까지 프롬프트창을 계속 사용자에게 보여주게 됩니다. 한 가지 특이한 것은 while(true)라는 부분을 통해서 일부러 무한 반복하도록 했다는 점인데, 이를 보완하고자 exit라는 명령이 입력되었을 때 break 명령을 통해 반복문을 빠져나갈 수 있도록 하였습니다. 참고로 예제에서는 'exit'의 작은따옴표에 이스케이프 문자(\)를 사용하여 특수문자인 작은따옴표가 제대로 표시되도록 하였습니다. 이로써 'exit'의 작은따옴표가 자바스크립트에서 문자열을 감싸는 데 사용하는 기호가 아닌 아무런 의미 없는 단순 문자로 취급됩니다.

입력된 명령어인 open 혹은 close를 입력하고 open 명령이나 close 명령을 실행할 웹 사이트 주소를 입력받아 실행하게 되어 있는 애플리케이션입니다. 실행한 결과는 그림 6-1입니다. 'open http://freelec.co.kr'이라는 명령어를 입력한 예제 결과입니다.

그림 6-1 open 명령으로 새 창을 연 모습

팝업으로 새 윈도우를 만드는 것은 팝업 허용으로 브라우저를 설정해야 한다는 불편함 때문에 점점 사용되지 않는 명령이 되어 가고 있습니다. 이 팝업 허용 설정 때문에 요즘은 윈도우를 생성해 팝업 창을 열지 않고 CSS와 HTML을 이용한 레이어를 생성해 메시지를 팝업 하도록 하고 있습니다. 그럼에도, 여러 가지를 설명하며 다루는 이유는 기존에 이 방법을 사용해 만들어진 웹 사이트들이 아직 너무 많기 때문이고 여전히 이 방법을 많은 웹 사이트가 활용하고 있기 때문입니다.

분명히 앞으로는 팝업 창 대신 팝업 레이어를 만들어 사용하는 방법을 더욱 많이 사용하게 될 것이지만 이 방법은 CSS 스타일 객체를 참조하는 부분으로, 후에 스타일 객체를 다룰 때 살펴보도록 하겠습니다. 표 6-4에서는 자주 사용되지는 않지만, 나중에 한 번쯤은 찾게 되는 window 객체가 지원하는 메서드들을 정리해보았습니다.

표 6 4 window 객체의 메서드

메서드	설명
alert( )	경고창에 메시지와 확인 단추를 표시한다. 문법 `window.alert('message');`
blur( )	이 메서드는 현재의 윈도우에서 포커스를 제거하여 바로 전에 사용했던 개체로 포커스를 옮기고 onblur 이벤트를 발생시킨다. 문법 `window.blur( );`
clearInterval( )	이전 setInterval( ) 메서드에 의하여 설정된 시간 진행을 취소한다. 문법 `window.clearInterval(intervalID);`
clearTimeout( )	이전 setTimeout( ) 메서드에 의하여 설정된 시간 진행을 취소한다. 문법 `window.clearTimeout(timeoutID);`
close( )	지정한 윈도우를 닫는 데 사용되다 참조가 없으면 현재의 윈도우를 닫는다. **[주의]** 이 메서드는 open( ) 메서드에 의해 열린 윈도우에만 해당하고 그렇지 않을 때에는 닫을 것인가를 확인하는 대화창이 뜬다. 단 현재 윈도우가 방문한 기록에서 유일한 윈도우라면 확인창이 뜨지 않는다. 문법 `window.close( );`

→ 다음 페이지에 계속

← 전 페이지에 이어

메서드	설명
confirm( )	확인창을 띄운다. 결과에 따라 확인하면 true를, 취소하면 false를 반환한다. 문법 `window.confirm('message');`
moveBy( )	현재 위치에서 지정한 거리(x, y)만큼 이동한다. 문법 `window.moveBy(xPosition, yPosition);`
moveTo( )	윈도우의 왼쪽 면과 윗면을 지정한 위치 좌표(x, y)로 이동한다. 문법 `window.moveTo(xPosition, yPosition);`
open( )	지정된 주소와 특성으로 새로운 윈도우를 연다. 문법 `window.open([URL], [Target], [Status], [Replace]);`
print( )	윈도우 문서와 연관된 내용을 용지에 인쇄한다. 문법 `window.print( );`
prompt( )	사용자가 입력할 수 있는 프롬프트창을 연다. 문법 `window.prompt(message[, defaultInput]);`
resizeBy( )	현재의 윈도우의 크기를 왼쪽 맨 위 모서리는 고정하고 지정된 길이에 따라 오른쪽 아래로 다시 설정한다. 문법 `window.resizeBy(widthPixels, heightPixels);`
resizeTo( )	현재의 윈도우의 크기를 지정된 크기만큼 늘리거나(양수) 줄인다(음수). 문법 `window.resizeTo(widthPixels, heightPixels);`
scrollBy( )	지정한 픽셀 수만큼 화면을 스크롤 한다. 이 메서드는 화면 스크롤 보임(visible) 속성이 true일 때만 사용할 수 있다. 문법 `window.scrollBy(xValue, yValue);`
scrollTo( )	윈도우의 보이는 부분에서 왼쪽 맨 위를 기준으로 지정된 좌표로 화면을 스크롤한다. 문법 `window.scrollTo(xValue, yValue);`

→ 다음 페이지에 계속

← 전 페이지에 이어

메서드	설명
setInterval( )	지정한 시간 간격(ms)으로 시간 설정 함수를 호출하거나 검정한다. 문법 `window.setInterval(Code, Millisec);`
setTimeout( )	지정된 시간(ms)이 지났는지 확인하기 위하여 함수를 호출하거나 검정한다. 문법 `window.setTimeout(Code, Millisec);`

6.2 내비게이터 객체

자바스크립트로 웹 애플리케이션을 제작하면서 가장 곤란하고 어려운 것은 모든 브라우저에 호환되는 코드를 작성하는 일입니다. 이에 대한 여러 가지 대안으로 jQuery나 prototype과 같은 라이브러리를 사용하고는 합니다. 그 가장 큰 이유는 브라우저마다 혹은 브라우저의 버전마다 지원하는 자바스크립트의 명령들 혹은 HTML 문서의 내부 객체들이 지원하는 속성이나 메서드들이 조금씩 다름에도 어떤 브라우저인지에 상관하지 않고 소스 코드를 작성할 수 있도록 도와주기 때문입니다.

하지만, 이와 같은 자바스크립트 라이브러리를 항상 사용할 수 있는 것은 아니므로 일부 자바스크립트 소스 코드는 브라우저별로 혹은 버전별로 다른 실행을 하도록 if 문을 통해 구분하고는 합니다. 이처럼 if 문을 통해 브라우저에 관련된 정보를 구분하려고 할 때는 어떻게 해야 할까요? 당연한 이야기지만 가장 먼저 브라우저의 정보를 얻을 수 있어야 합니다. 이때 브라우저의 정보를 얻을 수 있는 객체가 바로 **내비게이터 객체(Navigator Object)**입니다.

→ 다음 페이지에 계속

표 6-5 내비게이터 객체의 속성

속성	설명
appCodeName	브라우저의 특정 코드 문자열을 반환한다. 문법 `navigator.appCodeName` 코드 `document.write(navigator.appCodeName);` 결과 `Mozilla`
appName	브라우저의 이름을 문자열로 반환한다. 인터넷 익스플로러에서는 'Microsoft Internet Explorer', 넷스케이프에서는 'Netscape'이다. 문법 `navigator.appName` 코드 `document.write(navigator.appName);` 결과 `Microsoft Internet Explorer`
appVersion	브라우저 버전을 반환한다. 인터넷 익스플로러에서는 호환성 버전과 운영체제 정보를 반환한다. (예: '4.0 (compatible; MSIE 4.01; Windows NT)') 문법 `navigator.appVersion` 코드 `document.write(navigator.appVersion);` 결과 `5.0 (compatible; MSIE 9.0; Windows NT 6.1; WOW64; Trident/5.0; SLCC2; .NET CLR 2.0.50727; .NET CLR 3.5.30729; .NET CLR 3.0.30729; Media Center PC 6.0; .NET4.0C; InfoPath.3; Creative AutoUpdate v1.41.01)`
cookieEnabled	쿠키를 사용할 수 있는지 부울값으로 반환하거나 설정한다. 문법 `navigator.cookieEnabled[=true | false]` 코드 `document.write(navigator.cookieEnabled);` 결과 `true`
mimeTypes	클라이언트에서 지원되는 모든 MIME(Multipart Internet Mail Extension) 타입의 배열 변수이다. 문법 `navigator.mimeTypes` 코드 `document.write(navigator.mimeTypes.length);` 결과 `0`

← 전 페이지에 이어

메서드	설명
platform	브라우저가 컴파일된 기계 종류를 나타내는 문자열을 반환한다. 문법 `navigator.platform` 코드 `document.write(navigator.platform);` 결과 `Win32`
plugins	클라이언트에 설치된 모든 플러그인의 배열 변수이다. plugin 속성은 자체의 plugins.refresh( ) 메서드를 갖는다. 문법 `navigator.plugins` 코드 `document.write(navigator.plugins.length);` 결과 `0`
userAgent	HTTP 프로토콜(Protocol)에서 클라이언트에 의해 보내지는 User Agent의 헤더 값을 문자열로 반환한다. 문자열은 코드명, 브라우저 버전 등으로 구성되며 서버가 클라이언트를 인식하는 데 사용된다. 문법 `navigator.userAgent` 코드 `document.write(navigator.userAgent);` 결과 `Mozilla/5.0 (compatible; MSIE 9.0; Windows NT 6.1; WOW64; Trident/5.0; SLCC2; .NET CLR 2.0.50727; .NET CLR 3.5.30729; .NET CLR 3.0.30729; Media Center PC 6.0; .NET4.0C; InfoPath.3; Creative AutoUpdate v1.41.01)`

내비게이터 객체의 주요 속성들은 표 6-5와 같고 여기에서 주로 여러분이 사용하게 될 것은 userAgent 속성입니다. 이 userAgent 속성을 활용해 다음 구문과 같은 형식으로 여러분이 원하는 단어 등이 들어 있는지 판단해 사용자의 브라우저에 관련한 정보를 확인할 수 있습니다.

예제

```
if (navigator.userAgent.indexOf('Windows NT 5.1')>-1) {
  document.write('내 브라우저는 <B>WindowXP</B>이다.');
} else {
  document.write('내 브라우저는 <B>WindowXP</B>가 아니다.');
}
```

하지만, 이 또한 버전별 구분이 필요하고 사용하기가 쉽지 않기 때문에 필요에 따라 그때그때 다르게 사용하고는 합니다. 가장 큰 이유로는 인터넷 익스플로러는 버전에 따라 각각 다른 명령을 지원하고 있기 때문입니다.

예를 들어 요즘 가장 많이 사용되고 있는 Ajax 통신을 위해 사용하는 XMLHttpRequest는 인터넷 익스플로러 7버전 이상에서만 지원하고 그 이하 5, 6버전에서는 new ActiveXObject("Microsoft.XMLHTTP")이라는 형식을 통해 ActiveXObject의 객체로 만들어야 Ajax 통신을 할 수가 있습니다. 이처럼 일일이 브라우저의 판단과 버전별 판단이 귀찮고 복잡하기 때문에 다음 예제와 같은 쉬운 방법을 통해 이를 해결합니다.

예제

```javascript
function getHTTP(){
  var xmlhttp = null;

  if (window.XMLHttpRequest) {
    xmlhttp = new XMLHttpRequest();
  } else {
    xmlhttp = new ActiveXObject("Microsoft.XMLHTTP");
  }

  return xmlhttp;
}

var xmlhttp = getHTTP();
```

이전에는 이러한 것들에 대해 브라우저별로, 버전별로 자바스크립트를 각각 따로 만들어 브라우저가 스스로 버전에 맞는 스크립트 혹은 HTML 코드를 읽도록 다음 구문과 같은 특수한 주석 구문(<!-- -->)을 사용해 구분하고는 했습니다.

예제

```html
<html>
<head><title>Sample</title>
<!--[if IE]>
```

```
<script type="text/javascript">
    alert('IE 브라우저로는 제대로 된 화면을 볼 수 없습니다.');
</script>
<![endif]-->
</head>
<body>
<!--[if ! IE]><!-->
<h1>IE 브라우저는 볼 수 없는 내용</h1>
<p>자 당신은 IE를 사용하고 있지 않군요.</p>
<!--<![endif]-->
</body>
</html>
```

하지만, 이처럼 만들었을 때에는 불필요한 소스 코드가 너무 많아지게 되고 작업자들은 같은 내용을 여러 번 브라우저마다 반복해서 만들어야 합니다. 자바스크립트로 개발하는 사람들은 이러한 작업을 최대한 반복하지 않고 어떤 브라우저에서도 동작하는 소스 코드를 만들어야 한다는 사실을 마음 깊이 새겨 두시기 바랍니다.

6.3 타이머 객체

여러분이 점점 더 고급 애플리케이션을 제작하게 되면 될수록 많이 사용하게 되는 것이 수학(Math) 객체일 것입니다. 이와 더불어 사용자에게 더 역동적인 웹 애플리케이션을 제공하고자 한다면 타이머 객체(Timer Object)를 자주 사용하게 될 것입니다.

예를 들어 웹 애플리케이션으로 게임을 만든다고 생각해봅시다. 누구나 아는 테트리스를 만든다고 가정해 보겠습니다. 위에서 4각형 조각들 몇 개가 특정한 조합의 형태를 취하고 있고 그 형태로 점점 아래로 내려올 것입니다. 사용자의 요청에 따라 그 형태나 위치는 바뀌게 되겠지요. 하지만, 여기서 중요한 것은 만일 위에서 아래로 떨어지는 시간이 사람의 눈으로 지각할 수 있는 간격이 아닌 0.01초 사이로 한 칸씩 아래로 떨어지게 된다면 사용자가 이것을 게임이라고 느낄 수 있을까요? 아무리 고수라도 이런 게임을 진행할 수는 없을 것입니다. 이처럼 테트리스 게임에서는 사용자가 반응할 수 있는 충분한 시간이 있어야 합니다. 이럴 때 바로 타이머 객체가 힘을 발휘합니다.

사실 이것은 별도로 독립된 객체라기보다는 window 객체가 지원하는 몇 가지 메서드로 구성된 것을 편의상 타이머 객체라 부릅니다. 다른 프로그래밍 언어에서는 스레드(Thread)라는 이름으로 불리고 이를 관리하는 객체가 따로 있지만, 자바스크립트는 window 객체가 제공하는 몇 가지 메서드를 사용하는 것이 전부입니다.

setTimeout( ) 메서드와 clearTimeout( ) 메서드

대충 짐작이 갈 것으로 생각합니다. setTimeout( ) 메서드, clearTimeout( ) 메서드 이 얼마나 명료한 명령입니까! 문제는 이것을 어떻게 사용하느냐 하는 것입니다. 다음 구문에 사용 방법이 간략히 적혀 있습니다. 이제 그걸 설명할 테니 독자 여러분께서는 어떻게 하면 더 멋지게 사용할 수 있을지를 고민해 보십시오.

```
[TimerId =] window.setTimeout(Code, Millisec)
```

- **TimerId** setTimeout( ) 명령을 실행시켰을 때 나오는 반환값입니다. 이 반환값은 후에 clearTimeout( ) 메서드를 호출할 때 어떤 것을 대상으로 할지를 아는 데 필요합니다.

- **Code** 자바스크립트 소스 코드 혹은 명령의 식별자입니다. 시간이 흐르고 나서 어떤 명령을 수행하길 원하는지 function( ) 명령 형태 혹은 이미 function( )으로 규정된 명령의 식별자를 입력합니다.

- **Millisec** 몇 초 후에 실행할 것인지를 1/1,000초 단위로 입력합니다. 1000을 입력하면 1초 후에 실행됩니다.

이를 활용하는 일반적인 예제를 들자면 어떤 웹 사이트의 자료를 내려받고자 할 때 약 5초에서 30초가량 기다린 다음 내려받기가 시작되거나 내려받을 수 있는 버튼이 보이는 경우를 자주 보았을 것입니다. 즉 일정 시간 동안 기다리도록 하는데, 이것이 setTimeout( ) 메서드의 대표적인 사용 방법입니다. 이때 명령이 완전히 실행되기 전에 이 메서드를 취소하려면 저장해둔 TimeId 값을 가지고 clearTimeout(TimeId) 메서드를 통해 취소할 수 있습니다. 즉 set과 clear 둘은 한 세트인 셈입니다.

제가 자주 이용하는 http://sourceforge.net이라는 오픈 소스 프로젝트 웹 사이트에서도 프로젝트를 내려받으려면 몇 초간 기다려야 합니다. 이를 흉내 내서 몇 초 후에 내용이 보이는 웹 애플리케이션을 제작해 보겠습니다.

예제 | 6-2

```
<!DOCTYPE html>
<html>
<head>
<meta charset="UTF-8">
<title></title>
<script type="text/javascript">
function viewContent(){
    document.write('사실은 보여줄 게 아무것도 없었어요..');
}

var timer = window.setTimeout('viewContent()', 30000);

if (confirm('카운트다운은 이미 시작되었습니다. 30초간 내용을 기다리시겠습니까?')) {

} else {
    window.clearTimeout(timer);
}

</script>
</head>
<body>
</body>
</html>
```

예제 6-2는 아주 간단하게 만들어본 예제입니다. 브라우저를 실행하면 확인창이 뜨고 30초 후에 viewContent( ) 함수를 실행하게 됩니다. 하지만, 만일 confirm( )에 대한 대답이 30초 이전에 〈아니오〉 혹은 〈취소〉라면 viewContent( ) 함수는 실행되지 않습니다. 이 예제를 setInterval( ) 메서드와 함께 좀 더 업그레이드시켜 보도록 하겠습니다.

setInterval( ) 메서드와 clearInterval( ) 메서드

"setInterval( ) 메서드는 무엇일까?", "setTimeout( ) 메서드와는 어떻게 다를까?"라는 의문을 품으신 분들이 있을 것입니다. 아니라고요? 그럼 지금 setTimeout( ) 메서드와 setInterval( ) 메서드가 어떻게 다른지 생각해보세요. 어떻게 다른지 아셨나요?

답은 아주 간단합니다. setTimeout( ) 메서드는 정해진 시간 이후에 한 번만 실행하는 것이고 setInterval( ) 메서드는 정해진 시간 이후부터 그 시간 간격마다 실행하는 것입니다. 즉 setTimeout( )은 한 번 실행되면 끝이지만 setInterval( )은 지금 이후부터 그 시간 간격마다 계속 실행됩니다. 간단하죠? 그럼 이것으로 무엇을 할 수 있을까요? 여기까지도 생각해보셨나요?

흔히 많이 사용하는 것 중의 하나는 시간과 관련된 것입니다. 현재 시각을 보여주는 것에도 적용될 것이고 정해진 시간마다 어떤 동작을 하는, 예를 들자면 먼저 예를 들었던 테트리스의 객체가 한 칸씩 아래로 떨어지는 것도 정해진 시간마다 실행되는 동작입니다. 이렇게 정해진 시간마다 특정한 무언가 실행되어야 한다면 setIntervla( ) 메서드로 설정할 수가 있습니다.

이 또한 앞서 다룬 setTimeout( ) 메서드, clearTimeout( ) 메서드와 마찬가지로 setInterval( ) 메서드를 통해 생성한 Id를 통해 실행을 취소할 수 있습니다. clearInterval(Id) 메서드를 통해서 말이죠.

그럼 간단하게 예제 6-2를 setInterval( ) 메서드로 업그레이드해서 시간이 얼마나 남았는지 사용자들에게 보여주는 예제를 만들어 보도록 하겠습니다. 사실 setTimeout( ) 메서드와 큰 차이가 없으니 어려울 건 전혀 없어요. 그저 활용을 어떻게 하느냐가 중요한 것이죠.

예제 | 6-3

```html
<!DOCTYPE html>
<html>
<head>
<meta charset="UTF-8">
<title></title>
<script type="text/javascript">
function viewContent(){
    document.write('사실은 보여줄 게 아무것도 없었어요..<br />');
}
```

```
var timeCount = 0;
function calTime(){
   timeCount++;

   if (timeCount < 30) {
      document.write(timeCount + ' 초 경과 되었습니다.<br />');
   } else {
      document.write('시간이 모두 경과 되었습니다. 카운트를 종료합니다.<br />');
      window.clearInterval(countTimer);
   }
}

var timer = window.setTimeout('viewContent()', 30000);
var countTimer = window.setInterval('calTime()', 1000);

if (confirm('카운트다운은 이미 시작되었습니다. 30초간 내용을 기다리시겠습니까?')) {

} else {
   window.clearTimeout(timer);
}

</script>
</head>
<body>
</body>
</html>
```

예제 6-3은 예제 6-2를 업그레이드한 것입니다. 기다리는 동안 얼마나 시다렸는지 setInterval( ) 메서드를 사용해서 사용자에게 보여주는 것입니다. 하지만, 함정이 하나 있습니다. 이걸 찾으신 분은 대단하신 분이에요! 지금부터 그 함정을 밝혀 드리겠습니다. confirm( ) 창이 띄있는 채로 몇 초 기다렸다가 확인을 눌러보세요. 그러면 카운트를 세는 함수 calTime( ) 이 그때부터 시작됩니다. 하지만 setTimeout( ) 메서드에 의한 viewContent( ) 함수는 제때 실행됩니다.

자, 중요한 부분입니다. confirm( ) 메서드, alert( ) 메서드, prompt( ) 메서드는 자바스크립트의 모든 프로세스를 정지시킵니다. 하지만 setInterval( ) 메서드, setTimeout( ) 메서드의 타이

머는 여전히 진행합니다. 그러나 위의 예제에서 setInterval( ) 메서드가 제대로 작동하지 않았다는 사실은 setInterval( ) 메서드가 실행되는 방식을 알려줍니다. setInverval( ) 메서드는 정기적으로 시간마다 해당 명령을 실행하고 setTimeout( ) 메서드를 재등록하는 방식입니다. 즉 calTime( ) 함수가 실행되지 못하고 대기 상태로 있기 때문에 새로 등록되지 못하고 있다가 confirm( ) 창이 닫힌 다음에 정상적으로 함수가 실행되고 그 후에 다시 등록되는 것입니다.

그러므로 setTimeout( ) 메서드나 setInverval( ) 메서드를 사용할 때 alert( ), confirm( ), prompt( ) 메서드와 겹치게 되면 의도한 것과는 다른 시간으로 나올 수 있다는 점에 주의하시기 바랍니다.

6.4 로케이션 객체와 히스토리 객체

로케이션(location) 객체와 히스토리(history) 객체는 무엇일까요? 이미 알고 계실 거라 생각됩니다. 이것은 사용자가 방문한 혹은 방문했었던 페이지와 관련된 정보를 갖고 있습니다. 현재의 정보는 location 객체가, 지난 정보는 history 객체가 각각 관리합니다. 이를 적절히 활용하면 페이지의 이동이나 새로 고침, 지난 페이지로 돌아가기 등과 같은 일들과 그 외에도 여러 가지 일들을 자바스크립트를 통해 제어할 수 있습니다.

location 객체 6.4.1

모든 문서는 URL이라고 하는 주소를 갖고 있습니다. 간혹 각 브라우저에서 제공하는 시작 페이지가 따로 있긴 하지만 그것은 문서라기보다는 브라우저가 지원하는 하나의 편리성을 위한 도구로 생각하면 될 것입니다. 심지어는 어느 문서도 불러오지 않은 빈 문서일 때도 about:blank라 불리는 하나의 주소를 갖게 됩니다.

그렇다면, 이 주소를 조작하거나 정보를 활용할 수 있을까요? 그전에 우선 이 location 객체가 어떤 속성과 메서드를 제공하는지 확인하고 다시 살펴보겠습니다. 표 6-6을 보시면서 어떻게 활용할 수 있을지 생각해보시면 더욱 좋을 것 같네요.

표 6-6 location 객체의 속성

속성	설명
hash	href 속성이나 〈a〉 엘리먼트의 name 속성 # 다음 부분 문자열을 반환하거나 지정한다. 문법 `locationObj.hash[=stringValue]` 코드 `document.write(location.hash);` 결과 **hash**를 지정하면 그 부위로 이동한다.
host	개체 연결 주소나 위치의 호스트 이름과 포트 번호를 반환하거나 설정한다. 문법 `locationObj.host[=stringValue]` 코드 `document.write(location.host);` 결과 `freelec.co kr`
hostname	URL의 서버 이름, 서브 도메인과 도메인 이름 혹은 IP 주소를 나타내는 호스트 이름을 반환하거나 지정한다. 문법 `location.hostname[=stringValue]` 코드 `document.write(location.hostname);` 결과 `freelec.co.kr`
href	완전한 주소(URL)의 문자열을 반환하거나 설정하고 모든 link 속성들은 그의 부분 문자열이다. 문법 `[stringValue=] location.hrcf` 코드 `document.write(location.href);` 결과 `http://freelec.co.kr/javascript/index.html`
pathname	주소(URL)의 문자열 중이 특정 자원으로의 접속을 지정하는 부분 문자열이다. 이는 폴더와 파일 이름으로 구성된다. 문법 `location.pathname[=stringValue]` 코드 `document.write(location.pathname);` 결과 `/javascript/indcx.html`

→ 다음 페이지에 계속

← 전 페이지에 이어

속성	설명
port	사용할 포트 번호를 반환하거나 설정한다. URL 표기 http://freelec.co.kr:80/ 중 :80 부분이 포트 설정 부분이며 기본 포트인 80이라면 생략할 수 있다. 문법 `location.port[=stringValue]` 코드 `document.write(location.port);` 결과 `8080`
protocol	통신 방식을 문자열로 반환하거나 설정한다. 문법 `location.protocol[=stringValue]` 코드 `document.write(location.protocol);` 결과 `http:`

search	개체의 연결 페이지의 href 속성의 ? 다음 연결 쿼리(query) 문자열을 반환한다.
	
	문법 `location.search[=stringValue]`
	
	코드 `<a href="http://freelec.co.kr/index.html?prog=search&name=test">search 테스트 연결</a>`
	`for (i=0;i< document.links.length;i++){`
	`    if (document.links[i].search)`
	`        document.write(document.links[i].search);`
	`}`
	
	결과 `?prog=search&name=test`

target	타깃 프레임의 이름을 반환하거나 지정한다.
	
	문법 `location.target[=stringValue]`
	
	코드 `for (i=0;i< document.links.length;i++){`
	`    if (document.links[i].target)`
	`        document.write(document.links[i].target+', ');`
	`}`
	
	결과 `jsmain, jsmain, jsmain, _self,`

표 6-7 location 객체의 메서드

메서드	설명
assign( )	지정한 주소의 새로운 HTML 문서를 읽는다. 문법 `location.assign(stringValue)` 코드 `document.location.assign('location.html#methodJump');`
reload( )	window 현재 문서의 location.href 속성을 대체하여 강제로 다시 읽는다. 문법 `location.reload([forceGet])` 코드 `document.location.reload( );`
replace( )	history 개체의 지정된 URL을 현재의 주소로 대체시킨다. replace( ) 메서드를 호출하면 뒤로는 이동할 수 없다. 문법 `location.replace(stringValue)` 코드 `document.location.replace('location.html#methodJump');`

location 객체가 가진 속성들이 좀 낯선 분들도 많이 계실 것입니다. 그래서 간단하게 몇 가지를 설명하고 넘어가겠습니다.

우리가 웹 브라우저의 주소 표시줄에서 흔히 보는 주소는 몇 가지 기본적인 구성 요소로 이루어져 있습니다. 간단히 예로 'http://freelec.co.kr/'이라는 기본적인 구성의 주소가 있을 때 이를 해석해 보자면 protocol://host(hostname):port(80일 경우 생략)/으로 이루어졌음을 알 수 있습니다. 이 뒤에 pathname이라고 하는 기본 주소에 덧붙는 문서의 상세 주소가 있고 그 문서 내부의 특정 부분을 지칭하는 #으로 시작하는, 문서 내부의 id를 찾는 hash라는 값이 있습니다. 그리고 ?로 시작하는, 문서에 특정 정보를 파라미터로 보내주는 search라는 객체가 있습니다. 설명이 조금 복잡한데, 요약하면 다음과 같습니다.

```
protocal://host || hostname:port/pathname[#hash][?search]
```

[ ]로 둘러싸인 것은 있을 수도 있고 없을 수도 있습니다. 그리고 이 모든 것을 합쳐서 브라우저의 주소 표시줄에 있는 것을 그대로 보여주거나 설정하는 속성이 href라는 속성입니다. 사실 가장 많이 사용되는 속성이 href라는 속성이죠.

그리고 pathname은 사실 항상 필요하지만, 서버 설정에 따라 pathname이 없으면 welcome-file이라는 설정을 통해 기본적인 pathname이 있는 것처럼 간주해 해당 문서 파일을 보여주게 됩니다. 뭐 이런저런 서버니 뭐니 하는 것까지 모두 이야기하면 복잡해져서 아무것도 기억하기 어려우니 이 정도로 정리하도록 하겠습니다. 해당 서버 설정이나 이런 것들이 궁금하신 분들은 웹 서버 관련 서적이나 인터넷 검색을 통해 관련 내용을 참고하시기 바랍니다.

각설하고 계속해서 자주 사용하는 reload( ) 메서드와 replace( ) 메서드를 살펴보겠습니다. reload( )는 현재 페이지를 그대로 다시 불러오는 역할을 합니다. 즉 우리가 브라우저에서 흔히 볼 수 있는 〈새로 고침〉 버튼과 마찬가지 역할을 하게 됩니다. 그리고 replace( ) 메서드는 현재의 페이지 경로를 다른 주소로 대체합니다. 그리고 대체되기 이전의 주소는 바로 다음에 다룰 history 객체에 더는 남지 않게 됩니다. 간단히 비교를 하자면 location.href = ... 방식으로 새로운 페이지로 전환했을 때에는 〈뒤로 가기〉 버튼을 통해 이전 페이지로 돌아갈 수가 있습니다. 하지만, location.replace( ) 메서드를 통해 페이지를 전환했을 때는 뒤로 가기를 해도 돌아갈 수가 없습니다. 다른 페이지로 넘어갔다는 개념보다는 현재 페이지가 바뀌었다는 개념이기 때문입니다.

<table><tr><td>예제</td><td>6-4</td></tr></table>

```javascript
var countDown = 10;

function reloadPage(){
  countDown--;

  if (countDown == 0) {
    document.write('지금 새로 고침합니다.<br />');
    window.location.reload();
  } else {
    document.write(countDown + '초 후에 새로 고침합니다.<br />');
  }
}

window.setInterval('reloadPage()', 1000);
```

예제 6-4는 예전에 웹 채팅방을 만들던 방법의 하나입니다. 정해진 시간마다 페이지를 다시 읽는 것입니다. Ajax를 통한 통신이 알려지기 전에 사용하던 방법이죠. 물론 몇 초 후에 새로 고침을 한다는 안내 메시지 따위는 없었습니다. 새로 고침을 5초나 10초 단위로 하고 안내 메시지를 주지 않으니 사람들은 그냥 새로 글이 생기는 줄 알았었죠. 사실은 그냥 글이 생기는 것이 아니라 이와 같은 location.reload( ) 메서드를 통한 속임수였습니다.

그리고 현재에도 웹 사이트의 주소가 바뀌거나 하였을 때 안내 메시지와 함께 예제 6-4와 같은 방법으로 약 5초 정도의 간격을 주어서 reload( ) 메서드 대신 replace( ) 메서드를 통해 바뀐 페이지로 이동하도록 하는 방법을 많이 사용하고 있습니다.

⋮ history 객체 ^{6.4.2}

요즘은 많이 사라졌지만, 예전에는 페이지에서 가장 많이 볼 수 있었던 버튼 중의 하나가 〈뒤로〉 버튼이었을 것입니다. 웹 브라우저에 〈뒤로 가기〉 버튼이 별도로 있었음에도 굉장히 많이 사용하였던 버튼이죠. 요즘은 따로 버튼을 두지 않고 사용자들의 액션에 의해 Esc 버튼이나 특정 요소의 초점을 잃어 버릴 때 자동으로 이동하도록 하고 있기 때문에 페이지에서 〈뒤로〉 버튼은 잘 보이지 않게 되었습니다.

예를 들어 페이스북(http://www.facebook.com) 웹 사이트에서 사진을 클릭해 사진 보기 화면이 나타난 상태에서 Esc 버튼을 누르거나 사진이 아닌 오른쪽 왼쪽의 공산을 클릭하면 뒤로 가기 액션을 수행하게 됩니다. 이것이 뒤로 가기라는 증거는 비활성화되어 있던 브라우저의 〈앞으로〉 버튼이 활성화되어 있고 그것을 클릭하면 사진 상세 보기 페이지로 넘어간다는 점에서 확인할 수 있습니다.

그림 6-2에서 제가 페이스북 웹 사이트에서 몇 개의 사진을 본 다음 Esc 를 눌러 사진 창을 빠져나왔을 때의 상태를 볼 수 있습니다. 앞으로 갈 수 있는 목록을 보니 사진을 꽤 많이 봤음을 알 수 있네요

그림 6-2 페이스북의 뒤로 가기 목록

이처럼 history 객체가 사용되는 것은 대부분 한 가지뿐입니다. 지나온 페이지로 다시 돌아가는 것입니다. 다른 사용 예는 아직 저로서는 기억이 나지 않는군요. 이 history 객체는 back( ) 메서드, forward( ) 메서드, go( ) 메서드 등을 제공하고 있습니다. 하지만, 사실 back( ), forward( ) 이 두 가지 메서드는 잘 사용되지 않고 go( ) 메서드가 주로 사용됩니다.

표 6-8 history 객체의 메서드

메서드	설명
back( )	브라우저의 〈뒤로〉 버튼을 한 번 누른 것과 같은 효과로 이전 페이지로 돌아간다.
forward( )	브라우저의 〈앞으로〉 버튼을 한 번 누른 것과 같은 효과로, 뒤로 가기로 왔을 때 앞 페이지가 있다면 앞 페이지로 이동한다.
go(index)	index가 음수라면 뒤로, 양수라면 앞으로 index만큼 이동한다.

특히 hash를 사용할 때 이 history 객체를 자주 사용하게 됩니다. 현재 페이지에서 hash 링크를 통해 많은 이동을 했을 때 그 이동이 모두 history 객체에 기록으로 남아 있기 때문입니다. 하지만, 웹 애플리케이션 제작에서 hash를 단순 문서 이동 수단으로 이용하지 않고 특정 파라미터 값처럼 사용할 때가 잦기 때문에 이럴 때는 hash 링크로 말미암아 오작동이 일어날 수도

있습니다. 이럴 때 뒤로 가기가 필요하다면 몇 번이나 이동했는지 체크해서 그만큼 이동해주면
됩니다.

예제 | 6-5

```html
<!DOCTYPE html>
<html>
<head>
<meta charset="UTF-8">
<title>히스토리 제어</title>
<script type="text/javascript">
   window.onload = function(){
      window.moveCount = 0;
   }

   function goBack() {
      history.go(-window.moveCount);
      window.moveCount = 0;
   }
</script>
</head>
<body>
   <button type="button" onclick="goBack();">제자리로</button><br />
   <a href="innerFrame.html?page=1" target="iframe">이동 1페이지</a><br />
   <a href="innerFrame.html?page=2" target="iframe">이동 2페이지</a><br />
   <a href="innerFrame.html?page=3" target="iframe">이동 3페이지</a><br />
   <a href="innerFrame.html?page=4" target="iframe">이동 4페이지</a><br />
   <a href="innerFrame.html?page=5" target="iframe">이동 5페이지</a><br />
   <a href="innerFrame.html?page=6" target="iframe">이동 6페이지</a><br />
   <a href="innerFrame.html?page=7" target="iframe">이동 7페이지</a><br />
   <iframe name="iframe" src="about:blank"
               width="200" height="200"></iframe>
</body>
</html>
```

예제 | 6-6 innerFrame.html

```html
<!DOCTYPE html>
<html>
```

```
<head>
  <meta charset="UTF-8">
  <title>아이프레임</title>
  <script type="text/javascript">
    window.parent.moveCount++;
    alert(window.parent.moveCount);
  </script>
</head>
<body>
  <h1>보여주는 화면</h1>
</body>
</html>
```

그림 6-3 ⟨iframe⟩을 이용한 히스토리 제어

예제 6-5, 예제 6-6은 페이지 이동을 한 후에 이동한 만큼 다시 돌아올 수 있도록 하는 예입니다. 자체 페이지가 이동하는 경우에는 window 객체가 새로 로딩되기 때문에 얼마만큼 이동했는지 기억할 수 있는 상위 페이지를 두고 ⟨iframe⟩ 내부에서 페이지를 이동하도록 구현해 보았습니다. 그리고 이동한 페이지 수를 상위 페이지에서 기억하고 있다가 필요할 때에 해당 페이지 수만큼 뒤로 돌아가는 방법을 구현한 것입니다. 링크를 몇 개 눌러본 다음 ⟨제자리로⟩ 버튼을

누른 다음 확인해보면 그림 6-3과 같이 뒤로 이동한 것을 확인할 수 있습니다. 다만, 이 예제는 〈iframe〉 객체가 상위 객체를 참조하기 때문에 서버 정보가 필요합니다. 그러므로 웹 서버를 구동시키거나 파이어폭스 혹은 사파리 브라우저로 실행한 다음 테스트하셔야 합니다.

비단 이것은 hash뿐만 아니라 앞서 예를 들었던 페이스북처럼 특정 링크를 웹 페이지 내에서 처리할 때에도 해당합니다. 사진 보기 안에서 몇 번이나 이동했는지 기억해놓고 그만큼 히스토리를 이동한다면 사용자는 자신이 보던 페이지를 그대로 볼 수 있게 될 것입니다.

예제 | 6-7

```html
<!DOCTYPE html>
<html>
<head>
<meta charset="UTF-8">
<title></title>
<script type="text/javascript">
var countDown = 5;

function reloadPage(){
  countDown--;

  if (countDown == 0) {
    document.write('이전 페이지로 돌아갑니다.<br />');
    window.history.go(-1);
  } else {
    document.write(countDown + '초 후에 이전 페이지로 돌아갑니다.<br />');
  }
}

alert('잘못된 페이지로 접근하셨습니다.');
window.setInterval('reloadPage()', 1000);
</script>
</head>
<body>
</body>
</html>
```

예제 6-7은 사용자가 잘못된 주소로 접근했을 때 이전 페이지로 다시 돌아가도록 해주는 간단한 예제입니다. 이러한 페이지는 흔히 서버 설정 중 404 에러(주소에 연결되는 문서 없음)일 때에 연결되는 페이지나 혹은 보안으로 말미암아 접근이 허용되지 않는 페이지에서 주로 사용되고 있습니다.

6.5 쿠키 객체

"오늘 하루 이 창을 보지 않겠습니다."라는 문구 많이 보셨을 것입니다. 대충 감이 잡히시죠? 어떤 정보를 사용자가 브라우저를 닫아도 저장하고 있도록 하고 그 정보를 기반으로 어떤 역할을 하도록 웹 애플리케이션을 제작하도록 해주는 것이 바로 쿠키(Cookie)라는 녀석입니다.

이 쿠키는 사용자의 브라우저가 설치된 PC의 특정 위치에 텍스트 파일로 남아 있게 됩니다. 그러므로 어떤 알 수 없는 이유 때문에 쿠키를 지우지 않는다면 사용자의 브라우저는 해당 정보를 계속 가지고 있게 됩니다. 하지만, 무한정 쿠키를 저장할 수는 없으므로 반드시 얼마 동안 정보를 쿠키로 저장할 것인지 명시해 주어야 합니다. 아울러 이 쿠키는 보안에 취약하기 때문에 중요한 정보는 쿠키로 저장해서는 안 된다는 점에 주의하셔야 합니다.

독특한 점은 쿠키가 window 객체에 속해 있을 것 같은데 window 객체가 아닌 document 객체에 소속되어 있다는 사실입니다. 이 때문에 document.cookie로 호출해야 쿠키 객체를 얻을 수 있습니다. 이렇게 얻어낸 쿠키 속성은 단순히 값을 저장하고 불러오는 역할만 합니다. 쿠키가 저장하고 얻을 수 있는 정보는 오로지 문자뿐입니다. 그 형식도 단순하게 key=value; 형태이고 최대 20개까지 저장할 수 있는데, 반드시 쌍반점(;) 문자를 하나의 값 끝에 붙여 구분을 짓습니다.

여기에서 쿠키의 설정을 하는 방법을 간략히 설명하겠습니다. 다음 구문과 같은 형식으로 된 문자 데이터를 document.cookie = cookie_data와 같은 형식으로 cookie_data 부분에 삽입합니다.

```
name="value"; expires="expireDate"; path="pathHolders";
  domain="domainName"; secure
```

이 중에 특별한 역할을 하는 설정 부분이 표 6-9에서 설명하는 부분입니다.

표 6-9 쿠키 속성 설정

속성 설정	설명
`expires=date;`	일자 정보는 Date 개체에서 toGMTString( ) 메서드로 받는 양식으로 입력해야 한다. cookie 속성의 expires는 쿠키의 만료 시점을 나타내고 설정하지 않는다면 브라우저를 닫으면 만료되고, 앞으로의 일자로 설정되면 그 설정된 시점까지 유효하다. 쉽게 유효기간이라 생각하면 된다.
`domain=domainName;`	어느 도메인의 웹 사이트에서 쿠키 정보를 사용할 것인지를 설정한다. 설정하지 않으면 현재 도메인으로 자동 설정된다.
`path=path;`	domain처럼 서버의 특정 경로(URI)에서 쿠키 정보를 사용할 수 있도록 한다. 설정된 경로의 모든 하위 페이지에서 쿠키를 사용할 수 있다.
`secure[=true|false];`	부울값으로, true이면 서버에 보내질 때 브라우저가 안전하다고 판단한 SSL URL만으로 요청히여야 한다.

이러한 쿠키를 잘 활용하면 사용자에게 많은 편리함을 제공할 수 있습니다. 그러나 악의적으로 사용하고자 한다면 사용자의 인터넷 사용 습관 등 여러 가지 정보를 몰래 빼낼 수도 있습니다. 이처럼 사용자의 정보를 몰래 뺏을 목적으로 쿠키를 사용하면 큰 문제가 될 수 있으니 주의하시기 바랍니다.

예제 | 6-8

```html
<!DOCTYPE html>
<html>
<head>
<meta charset="UTF-8">
<title></title>
<script type="text/javascript">
function setCookie(cookieName, cookieVal){
    var date = new Date();
    var validity = 1;

    //cookie 만료일을 오늘 + 1일로 설정
    date.setDate(date.getDate() + validity);
```

```javascript
    //cookie 설정
    document.cookie=cookieName + '=' + escape(cookieVal)
        + '; expires=' + date.toGMTString();
    document.write(cookieName + ' 쿠키 생성 완료<br />');
}

function getCookie(cookieName){
    //cookie 읽기
    var cookieData = document.cookie;

    //cookie 단위별로 잘라 배열로 저장
    var allCookies = cookieData.split('; ');


    for (var i = 0; i < allCookies.length; i++) {
        //cookie 이름과 값을 잘라내어 배열로 저장
        var cookieArray = allCookies[i].split('=');

        if (cookieName === cookieArray[0]) {
            var cookieValue = unescape(allCookies[i]);

            document.write(cookieValue + '<br />');
        }
    }
}

function getAllCookie() {
    //cookie 읽기
    var cookieData = document.cookie;

    //cookie 단위별로 잘라 배열로 저장
    var allCookies = cookieData.split('; ');


    for (var i = 0; i < allCookies.length; i++) {
        //cookie 이름과 값을 잘라내어 배열로 저장
        var cookieArray = allCookies[i].split('=');
        var cookieName = cookieArray[0]
        var cookieValue = unescape(allCookies[i]);

        document.write(cookieValue + '<br />');
    }
}
```

```javascript
function removeCookie(cookieName){
    var date = new Date();
    var validity = 1;

    //cookie 만료일을 오늘 + 1일로 설정
    date.setDate(date.getDate() - validity);

    //expires 지난 날짜의 값을 넣어주면 해당 값은 삭제된다.
    document.cookie = cookieName + '= ; expires=' + date.toGMTString();
    document.write(cookieName + '쿠키 삭제<br />');
}

setCookie('test1', 'CookieValue1');
setCookie('test2', 'CookieValue2');
setCookie('test3', 'CookieValue3');

document.write('<hr />');

getCookie('test1');
getCookie('test2');

document.write('<hr />');

removeCookie('test2')

document.write('<hr />');

getAllCookie();

</script>
</head>
<body>
</body>
</html>
```

예제 6-8은 여러분이 일반적으로 사용하게 될 쿠키 사용의 모든 것이라 불러도 좋을 것 같습니다. 이 예제에서 만든 setCookie( ), getCookie( ), getAllCookie( ), removeCookie( ) 이 네 개의 함수만 잘 활용해도 여러분이 원하는 대부분의 쿠키 설정을 하실 수 있을 것입니다. 다만 예제 6-8은 파이어폭스 브라우저나 사파리 브라우저로 실행한 다음 테스트하셔야 합니다. 그 외에는 도메인이 필요하기 때문에 톰캣(Tomcat)이나 글래스피시(GlassFish)와 같은 웹 서버 환경을 먼저 구성해야 테스트할 수 있습니다.

setCookie( ) 함수는 이름과 값을 받아 쿠키를 설정합니다. getCookie( ) 함수는 설정된 쿠키 중
이름이 일치하는 값을 가져오게 됩니다. 그리고 getAllCookie( ) 함수에서는 활용 가능한 모든
쿠키의 정보를 가져오고 removeCookie( ) 함수에서는 이름이 일치하는 쿠키 정보를 삭제합니
다. 그림 6-4는 예제를 파이어폭스로 실행해본 모습입니다. 쿠키가 생성된 모습과 삭제된 모습
을 확인해보실 수 있습니다.

그림 6-4 쿠키 확인

다음 장에서는 많은 분이 가장 기다리실 만한 내용인 HTML 문서 조작 방법을 설명하도록 하겠
습니다. 지금까지보다 훨씬 더 역동적이고 신나는 것들이 여러분을 기다리고 있습니다. HTML
문서를 조작하는 부분이 아마도 자바스크립트의 가장 중요한 역할 중의 하나일 테니까요.

제 7 장

HTML과의 연계: DOM 스크립트

드디어 올 것이 왔습니다. 여러분은 이제 문서의 내용을 마음대로 조작하는 방법을 학습하게 되었습니다. HTML 문서에 접근하고 그 안의 내용물을 마음대로 바꾸거나 새로운 객체를 직접 만들어 문서의 원하는 부위에 삽입할 수도 있고 삭제할 수도 있습니다. 이를 일반적으로 DOM 스크립트(DOM Script)라고 하는데, 이에 대해 간단히라도 이해하고 진행하는 것이 좋습니다.

문서 객체 모델

문서 객체 모델(Document Object Model, DOM)은 HTML과 XML 문서에 대한 프로그래밍 인터페이스입니다. 문서에 대한 구조적 정보를 제공하고 문서 구조나 외양 및 내용을 바꿀 수 있도록 프로그램에서 접근하는 방법을 제공합니다. DOM은 속성과 메서드를 가지는 객체와 노드의 트리 구조로 표현됩니다. 웹 페이지를 스크립트나 다른 개발 언어로 접근할 때 필수적입니다.

출처 ▶ `http://www.mozilla.org`

위의 인용문은 모질라 재단에서 DOM에 대하여 소개하는 글입니다. 즉 자바스크립트는 스스로 XML 형태로 만들어진 HTML 문서에 대해 접근할 수 없고 이를 도와주는 API(Application Program Interface)를 제공하는 DOM이라 불리는 문서 객체 모델을 통해야 한다는 이야기입니다. 따라서 지금부터 학습할 것은 바로 DOM이라 불리는 문서 객체 모델에 대한 내용과 이를 활용해서 어떻게 HTML 문서를 조작할 수 있는지에 대한 내용입니다.

앞서 HTML에 관한 부분에서도 다루었지만, HTML 문서는 XML 형태로 제작된 일종의 XML 문서입니다. 이 XML 문서에서 사용하는 다음과 같은 기본 용어는 반드시 외우고 알고 계셔야 합니다.

document 객체

DOM 객체의 최고 상위 객체입니다. window 객체 안에 가장 커다란 단위의 객체 중 하나입니다. 안에 있는 HTML 문서 자체를 document라고 칭한다고 보면 되겠습니다.

엘리먼트 객체

문서에 삽입되어 태그로 만들어진 모든 요소를 엘리먼트(element)라고 부릅니다. 흔히 아는 ⟨div⟩, ⟨span⟩, ⟨table⟩ 같은 모든 태그입니다. 여는 태그와 닫는 태그로 구성되며 여는 태그 내부에는 속성값들, 즉 다음에 설명하는 애트리뷰트가 삽입되고 특수한 몇 개의 엘리먼트를 제외한 대부분의 엘리먼트는 여는 태그와 닫는 태그 사이에 또 다른 자식 엘리먼트를 가질 수 있습니다.

애트리뷰트(attribute)

엘리먼트가 가진 속성입니다. 흔히 태그 내의 title이나 id, name과 같이 태그와 함께 태그 내부에 쓰이고 있습니다. 이름 하나에 값 하나로, key="value" 타입입니다.

노드(node)

객체를 상징합니다. 엘리먼트도 노드이고 애트리뷰트도 노드이며 엘리먼트 내부의 글 내용도 모두 노드입니다. 그래서 엘리먼트는 **요소 노드**라 칭하고 애트리뷰트는 **속성 노드**, 내부의 글은 **텍스트 노드**라는 명칭을 사용기도 합니다.

또한, API에 대한 부분도 약간의 이해가 필요한데, 이 API는 자신이 가진 명령이나 정보와 같은 리소스(Resource)를 외부에서 접근할 수 있도록 해주는 일종의 통로입니다. DOM에도 이와 같은 API가 명시되어 있기 때문에 자바스크립트는 이를 통해 DOM에 접근할 수 있습니다. 그리고 이 API에서, 아니 이 API뿐만 아니라 대부분 프로그램에서는 당연한 듯 정의되어 사용되는 용어들이 있는데, 몇 가지 규칙을 알고 있다면 굳이 API 문서를 뒤지지 않아도 금방 찾을 수 있습니다. 요즘은 통합 개발 환경(IDE) 등과 같은 개발 도구의 기능이 좋아져 자동완성 기능을 통해 더욱 빨리 찾을 수 있도록 도와주기도 하니까요.

다음과 같은 기본적인 명령어와 뜻을 외워 두신다면 소스 코드를 작성할 때에 매우 도움이 될 것입니다.

• **create**	만들다, 창조하다		• **set**	설정하다
• **add**	추가하다		• **get**	가져오다
• **append**	붙이다		• **child**	하나의 직속 하위 객체
• **remove**	지우다		• **children**	둘 이상의 직속 하위 객체
• **delete**	삭제하다		• **parent**	직속 상위 객체

여기서 간혹 삭제할 때 delete와 remove가 어떻게 다르게 사용되는지 혼란스러워하는 분들이 있는데 delete는 휴지통에 버린다는 느낌이고 remove는 공간을 다시 사용할 수 있도록 지우개로 지워서 공간을 확보하는 것, 그러니까 원상태로 되돌린다는 느낌입니다.

아마도 여러분은 이 순간 이후로 DOM과 지속적으로 만나게 될 것입니다. 어떤 분은 이 장을 보려고 이 책을 보고 계신지도 모릅니다. 그만큼 이 장은 자바스크립트를 활용하는 데 있어서 상당히 중요하므로 정확히 이해하고 넘어가도록 해야 합니다. 겁먹지 마세요. 그리 어렵지 않답니다.

또한, 소스 코드와 설명만으로 모두 이해가 가시겠지만 직접 예제를 실행해서 꼭 직접 확인하고 넘어가셔야 합니다. 많이 사용되는 것들 중심으로 다루겠지만, 각 객체(Object)의 속성(Property)과 메서드(Method)는 한 번씩 꼭 짚어보시길 권장합니다.

7.1 문서 객체

▪ document 객체 ^{7.1.1}

우리에겐 그나마 상당히 이숙한 document라는 객체가 있습니다. 지금까지 자주 사용해 오던 document.write( )와 같은 메서드를 제공해주는 객체이니까요. 이 document 객체는 write( ) 외에도 상당히 많은 메소드들을 사용할 수 있도록 해줍니다. 문서에 필요한 엘리먼드를 만들거나 찾을 수 있도록 도와주기도 하고 앞서 살펴보았던 location 객체나 history 객체도 함께 갖고 있습니다.

이 document 객체는 window 객체에 포함되며 특정한 엘리먼트들을 포함하고 있습니다. 주로 문서 유형(Document Type)이나 색깔, 포맷과 같은 문서 정보에 접근하는 방법을 제공하고 있습니다. 또한, document의 하위 노드들을 생성하거나 관리할 수 있는 메서드도 함께 제공합니다.

예를 들면 document.body 속성으로는 〈body〉 엘리먼트에 접근할 수 있고 document.referrer 속성은 현재의 페이지가 어느 페이지로부터 링크를 타고 온 것인지에 대한 정보를 제공해주고 있습니다. 또 자주 사용되던 document.write( ) 메서드는 문서에 직접 원하는 내용을 삽입할 때 사용합니다.

표 7-1은 document 객체의 속성을 정리한 표입니다. 이 외에도 document 객체에는 각 브라우저 제조사에서 제공하는 속성들이 있지만, 특정 브라우저에서만 작동하는 속성은 오류를 불러 일으 킬 수 있기 때문에 주의해서 사용하셔야 합니다. 예를 들어 인터넷 익스플로러에서는 document.all이라고 하는 document 내부의 모든 엘리먼트를 참조할 수 있는 속성이 있습니다. 하지만, 이를 사용하기보다는 자신이 원하는 특정 엘리먼트를 찾는 document.getElementById( ) 와 같은 메서드를 이용하면 모든 브라우저에서 동작하는 코드를 작성할 수 있습니다. 이 때문에 각 브라우저에서 따로 지원하는 부분은 제외하였습니다.

표 7-1 document 객체의 속성

속성	설명
anchors	document에 있는 anchor들의 전체 목록을 반환한다.
applets	document에 있는 애플릿들의 정렬된 목록을 반환한다.
body	현재 document의 body 노드를 반환한다.
characterSet	document에서 사용하는 문자 세트를 반환한다.
compatMode	document를 표준 모드에 적용할 것인지 상태를 설정하거나 반환한다. • CSS1Compat: 표준 모드 적용 • BackCompat: 표준 모드 비적용
contentType	현재 document의 MIME Header의 Content-Type을 반환한다.
cookie	쿠키의 내용을 설정하거나 반환한다.
defaultView	윈도우 객체를 참조할 수 있는 레퍼런스를 반환한다.
designMode	WYSIWYG 모드를 설정하거나 반환한다.

→ 다음 페이지에 계속

← 전 페이지에 이어

속성	설명
doctype	현재 문서의 Document Type Definition (DTD)을 반환한다.
documentElement	문서의 최상위 엘리먼트를 반환한다. HTML 문서에서는 일반적으로 HTML 엘리먼트가 된다.
domain	현재 document의 도메인을 반환한다.
embeds	현재 document 내에 있는 임베디드 객체의 목록을 반환한다.
firstChild	첫 번째 자식 노드를 반환한다. 이 속성은 엘리먼트 객체에도 상속되어 엘리먼트 객체에서도 사용할 수 있다.
forms	현재 document 내의 폼 엘리먼트의 목록을 반환한다.
height	현재 document의 높이를 설정하거나 설정된 값을 반환한다.
images	현재 document에 있는 이미지의 목록을 반환한다.
implementation	현재 document에서 지원하는 모듈들에 대한 정보를 반환한다.
lastModified	document가 가장 최근에 수정된 시간을 반환한다.
links	document에 있는 하이퍼링크 전체의 목록을 반환한다.
location	현재 document의 URI를 반환한다.
namespaceURI	현재 document의 XML 네임스페이스를 반환한다.
plugins	사용할 수 있는 플러그인들의 목록을 반환한다.
referrer	현재 페이지로 유도한 이전 페이지의 주소를 반환한다.
styleSheets	현재 document의 stylesheet 객체들의 목록을 반환한다.
title	현재 document의 제목을 반환한다.
tooltipNode	현재 tooltip의 타깃인 노드를 반환한다.
URL	현재 document의 URL에 포함된 문자열을 반환한다.
width	현재 document의 너비를 반환한다.

이처럼 많은 속성이 있지만 어떤 애플리케이션을 개발하느냐에 따라 사용되는 속성은 크게 달라집니다. 일반적으로는 문서의 제목을 설정하거나 반환하는 document.title 속성 정도가 그나마 보편적으로 가장 많이 사용되는 속성일 것입니다.

```
var userName = confirm('이름을 입력해 주세요.');
document.title = userName + '님의 방문을 환영합니다.';
```

앞의 예제는 오래전 개인 홈페이지가 유행할 때 개인 홈페이지 소유자들 사이에 잠깐 유행하던 문서 제목에 사용자 이름을 넣어 환영 메시지를 전달하던 방법입니다. 지금 돌이켜 보면 유치한 듯하지만 많은 분이 사용했었죠.

마찬가지로 document 객체에는 많은 메서드가 있습니다. 표 7-2는 document 객체의 메서드를 정리한 표입니다.

표 7-2 document 객체의 메서드

메서드	설명
open( )	새로운 문서 작성을 시작한다.
close( )	새로운 문서 작성을 종료한다.
createAttribute( )	속성(애트리뷰트) 노드를 생성한다.
createDocumentFragment( )	document 객체 참조를 위한 조각을 생성한다.
createElement( )	새로운 엘리먼트를 생성한다.
createElementNS( )	네임스페이스를 참조하는 새로운 엘리먼트를 생성한다.
createEvent( )	새로운 이벤트를 생성한다.
createRange( )	편집할 수 있는 범위를 지정하는 새로운 range(위치/범위) 객체를 생성한다.
createTextNode( )	새로운 텍스트 노드를 생성한다.
execCommand( )	문서에서 사용 가능한 명령을 실행시킨다.
getElementById( )	id 속성이 일치하는 하나의 엘리먼트를 반환한다.
getElementsByName( )	name 속성이 일치하는 엘리먼트들을 반환한다.
getElementsByTagName( )	태그 이름이 일치하는 엘리먼트들을 반환한다.
getElementsByTagNameNS( )	태그 이름과 네임스페이스가 일치하는 엘리먼트들을 반환한다.
write( )	문서에 내용을 추가한다.
writeln( )	문서에 내용을 추가하고 줄 바꿈 한다.

document 객체의 많은 메서드 중에는 문서를 관리하는 것뿐만 아니라 새로 작성하는 메서드도 포함이 되어 있는데 document.open( ) 메서드가 바로 그것입니다. 일반적으로 document.write( ) 메서드를 사용하면 생략할 수 있으므로 잘 사용되지 않지만, 작성을 종료할 때는 document.close( ) 메서드를 반드시 써주어야 합니다. 예제 7-1은 그러한 메서드를 활용한 예입니다.

| 예제 | 7-1 |

```html
<!DOCTYPE html>
<html>
<head>
  <META http-equiv="content-type" content="text/html; charset=euc-kr">
  <title>Document</title>
  <script type="text/javascript">
    function myFunc() {
        var popWin = window.open('', 'popwin', 'width=400,height=300');
        var popDoc = popWin.document;
        popDoc.open();
        popDoc.write('<html><head><title>POPUP</title></head>');
        popDoc.write('<body bgColor="gold">');
        popDoc.write('<p align=center><b>팝업 창입니다.</b></p>');
        popDoc.write("</body></html>");
        popDoc.close();
    }
  </script>
</head>
<body>
  <button type=button onclick="myFunc();">새창 열기</button>
</body>
</html>
```

이 예제를 실행하면 그림 7-1처럼 직접 문서를 편집한 내용이 그대로 팝업에 적용되어 나타나는 것을 확인할 수 있습니다.

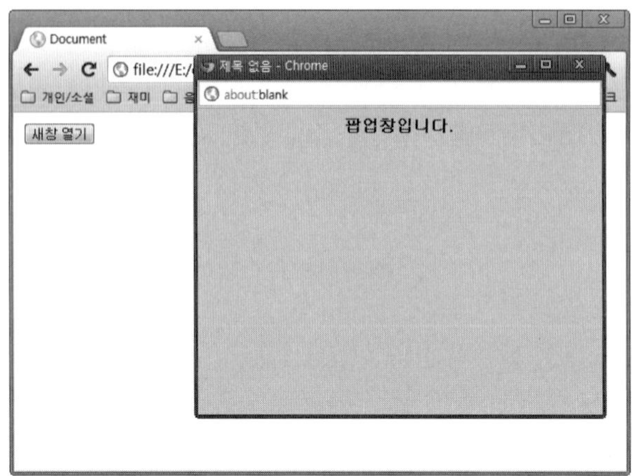

그림 7-1 document 객체로 문서 작성

이뿐만 아니라 document.execCommand( ) 메서드는 아주 독특해서 여러 가지 특수한 브라우저 통제가 가능합니다. 흔히 편집기에서 볼 수 있는 잘라내기, 붙여 넣기, 삭제와 같은 특수 기능을 할 수 있는 여러 명령어를 수행할 수 있습니다. 평소에는 잘 사용되지 않지만, 저의 경우 WYSIWYG 문서 편집기를 제작할 일이 있어 여러 가지로 사용해보게 되었습니다. 하지만, 명령어 자체를 인자로 전달해주어야 하고 각 명령어가 브라우저마다 다른 점, 그 밖에도 기본적인 보안 문제 때문에 상당히 세심한 주의를 기울여야 할 필요성이 있습니다. 이 명령어들만으로도 책 한 권이 나올 만큼 다루어야 할 내용이 많으므로 간단한 내용만 짚어보겠습니다.

우선 명령어를 사용하는 기본 구문은 다음과 같습니다.

```
execCommand(String CommandName, Boolean ShowDefaultUI,
            String ValueArgument)
```

여기에 들어가는 인자들을 한 번 살펴보자면 다음과 같습니다.

- **String CommandName** 어떤 명령을 수행할 것인지 명령어를 입력합니다.
- **Boolean ShowDefaultUI** 기본 사용자 인터페이스에 표시될 것인지 true/false로 입력합니다.
- **String ValueArgument** 명령을 수행하는 데 필요한 값을 입력합니다.

이 메서드를 통해 브라우저의 특정 부분을 통제하려면 먼저 document 객체의 designMode 속성이 On 상태로 전환되어 있어야 합니다. 우선 표 7-3을 통해 어떤 명령들을 지원하고 있는지 보고 난 후 이를 통해 간단한 WYSIWYG 문서 편집기를 구현한 예제를 살펴보겠습니다.

표 7-3 execCommand( ) 메서드가 지원하는 명령어 목록

명령어	설명
backColor	배경색을 변경한다.
bold	글자를 두껍게 한다.
contentReadOnly	읽기 전용으로 설정한다.
copy	복사한다.
createLink	링크를 생성한다.
cut	잘라내기 한다.
delete	삭제한다.
enableInlineTableEditing	테이블을 편집 모드와 비편집 모드로 전환한다.
enableObjectResizing	객체의 크기 수정이 가능하도록 활성화하거나 비활성화한다.
fontName	특정한 글꼴을 지정한다.
fontSize	글꼴의 크기를 지정한다.
foreColor	글꼴의 색을 지정한다.
formatBlock	지정된 부분을 특정한 구역으로 설정한다. (〈h1〉, 〈dl〉, 〈p〉,)
heading	제목으로 설정한다. 〈h1〉 ~ 〈h6〉 사이에서 설정할 수 있다.
hiliteColor	강조 색상을 지정한다.
indent	들여쓰기 설정을 활성화/비활성화한다.
insertHTML	HTML 구문을 삽입한다.
insertImage	이미지를 삽입한다.
insertOrderedList	정렬된 목록을 삽입한다.
insertUnorderedList	정렬되지 않은 목록을 삽입한다.
italic	글꼴을 기울임 꼴로 활성화/비활성화한다.
justifyCenter	가운데 정렬을 활성화/비활성화한다.

→ 다음 페이지에 계속

← 전 페이지에 이어

명령어	설명
justifyLeft	좌측 정렬을 활성화/비활성화한다.
justifyRight	우측 정렬을 활성화/비활성화한다.
outdent	들여쓰기를 취소하거나 내어쓰기를 활성화/비활성화한다.
paste	붙여 넣기 한다.
redo	실행 취소된 명령을 다시 실행한다.
selectAll	전체를 선택한다.
strikeThrough	취소 선을 활성화/비활성화한다.
subscript	subscript 상태를 활성화/비활성화한다.
superscript	superscript 상태를 활성화/비활성화한다.
underline	밑줄 상태를 활성화/비활성화한다.
undo	가장 최근 명령을 실행 취소한다.
unlink	링크 설정을 삭제한다.

예제 7-2는 모질라 재단에서 예제로 제공하는 WYSIWYG 문서 편집기입니다. 이 예제를 통해 execCommand( ) 메서드가 지원하는 명령들에는 어떤 것들이 있으며 어떤 역할을 하고 있는지 확인해보실 수 있습니다.도서 자료실에서 소스를 내려 받아 직접 실행해보세요.

예제 | 7-2

```
<!doctype html>
<html>
<head>
<title>Rich Text Editor</title>
<script type="text/javascript">
var oDoc, sDefTxt;

function initDoc() {
   oDoc = document.getElementById("textBox");
   sDefTxt = oDoc.innerHTML;
   if (document.compForm.switchMode.checked) { setDocMode(true); }
```

```javascript
}

function formatDoc(sCmd, sValue) {
  if (validateMode()) { document.execCommand(sCmd, false, sValue);
                        oDoc.focus(); }
}

function validateMode() {
  if (!document.compForm.switchMode.checked) { return true ; }
  alert("Uncheck \"Show HTML\".");
  oDoc.focus();
  return false;
}

function setDocMode(bToSource) {
  var oContent;
  if (bToSource) {
    oContent = document.createTextNode(oDoc.innerHTML);
    oDoc.innerHTML = "";
    var oPre = document.createElement("pre");
    oDoc.contentEditable = false;
    oPre.id = "sourceText";
    oPre.contentEditable = true;
    oPre.appendChild(oContent);
    oDoc.appendChild(oPre);
  } else {
    if (document.all) {
      oDocoDoc.innerHTML = oDoc.innerText;
    } else {
      oContent = document.createRange();
      oContent.selectNodeContents(oDoc.firstChild);
      oDoc.innerHTML = oContent.toString();
    }
    oDoc.contentEditable = true;
  }
  oDoc.focus();
}

function printDoc() {
  if (!validateMode()) { return; }
```

```
        var oPrntWin = window.open(
        "",
        "_blank",
        "width=450, height=470, left=400, top=100, menubar=yes,
        toolbar=no, location=no, scrollbars=yes"
);
   oPrntWin.document.open();
oPrntWin.document.write(
        "<!doctype html><html><head><title>Print<\/title><\/head>
        <body onload=\"print();\">" + oDoc.innerHTML + "<\/body><\/html>"
);
   oPrntWin.document.close();
}
</script>
<style type="text/css">
.intLink { cursor: pointer; }
img.intLink { border: 0; }
#toolBar1 select { font-size:10px; }
#textBox {
   width: 540px;
   height: 200px;
   border: 1px #000000 solid;
   padding: 12px;
   overflow: scroll;
}
#textBox #sourceText {
   padding: 0;
   margin: 0;
   min-width: 498px;
   min-height: 200px;
}
#editMode label { cursor: pointer; }
</style>
</head>
<body onload="initDoc();">
<form name="compForm" method="post" action="sample.php"
      onsubmit="if(validateMode()){this.myDoc.value=oDoc.innerHTML;return true;}
      return false;">
<input type="hidden" name="myDoc">
<div id="toolBar1">
```

```
<select onchange="formatDoc('formatblock',this[this.selectedIndex].value);
    this.selectedIndex=0;">
    <option selected>- formatting -</option>
    <option value="h1">Title 1 &lt;h1&gt;</option>
    <option value="h2">Title 2 &lt;h2&gt;</option>
    <option value="h3">Title 3 &lt;h3&gt;</option>
    <option value="h4">Title 4 &lt;h4&gt;</option>
    <option value="h5">Title 5 &lt;h5&gt;</option>
    <option value="h6">Subtitle &lt;h6&gt;</option>
    <option value="p">Paragraph &lt;p&gt;</option>
    <option value="pre">Preformatted &lt;pre&gt;</option>
</select>
<select onchange="formatDoc('fontname',this[this.selectedIndex].value);
    this.selectedIndex=0;">
    <option class="heading" selected>- font -</option>
    <option>Arial</option>
    <option>Arial Black</option>
    <option>Courier New</option>
    <option>Times New Roman</option>
</select>
<select onchange="formatDoc('fontsize',this[this.selectedIndex].value);
    this.selectedIndex=0;">
    <option class="heading" selected>- size -</option>
    <option value="1">Very small</option>
    <option value="2">A bit small</option>
    <option value="3">Normal</option>
    <option value="4">Medium-large</option>
    <option value="5">Big</option>
    <option value="6">Very big</option>
    <option value="7">Maximum</option>
</select>
<select onchange="formatDoc('forecolor',this[this.selectedIndex].value);
    this.selectedIndex=0;">
    <option class="heading" selected>- color -</option>
    <option value="red">Red</option>
    <option value="blue">Blue</option>
    <option value="green">Green</option>
    <option value="black">Black</option>
</select>
<select onchange="formatDoc('backcolor',this[this.selectedIndex].value);
```

```
        this.selectedIndex=0;">
        <option class="heading" selected>- background -</option>
        <option value="red">Red</option>
        <option value="green">Green</option>
        <option value="black">Black</option>
</select>
</div>
<div id="toolBar2">
<img class="intLink" title="Clean"
        onclick="if(validateMode()
        &&confirm('Are you sure?')){oDoc.innerHTML=sDefTxt};"
        src="../images/clean.gif" />
<img class="intLink" title="Print"
        onclick="printDoc();" src="../images/print.png">
<img class="intLink" title="Undo" onclick="formatDoc('undo');"
        src="../images/undo.gif" />
<img class="intLink" title="Redo" onclick="formatDoc('redo');"
        src="../images/redo.gif" />
<img class="intLink" title="Remove formatting"
        onclick="formatDoc('removeFormat')"
        src="../images/removeFormat.png">
<img class="intLink" title="Bold" onclick="formatDoc('bold');"
        src="../images/bold.gif" />
<img class="intLink" title="Italic" onclick="formatDoc('italic');"
        src="../images/italic.gif" />
<img class="intLink" title="Underline" onclick="formatDoc('underline');"
        src="../images/underline.gif" />
<img class="intLink" title="Left align"
        onclick="formatDoc('justifyleft');"
        src="../images/leftalign.gif" />
<img class="intLink" title="Center align"
        onclick="formatDoc('justifycenter');"
        src="../images/centeralign.gif" />
<img class="intLink" title="Right align"
        onclick="formatDoc('justifyright');"
        src="../images/rightalign.gif" />
<img class="intLink" title="Numbered list"
        onclick="formatDoc('insertorderedlist');"
        src="../images/numberlist.gif" />
<img class="intLink" title="Dotted list"
```

```html
    onclick="formatDoc('insertunorderedlist');"
    src="../images/dotlist.gif" />
<img class="intLink" title="Quote"
    onclick="formatDoc('formatblock','blockquote');"
    src="../images/quote.gif" />
<img class="intLink" title="Add indentation"
    onclick="formatDoc('outdent');"
    src="../images/indent.gif" />
<img class="intLink" title="Delete indentation"
    onclick="formatDoc('indent');"
    src="../images/outdent.gif" />
<img class="intLink" title="Hyperlink"
      onclick="var sLnk=prompt('Write the URL here','http:\/\/');
      if(sLnk&&sLnk!=''&&sLnk!='http://'){formatDoc('createlink',sLnk)}"
      src="../images/link.gif" />
<img class="intLink" title="Cut" onclick="formatDoc('cut');"
    src="../images/cut.gif" />
<img class="intLink" title="Copy" onclick="formatDoc('copy');"
    src="../images/copy.gif" />
<img class="intLink" title="Paste" onclick="formatDoc('paste');"
    src="../images/past.gif" />
</div>
<div id="textBox" contenteditable="true"><p>Lorem ipsum</p></div>
<p id="editMode"><input type="checkbox" name="switchMode" id="switchBox"
    onchange="setDocMode(this.checked);" />
    <label for="switchBox">Show HTML</label></p>
<p><input type="submit" value="Send" /></p>
</form>
</body>
</html>
```

가 이미지 버튼이 onclick 이벤트 속성과 선택 상자(<select> 엘리먼트)의 onchange 이벤트 속성에 주목하세요. 이벤트에 대해서는 나중에 배우게 되겠지만, 선택 상자의 내용이 변하거나 이미지를 클릭했을 때 onclick 속성과 onchange 속성에 지정된 내용을 실행하게 됩니다. 여기에는 각각의 execCommand( ) 메서드의 명령들이 들어 있기 때문에 어떤 역할을 하는지 이해하는 데 크게 도움이 될 것입니다. 그림 7-2는 예제를 실행한 모습입니다.

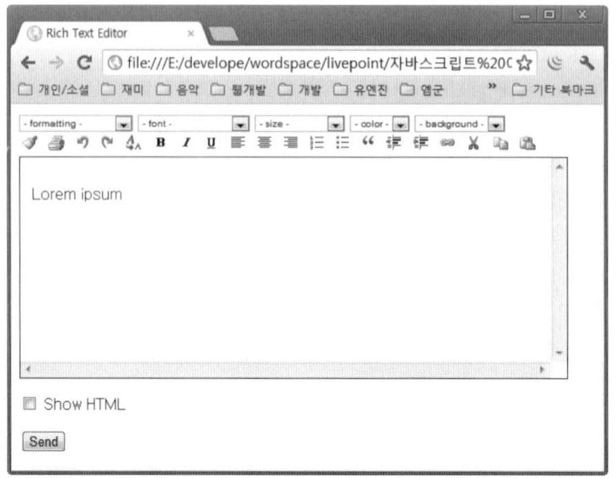

그림 7-2 WYSIWYG 문서 편집기

이외에도 역시나 브라우저의 개발사에 따라 제공되는 메서드들이 있지만 될 수 있으면 사용하지 않을 것을 권합니다. 별개로 사용되는 메서드가 유용한 것은 해당 브라우저만을 위한 추가 기능 애플리케이션을 제작할 때뿐입니다. 이 때문에 혹시 해당 브라우저가 제공하는 별개의 메서드를 알고 계시더라도 특수한 상황이 아니라면 될 수 있으면 사용을 자제하고 표준 기능을 통해 해결하도록 노력해야 할 것입니다.

간단하지만 아주 중요한 유의사항 한 가지를 살펴보고 계속 진행하도록 하겠습니다. 이 document 객체가 가진 메서드 중에 write( ) 메서드는 지금까지 자주 사용했습니다만 사실 실제 개발자의 소스 코드에는 많이 등장하지 않는 메서드 중의 하나입니다.

이러한 write( ) 메서드를 사용할 때 주의해야 할 점 중의 하나는 document 객체를 통해 문서 내부를 참조하고자 할 때는 참조할 객체를 먼저 만든 다음 이를 활용해야 한다는 것입니다. 즉 순서에 주의하셔야 합니다.

예제 | 7-3

```html
<html>
<head>
<meta http-equiv="Content-Type" content="text/html; charset=UTF-8">
<title>Document</title>
```

```
<script type="text/javascript">
function changeColor() {
    document.getElementById('container').style.backgroundColor = 'red';
}

changeColor();
</script>
</head>
<body>
    <div id="container">div 엘리먼트</div>
</body>
</html>
```

예제 7-3은 changeColor( )라는 함수를 만들어 id가 container인 엘리먼트 객체(〈div〉)의 배경색을 빨간색으로 바꾸는 예제입니다. 하지만, 작동하지는 않습니다. 스크립트가 실행되는 시점이 id가 container인 엘리먼트 객체가 생성되기 전이기 때문에 잘못된 예제입니다. 이를 올바르게 실행되도록 하려면 예제 7-4와 같이 changeColor( ) 함수를 호출하는 시점이 해당 엘리먼트가 생성된 후가 되도록 바꿔야 합니다.

예제	7-4

```
<html>
<head>
<meta http-equiv="Content-Type" content="text/html; charset=UTF-8">
<title>Document</title>
<script type="text/javascript">
function changeColor() {
    document.getElementById('container').style.backgroundColor = 'red';
}
</script>
</head>
<body>
    <div id="container">div 엘리먼트</div>
    <script type="text/javascript">
        changeColor();
    </script>
</body>
</html>
```

각 엘리먼트가 가진 style이라는 객체에 대해서는 나중에 상세히 다루겠지만 우선 많이 사용되는 몇 가지 속성을 활용해서 자주 활용되는 간단한 예제를 만들어보겠습니다.

예제 | 7-5

```html
<html>
<head>
<meta http-equiv="Content-Type" content="text/html; charset=UTF-8">
<title>Document</title>
<script type="text/javascript">
   var Controller = {
      hide: function(){
         document.getElementById('container').style.display = 'none';
      },
      show: function(){
         document.getElementById('container').style.display = '';
      }
   };
</script>
</head>
<body>
   <button type="button" onclick="Controller.show();">창 열기</button>
   <div id="container" style="background: red; display: none;">
      <button type="button" onclick="Controller.hide();">닫기</button>
   </div>
</body>
</html>
```

예제 7-5는 주로 메뉴 등에 많이 사용되는 나타났다 사라지는 엘리먼트입니다. 지금까지 잘 사용되지 않던 〈button〉에 onclick이라는 이벤트 속성을 사용해 구현해보았습니다. 이벤트에 관해서는 뒤에 조금 더 자세히 다룰 것이니 간단히 설명하고 넘어갑니다. onclick 이벤트 속성은 사용자가 해당 속성을 가진 엘리먼트를 클릭했을 때 속성값으로 지정된 자바스크립트나 함수를 실행합니다.

Controller라는 객체를 만들어 해당 객체 안에 show( ), hide( ) 메서드를 담았습니다. 그리고 내부에서 사용되는 주요 메서드는 document.getElementById('엘리먼트의 id') 메서드입니다.

이 메서드는 id 속성이 일치하는 엘리먼트를 찾아 돌려줍니다. 그래서 그 엘리먼트가 가진 style 객체의 dislplay라는 속성값을 변경하는 것이 주요 내용입니다.

style 객체의 속성들은 후에 다시 표로 정리할 것이니 지금은 display 속성에 none이라는 값을 설정하면 해당 엘리먼트가 화면에 표시되지 않는다는 것 정도만 기억하시기 바랍니다. 그렇게 속성에 값을 주는 방법을 통해 show( ) 메서드는 보여주고 hide( ) 메서드는 숨기는 역할을 합니다. 지금부터 이처럼 많이 사용되는 명령들을 하나하나 정리해보도록 하겠습니다.

HTML 객체 만들기 ^{7.1.2}

지금부터는 필요에 따라 HTML 객체를 만드는 방법을 학습할 것입니다. 때론 직접 HTML 구문을 삽입하기도 하고 때론 하나하나 객체를 만들고 속성을 정의하기도 할 것입니다. 여기서 미리 말씀드리고자 하는 것은 HTML 객체를 만드는 일이 계속 반복적으로 이루어진다면 명령을 적게 수행하는 것이 성능 향상에 도움이 된다는 점입니다. 이 때문에 어떤 방법을 통해 명령 수행 횟수를 줄일 수 있을 것인지에 대한 고민이 필요합니다.

태그 직접 써넣기

이것은 지금까지 해왔던 것과 같은 방법입니다. document.write( ) 메서드를 사용해서 필요한 HTML 구문을 직접 삽입하는 예제 7-6과 같은 방법입니다.

예제 | 7-6

```
<!DOCTYPE html>
<html>
<head>
<meta http-equiv="Content-Type" content="text/html; charset=UTF-8">
<title>Document</title>
<script type="text/javascript">
    document.write("<div style='background-color: #AAA; width: 100px;
        height: 100px;'></div>");
</script>
</head>
<body>
</body>
</html>
```

예제를 실행하게 되면 아무런 태그가 없는 문서임에도 그림 7-3처럼 document.write( ) 메서드에 입력한 내용이 표시되고 있음을 알 수 있습니다.

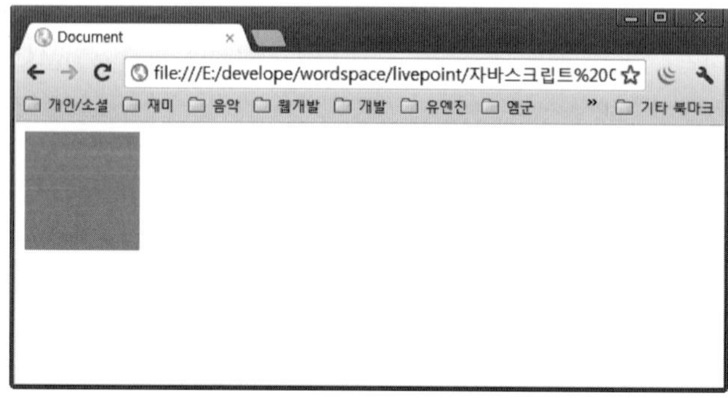

그림 7-3 document.write( ) 메서드로 내용 입력

그리고 중요한 것이 있는데, 사실 자바스크립트가 해당 엘리먼트를 만드는 것이 아니라는 것입니다. 자바스크립트의 역할은 HTML 문자열을 document 객체가 제공하는 API를 이용해 삽입하는 것뿐이고 이 문자열이 삽입되고 나면 브라우저가 새로 입력된 구문을 해석하여 추가하는 것이기 때문입니다.

DOM API 이용하기

앞서 document 객체가 제공하는 속성과 메서드를 알아본 것은 이럴 때 활용하기 위함입니다. document 객체가 제공하는 메서드를 활용해 HTML 객체를 생성하는 방법을 확인해 보도록 하겠습니다.

```
var element = document.createElement("태그 이름");
var attribute = document.createAttribute("속성 이름");
var textNode = document.createTextNode("내용");
```

위 구문을 확인해보시면 영어를 잘하시는 분들은 허무하실지도 모르겠지만 앞서 설명했던 영어들로 만들어진 명령들입니다. document 객체는 자체적으로 엘리먼트나 속성(Attribute)을 만드는 방법을 위와 같이 지원하고 있습니다.

```
<html>
<head>
<meta charset="UTF-8">
<title>HTML과의 연계</title>
<script type="text/javascript">
    function createTag1() {
        // <div> 엘리먼트를 만듭니다.
        var element = document.createElement("div");

        // 스타일 속성을 만듭니다.
        var attribute = document.createAttribute("style");

        // 스타일 속성의 값을 입력합니다.
        attribute.nodeValue = "background-color: #EEE; width: 100px;
            height: 100px;";

        // 만들어둔 엘리먼트에 속성을 적용합니다.
        element.setAttributeNode(attribute);

        // 문서의 <body> 에 하위 노드로 엘리먼트를 붙여 넣습니다.
        document.body.appendChild(element);
    }

    function createTag2() {
        // <div> 엘리먼트를 만듭니다.
        var element = document.createElement("div");

        // 엘리먼트의 속성을 설정합니다.
        element.setAttribute("style", "background-color: #AAA;
            width: 100px; height: 100px;");

        // 문서의 <body>에 하위 노드로 엘리민트를 붙여 넣습니다.
        document.body.appendChild(element);
    }
</script>
</head>
<body>
    <button onclick="createTag1();">객체 만들기 1</button>
    <button onclick="createTag2();">객체 만들기 2</button>
</body>
</html>
```

예제 7-7에서는 두 가지 방법으로 만들어 보았습니다. createTag1( ) 함수는 속성을 따로 만들어 설정하는 방법이고 createTag2( ) 함수는 속성을 만들어 설정하는 것이 아닌 엘리먼트가 지원하는 API를 통해 직접 설정하는 방법입니다. 두 개의 버튼을 번갈아 누르게 된다면 그림 7-4와 같은 화면을 보실 수 있습니다.

그림 7-4 엘리먼트 객체 만들기

추가로 다시 한 번 설명하자면 createElement("태그 이름")는 행위를 나타내는 동사(create)가 먼저 나왔으므로 명령어입니다. 그래서 해석하자면 "만들어라, 엘리먼트."라고 해석할 수 있겠습니다. 그리고 인자를 통해 어떤 엘리먼트를 만들 건지에 대한 정보를 전달해 줍니다. createAttribute("속성 이름") 이 명령 역시 마찬가지로 해석할 수 있습니다.

또한, DOM API 개발자들은 setAttributeNode(속성 객체)와 setAttribute("속성 이름", "속성 설정 값")의 두 가지 명령에 독자분들이 혼란스러워할까 염려하여 Node라고 하는 말을 붙여 넣음으로써 어떤 형태의 정보를 받을 건지 알려주고 있습니다. Node라는 말은 XML에서 객체를 상징하는 단어이기 때문에 Node라는 말이 들어갔다면 객체를 정보로 전달해주어야 합니다.

▋ 객체 가져오기 ^{7.1.3}

앞의 예제에서 document.getElementById( ) 메서드를 사용했던 것처럼 특정 엘리먼트의 속성 등의 정보를 변경하거나 얻으려면 먼저 해당 엘리먼트를 얻어야 할 필요가 있습니다. 이럴 때 사용할 수 있는 document 객체가 제공하는 몇 가지 방법을 살펴보겠습니다.

getElementById("엘리먼트 id")

```
var element = document.getElementById("엘리먼트 id");
```

역시나 getElement~로 시작했습니다. 그리고 엘리먼트를 가져오는데 어떤 도구를 쓸 것인지 명확하게 하려고 ~ById라는 말이 뒤에 붙었군요. 즉 "아이디를 통해서 엘리먼트를 가져와라." 라는 아주 간단한 의미로 함수가 만들어져 있습니다. 굳이 필요하지 않을 기라 생각되지만 복습하는 의미로 예제 7-8을 한 번 확인해보시기 바랍니다.

| 예제 | 7-8 |

```html
<html>
<head>
<meta charset="UTF-8">
<title>HTML과의 연계</title>
<script type="text/javascript">
   function selectById() {
      // 'aaa'라는 아이디를 가진 엘리먼트를 가져온다.
      var element = document.getElementById("aaa");

      // 엘리먼드의 스타일 속성을 설정한다.
      element.style.backgroundColor = "red";
   }
</script>
</head>
<body>
   <button onclick="selectById();">id가 'aaa'인 객체 선택하기</button>
   <div>
      <span name="bbb">1번</span>
      <span>2번</span>
```

```
        <span id="aaa">3번</span>
        <span>4번</span>
        <span name="bbb">5번</span>
        <span>6번</span>
    </div>
</body>
</html>
```

예제 7-8을 보면 〈body〉 내부에 〈div〉, 〈span〉, 〈button〉 엘리먼트가 있습니다. 이 중에 선택적으로 'aaa'라는 id를 가진 엘리먼트만을 골라내는 것입니다. 이때 주의할 것은 id라는 것은 사람으로 치면 주민등록번호 같은 것이므로 중복되면 어떤 혜택이나 불이익을 주는 데 있어서 엉뚱한 사람이 선택될 수도 있다는 것입니다. 그러므로 엘리먼트에 id 속성을 줄 때는 반드시 다른 엘리먼트의 id와 중복되지 않도록 주의해야 합니다. 그림 7-5는 예제가 실행되어 버튼을 통해 객체가 선택된 화면입니다.

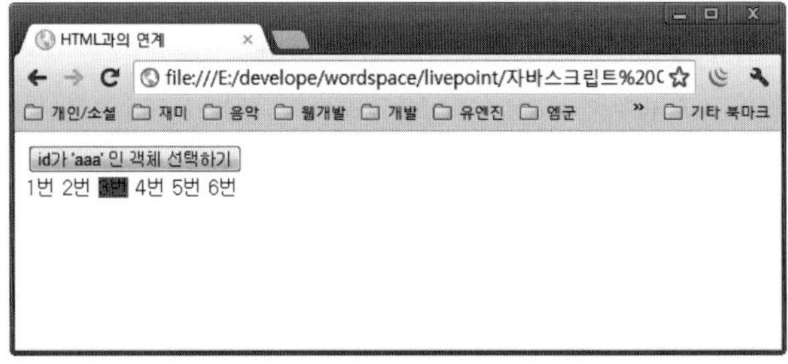

그림 7-5 엘리먼트 객체 선택

또한, 인터넷 익스플로러 몇몇 버전에서는 폼 객체들과 관련하여 name과 id를 혼동하기도 합니다. 같은 단어로 id와 name 속성을 각각 다른 엘리먼트에 지정했을 때 ~ById를 하면 해당 단어를 name으로 가진 엘리먼트가 선택되는 버그가 있으니 id나 name 속성을 줄 때는 이름을 잘 생각해서 지어주어야 합니다. 방법의 하나로 id에 속성을 부여할 때 '태그_이름_아이디' 형태와 같은 특정한 규칙을 만들어 줄 수도 있습니다.

getElementsByTagName("엘리먼트 이름")

ByTagName~이라는 접미어만 봐도 대충 이해하실 듯합니다. 하지만, 여기서 주의하실 것은
getElementsByTagName( )의 접두어 getElements~에 있는 복수형 s입니다. 즉 하나의 객체
만 가져오는 것이 아니라 태그 이름이 일치하는 모든 엘리먼트를 배열의 형태로 반환합니다.

```javascript
var elements = document.getElementsByTagName("태그 이름");
```

객체가 단 하나만 있다 하더라도 배열의 형태라는 것을 명심하시기 바랍니다.

예제	7-9

```html
<html>
<head>
<meta charset="UTF-8">
<title>HTML과의 연계</title>
<script type="text/javascript">
    function selectByTagName() {
        //태그 이름이 span인 모든 객체를 선택하여 배열로 저장한다.
        var elements = document.getElementsByTagName("span");
        for (var i = 0, element; element = elements[i]; i++) {
            //엘리먼트에 스타일 속성 설정
            element.style.backgroundColor = "red";
        }
    }
</script>
</head>
<body>
    <button onclick="selectByTagName();">span 엘리먼트 선택하기</button>
    <div>
        <span name="bbb">1번</span>
        <span>2번</span>
        <span id="aaa">3번</span>
        <span>4번</span>
        <span name="bbb">5번</span>
        <span>6번</span>
    </div>
</body>
</html>
```

예제 7-9에서 버튼을 누르면 selectByTagName( ) 함수가 실행됩니다. 배열 형태로 저장되기 때문에 배열과 친한 for 구문을 수행시킵니다. 이 안에서는 배열에서 꺼내어진 객체에 스타일 속성을 설정하는 것이죠. 보시는 것처럼 아주 간단합니다.

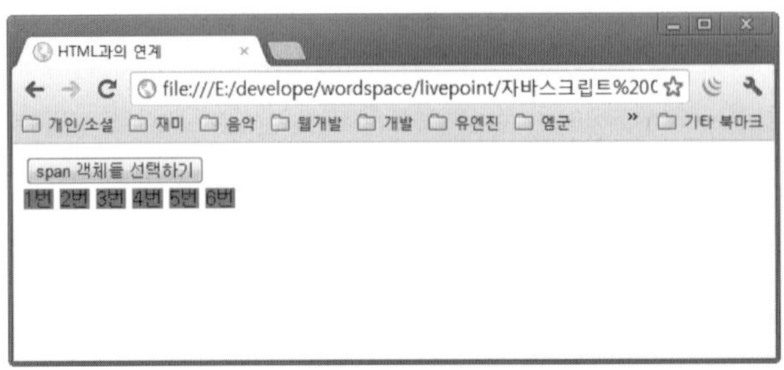

그림 7-6 태그 이름으로 엘리먼트 객체 선택

getElementsByName("name 속성값")

이것은 ~ById와 ~ByTagName의 중간 정도 성질이라 보면 될 것입니다. id 대신 name이라는 특정한 속성값을 통해 객체를 선택하지만, name 속성값은 중복해서 사용할 수 있으므로 ~ByTagName처럼 배열 형태로 저장하게 됩니다.

```
var elements = document.getElementsByName("객체의 name 속성값");
```

예제 | 7-10

```
<html>
<head>
<meta charset="UTF-8">
<title>HTML과의 연계</title>
<script type="text/javascript">
    function selectByName() {
        //name 속성이 'bbb'인 객체를 선택해 배열로 저장한다.
        var elements = document.getElementsByName("bbb");

        for (var i = 0, element; element = elements[i]; i++) {
            //배열에서 선택된 객체에 스타일 속성을 설정한다.
```

```
        element.style.backgroundColor = "red";
      }
    }
</script>
</head>
<body>
    <button onclick="selectByName();"> name이 'bbb'인 엘리먼트 선택하기</button>
    <div>
       <span name="bbb">1번</span>
       <span>2번</span>
       <span id="aaa">3번</span>
       <span>4번</span>
       <span name="bbb">5번</span>
       <span>6번</span>
    </div>
</body>
</html>
```

예제 7-10도 역시나 위에서 했던 방법과 같습니다.

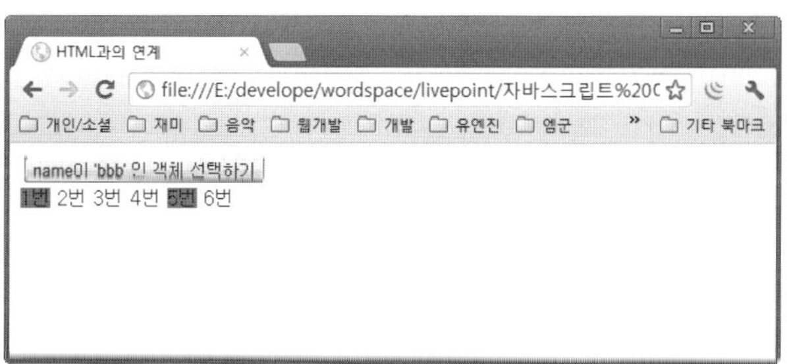

그림 7-7 이름으로 엘리먼트 객체 선택

지금까지의 방법을 정리해보면 다음과 같이 요약할 수가 있을 것입니다.

- id 속성은 주민등록번호처럼 객체마다 모두 다른 값을 가지고 있어야 하고 ~ById는 하나의 객체
  만 선택합니다.

- ~tagName과 name 속성은 하나의 문서에서 여러 개의 엘리먼트와 중복될 수 있기 때문에 배열의 형태로 저장됩니다.

- 하나의 객체가 아닌 여러 개의 객체를 돌려받는 구문은 ~Element~의 복수형 ~Elements~로 표시합니다.

querySelector("CSS 선택자")와 querySelectorAll("CSS 선택자")

이 메서드는 생긴 지 오래되지 않았습니다. 인터넷 익스플로러는 버전 8부터, 파이어폭스는 3.1부터 지원하게 되었습니다. 그래서 일반 웹 사이트에 사용하기에는 주의가 필요한 기능입니다. 하지만, HTML5의 대표적인 기능이고 굉장히 유용하고 유연한 기능이기에 소개하고자 합니다.

```
var element = document.querySelector("CSS 선택자");
var elements = document.querySelectorAll("CSS 선택자");
```

우선 대충 querySelector( ) 메서드와 querySelectorAll( ) 메서드의 차이는 다들 눈치 채고 있을 것으로 생각합니다. 독자분들이 생각하시는 것처럼 둘의 차이는 하나의 객체만 선택하느냐 조건에 맞는 객체 모두를 선택하느냐의 차이입니다. querySelector( ) 메서드는 가장 먼저 찾아진 하나의 객체만을 반환하고 querySelectorAll( )은 문서 내에 있는 조건이 맞는 모든 객체를 찾아 반환합니다.

이제 중요한 부분입니다. CSS 선택자(CSS Selector)라는 녀석이 어떤 녀석인지 먼저 설명해야 합니다. 그것만 정확하게 알면 이건 더 볼 필요도 없습니다. CSS 선택자란 HTML 문서의 모양을 꾸며주고 정의하는 CSS(Cascading Style Sheet)에서 대상을 지정하는 구문입니다. 많이 알아두면 좋지만 몇 가지만 알아도 굉장히 유용하게 사용할 수 있기 때문에 몇 가지는 반드시 익혀두셔야 합니다.

- **태그** 엘리먼트의 태그 이름을 기준으로 검색합니다.

- **#아이디** 엘리먼트의 속성 중 id 속성으로 검색합니다.

- **.클래스** 엘리먼트의 속성 중 className 속성(태그 내에서는 class 속성)으로 검색합니다.

- **[속성=속성값]** 엘리먼트의 특정 속성을 지정하여 해당 속성의 값을 비교하여 검색합니다.

여기에 CSS 선택자에 두 가지 이상의 조건을 입력할 수 있다는 것을 알고 있다면 객체 대부분을 마음껏 선택할 수 있을 것입니다. 또한, 조건을 여러 가지로 입력할 때 주의할 것은 띄어 쓰느냐 붙여 쓰느냐에 따라 조건에 차이가 생긴다는 점입니다. 조건 사이가 떨어져 있다면 앞에 조건으로 찾은 객체들의 하위 객체를 뒤의 조건으로 검색하게 되고 두 조건이 연결되어 있다면 앞의 조건으로 찾은 객체 중에서 뒤의 조건으로 선별하게 됩니다. 또는 반점(,)으로 나열하였을 경우는 양쪽의 조건에 한쪽이라도 해당하는 모든 객체를 가져오게 됩니다. 개발자 처지에서 보자면 OR과 같은 개념이죠.

CSS와 관련하여 더 깊이 들어가면 너무 복잡해지고 알아두어야 할 것이 많아지니 여기까지만 다루겠습니다. 더 자세한 내용은 CSS 관련 서적이나 인터넷을 이용하시면 많은 정보를 얻으실 수 있습니다.

예제 | 7-11

```
<!DOCTYPE html>
<html>
<head>
<meta charset="UTF-8">
<title>Insert title here</title>
<script type="text/javascript">
    function selectByCssSelector() {
        //사용자에게 CSS 선택자를 입력받는다.
        var selector = prompt("CSS 선택자를 입력해 주세요.");
        //입력받은 선택자로 조건에 맞는 하나의 객체를 검색해온다.
        var element = document.querySelector(selector);
        //선택된 객체에 스타일 속성을 설정한다.
        element.style.backgroundColor = "red";
        document.getElementById('selected').innerHTML
            = '선택된 CSS는 ' + selector + '입니다.';
    }
    function selectByCssSelectorAll() {
        //사용자에게 CSS 선택자를 입력받는다
        var selector = prompt("CSS 선택자를 입력해 주세요.");
        //입력받은 선택자로 조건에 맞는 모든 객체를 검색해 배열로 저장한다.
        var elements = document.querySelectorAll(selector);
        for (var i = 0, element; element = elements[i]; i++) {
            //배열에서 선택된 객체에 스타일 속성을 설정한다.
```

```
        element.style.border = "1px solid black";
      }
      document.getElementById('selected').innerHTML
        = '선택된 CSS는 ' + selector + '입니다.';
    }
</script>
</head>
<body>
    <button onclick="selectByCssSelector();">CSS 선택자로 하나만 선택하기</button>
    <button onclick="selectByCssSelectorAll();">CSS 선택자로 전체 선택하기</button>
    <p id="selected"></p>
    <div>
      <span name="bbb">1번</span>
      <span>2번</span>
      <span id="aaa">3번</span>
      <span>4번</span>
      <span name="bbb">5번</span>
      <span>6번</span>
    </div>
</body>
</html>
```

예제 7-11은 프롬프트창(prompt)을 통해 CSS 선택자를 입력받게 되어 있습니다. 여러 가지를 입력해보면서 확실히 이해한 다음에 넘어가는 것이 좋습니다. 하나의 엘리먼트를 선택하는 버튼과 여러 개의 엘리먼트를 선택하는 버튼을 두고 같은 CSS 선택자를 입력했을 때 다른 결과를 나타내는 것을 볼 수 있습니다. 하나를 선택했을 때는 하나의 엘리먼트가 반환되어 바로 활용할 수 있지만 여러 엘리먼트를 선택하는 버튼을 통해 선택했을 때에는 엘리먼트가 하나뿐이더라도 배열 형태로 반환되기 때문에 배열을 사용할 때 편리한 for 구문을 통해 제어하도록 했습니다. 그림 7-8은 span이라는 CSS 선택자로 하나만 선택해본 예입니다.

충분한 테스트를 통해 CSS 선택자를 활용하는 법을 익혀 두셔야 합니다. 이것은 자바스크립트를 활용하는 jQuery와 같은 라이브러리에서도 굉장히 많이 활용하고 있기 때문에 훗날 더욱 효율적으로 개발할 수 있도록 도와줄 것입니다.

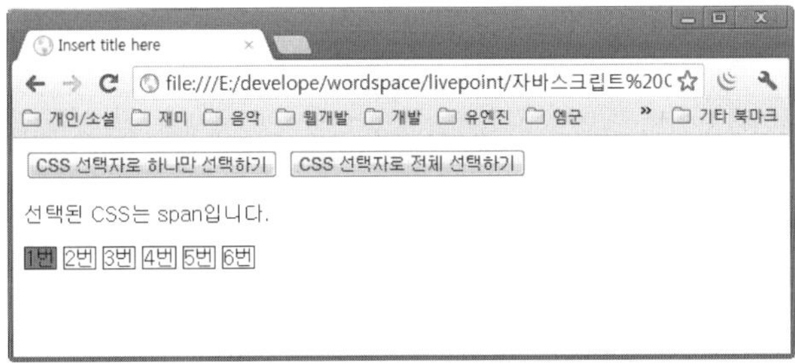

그림 7-8 CSS 선택자 활용

7.2 엘리먼트 객체

document 객체를 살펴보면서 상당히 머리가 아프지는 않으셨는지요? 혹시 모든 속성과 메서드를 외워버리겠다는 각오로 학습에 임하는 분들이 있다면 다시 말씀드립니다. 이거 다 외워도 소용없어요. 사용하지 않기 때문에 어차피 잊어버립니다. 표가 있는 부분을 표시해두시고 그때그때 필요할 때 찾아서 쓸 수 있도록 하는 요령이 필요합니다.

지금부터 소개할 엘리먼트 객체와는 정말 친해지셔야 합니다. 친해지기 싫어도 친해지시게 될 것입니다. 우선 엘리먼트 객체가 가진 속성과 함수를 살펴보고 넘어가도록 하겠습니다. 표 7-4은 속성을, 표 7-5는 메서느를 표로 만든 것입니다.

표 7-4 엘리먼트 객체의 속성

속성	설명
attributes	속성 객체들을 배열 형태로 가진다.
childNodes	하위 객체들을 배열 형태로 가진다.
className	class 속성을 가지고 있다. (Set/Get)
clientHeight	객체이 안쪽 높이이다.
clientWidth	객체의 안쪽 너비이다.
dir	객체가 어느 방향으로 나열되고 있는지에 대한 정보를 가지고 있다. (Set/Get)
firstChild	객체의 하위 객체 중 가장 앞에 있는 객체이다.

→ 다음 페이지에 계속

← 전 페이지에 이어

속성	설명
id	객체의 속성 중 id의 값이다. (Set/Get)
innerHTML	객체 내부의 모든 객체와 내용을 HTML로 가지고 있다. (Set/Get)
lang	객체에서 사용되는 기본 언어이다.
lastChild	객체의 하위 객체 중 가장 뒤에 있는 객체이다.
name	객체의 속성 중 name 속성의 값을 가지고 있다. (Set/Get)
nextSibling	객체의 형제 객체 중 자신의 바로 다음 객체이다.
offsetHeight	객체의 바깥쪽 높이이다.
offsetWidth	객체의 바깥쪽 너비이다.
offsetLeft	객체의 바깥 왼쪽과 상위 객체 사이의 거리이다.
offsetTop	객체의 바깥 위쪽과 상위 객체 사이의 거리이다.
offsetParent	객체가 보이는 위치를 고정해주는 상위 객체이다.
parentNode	보여주는 위치가 아닌 실제 소속된 직속 상위 객체이다.
previousSibling	객체의 형제 객체 중 자신의 바로 앞에 있는 객체이다.
scrollHeight	객체의 스크롤을 전부 펼친 상태의 높이이다.
scrollLeft	객체의 스크롤이 왼쪽에서 오른쪽으로 진행된 거리이다. (Set/Get)
scrollTop	객체의 스크롤이 위쪽에서 아래쪽으로 진행된 거리이다. (Set/Get)
scrollWidth	객체의 스크롤을 전부 펼친 상태의 너비이다.
style	객체의 속성 중 style 속성의 값이다. (Set/Get)
tabIndex	〈Tab〉 키를 통해 이동할 때 적용할 순서 번호이다. (Set/Get)
tagName	객체의 태그 이름이다.
textContent	객체가 가진(하위 객체들 모두 포함) 내용 중 문자만을 추출한 내용이다. (Set/Get)

표 7–5 엘리먼트 객체의 메서드

메서드	설명
addEventListener("이벤트 이름", 실행할 함수, 캡처 사용 여부)	이벤트 발생 시 실행할 함수를 등록한다. (뒤에 이벤트를 다루는 장에서 자세히 설명한다.)

→ 다음 페이지에 계속

← 전 페이지에 이어

메서드	설명
appendChild(node)	node를 하위 객체의 가장 마지막에 붙이다.
blur( )	주시 대상 설정을 해제한다.
click( )	클릭 이벤트를 발생시킨다. (뒤에 이벤트를 다루는 장에서 자세히 설명한다.)
cloneNode( )	노드의 복사본을 만들어 반환한다.
dispatchEvent(이벤트)	이벤트가 발생하였다고 알린다. (뒤에 이벤트를 다루는 장에서 자세히 설명한다.)
focus( )	주시 대상으로 설정한다.
getAttribute("속성 이름")	속성 이름에 해당하는 속성값을 받아온다.
getAttributeNS("속성 이름", "NS")	속성 이름과 네임스페이스를 가진 속성값을 받아온다.
getAttributeNode("속성 이름	속성 이름에 해당하는 속성 객체를 받아온다.
getAttributeNodeNS("속성 이름", "NS")	속성 이름과 네임스페이스를 가진 속성 객체를 받아온다.
getElementsByTagName("태그 이름")	하위 엘리먼트들 중 같은 태그 이름을 가진 엘리먼트들을 배열로 받아온다.
hasAttribute("속성 이름")	해당 속성을 가졌는지 예(true)/아니오(false)로 대답한다.
hasAttributeNS("속성 이름", "NS")	해당 속성과 네임스페이스를 가지고 있는지 예(true)/아니오(false)로 대답한다.
hasAttributes( )	속성을 하나라도 가졌는지 예(true)/아니오(false)로 대답한다.
hasChildNodes( )	하위 객체를 하나라도 가졌는지 예(true)/아니오(false)로 대답한다.
insertBefore(삽입할 객체, 하위 기준 객체)	하위 기준 객체 바로 앞에 객체를 삽입한다.
normalize( )	하위 객체 중 비어 있는 노드를 지우거나 텍스트 노드를 합치는 등의 정규화를 시킨다.
removeAttribute("속성 이름")	속성 이름에 해당하는 속성을 지운다.
removeAttributeNS("속성 이름", "NS")	속성 이름과 네임스페이스에 해당하는 속성을 지운다.
removeAttributeNode(속성 객체)	해당 속성 객체를 지운다.
removeChild(객체)	하위 객체 중 정보로 전달받은 객체를 지운다.
removeEventListener("이벤트 이름", 실행되는 함수, 캡처 사용 유무)	이벤트 이름에 등록된 실행되는 함수를 지운다. (뒤에 이벤트를 다루는 장에서 자세히 설명한다.)

→ 다음 페이지에 계속

← 전 페이지에 이어

메서드	설명
replaceChild(대체할 객체, 대체될 자식 객체)	대체될 자식 객체를 지우고 대체할 객체를 그 자리에 삽입한다.
scrollIntoView(위쪽 기준인가—예/아니오)	엘리먼트가 화면에 보이도록 스크롤을 이동한다.
setAttribute("속성 이름", "속성값")	새 속성을 추가하거나 현재 속성을 대체한다.
setAttributeNS("NS", "속성 이름", "속성값)	네임스페이스를 갖는 속성을 추가하거나 네임스페이스와 속성 이름이 같은 속성을 대체한다.
setAttributeNode(속성 객체)	새 속성을 추가하거나 현재 속성을 대체한다.
setAttributeNodeNS(속성 객체)	네임스페이스를 갖는 속성을 추가하거나 네임스페이스와 속성 이름이 같은 속성을 대체한다.

▪ 관련된 객체 찾기 7.2.1

어떤 특정 엘리먼트를 조작할 때 해당 엘리먼트만을 조작하는 것이 아닌 엘리먼트를 둘러싸고 있거나 하위에 있는 엘리먼트들도 조작해야 할 때가 매우 잦습니다. 때문에 엘리먼트 객체는 주변의 엘리먼트를 찾을 수 있도록 관련 API를 제공하고 있습니다.

Element.parentNode

엘리먼트 객체를 둘러싼 부모 엘리먼트를 찾아 줍니다. 메서드가 아닌 속성이고 설정은 불가능합니다. 부모를 자기가 정할 수는 없기 때문이니깐요.

```
var parentElement = elementObj.parentNode;
```

위 구문에서처럼 쉽게 접근해서 부모 엘리먼트를 돌려받을 수 있습니다. 예제 7-12을 통해 부모 엘리먼트의 바탕색을 변경하는 방법을 확인해보세요.

예제 | 7-12

```
<!DOCTYPE html>
<html>
```

```html
<head>
<meta charset="UTF-8">
<title>엘리먼트 객체</title>
<script type="text/javascript">
   function findParent(element) {
      var parent = element.parentNode;
      parent.style.border = "1px solid red";
   }
</script>
</head>
<body>
   <div style="border: 1px solid black; height: 100px;">
      <p>
      <button onclick="findParent(this);"> 부모 엘리먼트 찾기 </button>
      </p>
   </div>
</body>
</html>
```

예제를 실행해 보면 하나의 버튼이 나타납니다. 해당 버튼을 누르게 되면 〈button〉 엘리먼트를
기준으로 부모 엘리먼트(parent)를 찾아 외곽선을 표현하게 되어 있습니다. 이때 버튼이 인자
로 전해주는 this라는 것은 버튼 엘리먼트, 즉 자기 자신을 인자로 전해주는 것입니다. 이 예제
에서는 〈button〉 엘리먼트 바로 위 엘리먼트인 〈div〉 엘리먼트가 선택됩니다. 실행된 화면은
그림 7-9와 같습니다.

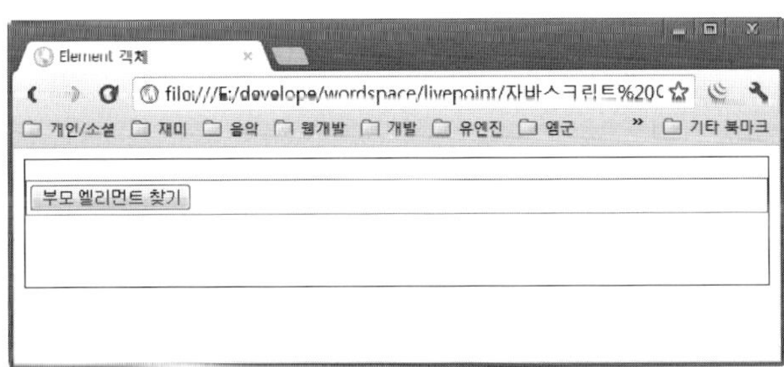

그림 7-9 부모 엘리먼트 찾기

Element.childNodes

앞서 상위 엘리먼트를 찾았던 것과 반대로 하위 엘리먼트를 찾는 방법도 있습니다. 하위 엘리먼트란 해당 엘리먼트의 내부에 있는, 자신에게 포함된 엘리먼트를 이야기합니다. 이 속성도 parentNode 속성과 마찬가지로 읽기 전용입니다. 하지만, 배열로 구성되어 있죠. 부모는 하나지만 자식은 여럿을 둘 수 있다는 기본 이치 때문이겠죠.

```
var childElements = elementObj.childNodes;
```

하지만, childNodes 속성을 통해 자식 엘리먼트들을 참조할 때는 주의해야 합니다. 이는 하위 엘리먼트만을 대상으로 하는 것이 아니라 텍스트 노드(text node), 즉 일반적인 문자도 하나의 객체로 불러오게 됩니다. 이때는 공백 문자도 포함되기 때문에 공백 문자도 하나의 텍스트 노드로 인식해서 불러옵니다.

예제 | 7–13

```html
<html>
<head>
<meta charset="UTF-8">
<title>엘리먼트 객체</title>
<script type="text/javascript">
   function countChildren(element) {
      var children = document.getElementById('container').childNodes;
      alert(children.length);
   }
</script>
</head>
<body>
   <button onclick="countChildren();">하위 엘리먼트는 몇 개?</button>
   <div id="container" style="border: 5px solid black; height: 100px;">
      <span>SPAN 엘리먼트</span>
      <p>P 엘리먼트</p>
   </div>
</body>
</html>
```

예제 7-13을 실행시켜 크롬 브라우저의 개발자 도구를 통해 childNodes에 어떤 객체들이 선택되었는지 확인해 보았습니다. 그림 7-10처럼 HTML 엘리먼트 2개 이외에도 그 사이에 Text 객체가 잡히는 것을 확인할 수 있습니다. 이것은 공백 문자(이 예제에서는 줄 바꿈)가 하나의 텍스트 노드로 인식되기 때문입니다. 때문에 childNodes 속성을 사용할 때는 이 부분에 주의하셔야 합니다.

그림 7-10 childNodes에 포함된 텍스트 객체

속성 객체

속성(Attribute) 객체에 대해 다시 한 번 간략히 설명하자면 엘리먼트 객체의 속성으로써 사용되는 객체입니다. 여러 가지 속성을 설정함으로써 엘리먼트의 성격을 다르게 만들어 줄 수 있습니다. 예를 들어 엘리먼트의 모양을 바꾸어 준다거나 앞서 사용한 id나 name과 같은 속성들도 모두 포함됩니다. 그러므로 이 속성 객체를 자유롭게 다룰 수 있어야 엘리먼트의 조작이 훨씬 수월해지게 됩니다.

```
var attributeValue = element.getAttribute("속성 이름");
var attributeNode = element.getAttributeNode("속성 이름");
var attributes = element.attributes;
```

특정한 속성을 가져오는 방법 중에 값만을 가져오는 것은 getAttribute( ) 메서드, 객체로 가져오는 것은 getAttributeNode( ) 메서드 이렇게 두 가지로 사용합니다. 그리고 특정 속성이 아닌 모든 속성을 보고자 한다면 Element.attributes 속성(Property)으로 해당 엘리먼트가 가진 모든 속성(Attribute)을 한데 모아서 배열 형태로 확인할 수 있습니다.

예제 | 7-14

```
<html>
<head>
<meta charset="UTF-8">
<title>속성 찾기</title>
<script type="text/javascript">
   function viewAttribute() {
      var attributeName = prompt("찾고자 하는 div 태그의 속성을 입력해주십시오.");
      var element = document.getElementById("testDiv");

      alert(element.getAttribute(attributeName));
   }

   function viewAllAttributes() {
      var element = document.getElementById("testDiv");
      var attributes = element.attributes;

      for (var i = 0, attribute; attribute = attributes[i]; i++) {
         document.write(attribute.nodeName + ": "
            + attribute.nodeValue + "<br />");
      }
   }
</script>
</head>
<body>
   <button onclick="viewAttribute();">
      div 태그의 속성 찾아보기 ex('name', 'title', 'id', 'style')</button>
```

```
    <div style="background-color: #888; width: 100px; height: 100px;"
        title="여행 도우미" id="testDiv" name="js1005"></div>
    <script type="text/javascript">
    viewAllAttributes();
    </script>
</body>
</html>
```

예제 7-14를 실행시켜 보면 페이지가 로딩될 때 viewAllAttributes( ) 함수를 실행해서 모든 속성을 페이지에 뿌려줬습니다. 그리고 viewAttribute( ) 함수는 버튼을 통해 실행하고 속성 이름을 사용자로부터 입력받게 되어 있으므로 버튼을 누르고 확인해 보고자 하는 속성 이름을 입력해보면 자신이 입력한 속성에 대한 값을 금방 알 수 있습니다.

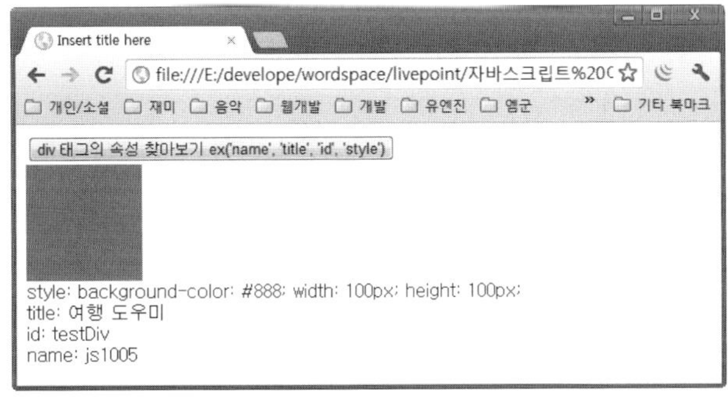

그림 7-11 속성 확인

엘리먼트에 지식 노드 삽입하기 7.2.2

엘리먼트를 조작하다 보면 간혹 객체를 이동해야 할 때가 있습니다. 새로 만들고 지우고 하는 것이 아닌 단순한 위치 이동이죠. 이럴 때 기준이 되는 것은 어느 위치에 십입할 것이냐 하는 것인데 삽입되는 위치는 붉모 부모 객체를 기준으로 하게 됩니다. 그러므로 부모 객체의 입장에서 자식 객체를 삽입하는 방법을 알아야 합니다.

Element.appendChild(객체)

이 방법은 이미 위에서 한 번 보여준 방법입니다. 다만, 유의할 것이 있는데 appendChild( )라는 메서드를 가지는 엘리먼트가 부모 객체가 되고 삽입되는 객체는 부모의 자식 엘리먼트들의 가장 마지막에 막내 위치로 삽입됩니다.

```
Element.appendChild(elementObj);
```

그래서 순서를 사용자가 지정할 수 없으므로 순서가 중요할 시에는 이 명령을 사용하는 데 있어서 주의가 필요합니다. 다만, 순서가 중요치 않다면 어느 엘리먼트의 하위로 둘 것 인지만 결정하면 되기 때문에 쉽게 사용할 수 있습니다.

예제	7-15

```html
<!DOCTYPE html>
<html>
<head>
<meta charset="UTF-8">
<title>Element</title>
<script type="text/javascript">
   function appendToBody(element) {

      if (element.parentNode.id == 'container') {
         var target = document.getElementById("targetDiv");
         target.appendChild(element);
      } else {
         var target = document.getElementById("container");
         target.appendChild(element);
      }
   }
</script>
</head>
<body>
   <div id="container" style="border: 5px solid black; height: 100px;">
      <button onclick="appendToBody(this);"> 1번 </button>
      <button onclick="appendToBody(this);"> 2번 </button>
      <button onclick="appendToBody(this);"> 3번 </button>
```

```
    </div>
    <div id="targetDiv" style="border: 1px solid black;
            height: 100px;"></div>
</body>
</html>
```

예제 7-15를 실행하면 아래위로 두 개의 〈div〉 요소가 있고 위에는 3개의 버튼이 있습니다. 이 버튼은 클릭하면 버튼이 위에 있을 때는 아래로, 아래 있을 때는 위로 〈div〉 요소를 왔다갔다하며 자리가 바뀌게 되어 있습니다.

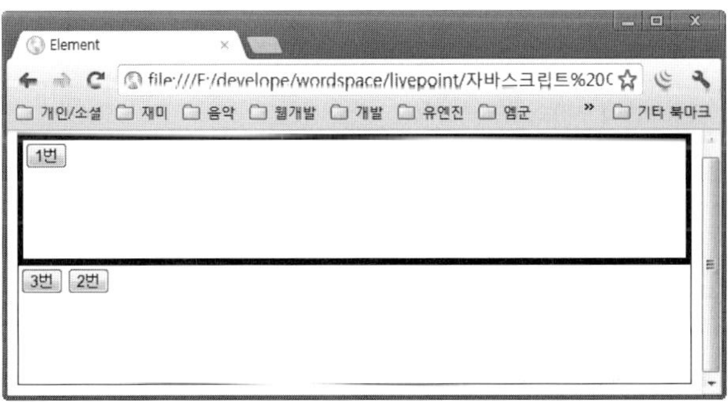

그림 7-12 예제 7-15 실행 모습

Element.insertBefore(삽입할 객체, 기준 객체)

가장 뒤쪽으로만 붙일 수 있다는 것이 너무 불편했는지 insertBefore( )라는 메서느가 출현합니다. 마찬가지로 부모 객체를 기준으로 하여 삽입할 객체와 어떤 객체 앞에 놓을 건지 기준이 되는 객체를 정보로 전달하여 원하는 위치를 잡을 수 있게 합니다. 하지만, 3개의 객체가 한꺼번에 등장하는 바람에 혼란스러운 녹자분늘이 있을 수 있으니 나시 한번 실명하겠습니다.

```
Element.insertBefore(elementObj, childElement);
```

기본적인 구조는 appendChild( ) 메서드와 같습니다. 거기에 기준 객체라는 녀석이 추가된 것인데 이 기준 객체 정보를 주지 않으면 실제 동작도 appendChild( ) 메서드와 똑같습니다. 그리고 기준 객체를 정보로 전달해 주면 기준 객체의 바로 앞에 위치하게 됩니다. 그러므로 기준 객체는 삽입될 객체의 형제 객체가 되고 수행하는 엘리먼트의 하위 객체가 됩니다.

예제 | 7-16

```
<!DOCTYPE html>
<html>
<head>
<meta charset="UTF-8">
<title>Insert title here</title>
<script type="text/javascript">
    var standard = null;

    /**
     * 기준으로 설정된 엘리먼트의 바로 앞에 선택된 버튼 삽입
     */
    function insertBeforeStandard(element) {
        if (standard == null) {
            alert("기준을 먼저 선택해 주십시오!");
        } else {
            var parent = standard.parentNode;
            parent.insertBefore(element, standard);
        }
    }

    /**
     * 선택된 버튼을 기준 엘리먼트로 설정
     */
    function setStandard(element) {
        standard = element;
        document.getElementById('selected').innerHTML = element.innerHTML;
    }
</script>
</head>
<body>
    <div style="border: 5px solid black; height: 100px;">
        <button onclick="insertBeforeStandard(this);"> 1번 </button>
        <button onclick="insertBeforeStandard(this);"> 2번 </button>
        <button onclick="insertBeforeStandard(this);"> 3번 </button>
```

```
  </div>
  <div style="border: 1px solid black; height: 100px;">
    선택됨: <span id="selected"></span><br />
    <button onclick="setStandard(this);" name="one"> 기준1번 </button>
    <button onclick="setStandard(this);" name="two"> 기준2번 </button>
    <button onclick="setStandard(this);" name="three"> 기준3번 </button>
  </div>
</body>
</html>
```

예제 7-16에서는 〈기준 1번〉~〈기준 3번〉 버튼이 있고 그냥 〈1번〉~〈3번〉 버튼이 있습니다. 기준 버튼을 클릭하면 클릭한 버튼이 기준이 됩니다. 그리고 일반 버튼을 클릭하면 기준의 바로 앞으로 이동합니다. 그림 7-13은 예제를 실행하고 〈기준 2번〉 버튼을 기준으로 선택한 다음 〈1번〉 버튼을 옮긴 화면입니다.

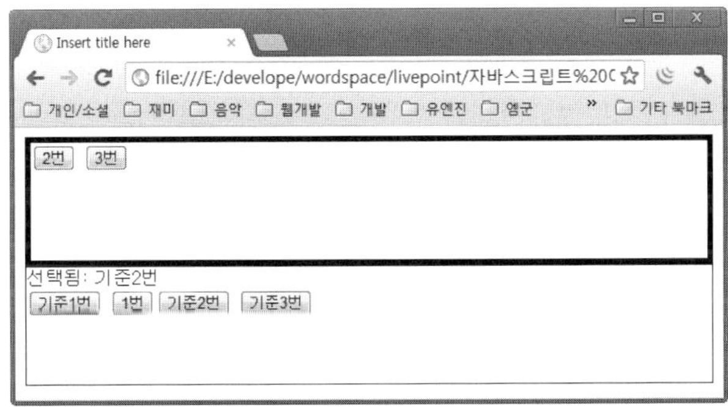

그림 7-13 엘리먼트 삽입

여기서 독자 여러분이 가장 주목해야 할 부분은 parent = standard.parentNode입니다. 기준 엘리먼트의 상위 엘리먼트를 찾아서 해당 상위 엘리먼트에게 insertBefore( ) 메서드를 실행시킵니다. 즉 서열(순서)을 정하는 결정권사는 기준점이 아니라 기준점의 상권에게 있다는 것입니다. 이것만 정확하게 기억하고 계신다면 insertBefore( ) 메서드를 사용하는데 어려운 점은 없을 것입니다.

내용물 바꿔치기 7.2.3

정말 중요한 부분이 바로 이 부분일 수도 있습니다. 중요한지 아닌지는 몰라도 항상 웹 애플리케이션과 붙어서 사용하게 되는 부분입니다.

Element.innerHTML

innerHTML은 메서드가 아닌 속성입니다. 값을 넣을 수도 있고 반환을 받을 수도 있는 속성이므로 활용도가 굉장히 높습니다.

예제 | 7-17

```html
<!DOCTYPE html>
<html>
<head>
<meta charset="UTF-8">
<title>html과의 연계 - innerHTML</title>
<script type="text/javascript">
   function actionClick() {
      var element = document.getElementById("content");

      // 현재 입력된 내용을 기억합니다.
      var oldContent = element.innerHTML;
      var newContent = prompt("입력하고 싶은 내용", oldContent);

      // 새로운 내용으로 바꿉니다.
      element.innerHTML = newContent;
   }
</script>
</head>
<body>
   <button onclick="actionClick();">내용 바꾸기</button>
   <div id="content" style="border: 1px solid black; height: 100px;">
      <p>자바스크립트가 갑이다!</p>
   </div>
</body>
</html>
```

예제 7-17을 보시면 금방 알 수 있으리라 생각이 됩니다. 예제에서는 미리 〈div〉 엘리먼트 내부에 특정한 글을 입력해 두었습니다. 하지만, 내용 바꾸기 버튼을 누르면 글을 입력받는 상자가 나와서 그곳에 입력한 내용으로 내용이 바뀌게 됩니다. 그림 7-14 가 그렇게 내용을 바꾼 화면입니다.

그림 7-14 내용물 바꿔치기

하지만, 반드시 알아두셔야 할 것이 있는데 innerHTML을 통해 내용을 삽입하면 document 객체가 이미 완성된 상태이기 때문에 삽입된 즉시 브라우저는 해석에 들어갑니다. 그래서 특정 HTML 문장을 분할해서 따로따로 넣으면 원하던 결과를 얻지 못할 수 있습니다. 다음 예제를 보시죠.


```
element.innerHTML += "<a href='http://freelec.co.kr'>";
element.innerHTML += "홈페이지 들어가기";
element.innerHTML += "</a>";
```

위 예제와 같은 방법으로 innerHTML을 사용하게 되면 한 줄 한 줄 명령을 따로 내리고 있기 때문에 세 줄은 모두 각기 다른 객체로 생성됩니다. 여러분이 얻고자 하는 결과가 나오지 않는다는 말이죠. 또한, 명령을 많이 이행하는 만큼 성능에도 좋지 않으니 명령을 최소화하는 방법으로 바꾸어야 합니다.

<table><tr><td>예제</td></tr></table>

```
var content = element.innerHTML + "<a href='http://freelec.co.kr'>";
content += "홈페이지 들어가기";
content += "</a>";
element.innerHTML = content;
```

위 예제와 같은 방법으로 사용하셔야 원하는 결과를 정확히 얻을 수 있습니다.

Element.removeChild(지우려는 객체)

이 명령은 엘리먼트가 가진 자식 객체 중에서 특정한 객체를 지정해 지울 수 있는 메서드입니다.

<table><tr><td>예제</td><td>7-18</td></tr></table>

```
<!DOCTYPE html>
<html>
<head>
<meta charset="UTF-8">
<title>html과의 연계  - removeChild</title>
<script type="text/javascript">
    function removeElement(element) {
        // 삭제 권한은 부모객체에 있으므로 부모를 찾는다.
        var parent = element.parentNode;

        // 부모 객체가 클릭된 엘리먼트를 삭제
        parent.removeChild(element);
    }
</script>
</head>
<body>
    <button onclick="removeElement(this);">1번</button>
    <button onclick="removeElement(this);">2번</button>
    <button onclick="removeElement(this);">3번</button>
    <button onclick="removeElement(this);">4번</button>
    <button onclick="removeElement(this);">5번</button>
</body>
</html>
```

예제 7-18을 실행하면 이와 같은 버튼이 나열되고 버튼을 클릭하면 클릭한 버튼은 지워지게 됩니다. 이를 실행하는 방법도 앞서 appendChild( ) 메서드 혹은 insertBefore( ) 메서드를 사용할 때처럼 실행하는 명령은 부모가 가지고 있습니다. 즉 지워지기 원하는 객체의 부모가 명령해야 객체는 지워집니다. 그림 7-15는 예제를 실행한 다음 2번과 3번 버튼을 클릭해 삭제한 화면입니다.

그림 7-15 엘리먼트 삭제

Element.replaceChild(새 객체, 버릴 객체)

이 메서드도 지금껏 다루었던 메서드와 같은 맥락입니다. 상위 객체가 자신이 가진 하위 객체들에 명령합니다. "새것이 왔으니 예전 것은 버려라!"

예제	7-19

```html
<!DOCTYPE html>
<html>
<head>
<meta charset="UTF-8">
<title>html과의 연계  - replaceChild</title>
<script type="text/javascript">
   function actionReplace(element) {
      // 새로운 span 엘리먼트를 생성
      var newElement = document.createElement("span");
      // 생성된 엘리먼트에 NEW라는 글자 노드를 만들어 삽입
      newElement.appendChild(document.createTextNode("NEW"));

      // 생성된 엘리먼트와 클릭으로 선택된 엘리먼트를 교환
      element.parentNode.replaceChild(newElement, element);
   }
```

```
</script>
</head>
<body>
  <button onclick="actionReplace(this);"> 1번 </button>
  <button onclick="actionReplace(this);"> 2번 </button>
  <button onclick="actionReplace(this);"> 3번 </button>
  <button onclick="actionReplace(this);"> 4번 </button>
  <button onclick="actionReplace(this);"> 5번 </button>
</body>
</html>
```

앞서 보았던 새로운 객체 삽입이나 객체의 삭제와 마찬가지로 바꿔치기, 즉 교환의 권한도 부모에게 있습니다. 이것은 삽입과 삭제 두 가지 일을 한 번에 해결할 수 있는 메서드입니다. 예제 7-19를 실행해보면 클릭할 수 있는 버튼이 5개가 있는데 모두 같은 명령을 수행합니다. 클릭한 객체와 클릭 시 새로 생성된 객체를 바꿔치기하는 것입니다. 그림 7-16은 예제를 실행해서 바뀐 객체를 보여주고 있습니다.

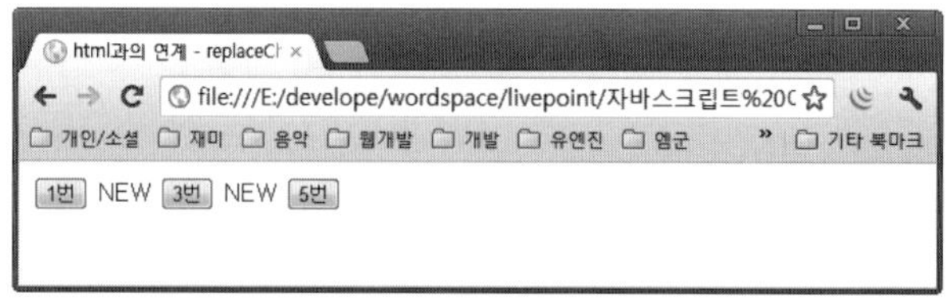

그림 7-16 엘리먼트 바꿔치기

7.3 DOM 상세 확인 방법

모질라 재단에서는 DOM 모델에 관한 상세한 내용을 확인해 볼 수 있는 도구를 제공하고 있습니다. DOM Inspector라는 도구인데 이것은 앞서 설치한 파이어버그(FireBug)에 포함되어 있습니다. 혹시 파이어버그가 설치되어 있지 않으신 분들은 '01 JavaScript 시작하기'의 환경 설정 부분을 참고하여 설치한 다음 이번 절을 읽어 주십시오.

추가로 인터넷 익스플로러는 8버전 이상에서 파이어버그와 같은 윈도우 디버거가 지원되고 있고 크롬 브라우저나 사파리 브라우저도 도구 중 개발 도구를 통해 같은 기능이 지원되고 있습니다(참고로 말씀드리자면 일반적으로 디버거 실행 단축키는 F12 입니다). 하지만 이장에서는 파이어버그를 이용하여 DOM에서 어떤 것들을 지원하고 있는지 확인해볼 것입니다.

그림 7-17 파이어버그 실행 모습

파이어버그가 설치된 파이어폭스 브라우저를 실행해 보세요. 상단 우측에 있는 벌레 그림을 누르게 되면 그림 7-17처럼 개발자 도구가 시작됩니다. 브라우저 아래쪽에 파이어버그 도구가 열린 것을 확인할 수 있죠. 파이어버그 툴바에 있는 마우스 버튼 아이콘을 클릭하면 브라우저 내에 있는 엘리먼트를 선택할 수 있습니다. 직접 선택해보세요.

대체로 이러한 자바스크립트와 DOM과의 관계와 이를 지원하는 브라우저의 관계는 모두 비슷합니다. 다만, 브라우저의 버전이나 특성에 따라 약간씩의 차이가 있을 뿐입니다. 그래서 대부분 브라우저에 포함된 웹 개발자 도구 또한 역할이나 성격 또는 생긴새가 비슷합니다. 반드시 파이어버그를 통해 보실 필요가 없고 인터넷 익스플로러나 크롬 브라우저를 이용하셔도 무방합니다. 생김새가 모두 비슷하고 보이는 도구와 보이는 방법이 모두 비슷해서 그게 차이가 느껴지지 않으실 것입니다.

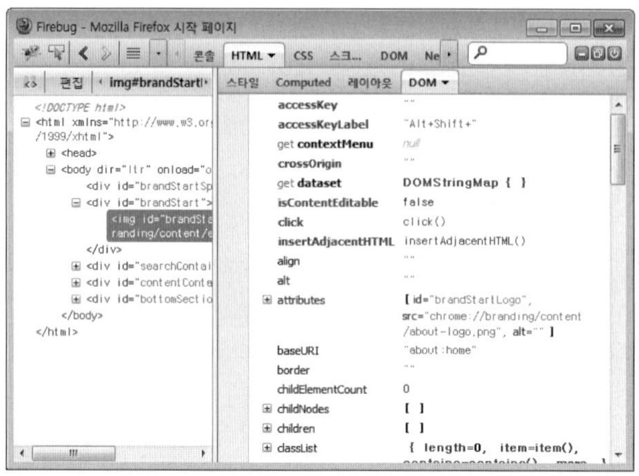

그림 7-18 파이어버그로 엘리먼트의 상세 내용 보기

오른쪽 탭 중 [DOM]을 선택하면 그림 7-18처럼 해당 엘리먼트의 상세 내용을 볼 수 있습니다. 왼쪽은 이름이고 오른쪽은 값을 나타내고 있는데, 값 부분에는 다음과 같은 데이터가 들어 있습니다.

- 대괄호([ ])로 둘러싸인 것은 배열

- 큰따옴표(" ")로 둘러싸인 것은 문자

- 숫자로 표시된 것은 그대로 숫자

- click( )처럼 이름에 ( ) 괄호가 있는 것은 메서드

그리고 [DOM] 탭의 내용 중 가장 아래쪽에 __proto__ 항목이 있는데, 이것은 미리 DOM API에서 프로토타입(Prototype)으로 정의되어 있는 명령이나 데이터입니다. 혹시 작성한 DOM 관련 자바스크립트가 특정 브라우저에서 동작하지 않을 때에는 해당 브라우저의 DOM 구조를 살펴볼 필요가 있을 것입니다.

제 8 장

스타일 객체

HTML 엘리먼트들을 조작할 수 있다면 너무나도 당연하게 가장 많이 다루어야 하는 것이 그 엘리먼트들의 형태와 보이는 모습을 제어하는 것입니다. 어쩌면 이것이 사용자들에게 보이는 자바스크립트의 가장 강력한 형태일 수도 있습니다. 사용자들이 원하는 정보를 보여주고 사용자들이 볼 필요가 없는 것 혹은 보기 싫어하는 것은 감추어야 합니다. 어떤 때는 사용자들이 원하는 정보를 강조하고 어떤 때는 정보들의 집합을 사용자들의 요구에 맞추어 정렬해서 보여주어야 합니다. 이러한 모든 것은 엘리먼트 조작과 함께 스타일 객체를 조작함으로써 가능해지게 됩니다.

스타일 객체(Style Object)는 속성(Attribute) 개체입니다. 즉 키(Key)와 값(Value)으로 구분되이 있다는 이야기입니다. 그러므로 쉽게 접근할 수 있고 변경할 수 있습니다. 하지만, 자바스크립트로 이들 속성을 일일이 따로 제어할 때에는 상당한 주의가 필요합니다. 브라우저에 따라 달라질 수 있고 어떤 속성은 생각처럼 잘 조작되지 않기 때문에 기존에 가진 값들을 버리지 않고 특정한 속성만을 변경하는 경우가 아니라면 될 수 있으면 엘리먼트의 style 속성값 문자열을 통해 직접 다음 구문과 같은 형식으로 변경하는 것이 좋습니다. 물론 이것보다도 CSS를 통해 클래스 등을 정의해두고 해당 클래스를 변경하도록 하는 것이 더욱 바람직할 것입니다.

```
style = "display:block;width:100px;float:left;"
```

참고로 저는 개인적으로 엘리먼트의 스타일 객체를 직접 변경하는 것에 대해서는 부정적인 입장입니다. 가능하다면 스타일 객체를 직접 조작하지 않고 CSS를 통해 미리 클래스를 정의해두고 엘리먼트의 class 속성을 변경하는 방식을 강력하게 추천합니다. 따라서 자바스크립트의 스타일 객체보다는 CSS를 공부하신 다음 원하는 스타일은 CSS를 통해 구현하시기 바랍니다.

하지만, 반드시 필요한 상황이 생길 수가 있고 또 그럴 때는 사용 해야 합니다. 이번 장에서는 스타일 객체의 사용과 class 속성의 사용 방법을 익히는 것이 주요 과제입니다. 그럼 지금부터 시작해보겠습니다.

8.1 객체의 형태

객체의 모양을 결정하는 것에는 여러 가지가 있습니다. 그중에서 가장 많이 사용하게 되는 것은 아마도 display 속성과 border 속성일 것입니다. 우선 그 두 가지를 먼저 알아보려고 합니다.

display 속성 8.1.1

display 속성이 가장 크게 결정하는 것은 객체를 보여줄 것이냐 말 것이냐 하는 속성입니다. 하지만, 단순히 그뿐만이 아니라 어떤 형태로 보여줄 것이냐 하는 것도 조작할 수 있습니다. 보이는 형태는 표 8-1의 값을 따릅니다.

표 8-1 display 속성값

속성값	설명
block	객체가 블록 엘리먼트로 표현된다.
none	객체가 표시되지 않는다.
inline	기본값이며 객체가 내용의 크기에 따라 인라인 엘리먼트로 표현된다.
inline-block	인라인으로 표현되지만, 객체의 내용은 블록 엘리먼트로 표현된다. 인접 인라인 엘리먼트는 간격을 허용하며 같은 라인에 표현된다.
list-item	인터넷 익스플로러 6 이후 객체가 블록 엘리먼트로 표현되고 목록 항목 마크가 추가된다.
table-header-group	테이블의 머리 부분(header)이 항상 모든 줄과 줄의 그룹보다 먼저, 그리고 위 제목(caption) 아래 표시된다. 이 머리 부분은 테이블이 확장된 각 페이지에 표시된다.
table-footer-group	테이블의 바닥 부분(footer)이 항상 모든 줄과 줄의 그룹 다음, 그리고 바닥 제목(caption) 위에 표시된다. 이 바닥 부분은 테이블이 확장된 각 페이지에 표시된다.

여기서 가장 중요한 단어는 block, none, inline 이렇게 세 가지입니다. none은 앞서 보셨으니 잘 아실 거라 생각됩니다. none 속성을 가진 엘리먼트는 화면에 표시되지 않습니다.

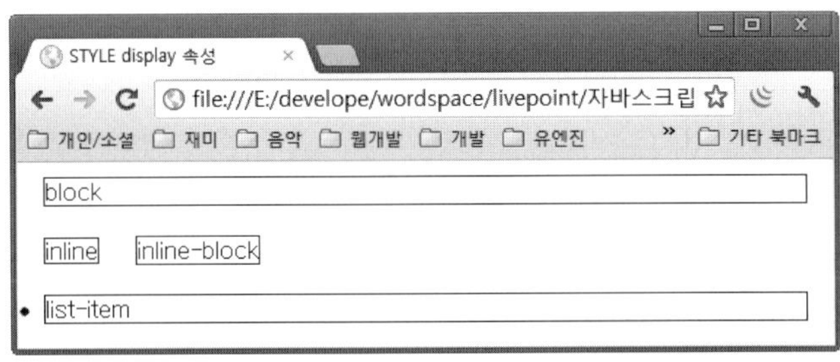

그림 8-1 display 속성값 적용 예

block은 영역을 지정하는 속성값입니다. 일반적으로 〈p〉, 〈div〉와 같은 영역을 구분 짓는 엘리먼트들이 기본적으로 가진 display 속성의 값이고 영역을 구분 짓는 이 속성은 앞이나 뒤의 엘리먼트들과는 같은 줄에 보이지 않습니다. 이때 width 속성을 따로 지정해주지 않으면 해당 줄은 모두 block 속성의 엘리먼트 영역으로 간주하게 됩니다.

그리고 그와 반대로 inline 속성값은 영역을 구분 짓지 않는 속성값입니다. 이는 〈a〉, 〈span〉 등과 같은 엘리먼트들이 기본적으로 가진 속성값입니다. 영역을 갖지 못하기 때문에 줄 바꿈 되지 않습니다.

단 애매한 이름인 inline-block이라는 속성값은 두 개의 특성을 모두 갖게 됩니다. block 속성값이 가진 영역을 구분 짓는 속성과 inline 속성값이 가진 줄 바꿈 하지 않는 속성을 합쳐놓았습니다. 그래서 자신만의 영역을 갖고 있지만 줄 바꿈을 하지 않으므로 해당 줄의 전체 영역을 자신의 영역으로 갖고 있지 않습니다.

예제 | 8-1

```
<!DOCTYPE html>
<html>
<head>
<meta charset="UTF-8">
<title>스타일 객체</title>
<style type="text/css">
   div {border: 1px solid black; margin: 5px;}
</style>
<script type="text/javascript">
```

```
    var ctrl = {
        // block 엘리먼트로 설정하도록 합니다.
        block: function(el){
          el.style.display = 'block';
        },
        // inline 엘리먼트로 설정하도록 합니다.
        inline: function(el){
          el.style.display = 'inline';
        },
        // 적용할 때마다 block, inline을 번갈아 적용하도록 합니다.
        toggle: function(elem){
          if (elem.style.display === 'block') {
            ctrl.inline(elem);
          } else {
            ctrl.block(elem);
          }
        }
    };
</script>
</head>
<body>
  <div>
    sample 1 글자를 클릭해 보세요.
    <span style="color: red; cursor: pointer;" onclick="ctrl.toggle(this);">
      여기</span>를 클릭하는 거에요.
  </div>
  <div>
    sample 2 글자를 클릭해 보세요.
    <span style="color: red; cursor: pointer;" onclick="ctrl.toggle(this);">
      여기</span>를 클릭하는 거에요.
  </div>
</body>
</html>
```

display 속성을 제어하는 예제 8-1을 만들고 실행해 보신다면 쉽게 이해하실 수 있을 것입니다. 〈span〉 영역을 클릭하게 되면 ctrl 객체의 toggle( ) 메서드가 실행됩니다. 이 toggle( ) 메서드에서는 〈span〉 엘리먼트의 스타일 객체의 display 속성이 block인지 아닌지 판단하여 맞다면 inline( ) 메서드를, 아니라면 block( ) 메서드를 실행시키게 되어 있습니다.

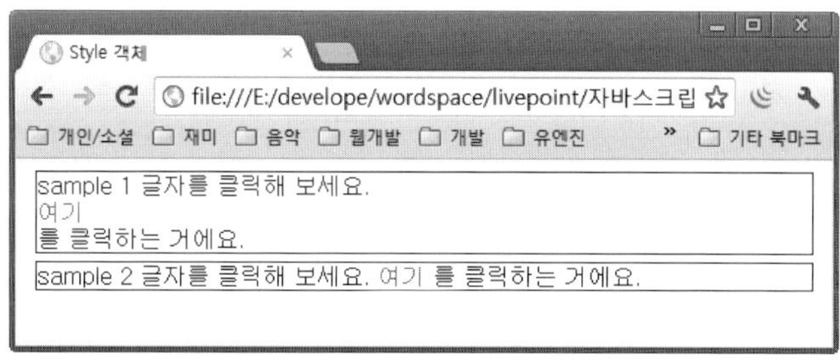

그림 8-2 block과 inline 속성

그림 8-2에서 보듯이 block 속성값과 inline 속성값은 확연히 다릅니다. 여기서 영역에 대해 가장 중요한 것은 자신의 영역을 가진 block 속성값이라면 자신만의 독자적인 위치를 가질 수가 있다는 것입니다. 이 위치에 대한 부분은 뒤에서 다시 다루도록 하겠습니다.

▋ border 속성 ^{8.1.2}

border 속성은 영역에 대한 구분을 사용자에게 보여줄 수도 있습니다. 즉 해당하는 엘리먼트에 테두리를 그려 보여줄 수가 있다는 이야기입니다. 그림 8-3에서 볼 수 있는 style.border 속성입니다. 이 속성은 영역의 구분 선을 보여주는데 위, 아래, 오른쪽, 왼쪽을 따로 지정할 수도 있고 따로 지정하지 않으면 모두 같이 적용됩니다.

이 border 속성을 지정할 때는 선의 두께, 선의 모양, 선의 색상 이렇게 세 가지 정보를 주어야 합니다. 이때 주의할 점은 두께에는 px 등의 단위를 정확히 입력해주어야 한다는 것이고 선의 종류는 표 8-2에 나온 것으로 정해주어야 한다는 것입니다.

표 8-2 border 속성값

속성값	설명
none	엘리먼트의 기본 값이며 선을 표현하지 않는다.
dotted	테두리가 점선으로 그려진다.
dashed	테두리가 긴 점선(dash, '-')으로 그려진다.

→ 다음 페이지에 계속

← 전 페이지에 이어

속성값	설명
solid	테두리가 실선으로 그려진다.
double	테두리가 이중 실선으로 그려진다. 두 실전과 그 사이의 공간의 합은 borderWidth 값과 같다. 이 값으로 이중 실선을 표현하려면 borderWidth 값이 3px 이상이어야 한다.
groove	테두리가 지정된 색상에 따라 3D(groove)로 그려진다. 이 값을 제대로 표현하려면 객체의 borderWidth 속성을 설정하여야 한다.
ridge	테두리가 지정된 색상에 따라 3D 중앙이 튀어나옴(ridge)으로 그려진다.
inset	테두리가 지정된 색상에 따라 3D 들어감(inset)으로 그려진다.
window-inset	테두리가 inset와 마찬가지로 그려지고 추가로 외부에 지정된 색상에 따라 단일 선이 그려진다.
outset	테두리가 지정된 색상에 따라 3D 튀어나옴(outset)으로 그려진다.

표 8-2의 선의 종류들은 직접 바꿔서 적용해보고 어떤 모양인지 알아두시길 권장합니다. 일반적으로 solid를 많이 사용하지만 다른 종류도 간혹 사용되기 때문에 어떤 모양인지 정도는 알고 있어야 하겠죠. 그림 8-3에서 각각의 border 속성을 적용한 테두리의 모양을 확인해보시기 바랍니다.

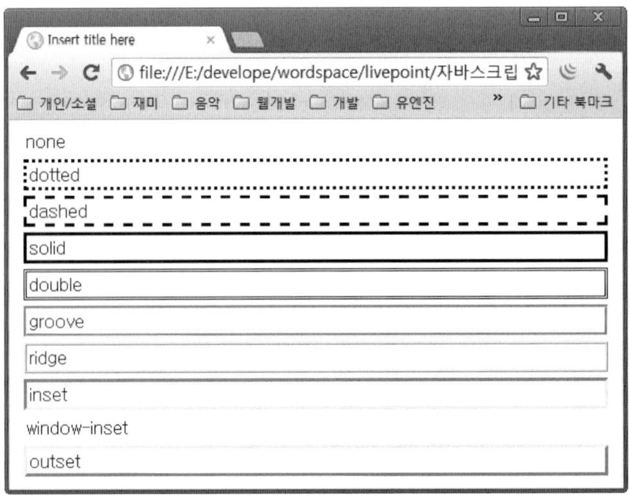

그림 8-3 border 속성값 적용 예

8.2 객체의 위치

앞서 본 바와 같이 어떤 형태의 엘리먼트인지를 정할 수도 있지만, 이 엘리먼트가 어느 위치에 보일지도 스타일 객체를 통해 조작할 수 있습니다.

▌ position 속성 ^{8.2.1}

이를 많이 활용하는 이유는 대부분 브라우저에 채용된 팝업 차단 기능에 의해 사용자들에게 메시지 전달이 어려울 때 style.position 속성으로 해당 메시지를 담은 〈div〉 요소와 같은 특정 레이어를 팝업 창처럼 보여줄 수 있기 때문입니다. 이렇게 보여준 창은 화면을 보는데 방해가 되므로 사용자가 확인하고 난 다음 style.display 속성값을 hidden으로 바꿀 수 있는 기능과 함께 제공해야 한다는 것을 명심하셔야 합니다.

style.position 속성에 설정할 수 있는 값은 static, relative, absolute 세 가지뿐입니다. 그 세 가지 값에 대한 설명은 표 8-3을 참고하시기 바랍니다.

표 8-3 style.position 속성값

속성값	설명
static	기본값이며 기본적인 흐름에 따라 위치를 결정하게 된다. 아무것도 지정하지 않는다면 이 값이 들어 있는 것이다.
absolute	흐름을 따르지 않고 독자적인 위치를 가지게 된다. 이 때문에 어느 위치에 있어야 하는지를 (style.left ‖ style.right)과 (style.top ‖ style.bottom)의 값을 통해 가로, 세로 위치를 지정해주어야 한다. 그 가로, 세로의 위치는 상위 엘리먼트 중 style.position의 값이 relative인 엘리먼트를 기준으로 하고 만일 상위에 값이 relative인 엘리먼트가 없다면 document.body (〈body〉) 엘리먼트를 기준으로 하게 된다.
relative	기본적으로 static의 흐름을 따르지만 엘리먼트 내부에 style.position 값이 absolute인 객체에 기준이 되어준다.

표만으로는 이해가 어려운 분들을 위해 각 속성값의 실제 표시되는 위치에 대한 이해를 돕고자 예제 8-2와 그림 8-4를 첨부하였습니다.

```html
<!DOCTYPE html>
<html>
<head>
<meta charset="UTF-8">
<style type="text/css">
   div {
      border: 3px solid black;
      margin: 3px;
      padding: 2px;
      background-color: white;
   }
   .static {
      position: static;
   }
   .absolute {
      position: absolute;
      top: 60px;
      left: 50px;
      width: 300px;
   }
   .relative {
      position: relative;
      top: 100px;
      left: 50px;
      width: 300px;
   }
</style>
</head>
<body>
   <div class="static" style="border-style: solid;">
      1 static container
      <div class="static" style="border-style: solid;">
         1 static
      </div>
      <div class="absolute" style="border-style: solid;">
         1 absolute
      </div>
```

```
    <div class="relative" style="border-style: solid;">
       1 relative
    </div>
  </div>
  <div class="absolute" style="border-style: dotted;">
    2 absolute container
    <div class="static" style="border-style: dotted;">
       2 static
    </div>
    <div class="absolute" style="border-style: dotted;">
       2 absolute
    </div>
    <div class="relative" style="border-style: dotted;">
       2 relative
    </div>
  </div>
  <div class="relative" style="border-style: double;">
    3 relative container
    <div class="static" style="border-style: double;">
       3 static
    </div>
    <div class="absolute" style="border-style: double;">
       3 absolute
    </div>
    <div class="relative" style="border-style: double;">
       3 relative
    </div>
  </div>
</body>
</html>
```

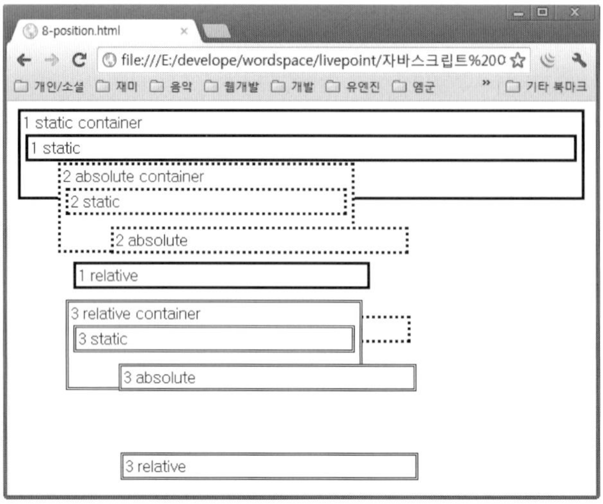

그림 8-4 속성값에 따른 표시 위치

absolute 속성값을 사용하게 된다면 화면에 자유롭게 위치를 지정할 수 있고 다른 객체들의 위치에 영향을 주지 않게 되기 때문에 여러 개가 겹쳐지거나 다른 기본적인 화면을 보는데 방해가 될 수도 있습니다. 그래서 반드시 함께 하는 속성이 style.zIndex 속성입니다. 이 속성은 숫자 값이 들어가는데 숫자가 높을수록 화면에 보일 때 우선권을 갖게 됩니다. 일반적인 static 객체들의 zIndex 값은 0을 기준으로 합니다.

예제 | 8-3

```html
<!DOCTYPE html>
<html>
<head>
<meta http-equiv="Content-Type" content="text/html; charset=UTF-8">
<title>스타일 객체</title>
<script type="text/javascript">
    var ctrl = {
        popup: function(el){
            el.style.position = 'absolute';
            el.style.zIndex = '1';
            el.style.left = '50px';
            el.style.top = '50px';
```

```
            el.style.width = '100px';
        },
        popdown: function(el){
            el.style.position = 'static';
            el.style.zIndex = '0';
            el.style.left = '';
            el.style.top = '';
            el.style.width = '100%';
        },
        reset: function(){
            var arrDiv = document.getElementsByTagName('div');
            for ( var i = arrDiv.length - 1; i > -1; i--) {
                var div = arrDiv[i];
                ctrl.popdown(div);
            }
        },
        toggle: function(el){
            if (el.style.position === 'absolute') {
                ctrl.popdown(el);
            } else {
                ctrl.popup(el);
            }
        }
    };
</script>
</head>
<body>
    <h1>화면에 보이는 걸 마구 눌러보아요!</h1>
    <div style="height: 30px; width: 500px; background-color: red;
        margin-top: 5px;" onclick="ctrl.toggle(this);"></div>
    <div style="height: 30px; width: 500px; background-color: gray;
        margin-top: 10px;" onclick="ctrl.toggle(this);"></div>
    <div style="height: 30px; width: 500px; background-color: blue;
        margin-top: 15px;" onclick="ctrl.toggle(this);"></div>
    <div style="height: 30px; width: 500px; background-color: yellow;
        margin-top: 20px;" onclick="ctrl.toggle(this);"></div>
    <button type="button" onclick="ctrl.reset();">리셋</button>
</body>
</html>
```

이렇게 예제 8-3처럼 위치를 정하는 position 속성을 이용하면 자신이 원하는 위치에 원하는 크기로 엘리먼트를 보여줄 수 있습니다. popup( ) 메서드는 엘리먼트를 화면에 뜨게 하여 주고 popdown( ) 메서드는 원위치로 돌립니다. 〈리셋〉 버튼은 모든 〈div〉 엘리먼트를 popdown( ) 하도록 해주고, toggle( ) 메서드는 클릭한 〈div〉 엘리먼트의 style.position 값이 absolute인지를 확인하여 popup( ) 혹은 popdown( ) 하도록 구분하여 주고 있습니다. 굉장히 단순하지만, 사용자들에게 무엇을 담아 보여 주느냐에 따라서 사진 확대 보기와 같은 특별한 기능으로 발전시키기가 무척 쉽습니다.

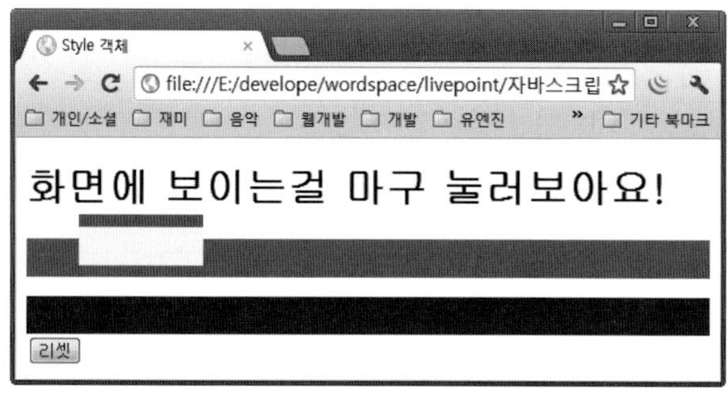

그림 8-5 예제 8-3의 실행 모습

▌ float 속성 ^{8.2.2}

그런데 위치를 정할 때 많이 사용되는 속성에는 position 속성만 있는 것은 아닙니다. 가장 많이 사용되는 것 중 하나가 float 속성인데 CSS에서는 float로 쓰이지만, 자바스크립트에서 float는 실수 데이터 타입을 지칭하는 예약어이기 때문에 styleFloat(cssFloat)라는 속성 이름으로 변경되어 사용됩니다. 하지만, 이것도 좀 곤란한 것이 어떤 브라우저는 styleFloat이고 어떤 브라우저는 cssFloat입니다. 이러니 자바스크립트로 하는 것보다는 이미 공통화가 되어 있는 CSS를 활용하는 게 훨씬 나을듯하네요.

그렇다면, style.styleFloat(cssFloat)은 어떤 역할을 하느냐 하는 것인데 굉장히 단순하면서 유용합니다. 문서에서 엘리먼트를 어떤 기준으로 정렬할 것인지를 결정합니다. float 속성에 지정하는 속성값은 매우 단순해서 표 8-4와 같은 none, left, right 세 가지뿐입니다. 표 8-4와 그림 8-6을 비교하면서 확인해보시기 바랍니다.

표 8-4 style.styleFloat(cssFloat) 속성값

속성값	설명
none	기본적으로 설정된 값이고 문서의 흐름을 따라간다.
left	왼쪽 끝에서부터 정렬한다.
right	오른쪽 끝에서부터 정렬한다.

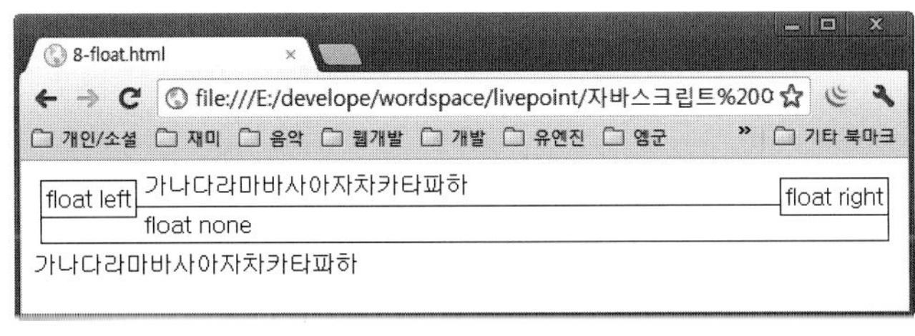

그림 8-6 float 속성

엘리먼트의 style.styleFloat(cssFloat) 속성값이 none이라면 left 혹은 right 값을 가진 엘리먼트로부터 정렬에서 밀려나게 된다는 점에 주의하시기 바랍니다. float 속성을 사용하는 중요한 이유는 줄 바꿈 없이 block 엘리먼트로 만들어 주기 때문입니다. 아울러 block인 엘리먼트를 border 속성 등으로 꾸며주면 버튼이나 아이콘과 같은 시각 효과를 줄 수도 있습니다.

지금은 inline-block이라는 display 속성을 통해 줄 바꿈 없는 block을 만들 수 있지만 오래된 브라우저에서는 지원되지 않는다는 점 때문에 float 속성을 통해 만드는 것이 일반적입니다.

8.3 객체의 크기

자바스크립트로 스타일 객체에 변화를 주는 것보다는 CSS를 작성한 다음 class(className) 속성을 이용하여 변경하는 것이 좋다고 몇 번이나 이야기했습니다. 하지만, 엘리먼트의 크기가 정확히 정해져 있지 않고 무엇을 담는지에 따라 변한다면 크기를 미리 예측하지 못하기 때문에 그때그때 계산을 해야 합니다. 즉 자바스크립트를 통해 조작할 수밖에 없게 됩니다. 가장 대표적인 예가

⟨iframe⟩을 사용할 때입니다. ⟨iframe⟩이 어느 웹 페이지를 참조하는지에 따라 ⟨iframe⟩ 내부의 크기는 달라지게 마련입니다. 그러므로 스크롤 없이 ⟨iframe⟩이 아닌 현재 페이지의 일부인 것처럼 보이고자 한다면 해당 객체의 크기를 정확히 계산하는 것은 더더욱 중요해지게 됩니다.

예제 | 8-4

```html
<!DOCTYPE html>
<html>
<head>
<meta charset="UTF-8">
<title>스타일 객체</title>
<script type="text/javascript">
var ctrl = {
    iframeResize: function() {
        var iframe = document.getElementById("testIframe");

        if (iframe.contentDocument) {
          //FF 3.0.11, Opera 9.63, and Chrome
          iframe.height =
            iframe.contentDocument.documentElement.scrollHeight + 20;
        } else if (iframe.contentWindow && iframe.contentWindow.document) {
          //IE6, IE7 and Chrome
          iframe.height =
            iframe.contentWindow.document.body.scrollHeight + 20;
        }
    },
    changeSRC: function(url) {
        var iframe = document.getElementById('testIframe');
        iframe.src = url;
    }
}
</script>
</head>
<body>
  <div>
      <button type="button" onclick="ctrl.changeSRC('8-1.html');">
          예제 8-1 보기</button>
      <button type="button" onclick="ctrl.changeSRC('8-2.html');">
          예제 8-2 보기</button>
```

```
    </div>
    <iframe id="testIframe" onload="ctrl.iframeResize(this)"></iframe>
    <div style="background-color: gray; height: 10px;"></div>
</body>
</html>
```

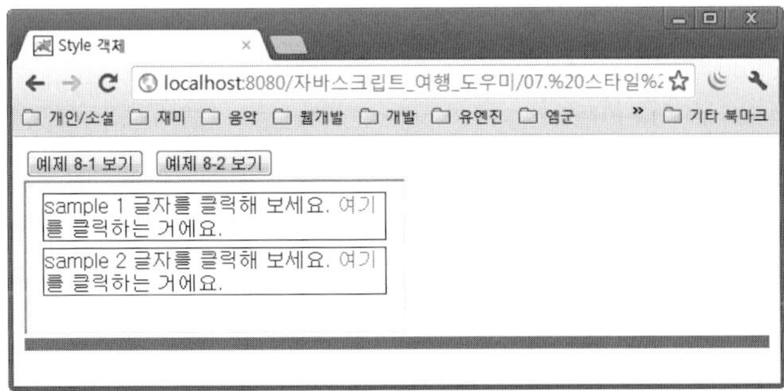

그림 8-7 예제 8-4의 실행 모습

예제 8-4가 바로 그러한 예제입니다. ⟨iframe⟩의 주소를 바뀌어서 페이지가 모두 로딩되고 나면 발생하는 onload 이벤트 속성에 ⟨iframe⟩ 엘리먼트의 내부 window.document로 접근해서 해당 페이지의 높이를 확인하여 그 높이보다 약간 여유 있게 ⟨iframe⟩ 엘리먼트의 높이(height 속성)를 바꾸어 주어서 마치 외부 페이지기 이닌 것처럼 꾸며 주는 방법입니다. 하지만 예제 8-4를 실행하실 때는 도메인 관련 보안 문제가 발생할 수 있기 때문에 파이어폭스 혹은 오페라 브라우저를 사용하셔서 테스트하시거나 웹 서버 설정을 해서 테스트하셔야 합니다. 도메인이 다른 window 객체로의 접근은 보안 문제로 허용되지 않기 때문입니다.

이와 비슷하게 방법으로 ⟨div⟩ 엘리먼트와 같은 블록 엘리먼트의 position 속성에 absolute 속성값을 준 다음, 화면 가운데로 배치하는 방법도 많이 사용하고 있습니다. 예제 8-5와 같이 아주 간단하게 구현할 수 있습니다.

예제 | 8-5

```
<!DOCTYPE html>
<html>
```

```html
<head>
<meta charset="UTF-8">
<title>스타일 객체</title>
<script type="text/javascript">
var ctrl = {
    moveCenter: function() {
        var testDiv = document.getElementById('testDiv');
        var top, left;
        // IE 8 이상과 타 브라우저
        if (window.innerHeight) {
            // 브라우저 안쪽 높이의 절반
            top = window.innerHeight / 2;
            // 브라우저 안쪽 너비의 절반
            left = window.innerWidth / 2;
        // IE 7 이하 브라우저에서는 innerHeight 속성이 지원되지 않음
        } else {
            // 브라우저 안쪽 높이의 절반
            top = document.documentElement.clientHeight / 2;
            // 브라우저 안쪽 너비의 절반
            left = document.documentElement.clientWidth / 2;
        }
        // testDiv 높이의 절반
        var height = testDiv.offsetHeight / 2;
        // testDiv 너비의 절반
        var width = testDiv.offsetWidth / 2;
        testDiv.style.top = (top - height) + 'px';
        testDiv.style.left = (left - width) + 'px';
    }
}
</script>
</head>
<body>
  <div>
    <button type="button" onclick="ctrl.moveCenter();">
        팝업된 레이어를 화면 중앙으로 배치</button>
  </div>
  <div id="testDiv" style="background-color: gray; height: 50px;
      width: 100px; position: absolute; z-index: 1;"></div>
</body>
</html>
```

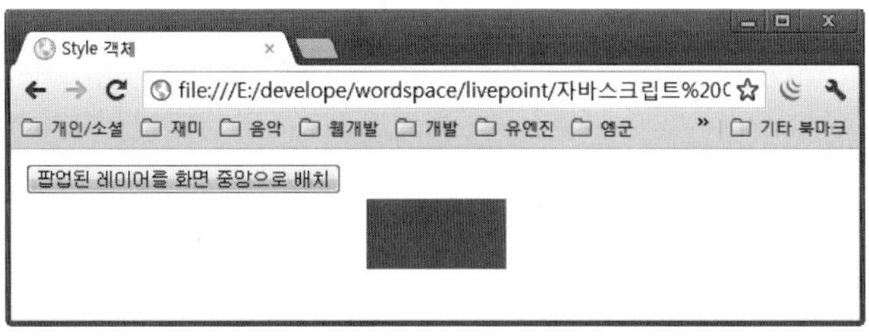

그림 8-8 예제 8-5의 실행 모습

몇 가지 간단한 예제를 만들어보며 스타일 객체에 대해 살펴보았지만, 다시 한번 강조하고 싶습니다. 스타일 객체를 자바스크립트에서 직접 다루는 것은 될 수 있으면 피하시고 CSS를 작성하여 적용하시길 부탁합니다. 그래야, 후에 스타일의 변경이나 자바스크립트 소스 코드의 변경이 필요할 때 훨씬 빠르고 수월하게 처리할 수 있습니다. 자바스크립트는 자바스크립트 본연의 기능에 충실하여야 하고 마찬가지로 CSS 또한 본연의 기능에 충실하여야 한다는 것을 잊지 마세요.

8.4 스타일 객체와 자바스크립트 표현식

자바스크립트에서 각 엘리먼트의 스타일 객체에 접근할 때는 대부분 같은 속성 이름을 사용합니다. 하지만, 자바스크립트에서 사용되는 규칙 때문에 모든 속성 이름이 같지는 않습니다. 여기서 제시한 표는 이렇게 다른 이름으로 사용되기 때문에 혼동되기 쉬운 부분의 이해를 돕고자 직 CSS 속성과 자바스크립트에서의 접근 방법을 정리한 것입니다.

우선 기억할 것은 자바스크립트에서는 속성 이름에 붙임표(–) 문자를 사용하지 않는다는 점입니다. 대신 단어와 단어를 뒤에 이은 단어의 첫 글자를 대문자로 하여 구분합니다. 예를 들어 CSS에서 border-color라는 속성에 자바스크립트로 접근할 때는 borderColor라는 속성 이름으로 접근하는 식입니다. 그리고 몇 가지 자바스크립트의 예약어가 겹치는 경우 style 등의 단어를 붙여 사용함으로써 다른 속성 이름이 만들어지게 되었습니다. 대부분의 속성 이름은 이 규칙을 벗어나지 않기 때문에 이러한 규칙을 알고 계신다면 알고 계시는 스타일 객체의 속성에 자바스크립트로 접근하는 데에 큰 어려움은 없을 것입니다.

참고로 표 8-5는 CSS의 style과 자바스크립트에서의 표현식을 비교한 것입니다.

표 8-5 CSS와 자바스크립트의 표현식 비교

CSS	JavaScript	설명
{accelerator:val}	obj.style.accelerator[=val]	객체가 단축키를 가지고 있는가를 부울값으로 반환하거나 설정한다.
{background:val}	obj.style.background[=val]	객체의 배경 속성들을 5개까지 반환하거나 설정한다.
{background-color:val}	obj.style.backgroundColor[=val]	객체의 배경에 깔리는 색상을 반환하거나 설정한다.
{background-image:val}	obj.style.backgroundImage[=val]	객체의 배경 이미지를 반환하거나 설정한다.
{background-position:val}	obj.style.backgroundPosition[=val]	객체의 배경 이미지의 위치를 반환하거나 설정한다.
{background-position-x:val}	obj.style.backgroundPositionX[=val]	backgroundPosition 속성의 x 좌표를 반환하거나 설정한다.
{background-position-y:val}	obj.style.backgroundPositionY[=val]	backgroundPosition 속성의 y 좌표를 반환하거나 설정한다.
{background-repeat:val}	obj.style.backgroundRepeat[=val]	객체 backgroundImage 속성의 반복 방식을 반환하거나 설정한다.
{border:val}	obj.style.border[=val]	객체의 테두리 속성들을 일괄적으로 반환하거나 설정한다.
{border-style:val}	obj.style.borderStyle[=val]	객체의 위쪽, 오른쪽, 아래쪽, 왼쪽 테두리들의 형태를 일괄적으로 반환하거나 설정한다.
{bottom:val}	obj.style.bottom[=val]	객체 체계상 아래쪽 객체와의 거리를 반환하거나 설정한다.
{clear:val}	obj.style.clear[=val]	객체에서 부동(float) 부분 면의 왼쪽, 오른쪽 혹은 양쪽으로 표현할 수 있는가를 반환하거나 설정한다.
{clip:val}	obj.style.clip[=val]	객체의 어느 부분을 보이게 할 것인가를 반환하거나 설정한다.
{color:val}	obj.style.color[=val]	객체의 글자 색상을 반환하거나 설정한다.

→ 다음 페이지에 계속

← 선 페이지에 이어

CSS	JavaScript	설명
없음	obj.style.cssText[=val]	스타일 내용(rule)을 반환하거나 설정한다.
{cursor:val}	obj.style.cursor[=val]	객체 위에서 보일 마우스 포인터의 모습을 반환하거나 설정한다.
{direction:val}	obj.style.direction[=val]	객체의 읽는 순서를 반환하거나 설정한다.
{display:val}	obj.style.display[=val]	객체를 보여줄 것인가를 반환하거나 설정한다.
{font:val}	obj.style.font[=val]	객체의 font 속성을 조합하여 반환하거나 설정할 수 있으며 사용자 선호 글꼴은 6개까지 반환하거나 실정할 수 있나.
{font-family:val}	obj.style.fontFamily[=val]	사용한 글꼴의 이름들을 반환하거나 설정한다.
{font-size:val}	obj.style.fontSize[=val]	객체 텍스트에서 사용한 글꼴의 크기를 나타내는 수치를 반환하거나 설정한다.
{font-style:val}	obj.style.fontStyle[=val]	객체의 글꼴 형태를 italic, normal, oblique 등으로 반환하거나 설정한다.
{font-variant:val}	obj.style.fontVariant[=val]	객체의 문자를 작은 대문자들로 변형할 것인기를 반횐히기니 설정한다.
{font-weight:val}	obj.style.fontWeight[=val]	객체의 글꼴 두께를 반환하거나 설정한다
{height:val}	obj.style.height[=val]	객체의 높이를 반환하거나 설정한다.
{ime-mode:val}	obj.style.imeMode[=val]	객체의 입력 방식 편집(IME : Input Method Editor)을 반환하거나 설정한다.
{layout-flow:val}	obj.style.layoutFlow[=val]	객체 내용의 방향이니 흐름 방향을 반환하거나 설정한다.
{left:val}	obj.style.left[=val]	객체 체계상 왼쪽 객체와의 거리를 반환하거나 설정한다.

→ 다음 페이지에 계속

← 전 페이지에 이어

CSS	JavaScript	설명
{letter-spacing:val}	obj.style.letterSpacing[=val]	객체 속에서 글자들 사이의 간격을 반환하거나 설정한다.
{line-break:val}	obj.style.lineBreak[=val]	일본어 텍스트에서 줄 바꿈(line-breaking) 명령(rule)을 반환 하거나 설정한다.
{line-height:val}	obj.style.lineHeight[=val]	객체 속에서 줄과 아래 줄과의 거리를 반환하거나 설정한다.
{list-style:val}	obj.style.listStyle[=val]	객체의 목록 스타일(listStyle)을 3개까지 반환하거나 설정한다.
{list-style-image:val}	obj.style.listStyleImage[=val]	객체의 목록 스타일(listStyle)에 사용되는 이미지 주소를 반환하거나 설정한다.
{list-style-position:val}	obj.style.listStylePosition[=val]	객체의 목록 스타일에 사용되는 항목 표시자의 위치를 객체의 내용에 상대적인 위치로 반환하거나 설정 한다.
{list-style-type:val}	obj.style.listStyleType[=val]	객체의 목록 스타일에 사용되는 항목 표시자의 정해진 형태를 반환하거나 설정한다.
{margin:val}	obj.style.margin[=val]	객체의 위쪽, 오른쪽, 아래쪽, 왼쪽 간격(주변 객체와의 간격)을 일괄적으로 반환하거나 설정한다.
{margin-bottom:val}	obj.style.marginBottom[=val]	객체의 아래쪽 간격을 반환하거나 설정한다.
{margin-left:val}	obj.style.marginLeft[=val]	객체의 왼쪽 간격을 반환하거나 설정 한다.
{margin-right:val}	obj.style.marginRight[=val]	객체의 오른쪽 간격을 반환하거나 설정한다.
{margin-top:val}	obj.style.marginTop[=val]	객체의 위쪽 간격을 반환하거나 설정 한다.
{overflow:val}	obj.style.overflow[=val]	객체의 내용이 높이나 너비를 초과하 였을 때 어떻게 처리할 것인가를 나타내는 값을 반환하거나 설정한다.

→ 다음 페이지에 계속

← 전 페이지에 이어

CSS	JavaScript	설명
{overflow-x:val}	obj.style.overflowX[=val]	객체의 내용이 너비를 초과하였을 때 그 내용을 어떻게 처리할 것인가를 나타내는 값을 반환하거나 설정한다.
{overflow-y:val}	obj.style.overflowY[=val]	객체의 내용이 높이를 초과하였을 때 그 내용을 어떻게 처리할 것인가를 나타내는 값을 반환하거나 설정한다.
{padding:val}	obj.style.padding[=val]	객체들 사이 경계까지의 간격을 반환하거나 설정한다.
{padding-bottom:val}	obj.style.paddingBottom[=val]	객체의 아래쪽 경계와 내용 사이의 간격을 반환하거나 설정한다.
{padding-left:val}	obj.style.paddingLeft[=val]	객체의 왼쪽 경계와 내용 사이의 간격을 반환하거나 설정한다.
{padding-right:val}	obj.style.paddingRight[=val]	객체의 오른쪽 경계와 내용 사이의 간격을 반환하거나 설정한다.
{padding-top:val}	obj.style.paddingTop[=val]	객체의 위쪽 경계와 내용 사이의 간격을 반환하거나 설정한다.
{page-break-after:val}	obj.style.pageBreakAfter[=val]	객체 다음에 페이지 바꿈 할 것인가를 반환하거나 설정한다.
{page-break-before:val}	obj.style.pageBreakBefore[=val]	객체 이전에 페이지 바꿈 힐 것인가를 반환하거나 설정한다.
{position:val}	obj.style.position[=val]	객체의 위치시킴 방식을 반환하거나 설정한다.
{right:val}	obj.style.right[=val]	객체 체계상 오른쪽 객체와의 거리를 반환하거나 설정한다.
{float:val}	obj.style.styleFloat[=val]	객체에서 어느 방향으로 텍스트가 흐를 것인가를 반환하거나 설정한다.
{table-layout:val}	obj.style.tableLayout[=val]	테이블 레이아웃이 고정되어 있는가를 나타내는 문자열을 반환하거나 설정한다.

→ 다음 페이지에 계속

← 전 페이지에 이어

CSS	JavaScript	설명
{text-align:val}	obj.style.textAlign[=val]	객체 속의 문자나 객체의 수평 정렬 방식(left, right, center, justified)을 반환하거나 설정한다.
{text-indent:val}	obj.style.textIndent[=val]	객체 속에서 문자의 첫 글자를 들여쓰기하는 정도를 반환하거나 설정한다.
{textjustify:val}	obj.style.textJustify[=val]	객체 속에서 내용의 정렬 방식을 반환하거나 설정한다.
{top:val}	obj.style.top[=val]	객체 체계도 상 바로 위의 객체로부터의 거리를 반환하거나 설정한다.
{visibility:val}	obj.style.visibility[=val]	객체의 내용이 표시될 것인가를 반환하거나 설정한다.
{white-space:val}	obj.style.whiteSpace[=val]	객체 속에서 길이가 긴 문자열의 자동 줄 바꿈을 빈칸에서 할 것인가를 반환하거나 설정한다.
{width:val}	obj.style.width[=val]	객체의 너비를 반환하거나 설정한다.
{word-break:val}	obj.style.wordBreak[=val]	단어 속에서 자동 줄 바꿈을 할 것인가를 반환하거나 설정한다. 특히 복수 언어를 사용할 때 중요하다.
{word-spacing:val}	obj.style.wordSpacing[=val]	객체 속에서 단어 간의 간격을 증가시키는 정도를 반환하거나 설정한다.
{word-wrap:val}	obj.style.wordWrap[=val]	내용이 용기 객체의 범위를 초과하면 단어를 자를 것인가를 반환하거나 설정한다.
{z-index:val}	obj.style.zIndex[=val]	위치가 정해져 있는 객체의 위로부터 순서를 반환하거나 설정한다.

제 9 장

폼 다루기

HTML 문서를 기반으로 구현한 웹 애플리케이션에는 꼭 빠지지 않는 몇 가지 요소가 있습니다. 사용자들로부터 어떤 정보를 얻고자 할 때 사용되는 폼 엘리먼트들도 그중 하나입니다. 가장 많이 볼 수 있는 것이 회원 가입과 로그인할 때 사용되는 아이디나 비밀번호를 입력받는 양식 등입니다. 그런데 왜 갑자기 이런 이야기를 하느냐고 묻는 분들이 있을 것 같네요.

폼 엘리먼트는 사용자들로부터 정보를 얻고 그 정보를 서버나 다른 특정 웹 페이지로 전송하게 됩니다. 이때 사용자들이 입력한 정보가 올바른지 확인해주는 과정을 두어 빠진 정보는 없는지, 사용자들이 실수하진 않았는지 등을 체크하고 잘못된 정보를 전송하지 않도록 도와줄 수가 있습니다. 그러려면 자바스크립트를 통해 이 값들이 올바른 값인지를 확인할 수 있어야 합니다. 이러한 폼 엘리먼트는 몇 가지 종류로 구분되지만, 크게 두 가지로 나누자면 사용자가 직접 내용을 입력하는 것과 미리 준비된 값 중에서 선택하는 것으로 구분할 수 있습니다. 이러한 구분은 〈input〉 엘리먼트의 type이라는 속성값에 따라 이루어집니다.

이번 장에서는 HTML5에서 지원하는 속성의 내용을 따로 다루지는 않을 것입니다. 하지만, 이 책의 후반부에서 HTML5의 몇몇 기능에 대해서는 별도로 다룰 것이니 조급해하지 말고 우선은 폼 관련 엘리먼트들이 어떻게 사용되고 있는지와 어떻게 활용할 것인지에만 집중하시기 바랍니다.

표 9-1 HTML5에서 지원하는 〈input〉 엘리먼트 속성

속성	설명
color	색을 선택할 수 있다.
date	날짜를 선택할 수 있다.
datetime	날짜 및 시간을 선택할 수 있다.
datetime-local	날짜 및 시간과 지역을 선택할 수 있다.
email	이메일 주소를 입력할 수 있다.
month	연월일 중 월을 입력할 수 있다.
number	숫자만 입력할 수 있다.

→ 다음 페이지에 계속

← 전 페이지에 이어

속성	설명
range	범위 입력이 가능하다.
tel	전화번호를 입력할 수 있다.
time	시간을 입력할 수 있다.

지금부터 폼 엘리먼트에 접근하여 값을 얻거나 입력하는 방법을 확인해보겠습니다.

9.1 폼 엘리먼트

폼 엘리먼트(Form Element)는 사용자들의 데이터를 입력받는 〈input〉 엘리먼트들의 모음입니다. 이 폼 객체에서 어디로 전송하는지 어떤 방식으로 전송할 것 인지를 결정하고 전송할 때는 폼 객체의 내부에 있는 사용자들에게 얻은 정보를 전송하게 되고 이때 전송되는 값들은 엘리먼트에 들어 있는 값들입니다.

표 9-2 폼 입력 엘리먼트

엘리먼트	설명
`<input>`	가장 기본적인 형태의 입력 상자이다. type 속성에 의해 여러 가지 모양이나 입력 방식이 바뀐다.
`<select>`	미리 입력된 값 중에서 선택하는 선택 상자이다.
`<textarea>`	〈input〉 엘리먼트의 type 속성값이 text인 입력 상자와 비슷하지만 여러 줄을 입력할 수 있다.

이러한 폼 엘리먼트들 중 데이터를 받는 엘리먼트를 통틀어 흔히 입력 엘리먼트(Input Element)라 하기도 하고 〈form〉 엘리먼트를 포함해 폼 엘리먼트(Form Element)라고 하기도 합니다. 저는 폼 엘리먼트라고 부르겠습니다.

⠿ 폼 엘리먼트로의 접근 ^{9.1.1}

폼 엘리먼트는 특수한 역할을 하고 있기 때문에 다음 구문과 같이 document 객체로부터도 직접 접근하는 방법이 있습니다. 물론 기본적인 document.getElementById( )와 같은 메서드를 통해서도 접근할 수 있습니다.

```
document.forms
```

document 객체가 가진 forms라는 속성은 document 객체 내부에 있는 모든 폼 엘리먼트를 배열로 반환해줍니다. 예를 들어 document 객체 내부에 name 속성값이 firstForm인 폼 엘리먼트와 secondForm인 폼 엘리먼트 이렇게 두 개의 폼 엘리먼트가 있다면 document.forms을 호출했을 때 [〈firstForm〉, 〈 secondForm〉]과 같은 배열 형태로 전달받을 수가 있습니다.

```
var form = document.forms[0];
var form = document.forms['firstForm'];
```

이때 name 속성값이 secondForm인 폼 엘리먼트에 접근하고자 한다면 위 구문처럼 document.forms[0] 형태의 배열 호출 방식으로 접근할 수도 있고 document.forms['firstForm'] 형태처럼 name 속성값을 배열 호출의 킷값으로 사용해 호출할 수도 있습니다.

document.formName

앞서 본 방법은 document에 있는 모든 폼 객체를 배열로 받아 접근하는 방법이었습니다. 하지만, document 객체로부터 각각의 폼에 바로 접근할 수도 있습니다. document 객체에서 바로 폼 객체의 name 속성을 이용해 히위 객체처럼 접근할 수 있지요. 앞의 예처림 firstForm이라는 name 속성을 가진 폼 엘리먼트가 있다면 document.firstForm과 같은 방식으로 바로 접근할 수 있습니다.

```
var form = document.firstForm;
```

formElement.form

폼 엘리먼트에서 폼 객체로 바로 접근할 수도 있습니다. 여기서 말하는 폼 엘리먼트란 〈form〉 엘리먼트만을 이야기하는 것이 아닌 〈input〉, 〈select〉, 〈textarea〉와 같은 폼 인터페이스 (Form Interface)를 상속받은 모든 엘리먼트를 말합니다.

```
var form = formElement.form;
```

내부 객체들로의 접근

이처럼 〈form〉 엘리먼트의 내부에 존재하는 입력 엘리먼트로부터도 〈form〉 엘리먼트로 접근할 수 있지만, 〈form〉 엘리먼트에서 입력 엘리먼트로 접근할 수도 있습니다. 접근 방법은 기본적인 엘리먼트들의 접근 방법과 같으므로 크게 어려운 것은 없지만 한 번 짚어보고 넘어가겠습니다.

표 9-3 폼 객체와 내부 입력 필드 객체로의 접근 예제

객체 접근	설 명
`document.forms.length`	문서의 총 폼 개수
`document.formName.propertyName`	이름이 formName인 폼의 속성이나 이벤트
`document.formName.methodName(param)`	이름이 formName인 폼의 메서드
`document.forms[idx].propertyName`	idx+1 번째 폼의 속성이나 이벤트
`document.forms[idx].methodName(param)`	idx+1 번째 폼의 메서드
`document.formName.elements.length`	이름이 formName인 폼의 입력 필드 개수
`document.forms[idx].elements.length`	idx+1 번째 폼의 입력 필드 개수
`document.forms[idx].elemName.propertyName`	idx+1 번째 폼에서 이름이 elemName인 필드 속성이나 이벤트
`document.forms[idx].elemName.methodName(param)`	idx+1 번째 폼에서 이름이 elemName인 입력 필드 메서드
`document.forms[idx].elements[idx].propertyName`	idx+1 번째 폼의 idx+1 번째 element 속성이나 이벤트
`document.forms[idx].elements[idx].methodName(param)`	idx+1 번째 폼의 idx+1 번째 element 메서드

→ 다음 페이지에 계속

← 전 페이지에 이어

객체 접근	설 명
document.formName.elemName.propertyName	이름이 formName인 폼에서 이름이 elemName인 필드 속성, 이벤트
document.formName.elemName.methodName(param)	이름이 formName인 폼에서 이름이 elemName인 입력 필드 메서드
document.formName.elements[idx].propertyName	이름이 formName인 폼에서 idx+1 번째 필드 속성, 이벤트
document.formName.elements[idx].methodName(param)	이름이 formName인 폼에서 idx+1 번째 입력 필드 메서드

표 9-4 표 9-3에서 사용되는 용어

용어	설명
forms	문서 내 〈form〉~〈/form〉 〈form〉~〈/form〉의 개수만큼 폼 객체들의 배열 변수
formName	〈form name=formName〉로 지정한 한 개 〈form〉의 이름
propertyName	폼이나 해당 엘리먼트 객체에서 사용할 수 있는 propertyName(속성)이나 eventName(이벤트)
methodName	폼이나 해당 엘리먼트 객체에서 사용할 수 있는 methodName(메서드)
idx	forms, elements 컬렉션의 인수. forms[0]는 첫 번째, forms[1]은 두 번째이며 총 form 개수는 최종 idx+1
elements	한 개의 〈form〉 엘리먼트 안의 〈input〉, 〈submit〉 등 입력 필드들의 배열 변수
elemName	〈input name=elemName type=objectName /〉 식으로 지정한 입력 필드의 이름

표 9-3을 참고하여 표 9-2를 보시면 매우 단순하다는 것을 느끼실 수 있으실 겁니다. 이처럼 폼 엘리먼트에 접근하고 나면 우리가 할 일은 몇 가지로 정리될 수 있습니다. 내부의 사용자 데이터를 입력받는 엘리먼트로 접근하거나 폼 객체의 action 등의 속성에 접근하거나 폼 객체가 가진 메서드를 실행시기는 등이 그것입니다.

▐ 〈form〉 엘리먼트의 속성 9.1.2

〈form〉 엘리먼트는 HTML을 학습하신 분들이라면 당연히 아는 속성들이 몇 가지 있습니다. 다음 표 9-5에 나열된 것들인데, 이것은 상당히 중요한 속성들입니다.

표 9-5 〈form〉 엘리먼트의 속성

속성	설명
action	〈form〉 엘리먼트 내부에 입력받은 데이터를 전송할 URL이다.
target	action 속성을 통해 이동하게 될 목표 window 혹은 frame을 지정한다.
method	전송되는 정보를 숨겨서 보낼 것(POST)인지 숨기지 않고 URL에 포함할 것(GET)인지를 지정한다.
onsubmit	〈submit〉 버튼을 클릭하였을 때 데이터를 전송하기 전에 실행할 자바스크립트 소스 코드를 넣는다. 스크립트를 실행하고 난 후 반환값이 false라면 데이터 전송은 취소된다.

action 속성은 〈form〉 엘리먼트 내부의 입력 받은 데이터를 어디로 전송할지를 결정하는 속성입니다. 〈form〉 엘리먼트의 데이터 전송을 위해서는 필수입니다. target 속성은 어느 화면으로 전송할지를 지정하는 것으로, 〈a〉 엘리먼트나 window.open( ) 메서드 등에서의 target 속성과 같은 역할을 합니다. 그 내부에 지정하는 속성값도 마찬가지로 window 객체에 설정한 이름이나 〈frame〉 혹은 〈iframe〉의 이름, 혹은 _new 등과 같이 기본적으로 지정된 이름을 사용할 수 있습니다. 지정하지 않으면 현재 페이지가 대상이 됩니다.

onsubmit 속성은 일종의 이벤트 핸들러입니다. 어떤 특정 액션이 있었을 때 특정 명령을 수행할 수 있도록 하는 것이 이벤트 핸들러라고 불리는 것인데, 이 onsubmit 속성은 〈submit〉 버튼을 클릭하여 〈form〉 엘리먼트가 데이터를 전송하기 바로 전에 수행됩니다. 하지만, 독특하게도 onsubmit 속성 내부의 스크립트를 실행하고 난 다음 반환값이 false라면 데이터 전송을 취소합니다. 따라서 주로 활용되는 부분은 입력받은 데이터의 검증입니다. 올바른 데이터가 입력되었다면 전송을 실행하고 올바르지 않은 데이터가 있다면 사용자에게 이를 알리고 반환값으로 false를 주어 데이터가 전송되지 않도록 합니다.

method 속성은 특히 중요합니다. 사용자가 입력한 정보를 외부에 노출 시킬 수도 있는 부분이기 때문에 보안과 관련하여 특히 중요합니다. 예를 들어 사용자의 아이디와 비밀번호를 주소 표시줄에서 볼 수 있다면 큰일이겠죠. 이처럼 보안이 필요한 부분들에 대한 정보는 method 속성의 값을 반드시 post로 지정해야 합니다. 이뿐만 아니라 기본 값인 get으로 설정되어 있다면 전송할 수 있는 정보의 양이 제한됩니다. 따라서 많은 정보를 입력받아야 할 때도 반드시 method 속성의 값을 post로 지정합니다.

앞서 언급한 속성들 외에도 우리가 자주 사용하는 폼 객체가 갖고 있고 두 개의 메서드가 있습니다. 바로 폼 객체를 전송하거나 초기화하는 메서드입니다. 여기에는 따로 어떤 인자도 필요하지 않기 때문에 단순하므로 기억하기 쉽습니다. 반드시 기억하세요. 표 9-6이 바로 그것들입니다.

표 9-6 폼 객체의 메서드

메서드	설명
submit( )	〈form〉 엘리먼트의 데이터 전송을 실행한다.
reset( )	〈form〉 엘리먼트 내부의 입력받은 데이터를 모두 초기화한다.

너무 단순한 것이지만 이것이 바로 〈form〉 엘리먼트가 가진 가장 중요한 부분일 것입니다. 단 여기서 주의하실 부분이 있는데, form.submit( ) 메서드를 실행할 때는 〈form〉 엘리먼트의 onsubmit 속성에 지정한 코드는 작동하지 않는다는 것입니다. 꼭 기억하셔야 합니다.

〈form〉 엘리먼트에 대한 것은 이쯤하고 입력받는 객체를 살펴보며 실제 어떻게 사용되는지 예제와 함께 확인해보도록 하겠습니다.

9.2 글자를 입력받는 〈input〉, 〈textarea〉

가장 흔하고 가장 많이 사용되는 형태의 입력 필드입니다. 사용자가 직접 키보드를 이용하여 입력해야 하는 이 엘리먼트들은 HTML5에서는 조금 더 다양해졌지만, 그 이전 버전의 HTML에서는 다음과 같이 크게 3가지로 구분할 수 있었습니다.

- 〈input type="text" /〉 　　　줄 바꿈 없는 단문 입력 엘리먼트
- 〈input type="password" /〉 　줄 바꿈 없고 문자가 보이지 않는 암호 입력 엘리먼트
- 〈textarea〉〈/textarea〉 　　　줄 바꿈 있는 장문 입력 엘리먼트

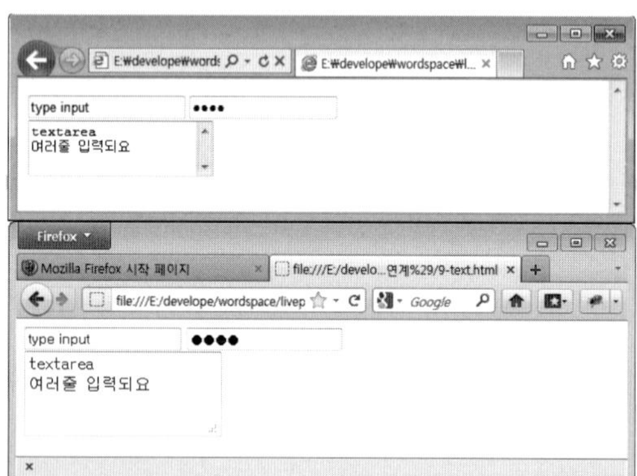
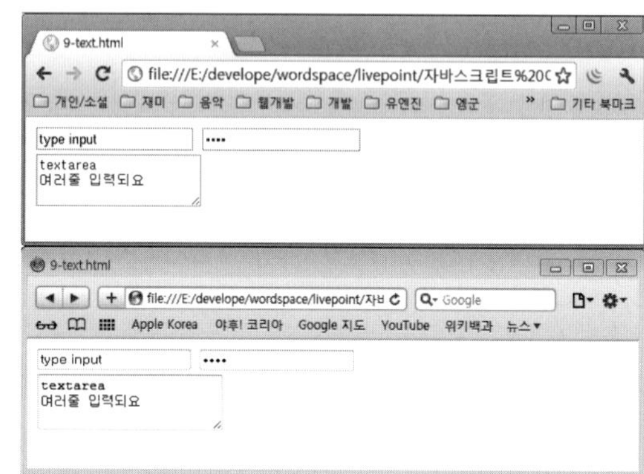

그림 9-1 브라우저별 모습

모양이나 형식에 대한 부분은 직접 HTML로 엘리먼트를 구현해보면 간단하게 알 수 있으니 설명은 생략하겠습니다. 다만, 주의하실 부분은 〈input〉 엘리먼트를 HTML 구문으로 작성할 때에는 닫는 〈/input〉 태그가 생략되기 때문에 여는 태그에서 닫기를 명시해 〈input /〉과 같은 형식으로 작성해주셔야 하고 〈textarea〉 태그는 이와는 달리 반드시 닫는 태그(〈/textarea〉)를 따로 작성해주셔야 한다는 점입니다.

이렇게 사용자로부터 값을 입력받는 엘리먼트는 데이터 전송을 위해 반드시 name 속성을 포함하여야 합니다. 전송되는 파라미터에서 데이터로 접근하는 키가 엘리먼트의 name에 해당하기 때문입니다. 또한, 전송되는 데이터의 값은 대부분 value라는 속성에 입력받은 데이터를 저장하게 되고 자바스크립트에서도 value라는 속성을 통해 접근할 수 있습니다.

〈input〉 엘리먼트는 type이라는 속성을 통해 여러 가지 형태로 지정할 수 있습니다. 그중 type 속성값이 text라면 한 줄로 구현된 짧은 입력 도구를 생성하게 됩니다. 이때 사용자들은 다양한 입력 도구를 이용해서 직접 값을 입력할 수 있게 됩니다. 이러한 엘리먼트들은 특정 속성을 이용하여 제어할 수 있는데 그 속성은 표 9-7과 같습니다.

표 9-7 〈input〉 엘리먼트를 제어하는 속성

속성	설명
checked	〈input〉 엘리먼트의 type이 checkbox이거나 radio일 때 유효하고 값이 checked로 설정되면 해당 〈input〉 엘리먼트는 선택된 상태가 된다.
selected	〈option〉 엘리먼트의 속성이며 selected로 설정되면 〈select〉 엘리먼트가 해당 〈option〉 엘리먼트를 선택한 상태가 된다.
disabled	값에 disabled가 설정되면 입력 도구를 비활성화한다. 이때는 사용자가 입력 및 수정을 할 수 없으며 데이터도 전송되지 않는다.
readonly	값에 readonly가 설정되면 입력 도구를 읽기 전용으로 전환한다. 이때는 사용자가 입력하거나 수정할 수는 없으나 데이터는 전송된다.
value	전송될 데이터 내용이다.
name	전송될 데이터로 접근할 수 있는 키로 설정된다.

〈form〉 내부의 데이터를 조작하려면 이 속성들은 반드시 기억하고 있어야 합니다. 이 속성들을 어떻게 사용하고 조작하는지 흔히 사용하는 〈form〉 엘리먼트의 검증 방법을 예로 들어 예제를 만들어 보겠습니다.

예제 | 9-1

```html
<!DOCTYPE html>
<html>
<head>
<meta http-equiv="Content-Type" content="text/html; charset=UTF-8">
<title>Form 객체</title>
<script type="text/javascript">
  var ctrl = {
  // 사용자에게 메시지를 전달시켜 주는 메서드
  message: function(msg) {
    alert(msg);
  },
  // 문자를 받아 문자의 길이가 0보다 긴지 확인하여
  // 참(true) 혹은 거짓(false) 값을 반환하는 메서드
  hasText: function(str) {
    return (str.length > 0);
```

```javascript
        },
        // <form name="loginForm"> 객체를 점검하여
        // 참(true) 혹은 거짓(false) 값을 반환하는 메서드
        validate: function() {
            // <form> 엘리먼트를 변수에 담아 둔다.
            var elForm = document.forms['loginForm'];
            var elUserId = elForm.userid;
            // userid <input> 엘리먼트의 입력받은 글자가 0보다 크지 않다면(없다면)
            if (!this.hasText( elUserId.value )) {
                // 메시지 전달
                this.message('정확한 아이디를 입력해 주십시오!');
                // 포커스 설정
                elUserId.focus();
                // 폼이 전송되지 않도록 false 반환
                return false;
            }
            var elUserPw = elForm.userpw;
            // userpw <input> 엘리먼트로 입력받은 글자가 0보다 크지 않다면(없다면)
            if (!this.hasText( elUserPw.value )) {
                // 메시지 전달
                this.message('정확한 암호를 입력해 주십시오!');
                // 포커스 설정
                elUserPw.focus();
                // 폼이 전송되지 않도록 false 반환
                return false;
            }
            this.message('데이터를 전송합니다.');
        }
    };
</script>
</head>
<body>
    <h1>입력 받은 문자 데이터 검증하기</h1>
    <form name="loginForm" action="9-1.html" onsubmit="return ctrl.validate();">
        ID: <input type="text" name="userid" />
        PW: <input type="password"  name="userpw" />
        <button type="submit">보내기</button>
    </form>
</body>
</html>
```

예제 9-1을 직접 작성해서 실행시켜 보세요. ID, PW 입력란에 아무런 값이 입력되지 않았을 때는 사용자에게 경고하고 입력이 필요한 폼으로 커서를 이동하도록 작성하였습니다.

그림 9-2 예제 9-1를 실행한 모습

ctrl 객체에 메시지 전달 함수, 문자에 내용이 있는지 검사하는 메서드, 필요한 입력 도구 엘리먼트를 위 메서드들을 통해 검사하거나 메시지를 전달하는 메서드를 담아 사용하고 있습니다. 실행해보시면 아시겠지만, 문자를 입력하지 않고 〈보내기〉 버튼을 누르게 되면 ctrl.validate( ) 메서드에 의해 false가 반환되고 그것을 폼 객체에 전달함으로써 전송이 이루어 지지 않게 됩니다.

그리고 만일 모두 입력된 상태에서 〈보내기〉 버튼을 누르게 되면 폼은 데이터를 전송합니다. 이때 다시 한번 주의해서 보셔야 할 부분이 있습니다. 전송된 상태에서 브라우저의 주소 표시줄을 보시면 9-1.html?userid=test&userpw=test라는 부분이 있습니다. 이 부분은 입력받았던 부분이 표시되는 것으로 〈input type="password" /〉 엘리먼트를 통해 입력받은 가려졌던 문자도 userpw=test라는 문구로 명확하게 확인할 수 있게 됩니다.

의식하지 않은 상태에서 쉽게 저지를 수 있는 실수가 바로 이 부분입니다. 〈form〉 엘리먼트의 method 속성에 post라는 값을 지정하지 않으면 이렇게 중요한 정보가 브라우저 수소 표시줄을 통해 유출될 수 있으므로 〈form〉 엘리먼트를 사용할 때는 항상 다시 한번 이를 확인하는 것을 잊지 마세요.

9.3 정해진 값을 선택하는 ⟨input⟩, ⟨select⟩

앞에서는 사용자에게 직접 입력받는 것을 보았습니다. 하지만, 모든 걸 직접 적으라고 할 수는 없습니다. 예를 들어 신발 치수를 입력받는데 '이백오십', '이백육십오'라는 문자로 직접 입력받는다면 사람이 판단하기엔 어렵지 않지만, 컴퓨터가 스스로 판단하여 분류하기엔 너무 많은 과정이 추가로 필요합니다(물론 불가능하지는 않습니다만). 이런 이유로 때론 정해진 값을 사용자에게 제시하거나 사용자가 선택하기 편하도록 유도해야 할 때가 있습니다.

이때 사용하게 되는 입력 도구가 ⟨input type="radio" /⟩, ⟨input type="checkbox" /⟩, ⟨select⟩ 엘리먼트 등과 같이 지정된 값을 선택하여 입력하는 장치입니다. value 속성에 값을 미리 갖고 있으면서 사용자의 선택으로 전송되는 이들은 표 9-8과 같은 특성이 있습니다.

표 9-8 정해진 값을 선택하는 엘리먼트

엘리먼트	설명
`<input type="radio" />`	name 속성에 같은 값을 가진 여러 엘리먼트를 생성하여 그중 하나만 선택할 수 있다.
`<input type="checkbox" />`	name 속성에 같은 값을 가진 여러 엘리먼트를 생성하고 여러 개를 선택할 수 있다.
`<select>`	엘리먼트 내부에 ⟨option⟩ 엘리먼트가 있으며 ⟨option⟩ 엘리먼트를 선택하면 선택된 엘리먼트의 value 속성값이 ⟨select⟩ 엘리먼트의 전송 데이터가 된다. ⟨select⟩ 엘리먼트의 multiple 속성값이 multiple이라면 여러 개를 선택할 수 있다.

type 속성값이 radio인 엘리먼트는 같은 name 속성값을 가진 여러 엘리먼트들 중 하나만 선택할 수 있고 type 속성값이 checkbox인 엘리먼트는 같은 name 속성값을 가진 여러 엘리먼트 중 하나 이상을 선택할 수 있으며 ⟨select⟩ 엘리먼트는 multiple 속성에 따라 둘 이상을 선택할 수도 있고 하나만 선택할 수도 있습니다.

type 속성값이 radio나 checkbox인 엘리먼트를 위한 속성이 있습니다. checked라는 속성인데, 앞서 설명했듯이 간단히 말하면 checked 속성값이 checked라면 선택된 겁니다. 그렇지 않다면 선택되지 않은 것입니다. 참고로 checked, selected 속성은 지정되기만 하면 속성값이 어떤 값이든 상관없이 선택된 상태로 표시됩니다. 다음 구문은 모두 선택 상태로 표시됩니다.

```
<input type = "checkbox" name= "chkBox" checked />
<input type = "checkbox" name= "chkBox" checked = "checked" />
<input type = "checkbox" name= "chkBox" checked = true />
<input type = "checkbox" name= "chkBox" checked = "" />
<input type = "checkbox" name= "chkBox" checked = 1 />
```

마찬가지로 〈select〉 엘리먼트의 내부 데이터를 갖는 〈option〉 엘리먼트에도 이를 위한 속성으로 selected가 있습니다. 이 속성이 지정되면 해당 〈option〉 엘리먼트는 선택된 상태가 됩니다.

예제 | 9-2

```html
<!DOCTYPE html>
<html>
<head>
<meta http-equiv="Content-Type" content="text/html; charset=UTF-8">
<title>폼 객체</title>
<script type="text/javascript">
// 폼을 조작하는 컨트롤 객체
var formCtrl = {
    // 신발 치수 세트
    size: {
        X: [250, 255, 260, 265, 270, 275, 280, 285, 290],
        Y: [210, 215, 220, 225, 230, 235, 240, 245, 250, 255, 260]
    },
    // 발 크기 <select> 엘리먼트의 내부 <option>을 모두 바꾸는 메서드.
    changeSize: function(sex){
        var select = document.forms['shoesForm'].userSize;
        var arrSize = this.size[sex];
        var arrHTML = [];
        for (var i = 0; i < arrSize.length; i++) {
            arrHTML.push(
                    '<option value="', arrSize[i], '">',
                    arrSize[i],
                    '</option>'
            );
        }
        select.innerHTML = arrHTML.join('');
    },
```

```javascript
    // 전체 체크박스의 상태대로 다른 체크박스들도 똑같은 상태로 바꾸어 주는 메서드.
    allCheck: function(checked) {
      var checkboxs = document.forms['shoesForm'].uses;
      for (var i = checkboxs.length - 1; i > -1; i--) {
        checkboxs[i].checked = checked;
      }
    }
};
// 폼을 검증하는 객체
var validator = {
  // 사용자에게 메시지를 전달시켜 주는 메서드
  message: function(msg) {
    alert(msg);
  },
  // 확인란이나 라디오 단추의 배열을 받아 선택된 값들을 배열 형태로 반환하는 메서드
  getCheckedValues: function(arrElem) {
    var checkedValues = [];
    for (var i = arrElem.length - 1; i > -1; i--) {
      var elem = arrElem[i];
      if (elem.checked) {
        checkedValues.push(elem.value);
      }
    }
    return checkedValues;
  },
  // 콤보 상자 값들을 배열 형태로 받아 그중 선택된 값을 찾는 메서드
  getSelectedValues: function(select) {
    var selectedValues = [];
    for (var i = select.options.length - 1; i > -1; i--) {
      var elem = select.options[i];
      if (elem.selected) {
        selectedValues.push(elem.value);
      }
    }
    return selectedValues;
  },
  // <form name="loginForm"> 객체를 점검하여
  // 참(true) 혹은 거짓(false) 값을 반환하는 메서드
  validate: function() {
    // <form> 엘리먼트를 변수에 담아 둔다.
```

```
      var elForm = document.forms['shoesForm'];
      // <input name="usersex" /> 객체 중에 선택된 값들을 받아온
      // 배열의 길이가 0이라면 (빈 배열이라면)
      if (this.getCheckedValues(elForm.usersex).length === 0) {
        this.message('성별을 선택해 주셔야 합니다.');
        return false;
      }
      // <select> 객체에 선택된 값들을 받아온
      // 배열의 길이가 0이라면 (빈 배열이라면)
      if (this.getSelectedValues(elForm.usersize).length === 0) {
        this.message('발 크기를 선택해 주셔야 합니다.');
        elForm.usersize.focus();
        return false;
      }
      // <input name="uses" /> 객체 중에 선택된 값들을 받아온
      // 배열의 길이가 0이라면 (빈 배열이라면)
      if (this.getCheckedValues(elForm.uses).length === 0) {
        this.message('용도를 한 가지 이상 선택해 주셔야 합니다.');
        return false;
      }
      this.message('데이터를 전송합니다.');
    }
};
</script>
</head>
<body>
    <form name="shoesForm" action="9-2.html"
        onsubmit="return validator.validate();">
    <p>
        성별: <input type="radio" name="usersex" value="X"
                onclick="formCtrl.changeSize(this.value);" />
            <input type="radio" name="usersex" value="Y"
                onclick="formCtrl.changeSize(this.value);" />
    </p>
    <p>발 크기: <select name="usersize"></select></p>
    <p>
    용도:
        <label>전체
            <input type="checkbox" onclick="formCtrl.allCheck(this.checked);" />
        </label>
```

```
        <br />
        <label>등산<input type="checkbox" name="uses" value="1" /></label>
        <label>낚시<input type="checkbox" name="uses" value="2" /></label>
        <label>수영<input type="checkbox" name="uses" value="3" /></label>
        <label>조깅<input type="checkbox" name="uses" value="4" /></label>
        <label>산책<input type="checkbox" name="uses" value="5" /></label>
      </p>
      <button type="submit">보내기</button>
    </form>
  </body>
</html>
```

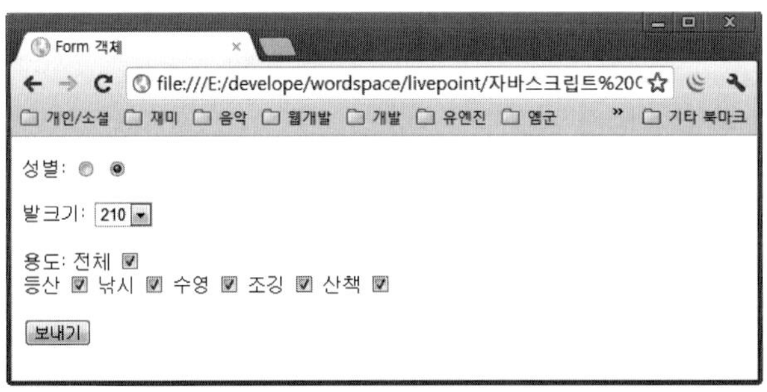

그림 9-3 예제 9-2를 실행한 모습

이 선택 입력 도구는 활용도가 매우 높은 만큼 잘 사용한다면 여러분에게 큰 무기가 될 것입니다. 예제 9-2에서는 자주 사용되는 방법들을 그대로 다루어 보았습니다. 기존의 예제들에 비해 좀 길다고 느끼실 수도 있겠지만 여기 나오는 함수들 하나하나가 주옥같은 것들이기 때문에 대충 넘겨선 안 됩니다.

많은 분이 예제에 나오는 for 구문의 다른 사용법 때문에 혼동하실 것 같아 잠깐 짚고 넘어가겠습니다.

```
for (var i = arr.length - 1; i > -1; i--) { ... }
```

```
for (var i = 0; i < arr.length; i++) { ... }
```

여기 두 가지의 구문이 있습니다. 하는 일은 같은데 뭔가 달라 보입니다. 기억력이 좋고 앞 장부터 보신 분들은 이미 알고 계실 것이고 그렇지 않은 분들이라도 눈치가 있으신 분들은 어떤 차이인지 아실 것입니다.

결론부터 말씀드리자면 두 개의 구문은 순서가 반대입니다. 앞의 구문은 배열의 가장 마지막에서 앞으로 돌아가는 순서이고 뒤의 구문은 배열의 가장 앞인 [0]부터 마지막으로 가고 있습니다. 얼핏 보면 후자가 알아보기도 편하고 더 이해하기 쉬우므로 이 방법을 주로 사용합니다.

하지만, 자바스크립트는 스크립트 언어인 관계로 제약을 받는 부분들이 많이 있습니다. 그중 특히 성능에 관련된 부분에 가장 큰 제약을 받고 있는데, 배열 객체의 내부에 얼마나 자주 접근하느냐 하는 것도 성능에 영향을 미치게 됩니다. 이 때문에 최대한 배열의 내부에 접근하지 않으려는 방법으로 사용하는 것이 앞의 구문입니다. 다만, 순서가 거꾸로 가기 때문에 순서대로 접근해야 한다면 후자의 방법을 사용하시고 그렇지 않다면 전자의 구문을 주로 사용하도록 하시길 권장합니다.

전자는 for 구문을 시작할 때 arr 객체의 길이를 한 번만 가져오지만, 후자는 구문이 반복될 때마다 arr 객체의 길이를 다시 가져옵니다.

```
for (var i = 0, last = arr.length; i < last; i++) { ... }
```

그래서 만일 순서대로 접근해야 하고 arr 객체의 길이가 변하지 않는다면 위의 구문과 같은 방법으로 배열의 길이를 미리 변수로 받아 두는 방법도 사용할 수 있습니다. 생뚱맞고 새삼스럽게 느껴지실 수도 있지만, 자바스크립트와 같은 스크립트 언어는 다른 프로그래밍 언어와 비교해 성능에 더욱 주의해야 한다는 것을 꼭 기억하시기 바랍니다.

9.4 왠지 클릭해야 할 것만 같은 버튼 ⟨input⟩, ⟨button⟩

지금까지 사용자의 입력을 받는 입력 도구들을 살펴보았습니다. 지금까지 알아본 것만으로도 사용자로부터 입력받는 대부분의 웹 애플리케이션을 만들 수 있습니다. 하지만, 사용자의 편의와 애플리케이션 제작자를 위한 도구는 이 밖에도 또 있습니다.

이번에 알아볼 엘리먼트는 버튼 엘리먼트입니다. 제공되는 버튼은 다음 목록과 같습니다. 그중 type 속성값이 같은 버튼이 〈input〉 엘리먼트와 〈button〉 엘리먼트 두 가지로 제공되고 있습니다. 기능에 차이는 없지만 엘리먼트의 태그 이름이 다르므로 디자인이나 목적에 구분을 두고 사용할 수 있습니다.

다만, 차이나는 부분은 버튼에 표시되는 이름이 〈input〉 엘리먼트에서는 value 속성값이 되고 〈button〉 엘리먼트에서는 여는 태그와 닫는 태그 사이에 입력한 글자가 버튼 이름이 된다는 점입니다. 그리고 〈input〉 엘리먼트에는 type 속성에 image라는 값을 사용할 수 있는데, 이것은 이미지 버튼을 만들려는 것입니다. 〈button〉 엘리먼트의 경우는 그냥 여는 태그와 닫는 태그 사이에 이미지 태그(〈img /〉)를 삽입하면 되지만 〈input〉 엘리먼트는 닫는 태그가 없으므로 별도의 속성값을 이용하여 이미지 버튼을 만들게 됩니다.

```
• <input type="submit" />

• <input type="reset" />

• <input type="button" />

• <input type="image" />

• <button type="submit"></button>

• <button type="reset"></button>

• <button type="button"></button>
```

그러면 이미 앞에서 설명한 부분이지만 다시 한 번 세 가지 type 속성값에 대해 간단히 살펴보겠습니다.

표 9-9 〈input〉, 〈button〉 엘리먼트의 type 속성값

속성값	설명
submit	자신이 소속된 〈form〉 엘리먼트의 데이터 전송을 실행한다.
reset	자신이 소속된 〈form〉 엘리먼트의 데이터를 초기화한다.
button	아무런 기능이 없다.

여기서 이야기할 것은 submit나 reset이 아니라 button 속성값입니다. 이 button 속성값을 사용하실 때 주의하셔야 할 부분은 〈button〉 엘리먼트의 type 속성에 button이라는 속성값을 지정하지 않으면 submit 속성값이 기본값이 되어 동작한다는 점입니다. 주의하시기 바랍니다.

〈button〉 엘리먼트는 사용자에게 버튼을 보여주게 됩니다. 누를 수 있는 도구를 제공한다는 것입니다. 기능은 지금까지 여러 가지 웹 애플리케이션을 만들면서 자주 보았던 onclick이라는 속성을 사용해서 원하는 대로 부여할 수 있습니다. 주로 회원 가입이나 전자 결제 등을 할 때 등과 같이 우편번호 검색을 위한 창을 띄울 때도 사용하고 가입하려는 아이디가 기존에 존재하는 아이디인가 검색할 때도 사용합니다. 요즘은 아이디 중복 확인은 키보드 입력을 받을 때마다 하지만, 우편번호 검색은 여전히 버튼을 눌러 주소 검색을 한 후에 그 결과를 받는 방식을 택하고 있습니다.

예제 | 9-3

```html
<!DOCTYPE html>
<html>
<head>
<meta http-equiv="Content-Type" content="text/html; charset=UTF-8">
<title>폼 객체</title>
<style type="text/css">
  #iframeContainer {
    position: absolute;
    left: 100px;
    top: 100px;
    width: 200px;
    height: 300px;
    border: 5px solid gray;
    z-index: 1;
  }
  .hidden {
    display: none;
  }
  iframe {
    border: none;
  }
</style>
<script type="text/javascript">
```

```javascript
    // 폼을 조작하는 컨트롤 객체
    var formCtrl = {
        opneZip: function(){
            var iframe = document.getElementById('zipcodeIfrmae');
            iframe.src = '9-4.html';
            document.getElementById('iframeContainer').className = '';
        },
        closeZip: function(){
            var iframe = document.getElementById('zipcodeIfrmae');
            iframe.src = 'about:blank';
            document.getElementById('iframeContainer').className = 'hidden';
        },
        toggleZip: function(){
            var container = document.getElementById('iframeContainer');
            var className = container.className;
            if (className === 'hidden') {
                this.opneZip();
            } else {
                this.closeZip();
            }
        },
        setZipcode: function(zipcode){
            document.forms['shoesForm'].zipcode.value = zipcode;
            this.closeZip();
        }
    };
</script>
</head>
<body>
    <form name="shoesForm">
        우편번호
        <input type="text" name="zipcode" readonly="readonly" />
        <button type="button" onclick="formCtrl.toggleZip();">우편번호 검색</button>
    </form>
    <div id="iframeContainer" class="hidden">
        <iframe id="zipcodeIfrmae" src="about:blank" width="100%" height="100%">
        </iframe>
    </div>
</body>
</html>
```

```html
<!DOCTYPE html>
<html>
<head>
<meta http-equiv="Content-Type" content="text/html; charset=UTF-8">
<title>우편번호</title>
</head>
<body>
    <input type="text" value="111-111" readonly="readonly" />
    <button type="button"
       onclick="window.parent.formCtrl.setZipcode('111-111');">적용</button>
    <button type="button" onclick="window.parent.formCtrl.closeZip();">닫기</button>
</body>
</html>
```

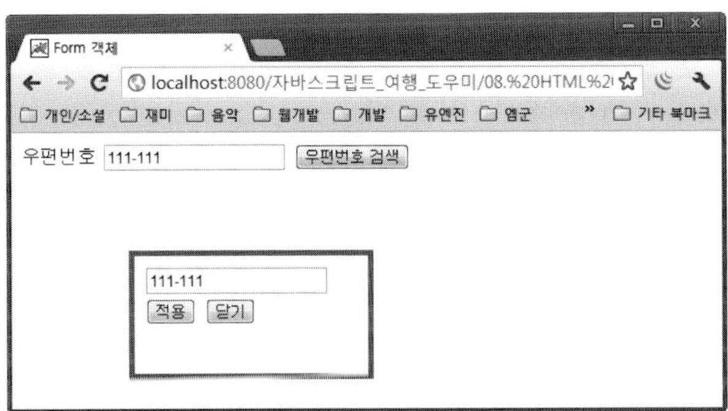

그림 9-4 예제 9-3을 실행한 모습

예제 9-3에서 그러한 예를 만들어 보았습니다. 여기에서 일반적으로 사용하는 window.open( ) 메서드를 사용하지 않고 〈iframe〉 방식을 사용한 이유는 요즘 대부분 브라우저에서는 팝업이 차단으로 설정되어 있기 때문입니다. 예제 9-3을 올바르게 실행하려면 파이어폭스 브라우저 혹은 오페라 브라우저로 실행해보셔야 합니다.

예제 9-3을 보시면 〈iframe〉 엘리먼트를 담는 〈div〉 엘리먼트를 보여주고 〈iframe〉 엘리먼트의 src 속성값을 9-4.html로 설정해주는 openZip( ) 메서드와 정반대 작동을 하는 closeZip( )

메서드, 그리고 이 둘을 번갈아 하는 toggleZip( ) 메서드가 있습니다. ⟨button⟩ 엘리먼트를 클릭하면 toggleZip( ) 메서드를 실행하게 되는데 일반적인 openZip( ) 메서드를 호출하지 않는 이유는 열고 난 후에 다시 닫고자 할 때 더욱 편하게 하기 위함입니다. 물론 9-4.html 페이지에도 닫기를 호출하는 버튼이 있지만 만일 해당 페이지에 오류가 생기거나 실수로 소스 코드를 잘못 담았을 때를 대비하기 위함입니다. 그리고 9-4.html 페이지에서는 두 개의 버튼을 통해 parent 윈도우 객체의 formCtrl.closeZip( ) 메서드, 그리고 formCtrl.setZipcode( ) 메서드를 호출하게 되어 있습니다.

이처럼 어떠한 기능을 실행시키려면 ⟨button⟩ 엘리먼트가 더 제격입니다. 물론 이미지를 예쁘게 만들어 삽입하고 거기에 기능을 입히는 방법도 있고 다른 방법도 많이 있습니다만 사용자들은 버튼을 보았을 때 버튼에 기능이 들어 있음을 쉽게 알 수 있습니다. 그러므로 일일이 이미지를 만들고 하는 것보다는 ⟨button⟩ 엘리먼트를 CSS로 좀 더 예쁘게 꾸미는 것이 더욱 활용도도 높고 훗날 필요할 때 수정하기도 쉽기 때문입니다.

제 10 장

테이블 다루기

웹 애플리케이션을 만들다 보면 가장 많이 사용하는 것 중 하나가 표를 보여주는 것입니다. 가장 대표적인 것으로는 게시판이 있겠군요. 하지만, 게시판에만 사용되는 것은 아닙니다. 어떠한 정보들의 목록을 나열할 때 2차원 표로 보여줌으로써 사용자들이 정보를 한눈에 볼 수 있도록 할 때 표를 사용하곤 합니다. 가계부나 회계 장부와 같은 복잡한 정보들을 정리된 형태로 볼 필요가 있는 곳에 자주 사용합니다.

이전까지 HTML 디자인을 하는 분들은 이 ⟨table⟩ 엘리먼트를 너무 무분별하게 많이 사용하는 경향이 있었습니다. 하지만, 요즘은 각 엘리먼트를 목적에 맞게 사용하는 것을 매우 중요하게 생각하고 있습니다. 그리고 ⟨table⟩ 엘리먼트는 다른 엘리먼트에 비해 브라우저의 자원을 많이 사용하기도 하기 때문에 이전처럼 무분별한 사용은 자제하는 분위기입니다. 그렇다고 해서 ⟨table⟩ 엘리먼트를 사용하지 말자는 것은 아닙니다. 어디까지나 목적에 맞게 사용하자는 이야기입니다.

테이블의 올바른 사용처는 같은 의미가 있는 데이터 집합을 보여줄 때입니다. 예를 들어 연락처 목록을 본다면 하나의 연락처는 이름, 주소, 전화번호라는 칼럼으로 이루어집니다. 이러한 연락처를 목록으로 쭉 뿌리게 된다면 연락처라는 특성을 기반으로 하는 ⟨table⟩을 생성하게 된다는 것입니다. 이러한 특성을 잊지 말고 다시 한 번 어디에 사용해야 할지 고민하면서 이번 상을 시작하겠습니다.

10.1 표에 관하여: Table

〈table〉 엘리먼트를 정확하게 활용하려면 표 10-1에 정리한 엘리먼트들을 먼저 알아야 합니다.

표 10-1 〈table〉에 소속된 엘리먼트

엘리먼트	설명
`<caption>`	테이블의 요약 설명을 지정한다.
`<col>`	테이블 한 칼럼의 디폴트 속성을 지정한다.
`<colgroup>`	하나 이상의 칼럼을 그룹으로 묶어 속성을 지정한다.
`<thead>`	테이블의 머리글을 표현한다.
`<tbody>`	테이블 본체의 행을 표현한다.
`<tfoot>`	테이블의 바닥글을 표현한다.
`<tr>`	Table Row의 약자로, 테이블의 한 행을 표현한다.
`<th>`	테이블의 칼럼 제목을 굵은 글꼴로 표시한다.
`<td>`	테이블의 한 셀을 표현한다.

그리고 〈table〉 엘리먼트를 사용할 때 주의할 것이 있는데, HTML 문서가 완전히 로딩될 때까지 〈table〉 엘리먼트는 읽기만 가능하다는 점입니다. 절대로 잊지 마시기 바랍니다. 그리고 〈table〉 엘리먼트를 마크업할 때는 지켜야 할 몇 가지 규칙도 있습니다. 조금 복잡하더라도 기본적이므로 알아두셔야 합니다.

〈table〉 엘리먼트의 마크업 규칙

- 〈caption〉, 〈colgroup〉, 〈thead〉, 〈tbody〉, 〈tfoot〉 엘리먼트 순서대로 사용할 수 있습니다. 단 〈tfoot〉 엘리먼트는 〈table〉 엘리먼트 안에서 한 번만 사용할 수 있습니다.

- 자식으로는 열, 행, 셀이 있습니다. 열과 행으로 표를 구성하며 표 안의 셀은 겹치지 말아야 합니다.

- 단순한 구조가 아니거나 내용을 이해하기 어려우면 테이블 내용을 소개하는 설명 정보를 포함해야 합니다. 이때 테이블 소개 내용에는 사용 목적, 셀 구조의 개요, 패턴 등의 정보가 수록되어야 합니다.

- 작성한 테이블을 소개하는 내용은 〈caption〉, 〈details〉, 〈figure〉, 〈figcaption〉 엘리먼트를 이용
  하여 상세하게 설명합니다.

- 레이아웃 용도로 사용해서는 안 됩니다. 데이터 접근성에 혼란스러운 결과를 얻을 수 있고 스크
  린 리더(화면의 내용을 음성으로 읽어 주는 도구)와 같은 접근성 도구 사용이 어려워집니다.

자 그럼 HTML 마크업 관련 내용은 이 정도까지만 하고 자바스크립트에서 〈table〉 엘리먼트를
통해 어떤 것을 하고 어떤 정보를 얻을 수 있는지 지금부터 확인해보도록 하겠습니다.

표 10-2 테이블 객체의 속성

속성	설명
```caption``` ```<table caption="stringValue">```	캡션을 반환하거나 설정한다. 문법 ```tableObject.caption[=stringValue];``` 코드 ```document.write(tableObject.caption);``` 결과 ```Table Caption```
```tHead (객체)```	테이블 객체의 tHead 객체를 반환한다. 문법 ```[objectValue=] tableObject.tHead``` 코드 ```document.write(tableObject.tHead);``` 설과 ```[object]``` 코드 ```document.write(tableObject.tHead.rows[0]``` ```.cells.length);``` 결과 **3**
```tFoot (객체)```	테이블 객체의 tFoot 객체를 반환한다. 문법 ```[objectValue=] tableObject.tFoot``` 코드 ```document.write(tableObject.tFoot);``` 결과 ```[object]``` 코드 ```document.write(tableObject.tFootrows.length);``` 결과 1

→ 다음 페이지에 계속

← 전 페이지에 이어

속성	설명
rows	〈table〉이나 〈tr〉 엘리먼트에 적용된 모든 행을 배열 변수를 참조하고 반환한다. 문법 `tableObject.rows` 코드 `document.write(tableObject.rows.length);` 결과 4
tBodies	테이블 객체에 적용된 모든 테이블 본체(〈tBody〉)의 배열 변수를 참조하고 반환한다. 문법 `tableObject.tBodies` 코드 `document.write(tableObject.tBodies.length);` 결과 1
align `<table align="stringValue">`	테이블 객체의 정렬 위치를 반환하거나 지정한다. 문법 `tableObject.align[=stringValue]` 코드 `document.write(tableObject.align);` 결과 center
bgColor `<table bgcolor="clrVal">`	배경색을 rrggbb이나 색 이름으로 반환하거나 지정한다. 문법 `tableObject.bgColor[=colorVal]` 코드 `document.write(tableObject.bgColor);` 결과 #ffffaa
border `<table border="integer">`	객체 주위의 테두리 두께를 반환하거나 지정한다. 문법 `tableObject.border[=Val]` 코드 `document.write(tableObject.border);` 결과 5

→ 다음 페이지에 계속

← 전 페이지에 이어

속성	설명
cellPadding `<table cellpadding="integer">`	테두리와 내용과의 거리를 픽셀 단위로 반환하거나 설정한다. 문법 `tableObj.cellPadding[=integerValue]` 코드 `document.write(tableObject.cellPadding);` 결과 5
cellSpacing `<table cellspacing="integer">`	객체의 테두리와 인접 셀의 테두리의 거리를 픽셀 단위로 반환하거나 설정한다. 문법 `tableObject.cellSpacing[=integerValue]` 코드 `document.write(tableObject.cellSpacing);` 결과 1
frame `<table frame="stringValue">`	객체가 표시되는 주위 프레임의 표시 방법을 반환하거나 설정한다. 문법 `tableObject.frame[=stringValue]` 코드 `document.write(tableObject.frame);` 결과 box
rules `<table rules="stringValue">`	테이블 객체가 표시되는 내부 행이 어떻게 표시될 것인가를 반환하거나 설정한다. 문법 `tableObject.rules[=stringValue]` 코드 `document.write(tableObject.rules);` 결과 rows
summary `<table summary="stringValue">`	객체의 설명이나 구조의 간단한 요약을 반환하거나 설정한다. 문법 `tableObject.summary[=stringValue]` 코드 `document.write(tableObject.summary);` 결과 Table 설명을 위한 예제의 요약 설명
width `<table width="integer">`	객체의 너비를 반환하거나 설정한다 문법 `tableObject.width[=integerValue]` 코드 `document.write(tableObject.width);` 결과 400

표 10-3 테이블 객체의 메서드

메서드	설명
createTHead( )	머리글을 만든다.
deleteTHead( )	머리글을 없앤다.
createTFoot( )	바닥글을 만든다.
deleteTFoot( )	바닥글을 없앤다.
createCaption( )	새 캡션(테이블 제목이나 설명)을 만든다.
deleteCaption( )	캡션을 없앤다.
insertRow([iIndex])	새로운 행을 삽입한다.
deleteRow([iIndex])	행을 없앤다.

아무래도 가장 많이 사용할 속성과 메서드는 table.rows 속성과 insertRow( ) 메서드, deleteRow( ) 메서드와 같은 행과 관련된 것들입니다. 행을 추가하거나 제거하고 또는 정렬을 바꾸기도 하려면 이런 속성과 메서드가 꼭 필요한데, 데이터와 직접 관련된 부분이기 때문일 것입니다. 이처럼 가장 많이 활용하는 부분을 예제 10-1을 통해 확인해보도록 하겠습니다.

예제 | 10-1

```
<!DOCTYPE html>
<html>
<head>
<meta http-equiv="Content-Type" content="text/html; charset=UTF-8">
<title>Table Element</title>
<style type="text/css">
  .hidden {
    display: none;
  }
  .popupLayer {
    position: absolute;
    left: 100px;
    top: 100px;
    width: 300px;
    padding: 5px;
```

```
      border: 5px solid gray;
      background-color: #EEE;
   }
</style>
<script type="text/javascript" src="10-2.js"></script>
</head>
<body>
   <h1>테이블 엘리먼트</h1>
   <table>
      <thead>
         <tr>
            <th>품명</th><th>가격(원)</th><th>갯수</th>
            <th>기능</th>
         </tr>
      </thead>
      <tbody>
         <tr>
            <td>사과</td><td>1000</td><td>5</td>
            <td>
               <button type="button" onclick="tableCtrl.removeRow(this);">
                  삭제</button>
               <button type="button" onclick="tableCtrl.upRow(this);">
                  ▲</button>
               <button type="button" onclick="tableCtrl.downRow(this);">
                  ▼</button>
            </td>
         </tr>
         <tr>
            <td>배</td><td>2000</td><td>3</td>
            <td>
               <button type="button" onclick="tableCtrl.removeRow(this);">
                  삭제</button>
               <button type="button" onclick="tableCtrl.upRow(this);">
                  ▲</button>
               <button type="button" onclick="tableCtrl.downRow(this);">
                  ▼</button>
            </td>
         </tr>
         <tr>
            <td>딸기</td><td>3000</td><td>2</td>
```

```
            <td>
                <button type="button" onclick="tableCtrl.removeRow(this);">
                    삭제</button>
                <button type="button" onclick="tableCtrl.upRow(this);">
                    ▲</button>
                <button type="button" onclick="tableCtrl.downRow(this);">
                    ▼</button>
            </td>
        </tr>
    </tbody>
</table>
<button type="button" onclick="pageCtrl.toggle();">추가</button>
<div class="hidden" id="formContainer">
    <form name="newData">
        품명: <input type="text" name="productName" /><br />
        가격: <input type="number" name="productPrice" />(원)<br />
        개수: <input type="number" name="productCount" /><br />
        <button type="button" onclick="pageCtrl.addData();">
            추가하기</button>
    </form>
</div>
</body>
</html>
```

예제 | 10-2

```
var elementCtrl = {
    findParent: function(el, tag){
        while(el && el.tagName != tag){
            el = el.parentNode;
        }
        return el;
    },
    movePre: function(el){
        var parent = el.parentNode;
        var els = parent.children;
        var beforeElement = null;
        for (var i = 0, l = els.length; i < l; i++) {
            if (el === els[i]) {
```

```
        break;
      } else {
        beforeElement = els[i];
      }
    }
  }
  parent.insertBefore(el, beforeElement);
},
moveNext: function(el){
  var parent = el.parentNode;
  var els = parent.children;
  var beforeElement = null;
  for (var i = els.length; i > -1; i--) {
    if (el === els[i]) {
      break;
    } else {
      beforeElement = els[i + 1];
    }
  }
  if (beforeElement) {
    parent.insertBefore(el, beforeElement);
  } else {
    parent.appendChild(el);
  }
}
};
var tableCtrl = {
  removeRow: function(el){
    var row = elementCtrl.findParent(el, 'TR');
    var table = elementCtrl.findParent(el, 'TABLE');
    table.deleteRow(row.rowIndex);
  },
  insertRow: function(html){
    var table = document.getElementsByTagName('table')[0];
    var tbody = table.tBodies[0];
    var row = tbody.insertRow();
    row.innerHTML = html;
  },
  upRow: function(el){
    var row = elementCtrl.findParent(el, 'TR');
    elementCtrl.movePre(row);
```

```javascript
    },
    downRow: function(el){
      var row = elementCtrl.findParent(el, 'TR');
      elementCtrl.moveNext(row);
    }
};
var pageCtrl = {
  toggle: function(){
    var container = document.getElementById('formContainer');
    if (container.className === 'hidden') {
      container.className = 'popupLayer';
    } else {
      container.className = 'hidden';
    }
  },
  addData: function(){
    var form = document.forms[0];
    var name = form.productName.value;
    var price = form.productPrice.value;
    var count = form.productCount.value;
    var html = [
      '<td>', name, '</td>',
      '<td>', price, '</td>',
      '<td>', count, '</td>',
      '<td>',
      '<button type="button" onclick="tableCtrl.removeRow(this);">
        삭제</button>',
      '<button type="button" onclick="tableCtrl.upRow(this);">▲
</button>',
      '<button type="button" onclick="tableCtrl.downRow(this);">▼
</button>',
      '</td>'
    ].join('');
    tableCtrl.insertRow(html);
    this.toggle();
  }
};
```

예제 10-1에 삽입할 자비스크립트 부분을 역할별로 세 가지 컨트롤로 각각 나누어 구분했습니다. elementCtrl 객체에는 기본적인 HTML 엘리먼트를 제어하는 메서드를 담았고 tableCtrl 객체는 〈table〉 엘리먼트를 제어하는 메서드를 담았습니다. 그리고 pageCtrl은 공통으로 사용되지 못하는 페이지에 특화된 메서드를 모은 객체입니다.

이러한 방식으로 스크립트를 구분하는 것은 매우 중요합니다. 필요에 따라 재사용할 수 있는 코드로 만드는 것이기 때문입니다. 이러한 방식으로 개발하고 구성에 따라 파일을 구분해 저장하고 계속 재사용해나가다 보면 어느새 만들어진 여러분만의 라이브러리를 이용해 매우 빠르고 편리하게 개발할 수 있기 때문입니다.

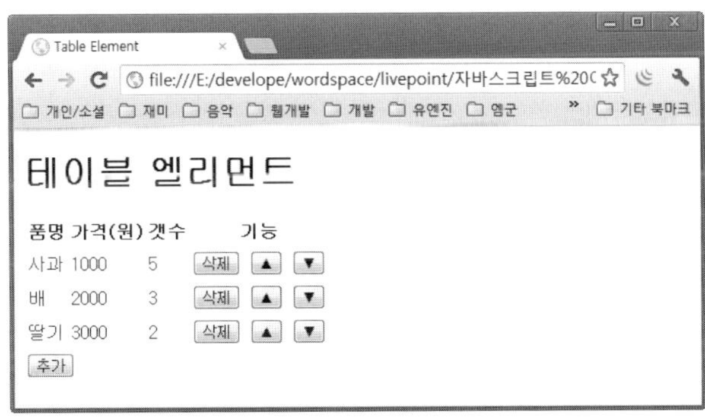

그림 10-1 기본적인 테이블 객체 다루기

다시 돌아와서 elementCtrl 객체에 있는 메서드들은 기본적인 DOM API를 통해 많이 사용될 만한 메서드를 따로 구분해 놓은 것들입니다.

findParent(el, tagName) 메서드는 el 엘리먼트로 부터 부모 엘리먼트를 거슬러 올라가며 tagName과 태그 이름이 일치하는 엘리먼트를 돌려받는 메서드입니다.

movePre(el) 메서드는 el 엘리먼트의 위치를 바로 앞 형제 엘리먼트와 바꾸는 역할을 합니다. 다만, 주의하실 것은 el 엘리먼트가 첫 번째 엘리먼트(firstElement)라면 가상 뒤로 바뀌게 된다는 점입니다. 만일 가장 뒤로 움직이고 싶지 않다면 if 문을 통해 첫 번째 엘리먼트라면 움직이지 않도록 하는 기능을 추가해주셔야 합니다.

moveNext(el) 메서드는 movePre(el) 메서드와는 반대로 뒤의 형제 엘리먼트와 바꾸는 역할을 합니다. 하지만, 가장 뒤에 있을 때 제일 앞으로 움직이지는 않습니다. 이런 움직임을 원하신다면 마찬가지로 if 문을 이용하여 보충해주셔야 합니다. 또한, tableCtrl 객체에 있는 메서드들은 〈table〉 엘리먼트와 관련된 기능들입니다.

removeRow(el) 메서드는 el 엘리먼트가 담긴 〈tr〉 엘리먼트를 찾아 삭제하는 메서드입니다. 이곳에서 사용된 row.rowIndex 속성은 〈tr〉 엘리먼트가 가진 속성값으로, 자신이 속한 〈table〉 엘리먼트에서 자신이 몇 번째 〈tr〉 엘리먼트인지에 대한 정보를 가지고 있습니다.

insertRow(html) 메서드는 HTML 내용을 문자열로 받아 새로 삽입하는 역할을 합니다. 이때 〈thead〉, 〈tbody〉, 〈tfoot〉 엘리먼트들도 〈table〉 엘리먼트의 기능을 물려받고 있기 때문에 insertRow( ) 메서드를 사용할 수 있습니다.

10.2 행에 관하여: Row

〈table〉 엘리먼트에 대한 부분을 보았으니 이제 행을 나타내는 〈tr〉 엘리먼트를 살펴보겠습니다. 앞서 잠깐 rowIndex라는 속성에서 본 것처럼 〈tr〉 엘리먼트에도 특화된 속성과 메서드가 있습니다. 앞서 〈table〉 엘리먼트의 구조를 잠깐 짚어 보겠습니다. 그림 10-2에서 보듯이 가장 작은 단위는 셀(Cell)입니다. 즉 여러 개의 셀을 가질 수 있는 하나의 행(Row)이 있고 여러 개의 행을 가질 수 있는 테이블(Table)이 있습니다. 따라서 HTML에서 〈table〉 엘리먼트는 〈table〉 ⊃ 〈tr〉 ⊃ 〈td〉의 포함 관계를 맺게 됩니다.

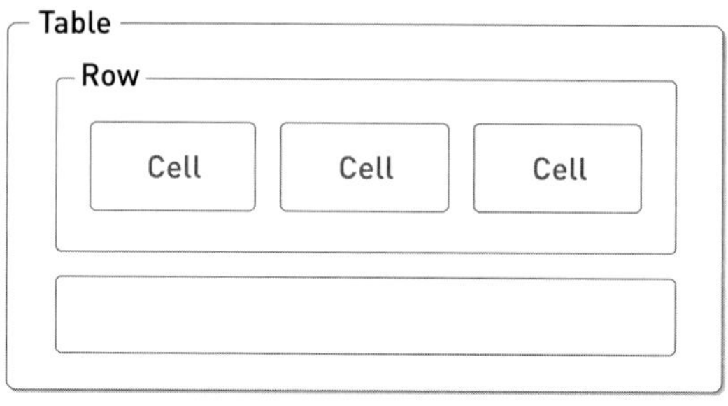

그림 10-2 〈table〉 엘리먼트의 구조

이때 자바스크립트를 통해 접근할 때 열을 기준으로 접근할 수는 없으므로 각 행에서 해당하는 열은 몇 번째 셀에 있는 것인지를 일일이 찾아 접근해야 합니다. 그러므로 테이블 행(Table Row) 객체에 대해서는 조금 더 관심을 두고 보셔야 합니다. 우선 표 10-4를 통해 ⟨tr⟩ 엘리먼트, 즉 테이블 행 객체의 속성과 메서드를 확인해 보십시오.

표 10-4 테이블 행 객체의 속성

속성	설명
align `<tr align="stringValue">`	객체의 정렬 위치를 지정하거나 반환한다. 문법 `trObject.align[=stringValue]` 코드 `document.write(trObject.align);` 결과 `center`
cells	객체에 적용된 모든 셀(cell)의 배열 번수를 참조하고 반환한다. 문법 `trObject.cells` 코드 `document.write(trObject.cells.length);` 결과 `4`
ch `<tr ch="stringValue">`	테이블 행의 셀에서 문자 정렬을 지정하거나 반환한다. 문법 `trObject.ch[=stringValue]` 코드 `document.write(trObject.ch);` 결과 `chStr`
chOff `<tr choff="stringValue">`	테이블 행의 셀에서 문자 정렬의 offset을 지정하거나 반환한다. 문법 `trObject.chOff[=stringValue]` 코드 `document.write(trObject.chOff);` 결과 `chOffStr`
rowIndex	rows 컬렉션에서의 순서를 반환한다. 문법 `[integerValue=] trObject.rowIndex` 코드 `document.write(trObject.rowIndex);` 결과 `2`

→ 다음 페이지에 계속

← 전 페이지에 이어

속성	설명
sectionRowIndex	tBody, tHead, tFoot이나 rows 컬렉션에 있는 객체의 위치 인수(index)를 나타내는 정수이다. 이 속성은 읽기 전용이며 기본값은 없다. 문법 `[integerValue=] trObject.sectionRowIndex` 코드 `document.write(trObject.sectionRowIndex );` 결과 1
vAlign `<tr valign="stringValue">`	객체의 내용이 수직적으로 어떻게 정렬하는가를 지정하거나 반환한다. 문법 `trObject.vAlign[=stringValue]` 코드 `document.write(trObject.vAlign);` 결과 `baseline`

표 10-5 테이블 행 객체의 메서드

메서드	설명
insertCell([iIndex])	tr에 새로운 칸(th/td)을 삽입하고 cells 컬렉션에 추가한다.
deleteCell([iIndex])	tr에서 지정한 칸(th/td)을 cells 컬렉션에서 삭제한다.

표 10-4와 같은 속성이 있고 표 10-5와 같은 메서드가 있습니다. 그럼 이 속성과 메서드를 사용해 예제 10-1보다 더 발전한 테이블을 만들어 보겠습니다.

예제 | 10-3

```html
<html>
<head>
<meta http-equiv="Content-Type" content="text/html; charset=UTF-8">
<title>Table Element</title>
<style type="text/css">
   .hidden {
     display: none;
```

```
    }
    .popupLayer {
       position: absolute;
       left: 100px;
       top: 100px;
       width: 300px;
       padding: 5px;
       border: 5px solid gray;
       background-color: #EEE;
    }
    table {
       background-color: #DDD;
       border: 1px solid black;
       border-collapse: collapse;
    }
    table th, table td {
       border: 4px solid #666666;
       padding: 4px;
    }
</style>
<script type="text/javascript" src="10-4.js"></script>
</head>
<body>
    <h1>테이블 엘리먼트 <button type="button" onclick="pageCtrl.loadData();">
          데이터 로드</button></h1>
    <table>
       <thead>
          <tr>
             <th>품명</th><th>가격(원)</th>
             <th>기능</th>
          </tr>
       </thead>
       <tbody></tbody>
       <tfoot>
          <tr><td></td><td></td><td></td></tr>
          <tr>
             <td>합계</td>
             <td><span id="priceSum"></span></td>
             <td><button type="button" onclick="pageCtrl.getSum();">
                   합계 보기</button></td>
```

```
      </tr>
      <tr>
        <td><input type="text" name="productName" /></td>
        <td><input type="number" name="productPrice" /></td>
        <td><button type="button" onclick="pageCtrl.addData();">
            추가하기</button></td>
      </tr>
    </tfoot>
  </table>
</body>
</html>
```

예제 | 10-4

```
var elementCtrl = {
  findParent: function(el, tag){
    while(el && el.tagName != tag){
      el = el.parentNode;
    }
    return el;
  },
  movePre: function(el){
    var parent = el.parentNode;
    var els = parent.children;
    var beforeElement = null;
    for (var i = 0, l = els.length; i < l; i++) {
      if (el === els[i]) {
        break;
      } else {
        beforeElement = els[i];
      }
    }
    parent.insertBefore(el, beforeElement);
  },
  moveNext: function(el){
    var parent = el.parentNode;
    var els = parent.children;
    var beforeElement = null;
    for (var i = els.length; i > -1; i--) {
```

```javascript
        if (el === els[i]) {
          break;
        } else {
          beforeElement = els[i + 1];
        }
      }
      if (beforeElement) {
        parent.insertBefore(el, beforeElement);
      } else {
        parent.appendChild(el);
      }
    }
  }
};
var tableCtrl = {
  removeRow: function(el){
    var row = elementCtrl.findParent(el, 'TR');
    var table = elementCtrl.findParent(el, 'TABLE');
    table.deleteRow(row.rowIndex);
  },
  insertRow: function(datas, table){
    for (var i = 0, l = datas.length; i < l; i++) {
      var data = datas[i];
      var row = table.insertRow();
      row.insertCell(0).innerHTML = data['title'];
      row.insertCell(1).innerHTML = data['price'];
      row.insertCell(2).innerHTML = [
        '<button type="button" onclick="tableCtrl.removeRow(this);">' +
          '삭제</button>',
        '<button type="button" onclick="tableCtrl.upRow(this);">' +
          '▲</button>',
        '<button type="button" onclick="tableCtrl.downRow(this);">' +
          '▼</button>'
      ].join('');
    }
  },
  upRow: function(el){
    var row = elementCtrl.findParent(el, 'TR');
    elementCtrl.movePre(row);
  },
  downRow: function(el){
```

```javascript
            var row = elementCtrl.findParent(el, 'TR');
            elementCtrl.moveNext(row);
        },
        getCellSum: function(table, colIndex){
            var sum = 0;
            var rows = table.rows;

            for (var i = 0, l = rows.length; i < l; i++) {
                var val = rows[i].cells[colIndex].innerHTML;
                sum += parseInt(val);
            }
            return sum;
        }
    };
    var pageCtrl = {
        loadData: function(){
            var table = document.getElementsByTagName('table')[0].tBodies[0];
            var basicDataList = [
                {"title": "점심", "price": 5000},
                {"title": "영화", "price": 9000},
                {"title": "커피", "price": 4000}
            ];
            tableCtrl.insertRow(basicDataList, table);
        },
        addData: function(){
            var name = document.getElementsByName('productName')[0].value;
            var price = document.getElementsByName('productPrice')[0].value;
            var datas = [{
                "title": name,
                "price": price
            }];
            var table = document.getElementsByTagName('table')[0].tBodies[0];
            tableCtrl.insertRow(datas, table);
        },
        getSum: function(){
            var table = document.getElementsByTagName('table')[0].tBodies[0];
            var sum = tableCtrl.getCellSum(table, 1);
            document.getElementById('priceSum').innerHTML = sum;
        }
    };
```

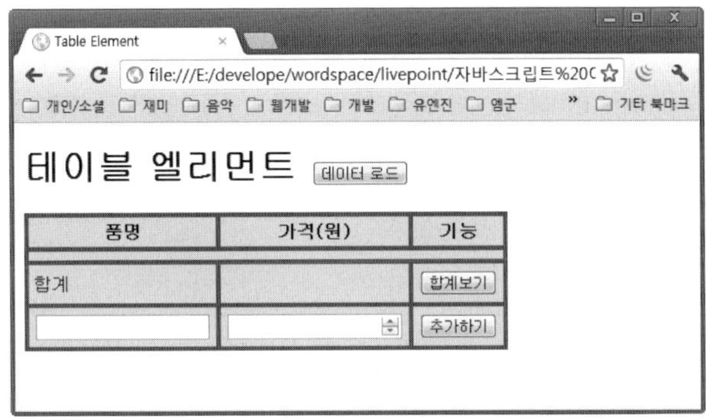

그림 10-3 예제 10-3을 실행한 모습

예제 10-3을 먼저 살펴보도록 하겠습니다. 일종의 기계부의 같은 웹 애플리케이션 형태로 만들이 보있습니다. 물론 네이터는 가상으로 입력한 것입니다. 웹 서버와 데이터베이스가 있어 연동할 수 있다면 몇 가지 기능을 추가해서 사용할 수 있을 것입니다.

앞의 예제 중 다시 사용한 부분은 넘어가고 달라진 부분만 짚어보도록 하겠습니다. 우선 tableCtrl 객체에 대한 부분입니다.

insertRow( ) 메서드는 내용이 좀 변경되었습니다. 기존 HTML 문자열을 받아 통째로 입력하던 것을 데이터 배열과 데이터를 삽입할 테이블을 받아 입력하도록 변경했습니다. 단, insertCell( ) 메서드를 직접 입력했기 때문에 모든 테이블에서 사용하지는 못합니다. 이 부분을 잘 고쳐 본다면 모든 테이블에서 사용할 수 있도록 할 수 있습니다. 어떻게 고쳐서 사용해야 모든 테이블을 대상으로 사용할 수 있을지 고민해보시기 바랍니다.

getCellSum( ) 메서드는 테이블의 몇 번째 특성 셀(cell) 안의 데이터를 취합하여 합산한 결과를 돌려주는 메서드입니다. 단 인자로 전달받는 colIndex에 해당하는 셀 안의 데이터가 모두 숫자여야 한다는 제약이 있습니다. 그렇지 않으면 NaN을 결과로 받게 될 것입니다. 이 메서드의 완성도를 높이려면 검증을 통해 숫자일 때만 합산에 추가하는 방법과 같은 추가 로직이 필요합니다. 또한, 내부에 <span> 등의 다른 엘리먼트가 있나면 이 또한 문제가 됩니다. 이러한 문제를 어떻게 해결해야 할지 이 또한 여러분이 직접 고민하고 풀어낸다면 더욱 세련되게 자바스크립트를 사용할 수 있을 것입니다.

pageCtrl 객체의 내용도 바뀌었습니다. HTML 내용이 바뀐 만큼 기능에도 변화가 있었습니다. loadData( ) 메서드는 보통 Ajax 통신을 통해 서버로부터 데이터를 전송받아 해당 데이터를 테이블에 적용하기 위한 과정입니다. 하지만, Ajax 통신 부분은 별도로 다룰 예정이므로 데이터는 임의로 설정하였습니다. 그렇게 받은 데이터를 tableCtrl 객체를 사용해 테이블에 적용합니다.

addData( ) 메서드는 테이블의 〈tfoot〉 엘리먼트에 삽입된 〈input〉 엘리먼트를 통해 사용자로부터 입력받은 데이터를 추가하는 부분입니다. 이 역시 Ajax 통신을 통해 서버에 데이터를 전달하고 서버에 데이터가 잘 적용되었는지 확인한 다음 테이블에 적용해야 하지만 바로 적용되도록 임의로 만들어 보았습니다.

getSum( ) 메서드는 tableCtrl.getCellSum( ) 메서드를 통해 받은 값을 테이블에 삽입하는 기능을 합니다.

10.3 열에 관하여: Cell

지금까지 보신 것을 보고 눈치를 채신 분들도 있겠지만 사실 행(tr)과 셀(td)같은 객체들은 단순히 데이터만 삽입할 때는 별로 필요치 않습니다. HTML 태그를 모아서 한 번에 삽입하는 것이 속도 면에서도 빠르고 여러 가지로 편리하기 때문입니다. 하지만, 그 안의 데이터나 속성과 같은 것을 알아야 할 때에는 반드시 〈tr〉, 〈td〉 등의 개별 엘리먼트에 접근해야만 합니다. 이처럼 접근과 활용을 잘할 수 있다면 〈table〉 엘리먼트를 엑셀(Excel)처럼 얼마든지 유용하게 활용할 수 있습니다. 그뿐 아니라 사용자들이 편리하게 사용할 수 있는 다양한 기능을 만들 수도 있습니다. 그러므로 어떻게 접근하는 것인지를 중점적으로 보시는 것이 좋습니다.

셀 엘리먼트(Cell Element)에는 〈th〉 엘리먼트와 〈td〉 엘리먼트가 있습니다. 〈th〉 엘리먼트는 Table Header의 약자로, 칼럼의 제목을 삽입하는 엘리먼트입니다. 그리고 〈td〉 엘리먼트는 Table Data의 약자로, 실제 데이터를 삽입하는 엘리먼트입니다. 둘 다 셀 엘리먼트이므로 같은 기능과 속성이 있습니다.

표 10-6 셀 엘리먼트의 속성

속성	설명
abbr `<td abbr="stringValue">`	객체의 약자 텍스트를 반환하거나 설정한다. **문법** `tdObject.abbr[=stringValue]` **코드** `document.write(tdObject.abbr);` **결과** TD 약자
align `<td align="stringValue">`	객체의 정렬 위치를 반환하거나 설정한다. **문법** `tdObject.align[=stringValue]` **코드** `document.write(tdObject.align);` **결과** center
axis `<td axis="stringValue">`	객체와 연관된 개념 카테고리를 반점으로 분리한 목록으로 반환하거나 설정한다. **문법** `tdObject.axis[=stringValue]` **코드** `document.write(tdObject.axis);` **결과** axisList
bgColor `<td bgcolor="colorValue">`	문서의 배경색을 #rrggbb 형식이나 색 이름으로 반환하거나 설정한다. **문법** `tdObject.bgColor[=colorVal]` **코드** `document.write(tdObject.bgColor);` **결과** #ffff00
colSpan `<td colspan="integerValue">`	오른쪽으로 확장하는 칼럼 수를 반환하거나 설정한다. **문법** `tdObject.colSpan[=integerValue]` **코드** `document.write(tdObject.colSpan);` **결과** 2
headers `<td headers="stringValue">`	정보를 제공하는 객체의 머리글 셀의 목록을 반환하거나 설정한다. **문법** `tdObject.headers[=stringValue]` **코드** `document.write(tdObject.hasMedia);` **결과** false

→ 다음 페이지에 계속

← 전 페이지에 이어

속성	설명
rowSpan `<td rowspan="integerValue">`	테이블 셀 객체의 아래로 확장하는 줄 수를 반환하거나 설정한다. **문법** `tdObject.rowSpan[=integerValue]` **코드** `document.write(tdObject.rowSpan);` **결과** 2
scope `<td scope="stringValue">`	정보가 적용된 테이블 셀 그룹을 반환하거나 설정한다. **문법** `tdObject.scope[=stringValue]` **코드** `document.write(tdObject.scope);` **결과** row
vAlign `<td valign="stringValue">`	내용을 수직으로 어떻게 정렬하는가를 반환하거나 설정한다. **문법** `tdObject.vAlign[=stringValue]` **코드** `document.write(tdObject.vAlign);` **결과** baseline

표 10-6이 바로 셀 엘리먼트가 가지는 속성들입니다. 하지만, 먼저 독자 여러분께 알려 드릴 부분은 HTML5의 등장과 함께 사용되지 않을 속성입니다. HTML5의 레퍼런스(Reference)에서는 기존 HTML4 와 달리 여러 가지 속성이 사라졌기(HTML5에서는 더는 표준이 아니기) 때문입니다.

HTML5에서는 모양이나 표현되는 방법에 대해서는 스타일 시트, 즉 CSS가 제어하는 것을 추천합니다. HTML 문서에서는 각각의 엘리먼트가 본래 태그의 의미와 역할에 충실해야 하므로 단지 보이는 것을 위해 본래의 의미와 맞지 않는 엘리먼트를 사용하는 것을 원하지 않기 때문입니다.

HTML5에서 비표준이 된 셀 엘리먼트의 속성은 다음과 같습니다.

abbr	align	axis	char	charoff	scope	valign

즉 HTML5에서 사용되는 속성(Attribute)은 bgcolor, colspan, rowspan, headers밖에 남지
않게 된 것입니다. 사실 그 외의 속성은 자바스크립트로는 거의 사용하지 않았으니 크게 신경
쓰지 않아도 좋습니다. 그러면 이들을 활용해서 무엇을 할 수 있을까를 고민해보도록 하죠.

우선 rowspan 속성과 colspan 속성에 대해서는 대부분 잘 알 것으로 생각합니다. 해당하는 셀
엘리먼트를 얼마나 확장할 것인지에 대한 속성입니다.

예제 | 10-5

```html
<html>
<head>
<meta http-equiv="Content-Type" content="text/html; charset=UTF-8">
<title>Table Element</title>
<style type="text/css">
  .hidden {
    display: none;
  }
  .popupLayer {
    position: absolute;
    left: 100px;
    top: 100px;
    width: 300px;
    padding: 5px;
    border: 5px solid gray;
    background-color: #EEE;
  }
  table {
    background-color: #DDD;
    border: 1px solid black;
    border-collapse: collapse;
  }
  table th, table td {
    border: 4px solid #666666;
    padding: 4px;
  }
</style>
<script type="text/javascript" src="10-6.js"></script>
</head>
<body>
```

```html
<h1>테이블 엘리먼트 <button type="button" onclick="pageCtrl.loadData();">
    데이터 로드</button></h1>
<table>
  <thead>
    <tr>
      <th>분류</th><th>품명</th><th>단가(원)</th><th>수량</th><th>
        총액(원)</th>
      <th>기능</th>
    </tr>
  </thead>
  <tbody></tbody>
  <tfoot>
    <tr><td colspan="6"></td></tr>
    <tr>
      <td>전체</td>
      <td colspan="3">합계</td>
      <td><span id="totalPrice"></span></td>
      <td><button type="button" onclick="pageCtrl.getSum();">
        합계 보기</button></td>
    </tr>
    <tr>
      <td><input type="text" name="productCategory" /></td>
      <td><input type="text" name="productName" /></td>
      <td><input type="number" name="productPrice" /></td>
      <td><input type="number" name="productCount" /></td>
      <td></td>
      <td><button type="button" onclick="pageCtrl.addData();">
        추가하기</button></td>
    </tr>
  </tfoot>
</table>
</body>
</html>
```



```javascript
var elementCtrl = {
  findParent: function(el, tag){
    while(el && el.tagName != tag){
```

```
            el = el.parentNode;
        }
        return el;
    },
    movePre: function(el){
        var parent = el.parentNode;
        var els = parent.children;
        var beforeElement = null;
        for (var i = 0, l = els.length; i < l; i++) {
            if (el === els[i]) {
                break;
            } else {
                beforeElement = els[i];
            }
        }
        parent.insertBefore(el, beforeElement);
    },
    moveNext: function(el){
        var parent = el.parentNode;
        var els = parent.children;
        var beforeElement = null;
        for (var i = els.length; i > -1; i--) {
            if (el === els[i]) {
                break;
            } else {
                beforeElement = els[i + 1];
            }
        }
        if (beforeElement) {
            parent.insertBefore(el, beforeElement);
        } else {
            parent.appendChild(el);
        }
    }
};
var tableCtrl = {
    removeRow: function(el){
        var row = elementCtrl.findParent(el, 'TR');
        var table = elementCtrl.findParent(el, 'TABLE');
        table.deleteRow(row.rowIndex);
```

```javascript
        },
        insertRow: function(datas, table){
            for (var i = 0, l = datas.length; i < l; i++) {
                var
                    data = datas[i],
                    category = data['category'],
                    title = data['title'],
                    price = data['price'],
                    count = data['count']
                ;
                var row = document.createElement('tr');
                row.insertCell(0).innerHTML = title;
                row.insertCell(1).innerHTML = price;
                row.insertCell(2).innerHTML = count;
                row.insertCell(3).innerHTML = parseInt(price) * parseInt(count);
                row.insertCell(4).innerHTML = [
                    '<button type="button" onclick="tableCtrl.removeRow(this);">
                        삭제</button>',
                    '<button type="button" onclick="tableCtrl.upRow(this);">
                        ▲</button>',
                    '<button type="button" onclick="tableCtrl.downRow(this);">
                        ▼</button>'
                ].join('');
                var cell = tableCtrl.getContainCell(category, table, 0);
                if (cell) {
                    var beforeRow = elementCtrl.findParent(cell, 'TR');
                    table.insertBefore(row, table.rows[beforeRow.rowIndex
                        + cell.rowSpan - 1]);
                    cell.rowSpan ++;
                } else {
                    row.insertCell(0).innerHTML = category;
                    table.appendChild(row);
                }
            }
        },
        upRow: function(el){
            var row = elementCtrl.findParent(el, 'TR');
            elementCtrl.movePre(row);
        },
        downRow: function(el){
```

```javascript
      var row = elementCtrl.findParent(el, 'TR');
      elementCtrl.moveNext(row);
   },
   getCellSum: function(table, colIndex){
      var sum = 0;
      var rows = table.rows;
      for (var i = 0, l = rows.length; i < l; i++) {
         var val = rows[i].cells[colIndex].innerHTML;
         sum += parseInt(val);
      }
      return sum;
   },
   getContainCell: function(sData, table, cellIndex){
      var rows = table.rows;
      for (var i = 0, l = rows.length; i < l; i++) {
         var row = rows[i];
         var cell = rows[i].cells[cellIndex];
         if (cell && cell.innerHTML == sData) {
            return cell;
         }
      }
   }
};
var pageCtrl = {
   loadData: function(){
      var table = document.getElementsByTagName('table')[0].tBodies[0];
      var basicDataList = [
         {"title": "볼펜", "price": 500, "count": 12, "category": '1'},
         {"title": "공책", "price": 1000, "count": 30, "category": '2'},
         {"title": "수학참고서", "price": 34000, "count": 1, "category": '2'}
      ];
      tableCtrl.insertRow(basicDataList, table);
   },
   addData: function(){
      var category
            = document.getElementsByName('productCategory')[0].value;
      var name = document.getElementsByName('productName')[0].value;
      var price = document.getElementsByName('productPrice')[0].value;
      var count = document.getElementsByName('productCount')[0].value;
      var datas = [{
```

```
        "category": category,
        "title": name,
        "price": price,
        "count": count
    }];
    var table = document.getElementsByTagName('table')[0].tBodies[0];
    tableCtrl.insertRow(datas, table);
},
getSum: function(){
    var table = document.getElementsByTagName('table')[0].tBodies[0],
        sum = 0,
        rows = table.rows
    ;
    for (var i = 0, l = rows.length; i < l; i++) {
        var cells = rows[i].cells;
        var val = cells[cells.length - 2].innerHTML;
        sum += parseInt(val);
    }
    document.getElementById('totalPrice').innerHTML = sum;
}
};
```

예제 10-5가 셀 엘리먼트에 있는 속성을 활용해본 예입니다. 이 또한 예제 10-3의 테이블 예제를 다시 수정하고 기능을 추가하여 확장한 것입니다.

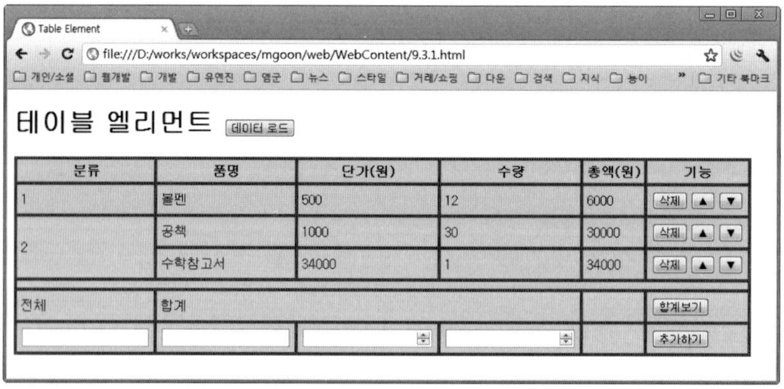

그림 10-4 셀 엘리먼트 제어

실제 그롬 웹 브라우저를 통해 실행한 다음 〈데이터 로드〉 버튼을 누르게 되면 그림 10-4과 같은 모습이 될 것입니다. 특이한 것은 분류 부분에 rowSpan 속성이 변경된 칼럼들입니다. 그 칼럼 때문에 행 엘리먼트의 구성이 어떠한 것은 분류를 포함하게 되고 어떠한 것은 분류를 포함하지 않게 되었습니다. 그것을 구분해 내어 알맞게 행 엘리먼트를 만들어 삽입하도록 하는 부분이 tableCtrl.insertRow( ) 메서드입니다.

데이터에 같은 분류가 있는지 tableCtrl.getContainCell( ) 메서드를 통해 알아내고 해당하는 분류의 rowSpan 속성값을 알맞게 변경한 다음 해당 rowSpan 속성이 적용되는 마지막 줄에 데이터를 삽입하는 것이 핵심입니다. 그리고 만일 해당 분류가 없다면 새로운 분류를 만들게 됩니다.

이처럼 rowSpan이나 colSpan 속성이 변경되었을 때 cellIndex 혹은 rowIndex 속성의 값이 변경되기 때문에(셀 엘리먼트의 개수가 바뀌기 때문에) pageCtrl.getSum( ) 메서드의 내용도 변경되었습니다. 기존의 cellIndex 속성의 값이 다르지만 각 row 기준으로 뒤에서 두 번째 셀 엘리먼트라는 사실은 변화가 없으므로 var val = cells[cells.length - 2].innerHTML와 같은 형식으로 값을 찾아내도록 했습니다.

이 예제를 직접 작성하고 이해할 수 있는 수준이라면 독자분들은 어떤 테이블이든 자신이 원하는 방식으로 테이블을 통해 데이터를 보여줄 수 있게 될 것입니다. 이를 확인하기 위해 여러분이 해보셔야 할 것은 tableCtrl.getCellSum( ) 메서드가 올바르게 동작하도록 수정하고 현재 올바르게 동작하지 않는 기능 버튼이 올바르게 동작하도록 수정하는 일입니다. 이들을 올바르게 수정하신다면 〈table〉 엘리먼트에 데이터를 조작하거나 보여주는 부분에서 여러분이 두려워할 이유는 전혀 없습니다.

열혈강의
자바스크립트

제 11 장

이벤트 핸들링

이벤트(Event)라는 객체는 웹 애플리케이션에 변화가 생길 때 생성됩니다. 애플리케이션이 처음 열리는 순간이나 마우스로 클릭하거나 키보드로 입력하는 등 특정 엘리먼트의 변화와 문서를 떠나는 순간까지의 모든 활동에 대해서 이벤트가 발생합니다. 이러한 활동이 감지되면 자바스크립트는 스스로 이벤트 객체를 생성합니다. 이 객체에는 해당 활동에 관련된 여러 가지 정보를 함께 갖고 있습니다. 이 정보들을 활용해 많은 일을 할 수 있는데, 이러한 이벤트를 마음껏 활용할 수 있게 된다면 더욱 능동적인 웹 애플리케이션을 만들 수 있습니다.

예를 들어 지금까지 자주 사용해 오던 엘리먼트의 속성 중 onclick과 같은 속성도 이벤트에 대한 응답을 설정하는 속성입니다. 이처럼 특정한 이벤트에 대한 응답을 설정하거나 해제하는 행위를 "이벤트(Event)를 핸들링(Handling)한다."라고 말합니다. 그리고 이에 대한 응답으로 반응하는 함수를 리스너(Listener)라고 부릅니다.

이처럼 이벤트를 등록하거나 해제할 때 엘리먼트의 속성에 직접 기술할 수도 있지만, 자바스크립트를 통해 객체에 addEventListener( )와 removeEventListener( )라는 메서드를 호출해 사용할 수도 있습니다. 하지만, 윈도우 인터넷 익스플로러에서만은 다른 함수명을 이용합니다. 인터넷 익스플로러에서 8 버전까지 사용한 메서드는 attachEvent( ), detachEvent( )입니다만 9 버전부터는 W3C에서 지정한 표준을 준수하기 위해 addEventListener( ), removeEventListener( ) 메서드로 이름이 변경되었습니다.

```
elementObj.addEventListener(eventName, listenerFunction,
                            useCapture);
elementObj.removeEventListener(eventName, listenerFunction);
elementObj.attachEvent('on' + eventName, listenerFunction);
elementObj.detachEvent('on' + eventName, listenerFunction);
```

위의 구문에서 보는 바와 같이 사용법은 아주 단순합니다. 위의 두 줄은 표준을 따른 문법이고 아래 두 줄은 인터넷 익스플로러 8 이하 버전에서 사용되는 문법입니다. 특이한 점은

attachEvent( ), detachEvent( ) 메서드에서는 이벤트 이름 앞에 'on'이라는 문자가 붙는다는 것입니다. 엘리먼트의 속성 이름과 같습니다. 예를 틀어 클릭 이벤트라면 attachEvent( ), detachEvent( ) 메서드에서는 'onclick'으로 사용해야 합니다.

그리고 addEventListener( ) 메서드에서는 userCapture라는 인자가 추가되었습니다. 이 인자는 boolean 타입으로, false를 지정하면 **버블링(Bubbling)** 방식으로 실행되고 true로 지정하면 **캡처링(Capturing)** 방식으로 실행됩니다.

이벤트를 캡처링할 때는 DOM 트리의 가장 바깥 요소부터 시작하여 이벤트가 일어난 요소에 도착할 때까지 안쪽으로 찾아 들어가고 다시 바깥으로 나옵니다. 예를 들어 웹 페이지에서 무언가를 클릭하면 처음에는 〈html〉 엘리먼트에서 onclick 이벤트 핸들러를 찾고, 다음에는 〈body〉 엘리먼트에서 찾고 다음에는 ~ 엘리먼트 다음에는 ~ 엘리먼트 하는 식으로 이벤트가 일어난 요소에 도착할 때까지 반복하게 됩니다.

이벤트 버블링은 이벤트 캡처링과는 반대 방향으로 동작합니다. 이벤트가 일어난 요소부터 체크(이 요소에 뭔가 이벤트 핸들러가 할당되어 있는지)를 시작해서 그 부모 요소로, 그 부모 요소로, 하는 식으로 〈html〉 엘리먼트까지 거슬러 올라가게 됩니다. 일반적으로 대부분 false를 지정한 버블링 방식을 사용합니다.

이벤트를 핸들링하는 방법은 이 외에도 두 가지 방법이 더 있습니다. 지금까지 많이 보아오고 사용해 왔던 HTML에 직접 속성을 지정하여 onclick="실행할 코드"와 같이 주는 방법과 element.onclick = function( ){ ... }처럼 엘리먼트 객체의 속성에 관련 함수를 지정하는 방법도 사용할 수 있습니다. 하지만, 특정 리스너만을 동적으로 추가하거나 제거하는 방법이 아니므로 동적인 설정에는 addEventListener( ) 메서드를 주로 사용합니다.

그럼 지금부터 실제 여러분이 주로 사용하게 되실 이벤트들을 직접 다루어 보고 이벤트 객체에 대해 알아보도록 하겠습니다.

11.1 기본 이벤트

이벤트의 종류가 매우 다양한 만큼 이벤트는 종류에 따라 각각 다른 속성들이 있습니다. 하지만, 이벤트라는 근본적인 객체는 바뀌지 않기 때문에 공통으로 사용되는 속성 또한 당연히 있습니다. 우선은 그 기본적인 속성부터 살펴보려고 합니다. 우선 모든 이벤트가 갖는 기본적인 속성들은 표 11-1과 같고 메서드는 표 11-2와 같습니다.

표 11-1 이벤트 객체의 속성

속성	설명
bubbles	이벤트 작동 방식이 버블링인지 여부를 반환한다.
cancelable	이벤트가 취소되었는지를 반환한다.
currentTarget	이벤트가 응답자가 수행되고 있는 대상 개체를 반한한다.
defaultPrevented	event.preventDefault( ) 메서드를 사용하여 이벤트의 기본 행동을 취소할 수 있는지 나타내는 Boolean 값이다.
eventPhase	이벤트 흐름에서 현재 단계를 알려주는 속성이다. eventPhase=1일 때 capture (EventPhase.CAPTURING_PHASE) eventPhase=2일 때 target (EventPhase.AT_TARGET) eventPhase=3일 때 bubbling (EventPhase.BUBBLING_PHASE)
explicitOriginalTarget	마지막으로 이벤트가 발생한 객체를 반환한다.
originalTarget	이벤트가 최초로 발생한 객체를 반환한다.
target	이벤트가 실제로 발생한 객체(이벤트 응답자가 등록되지 않았더라도)를 반환한다.
timeStamp	이벤트가 발생한 시간을 반환한다.
type	발생한 이벤트의 형식을 반환한다.
isTrusted	이벤트 브라우저(예: 사용자 클릭 이후) 또는 (event.initEvent같은 이벤트 생성 방법을 사용) 스크립트에 의해 시작되었는지를 반환한다.

표 11-2 이벤트 객체의 메서드

메서드	설명
initEvent( )	새 이벤트의 속성을 초기화한다.
preventDefault( )	이벤트를 취소할 수 있다면 이벤트의 전파를 막지 않고 그 이벤트를 취소한다.
stopImmediatePropagation( )	이벤트의 전파를 막고 현재 실행 중인 리스너 함수까지 실행한다.
stopPropagation( )	이벤트의 전파를 막고 현재 엘리먼트에 등록된 응답자 함수까지 실행한다.

이 속성과 메서드들이 이벤트의 가장 기본적인 정보를 알아내고 그것들을 사용하는 데 필요한 것들입니다. 이 외에도 여러 가지 특수한 이벤트에는 해당 이벤트에 대한 정보들이 할당되어 있습니다.

이벤트 전파

여기서 잠시 이벤트의 전파에 대해 이해하고 넘어갈 필요가 있습니다. 이벤트의 전파란 특정 위치에 〈div〉 등과 같은 엘리먼트가 여러 개가 겹쳐 있는 지점에 click과 같은 이벤트가 발생 되었을 때 가장 위에 있는 엘리먼트에서만 click 이벤트가 발생하는 것이 아니라 겹쳐져 있는 아래쪽 엘리먼트들에도 이벤트가 전달되는 것을 말합니다. 이러한 현상을 이벤트의 전파라고 합니다.

drag, drop과 같은 특정 이벤트를 다룰 때 특히 많이 사용되게 되기 때문에 이벤트의 전달에 대해서도 이해를 하고 넘어가야 합니다. 간단한 그림을 이용하여 이해를 돕도록 하겠습니다.

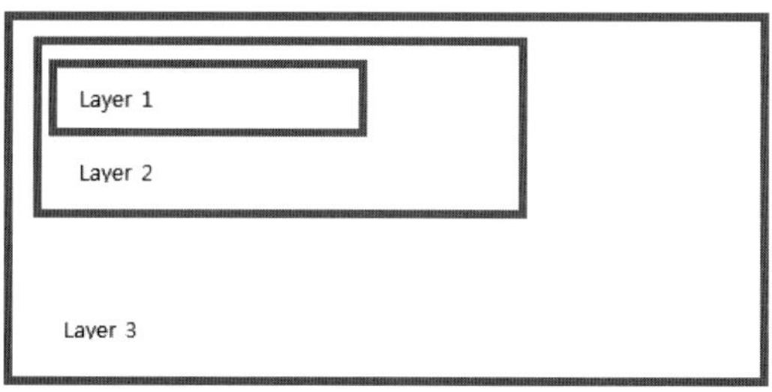

그림 11-1 이벤트 전파

그림 11-1처럼 세 개의 엘리먼트가 겹쳐 있다면 Layer 1 부분을 클릭했을 때 Layer 2, Layer 3 객체에도 클릭 이벤트가 전달되는 것을 **이벤트 전파**라 부릅니다. 이벤트가 전파되는 과정을 간단히 살펴보도록 하겠습니다. 예제 11-1을 실행시켜 보세요.

예제 | 11-1

```
<!DOCTYPE html>
<html>
<head>
<meta charset="UTF-8">
<title>이벤트 전파</title>
<style>
div {
   margin: 5px;
   padding: 5px;
   border: 1px solid black;
}
textarea {
   width: 90%;
   height: 200px;
}
</style>
<script type="text/javascript">
   window.onload = function(e) {
      var logger = document.getElementsByTagName('textarea')[0];
      function log(newtext) {
         logger.value += newtext + '\n';
         logger.scrollTop = logger.scrollHeight;
      }
      var divs = document.getElementsByTagName('div');
      for ( var i = 0; i < divs.length; i++) {
         (function() {
            var div = divs[i];
            div.onclick = function(e) {
               if (div.id === 'depth1') {
                  log(div.id);
               } else if (div.id === 'depth2') {
                  log(div.id);
               } else if (div.id === 'depth3') {
```

```
                log(div.id);
            }
        }
    })();
    }
    }
</script>
</head>
<body>
    <div id="depth1">
        depth1
        <div id="depth2">
            depth2
            <div id="depth3">
                depth3
            </div>
        </div>
    </div>
    <textarea style="width:100%; height: 100px;"></textarea>
</body>
</html>
```

이 예제는 〈div〉 엘리먼트 3개를 겹치게 하여 놓고 겹쳐진 〈div〉 엘리먼트들에 클릭 이벤트가 발생하면 어떤 엘리먼트에서 이벤트가 발생했는지에 관한 로그를 〈textarea〉 엘리먼트로 보여 주게 하였습니다. 예제 11-1을 실행시키고 〈div〉 엘리먼트를 클릭해 보면서 로그를 확인해 보세요. depth3를 클릭했을 때 나오는 로그는 그림 11-2와 같습니다.

분명히 depth3을 클릭했지만 depth3에서 전파되어 depth2에도 클릭 이벤트가 발생하고 그 뒤엔 depth1에도 클릭 이벤트가 발생한 것을 확인하실 수가 있습니다. 이처럼 다른 엘리먼트로 가려져 있는 엘리먼트도 겹쳐진 다른 엘리먼트로부터 이벤트를 전달받을 수 있는 것을 이벤트 전파라고 합니다. 하지만, 이를 이용하실 때는 조심해야 합니다. 특정한 브라우저에서는 지원하지 않기도 하기 때문입니다. 그러므로 자신이 원하는 이벤트를 만들려면 해당 이벤트가 발생하는 엘리먼트가 가장 위에 올 수 있도록 해 주셔야 합니다.

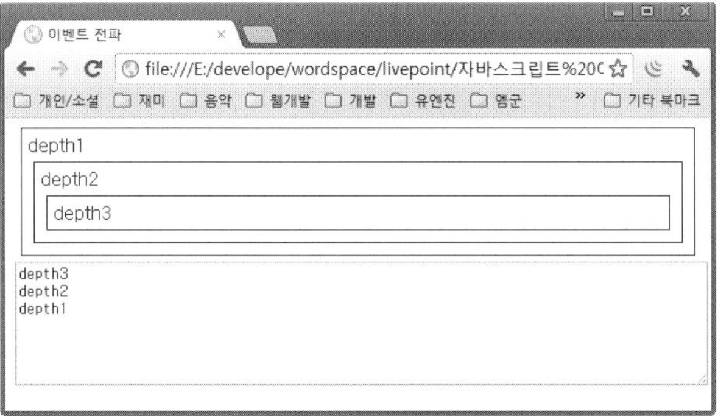

그림 11-2 이벤트 전파 확인

그럼 다시 돌아와서 이벤트의 속성에 대한 예제를 한번 보겠습니다.


```
<!DOCTYPE html>
<html>
<head>
    <meta charset="UTF-8">
    <title>Event Handling</title>
    <script type="text/javascript">
        var eventCtrl = {
            add: function(elem, eventType, handler) {
                eventType = eventType.replace('on', '');
                if (elem.addEventListener) {
                    elem.addEventListener(eventType, handler, false);
                } else if (elem.attachEvent) {
                    eventType = 'on' + eventType;
                    elem.attachEvent(eventType, handler);
                }
            },
            remove: function(elem, eventType, handler){
                eventType = eventType.replace('on', '');
                if (elem.removeEventListener) {
                    elem.removeEventListener(eventType, handler);
                } else if (elem.detachEvent) {
                    eventType = 'on' + eventType;
```

```
                elem.detachEvent(eventType, handler);
            }
        }
    };
    eventCtrl.add(window, 'load', function(event){
        var time = 0;
        var button = document.getElementsByTagName('button')[0];
        eventCtrl.add(button, 'click', function(event){
            if (time > 0) {
                document.getElementById('msContent').innerHTML
                    = event.timeStamp - time;
            }
            time = event.timeStamp;
        });
    });
    </script>
</head>
<body>
    <h1>이벤트 핸들링</h1>
    <div>클릭한 간격 : <span id="msContent">0</span> 밀리 초</div>
    <button type="button">클릭</button>
</body>
</html>
```

예제 11-2는 앞서 설명한 이벤트의 기본 속성을 이용하여 클릭과 클릭 사이의 시간 간격을 계산하는 애플리케이션입니다. 클릭 이벤트가 발생한 시간을 기억해 두고 다시 클릭 이벤트가 발생하면 앞서 발생한 클릭 이벤트와의 간격을 계산해 보여주는 방식입니다. 이 예제로 제가 더블 클릭을 얼마나 빠르게 할 수 있나 테스트해보았는데 생각보다 빠르지는 않더군요.

그림 11-3 이벤트 핸들링

특정 엘리먼트에 이벤트를 등록하는 등의 어떠한 조작을 하려면 본문의 HTML 태그들이 완성된 후여야 합니다. 그러므로 페이지를 모두 다 읽은 다음(window.onload 이후)에 버튼 엘리먼트에 이벤트를 등록하게 하였습니다. 이처럼 timeStamp 외의 다른 속성들은 어떻게 사용할 수 있을지 고민해보고 나서 다음 학습으로 넘어가 보시는 것도 좋습니다.

11.2 마우스 이벤트

마우스 이벤트(Mouse Event)라는 명칭을 통해서도 알 수 있듯이 이는 마우스를 통해 발생된 이벤트를 일컫습니다. 클릭하거나 대상 위로 마우스를 올리거나(마우스 오버) 혹은 드래그 앤 드롭과 같은 이벤트들이 여기에 속합니다.

이처럼 마우스를 통해 발생한 이벤트에는 이벤트 발생 시의 마우스 위치 정보를 포함하게 됩니다. 이때 제공되는 마우스의 위치 정보는 매우 유용하게 사용할 수 있는데, 이 정보를 이용하면 편리한 UI(User Interface)를 애플리케이션 사용자에게 제공할 수 있습니다. 그리고 클릭이나 마우스 다운(버튼을 눌렀을 때), 업(버튼에서 손을 뗐을 때) 이벤트라면 어떤 버튼을 클릭했는지에 대한 정보를, 마우스 휠 이벤트라면 휠 정보를 포함하게 됩니다.

마우스의 클릭, 다운, 업 등의 이벤트에 포함되는 마우스 버튼 정보는 event.button 속성으로 알 수 있는데, 버튼에 따라 다음과 같은 값을 갖게 됩니다.

- **왼쪽 버튼** 표준 0 (구 MS IE: 1)

- **휠 버튼** 표준 1 (구 MS IE: 4)

- **오른쪽 버튼** 표준 2 (구 MS IE: 2)

이때 마우스 위치와 관련한 다음의 속성들이 포함됩니다.

표 11-3 마우스 관련 속성

속성	설명
clientX, clientY	브라우저 창을 기준으로 한 X, Y 좌표(스크롤 무시)이다.
pageX, pageY	렌더링된 문서를 기준으로 한 X, Y 좌표(스크롤 포함)이다. 인터넷 익스플로러에서는 지원하지 않는다.
layerX, layerY offsetX, offsetY	타깃 엘리먼트를 기준으로 한 X, Y 좌표이다.

예제 11-3에서는 이 정보들을 활용해 그림을 그리는 웹 애플리케이션을 만들어 보았습니다. 이 방법은 매우 고전적인 방법이므로 SVG 나 Canvas와 같은 새로운 기술을 이용하면 조금 더 그럴듯한 그림판을 만들 수 있습니다.

예제 | 11-3

```html
<!DOCTYPE html>
<html>
<head>
  <meta charset="UTF-8">
  <title>Event Handling</title>
  <style type="text/css">
    #boardContainer {
        height: 300px;
        border: 5px solid black;
    }
  </style>
  <script type="text/javascript" src="11-4.js"></script>
</head>
<body>
  <h1>Mouse 그림판</h1>
  <div id="boardContainer"></div>
</body>
</html>
```

```javascript
var eventCtrl = {
    /**
     * 이벤트 등록 메서드
     * @param elem: 이벤트를 등록할 엘리먼트
     * @param eventType: 등록할 이벤트의 종류
     * @param handler: 이벤트 발생 시 실행할 function
     */
    add: function(elem, eventType, handler) {
        eventType = eventType.replace('on', '');

        if (elem.addEventListener) {
            elem.addEventListener(eventType, handler, false);
        } else if (elem.attachEvent) {
            eventType = 'on' + eventType;
            elem.attachEvent(eventType, handler);
        }
    },
    /**
     * 이벤트 삭제 메서드
     * @param elem: 이벤트를 삭제할 엘리먼트
     * @param eventType: 삭제할 이벤트의 종류
     * @param handler: 삭제할 function
     */
    remove: function(elem, eventType, handler){
        eventType = eventType.replace('on', '');
        if (elem.removeEventListener) {
            elem.removeEventListener(eventType, handler);
        } else if (elem.detachEvent) {
            eventType = 'on' + eventType;
            elem.detachEvent(eventType, handler);
        }
    }
};
eventCtrl.add(window, 'load', function(event){
    var STATUS_PEN = 'pen';
    var board = document.getElementById('boardContainer');
    var tools = document.getElementsByName('drowTool');
    var status = null;
```

```javascript
var tool = null;
// 마우스 왼쪽 버튼을 누르면 STATUS_PEN 상태 등록
eventCtrl.add(board, 'mousedown', function(event){
   if (event.button === 0) {
      status = STATUS_PEN;
   }
});
// 마우스 왼쪽 버튼이 올라오면 등록된 상태 해제
eventCtrl.add(board, 'mouseup', function(){
   if (event.button === 0) {
      status = null;
   }
});
/* 마우스의 움직임이 발생했을 때 STATUS_PEN 이면
 * 1px 크기의 파란색 <div> 엘리먼트를 만들어
 * 마우스 움직임이 발생한 위치에 배치한다.
 */
eventCtrl.add(board, 'mousemove', function(event){
   if (status === STATUS_PEN) {
      var div = document.createElement('div');
      div.style.width = '1px';
      div.style.height = '1px';
      div.style.backgroundColor = 'blue';
      div.style.position = 'absolute';
      div.style.left = event.pageX + 'px';
      div.style.top = event.pageY + 'px';
      board.appendChild(div);
   }
});
});
```

여러분이 이 예제를 보완하여 팬의 두께, 색 지정 기능이나 지우개 등을 추가할 수 있다면 마우스 이벤트와 관련하여 문제가 되는 일은 거의 없을 것입니다. board 엘리먼트에서 mousedown 이벤트가 발생하면 이벤트 발생이 왼쪽 버튼인지 검사해서 pen이라고 상태를 저장합니다. 그리고 마우스가 움직일 때마다 상태 값이 pen이라면 마우스의 위치에 표시를 해주게 됩니다. 또 mouseup 이벤트가 왼쪽 버튼에서 발생하면 상태를 해제해서 표시하던 것을 멈추게 됩니다.

그림 11-4는 제가 이 예제를 이용해 간단한 그림을 그려본 것입니다. 그림을 잘 못 그리니까 너무 흉보지는 말아 주세요.

그림 11-4 마우스 이벤트를 활용한 그림판

11.3 키보드 이벤트

마우스 이벤트저럼 특성을 갖게 되는 이벤드 중 또 다른 이벤트에는 키보드 이벤트(Koyboard Event)가 있습니다. 이는 키보드를 통해 생성되는 이벤트인데, 마우스와 마찬가지로 키보드를 통해 생성된 이벤트이기 때문에 눌려진 버튼과 같은 정보를 함께 갖고 있게 됩니다. 이때 이벤트가 발생한 키보느의 값은 event.keyCode 혹은 event.which 속성으로 확인할 수 있고 이 값은 숫자로 나타나게 됩니다.

이와 같은 속성을 이용하면 숫자만 입력받는 사용자 입력 폼을 구현할 수 있고, 특정키는 단축키처럼 작동하도록 구현할 수도 있을 것입니다. 예를 들면 일반 폼의 사용자 입력 창에서 Enter 를 입력받았을 때 폼 진송 기능이 직동히지 않도록 할 수도 있을 것입니다.

예제 11-5에서는 자바스크립트를 통해 가장 많이 구현하는 기능 중 하나인 숫자만 입력받도록 설정하는 내용을 구현해 보았습니다. eventCtrl의 keyEvents라는 객체에 onlyNum( ) 메서드를 미리 등록해놓고 언제든지 필요하면 꺼내 사용할 수 있도록 해보았습니다.

```html
<!DOCTYPE html>
<html>
<head>
   <meta charset="UTF-8">
   <title>Event Handling</title>
   <script type="text/javascript">
      var eventCtrl = {
         add: function(elem, eventType, handler) {
            eventType = eventType.replace('on', '');
            if (elem.addEventListener) {
               elem.addEventListener(eventType, handler, false);
            } else if (elem.attachEvent) {
               eventType = 'on' + eventType;
               elem.attachEvent(eventType, handler);
            }
         },
         remove: function(elem, eventType, handler){
            eventType = eventType.replace('on', '');
            if (elem.removeEventListener) {
               elem.removeEventListener(eventType, handler);
            } else if (elem.detachEvent) {
               eventType = 'on' + eventType;
               elem.detachEvent(eventType, handler);
            }
         },
         /**
          * 이벤트 취소시키는 메서드
          */
         cancel: function(event) {
            // ie 8 이하 버전에서 이벤트 취소하기
            event.returnValue = false;
            if (event.preventDefault) {
               // IE 8 이하 버전은 event.preventDefault를 지원하지 않음
               event.preventDefault();
            }
         },
         keyEvents: {
            /**
```

```javascript
       * 엘리먼트의 키보드 이벤트를 탐지해 숫자를 이벤트 발생 위치가
       * 숫자 버튼에서 발생했을 때만 이벤트를 통과시킵니다.
       */
      onlyNumber: function(event) {
        var keyCode = event.keyCode || event.which;
        document.getElementById('insertedKeyCode').innerHTML
            = keyCode;
        if(keyCode < 48 || keyCode > 57) {
          eventCtrl.cancel(event);
        }
      }
    }
};
eventCtrl.add(window, 'load', function() {
  // numberInput 엘리먼트에서 키다운 이벤트가 발생하면
  // insertedKeyCode 엘리먼트에 이벤트 키 코드를 보여주도록 합니다.
  var numberInput = document.getElementById('numberInput');
  eventCtrl.add(numberInput, 'keydown', function(event){
    var keyCode = event.keyCode || event.which;
    document.getElementById('insertedKeyCode').innerHTML = keyCode;
  });
});
/**
 * 숫자만 입력받도록 설정합니다.
 */
function setOnlyNum(){
  var numberInput = document.getElementById('numberInput');
  numberInput.value = '';

  eventCtrl.add(numberInput, 'keydown', eventCtrl.keyEvents.onlyNumber);
  numberInput.focus();
}
/**
 * 숫자만 입력받는 설정을 해제합니다.
 */
function resetOnlyNum() {
  var numberInput = document.getElementById('numberInput');
  numberInput.value = '';

  eventCtrl.remove(numberInput, 'keydown', eventCtrl.keyEvents.onlyNumber);
```

```
      numberInput.focus();
    }
    </script>
</head>
<body>
    <h1>이벤트 핸들링</h1>
    <button type="button" onclick="setOnlyNum();">숫자만 입력받기 설정</button>
    <button type="button" onclick="resetOnlyNum();">숫자만 입력받기 해제</button>
    <br />
    <input type="text" name="number" id="numberInput" /><br />
    입력받은 keycode: <span id="insertedKeyCode"></span>
</body>
</html>
```

예제를 실행하면 〈input〉 엘리먼트와 함께 두 개의 버튼이 생깁니다. 한 개의 버튼은 〈input〉
엘리먼트가 숫자 입력에만 반응하도록 하는 것이고 다른 버튼은 그 설정을 삭제하는 것입니다.
그러려면 이벤트 발생 시에 이벤트를 중지하는 방법을 알아야 합니다. 그 방법이 바로
eventCtrl 객체에 cancel( ) 메서드로 구현되어 있습니다. 이렇게 취소하는 방법도 아래의 구문
과 같이 두 가지로 되어 있습니다.

```
event.returnValue = false;
event.preventDefault();
```

인터넷 익스플로러 8 이하 버전에서는 preventDefault( ) 메서드를 지원하고 있지 않고
returnValue 속성으로 제어하고 있기 때문입니다. 마찬가지로 keycode를 알아내는 방법도 인
터넷 익스플로러에서는 다릅니다. keyCode = event.keyCode || event.which라고 되어 있는
것도 그 이유입니다. keyCode 속성값이 없으면 which 속성값을 변수에 받도록 했습니다. 그리
고 해당 값이 지정한 값과 일치하지 않으면 cancel( ) 메서드를 실행해 이벤트를 즉시 중지하도
록 했습니다. 그렇게 해당 이벤트가 중지되면 입력받은 것을 취소하기 때문에 입력받지 않은 것
과 같아집니다. 이를 실행한 것이 그림 11-5입니다.

그림 11-5 키보드 이벤트 활용

예제 11-5를 좀 더 업그레이드 해보세요. Backspace 키, Delet 키 그리고 입력에 필요한 다른 특정한 키들은 사용할 수 있도록 말이죠.

표 11-4 ~ 표 11-11는 브라우저별 코드를 나열한 것입니다. 대부분 비슷하지만, 플랫폼 등에 따른 특수한 키는 브라우저마다 자바스크립트 등을 이용하여 직접 확인해보셔야 합니다.

표 11-4 브라우저별 키 코드

키	ASCII	Mozilla 키 코드	IE 키 코드	Opera 키 코드
A ~ Z	97/65 to 122/90	ASCII 65 to 90	ASCII 65 to 90	ASCII 65 to 90
Space	32	32	32	32
Enter	13	13	13	13
Tab	9	9	9	9
Esc	27	27	27	27
Backspace	8	8	8	8

표 11-5 특수키

키	ASCII	Mozilla 키 코드	IE 키 코드	Opera 키 코드
Shift	–	16	16	16
Control	–	17	17	17

→ 다음 페이지에 계속

← 전 페이지에 이어

키	ASCII	Mozilla 키 코드	IE 키 코드	Opera 키 코드
Alt	–	18	18	18
Caps Lock	–	20	20	20
Num Lock	–	144	144	144

표 11-6 숫자키

키	ASCII	Mozilla 키 코드	IE 키 코드	Opera 키 코드
1 !	49/33	49	49	49
2 @	50/64	50	50	50
3 #	51/35	51	51	51
4 $	52/36	52	52	52
5 %	53/37	53	53	53
6 ^	54/94	54	54	54
7 &	55/38	55	55	55
8 *	56/42	56	56	56
9 (	57/40	57	57	57
0)	48/41	48	48	48

표 11-7 기호키

키	ASCII	Mozilla 키 코드	IE 키 코드	Opera 키 코드
; :	59/58	59	186	59
= +	61/43	61	187	61
, 〈	44/60	188	188	44
- _	45/95	109	189	45
. 〉	46/62	190	190	46
/ ?	47/63	191	191	47

→ 다음 페이지에 계속

← 전 페이지에 이어

키	ASCII	Mozilla 키 코드	IE 키 코드	Opera 키 코드
~	96/126	192	192	96
[{	91/123	219	219	91
\		92/124	220	220	92
] }	93/125	221	221	93
' "	39/34	222	222	39

표 11-8 화살표

키	ASCII	Mozilla 키 코드	IE 키 코드	Opera 키 코드
←	–	37	37	37
↑	–	38	38	38
→	–	39	39	39
↓	–	40	40	40

표 11-9 기능키

키	ASCII	Mozilla 키 코드	IE 키 코드	Opera 키 코드
Insert	–	45	45	45
Delete	–	46	46	46
Home		36	36	36
End	–	35	35	35
Page Up	–	33	33	33
Page Down	–	34	34	34
F1 ~ F12	–	112 ~ 123	112 ~ 123	112 ~ 123

표 11-10 키 패드

키	ASCII	Mozilla 키 코드	IE 키 코드	Opera 키 코드
. Del	46/–	110/46	110/46	78/46
0 Ins	48/–	96/45	96/45	48/45
1 End	49/–	97/35	97/35	49/35
2 ↓	50/–	98/40	98/40	50/40
3 Pg Dn	51/–	99/34	99/34	51/34
4 ←	52/–	100/37	100/37	52/37
5	53/–	101/12	101/12	53/12
6 →	54/–	102/39	102/39	54/39
7 Home	55/–	103/36	103/36	55/36
8 ↑	56/–	104/38	104/38	56/38
9 Pg Up	57/–	105/33	105/33	57/33
+	43	107	107	43
–	45	109	109	45
*	42	106	106	42
/	47	111	111	47
Enter	13	13	13	13

표 11-11 기타

키	ASCII	Mozilla 키 코드	IE 키 코드	Opera 키 코드
왼쪽 Apple Command	–	224	?	17
오른쪽 Apple Command	–	224	?	17
왼쪽 윈도우 키	–	91	91	219
오른쪽 윈도우 키	–	92	92	220
윈도우 메뉴 키	–	93	93	0

11.4 이벤트 목록

앞서 다루었던 것들 외에도 웹 애플리케이션에서 행할 수 있는 행위는 들어오고 나가는 것부터 수많은 종류의 변화가 생길 수 있는 만큼 그 이벤트의 종류 또한 아주 많습니다. 표 11-12는 이벤트의 종류를 나열한 것입니다. 모두 외울 필요는 없지만 어떤 종류의 이벤트가 있는지 한 번이라도 확인하고 지나가시길 바랍니다. 자주 사용되는 이벤트는 상당히 제한적이므로 몇 가지의 이벤트만 기억하고 있다면 가끔 만나는 예외 상황에 적절한 이벤트를 활용하여 대처할 수 없을 수 있기 때문입니다.

표 11-12 이벤트

동작	이벤트	발생
마우스	onclick	마우스가 개체 위를 클릭하였을 때 발생한다.
	ondblclick	마우스가 개체 위를 두 번 클릭하였을 때 발생한다.
	onmousedown	마우스가 개체 위를 눌렀을 때 발생한다.
	onmouseup	마우스가 개체 위 누른 것을 해제하였을 때 발생한다.
	onmouseover	마우스가 개체 위로 이동하였을 때 발생한다.
	onmouseout	마우스가 개체 위에서 이탈하였을 때 발생한다.
	onmouseenter	사용자가 마우스 포인터로 개체 위에 들어갔을 때 발생한다.
	onmousemove	마우스가 개체 위에서 이동하였을 때 발생한다.
	onmouseleave	마우스 포인터가 개체의 범위 밖으로 이동하면 발생한다.
	oncontextmenu	사용자 지역에서 오른쪽 마우스를 클릭하였을 때 발생한다.
	onlosecapture	마우스에 의한 캡쳐(Capture)가 상실되었을 때 발생한다
	onmousewheel	마우스 휠 단추가 개체 위에서 회전할 때 발생한다.
키 입력	onkeypress	키(Key)를 개체 위에서 눌렀다 놓았을 때 발생한다.
	onkeydown	키를 개체 위에서 눌렀을 때 발생한다.
	onkeyup	키를 개체 위에서 놓았을 때 발생한다.
입력	onselect	입력 폼 필드에서 문자열을 선택(Select)하였을 때 발생한다.
	onchange	입력 초점(Focus)을 잃고 또한 초점을 받기 시작해서부터 값이 변경되었을 때까지 발생한다. 입력 폼의 필드 내용이 변경되었을 때 발생한다.

→ 다음 페이지에 계속

← 전 페이지에 이어

동작	이벤트	발생
입력	onsubmit	입력 폼(Form)이 송신(Submit) 되었을 때 발생한다.
	onreset	입력 폼이 리셋(Reset) 되었을 때 발생한다.
포커스	onfocus	마우스나 탭에 의해 개체에 포커스가 주어졌을 때 발생한다.
	onfocusin	엘리먼트가 포커스를 받았을 때 발생한다.
	onfocusout	엘리먼트가 포커스를 잃었을 때 발생한다.
	onblur	마우스나 탭에 의해 개체의 포커스를 상실했을 때 발생한다.
	onbeforeeditfocus	편집할 수 있는 개체의 제어가 선택되기 바로 전에 발생한다.
로드 언로드	onload	개체의 로딩이 끝났을 때 발생한다.
	onunload	사용자가 페이지에서 이탈했을 때 발생한다.
	onbeforeunload	페이지가 언로드되기 바로 전에 발생한다.
	onabort	이미지 로딩에서 이탈하였을 때(다른 곳으로 이동) 발생한다.
	onstop	사용자가 중지 단추를 클릭하거나 웹 페이지를 닫을 때 발생한다.
	onbeforeupdate	연관된 데이터가 업데이트되기 바로 전에 발생한다.
	onafterupdate	데이터 원본이 있는 개체가 성공적으로 업데이트되면 발생한다.
	onload	문서를 다시 로딩할 때 원래의 엘리먼트에서 발생한다.
오류	onerror	런타임 오류가 발생하였을 때 발생한다.
	ontimeerror	시간을 지정하는 오류가 일어나면 발생한다.
	onerrorupdate	관련된 데이터가 업데이트되는 동안에 오류가 있으면 발생한다.
	onerror	무효한 속성값을 할당하거나 읽기전용에 할당하면 발생한다.
	onerror	무효한 속성값을 할당하거나 읽기전용에 할당하면 발생한다.
	onerror	속성에 무효한 값을 할당하거나 읽기전용에 할당할 때 발생한다.
	onmediaerror	엘리먼트의 미디어 파일의 로딩이 실패되었을 때 발생한다.
	onmedialoadfailed	(불량) 엘리먼트의 미디어 파일의 로딩이 실패되었을 때 발생한다.
인쇄	onbeforeprint	관련된 문서를 인쇄하거나 인쇄 미리 보기 바로 전에 발생한다.
	onafterprint	관련된 문서를 인쇄하거나 인쇄 미리 보기를 후 즉시 발생한다.
	onlayoutcomplete	채워넣기가 끝나고 인쇄하거나 인쇄 미리 보기를 실행하면 발생한다.

→ 다음 페이지에 계속

← 전 페이지에 이어

동작	이벤트	발생
편집	oncopy	선택된 내용이 시스템 클립보드로 복사하기 하였을 때 발생한다.
	onbeforecopy	선택된 내용이 시스템 클립보드로 복사하기 바로 전에 발생한다.
	oncut	선택된 내용이 시스템 클립보드로 잘라내기 하였을 때 발생한다.
	onbeforecut	선택된 내용이 시스템 클립보드로 잘라내기 바로 전에 발생한다.
	onpaste	시스템 클립보드로부터 데이터를 붙여 넣기 하였을 때 발생한다.
	onbeforepaste	시스템 클립보드로부터 데이터를 붙여 넣기 하기 바로 전에 발생한다.
드래그/드롭	ondrag	마우스를 눌러 끄는 동안 계속해서 원본 개체에 발생한다.
	ondragstart	개체를 왼쪽 마우스를 누른 상태에서 드래그를 시작하면 발생한다.
	ondragenter	사용자가 드래그하는 개체를 유효한 목표 드롭에 놓았을 때 발생한다.
	ondragover	유효한 목표 위에서 드래그하는 동안 연속적으로 발생한다.
	ondragdrop	NS 파일 등의 개체를 창에 드롭다운시켰을 때 발생한다.
	ondragend	마우스를 눌러 끄는 동안 계속해서 원본 개체에 발생한다.
	ondragleave	드래그하는 마우스를 유효한 목표에서 놓지 않고 이탈했을 때 발생한다.
	onmove	사용자나 스크립트로 창의 위치를 이동하였을 때 발생한다.
	onmovestart	개체를 이동하기 시작하면 발생한다.
	onmoveend	편집할 수 있는 개체의 이동이 중지되었을 때 발생한다.
	ondrop	드래그 앤 드롭 삭업 중 마우스 딘추를 놓있을 때 발생힌디.
시간	onbegin	이벤트에서 시간이 시작되면 엘리먼트에 발생한다.
	onend	엘리먼트에서 시간이 중지되면 발생한다.
	onpause	엘리먼트의 시간이 일시중시(pause)하면 빌생힌다.
	onresume	일시 중지에서 다시 시작으로 회복되먼 발생한나.
	onrepeat	시간이 엘리먼트에서 반복되거나 다음번 작동이 시작될 때 발생한다.
	onreset	시간이 begin 값이 되기니 resetElement기 호출되면 발생한다.
	onreverse	엘리민트에서 시긴 개체기 뒤로 재생되먼 발생한다.
	onoutofsync	엘리먼트가 연괸뢴 시간과의 동기싱을 싱실하면 빌생힌다.
	onsyncrestored	엘리먼트와 그 관련 시간 사이의 동기화가 회복되면 발생한다.
	ontimeerror	시간을 지정하는 오류가 일어나면 발생한다.

→ 다음 페이지에 계속

← 전 페이지에 이어

동작	이벤트	발생
마퀴	onstart	MARQUEE 개체에서 반복하는 각 루프가 시작될 때 발생한다.
	onfinish	마퀴 루프가 완료되면 발생한다.
	onbounce	내용이 개체의 한쪽 한계선에 도달하였을 때 발생한다.
데이터	oncellchange	데이터 제공자에서 데이터의 내용이 변경되었을 때 발생한다.
	ondataavailable	데이터 원천 개체로부터 데이터가 도착하면 주기적으로 발생한다.
	ondatasetcomplete	데이터 원천 개체로부터 모든 데이터를 받아 사용할 수 있을 때 발생한다.
	ondatasetchanged	데이터 원천 개체의 변경에 의한 감지가 있을 때 발생한다.
	onrowenter	줄이 변경되고 개체에 새로운 값이 있음을 나타내려고 발생한다.
	onrowexit	현재 줄을 변경하기의 위한 데이터 원천 제어 바로 전에 발생한다.
	onrowsinserted	현재의 레코드셋(Recordset)에 새로운 줄이 삽입된 직후에 발생한다.
	onrowsdelete	레코드셋에서 줄들이 삭제될 상황이 되면 발생한다.
첨부	ondocumentready	비헤이비어를 포함하는 문서가 파싱(Parse)을 완료되었을 때 발생한다.
	oncontentready	비헤이비어 첨부된 엘리먼트의 내용이 파싱 완료되면 발생한다.
	oncontentsave	비헤이비어 첨부된 엘리먼트의 내용이 저장이나 복사되기 전에 발생한다.
	ondetach	엘리먼트에서 첨부된 비헤이비어가 제거되기 바로 전에 발생한다.
제어	oncontrolselect	사용자가 개체의 제어(control) 선택들 하려고 할 때 발생한다.
	onactivate	개체의 activeElement 속성을 설정하였을 때 발생한다.
	onbeforeactivate	개체의 activeElement 속성이 설정되기 바로 전에 발생한다.
	ondeactivate	activeElement가 현재의 개체에서 다른 개체로 이동하였을 때 발생한다.
	onbeforedeactivate	activeElement가 다른 개체로 이동하기 바로 전에 발생한다.
창 조절	onresize	사용자나 스크립트로 창의 크기를 조절하였을 때 발생한다.
	onresizestart	사용자가 제어 선택된 개체의 크기를 변경하기 시작하면 발생한다.
	onresizeend	사용자가 제어 선택된 개체의 크기 변경을 완료하면 발생한다.
동작	onload	문서를 다시 로딩할 때 원래의 엘리먼트에서 발생한다.
	onchange	colorpick 비헤이비어에서 색상이 변경되면 발생한다.
	ondatasetcomplete	dataselect 비헤이비어가 select의 내용을 차지하였을 때 발행한다.

→ 다음 페이지에 계속

← 전 페이지에 이어

동작	이벤트	발생
동작	onrowclick	rowover 비헤이비어에서 마우스 커서가 줄을 선택하면 발생한다.
	onrowout	rowover 비헤이비어에서 마우스 커서가 줄에서 나가면 발생한다.
	onrowover	rowover 비헤이비어에서 마우스 커서가 줄에 들어오면 발생한다.
	onsave	웹 페이지가 저장, 북마크되거나 다른 페이지로 이동하면 발생한다.
미디어	onhide	미디어 플레이어가 감춰지면 발생한다.
	onmediaerror	엘리먼트의 미디어 파일의 로딩이 실패했을 때 발생한다.
	onmedialoadfailed	(불량) 엘리먼트의 미디어 파일의 로딩이 실패했을 때 발생한다.
	onopenstatechange	미디어 플레이어의 열린 상태가 변경될 때 발생한다.
	onplaystatechange	미디어 플레이어에서 그 연주 상태가 변경되었을 때 발생한다.
	onshow	미디어 플레이어가 보이게 되면 발생한다.
	onmediaerror	엘리먼트의 미디어 파일의 로딩이 실패했을 때 발생한다.
	onmedialoadfailed	(불량) 엘리먼트의 미디어 파일의 로딩이 실패했을 때 발생한다.
	ontrackchange	ASX 파일에서 정의한 playList에서 트랙이 변경되면 발생한다.
	onurlflip	+time t:media 태그에 의해 ASF 파일이 재생되면 발생한다.
	onmediacomplete	미디어와 연관된 엘리먼트의 로딩이 완료되면 발생한다.
기타	onfilterchange	스타일 필터가 변경되거나 변환을 완료하면 발생한다.
	onreadystatechange	개체의 상태(State)가 변경되면 발생하나.
	onpropertychange	개체의 속성을 변경하면 그 개체에 발생한다.
	onhelp	활성 윈도우에서 도움말을 위하여 F1 키를 누르면 발생한다.
	onscroll	스크롤되는 개체에서 스크롤 바의 위치를 변경하였을 때 발생한나.
	onseek	엘리먼트에서 탐색(Seek) 작업이 수행되면 발생한다.
	onselectstart	개체가 선택되기 시작하면 발생한다.
	onselectionchange	문서의 선택된 부분의 상태가 변경되있을 때 발생힌다.

제 12 장

Ajax: XMLHttpRequest

최근 웹 애플리케이션에서 가장 화두가 된 부분은 Ajax가 아니었나 생각해보았습니다. Ajax는 Asynchronous JavaScript and XML의 약자이고 '에이작스'라고 부릅니다. 즉 '비동기식 자바스크립트와 XML'이라는 이름인데, 사실 요즘은 서버와 통신하는 자바스크립트 프로그래밍 기법을 통틀어 Ajax라고 부르고 있습니다.

우선 XMLHttpRequest에 대해 이야기해 보겠습니다. 다음 인용문을 봐주시기 바랍니다. 웹 표준을 지정하는 W3C(World Wide Web Consortium)에서 이야기하는 XMLHttpRequest에 대한 설명입니다.

XMLHttpRequest

XMLHttpRequest 객체는 HTTP 클라이언트 인터페이스를 구현한다. 이 인터페이스는 스크립트 엔진을 통해 노출되며 폼 데이터를 보내거나 서버로부터 데이터를 받아오는 기능을 수행한다.

XMLHttpRequest라는 이름은 웹의 호환성을 위해 지어졌지만 이름의 각 부분은 잠재적으로 오해를 일으킬 수 있다. 첫째, XMLHttpRequest는 XML을 포함한 텍스트 기반의 어떠한 포맷도 지원한다. 둘째, XMLHttpRequest는 HTTP와 HTTPS 프로토콜 모두를 사용할 수 있다. (몇몇 구현은 HTTP와 HTTPS 이외의 프로토콜을 지원하기도 하지만 그러한 기능은 본 규격에서는 다루지 않는다.). 마지막으로 XMLHttpRequest의 Request는 HTTP에 정의된 용어에 비해 너 넓은 의미로 사용된다. 즉, HTTP 메서드들을 위한 HTTP 요청(Request)과 응답(Response)을 수행하기 위한 행위들을 포함한다.

출처 http://dna.daum.net/TR/XMLHttpRequest/

위 설명에서 보듯이 서버와 통신을 하거나 서버로부터 데이터를 가져와 이용하는 객체를 통틀어 XMLHttpRequest라고 부른다고 합니다. 서버와 통신하기 위한 클라이언트의 자바스크립트 객체의 이름이 XMLHttpRequest이고, 이것을 이용해 서버와 통신을 하는 개발 방법을 Ajax라고 합니다. 양측 이름에 XML이라고 하는 대표적인 단어가 들어갔지만 사실 요즘은 데이터의 용량을 줄이려고 XML 형식의 데이터는 그다지 많이 사용하지는 않습니다. 좀 더 편리하기도 하고 데이터 용량도 경제적인 JSON 형식의 데이터를 많이 사용하고 있습니다. JSON

형식이란 지금까지 여러 번 보았던 { 객체1:값1, 객체2:값2 }와 같은 형식의 데이터 형식을 이야기합니다.

이러한 Ajax 기법이 제일 처음 사용자들에게 인식된 것은 아마도 구글의 검색어 입력 중 유력한 검색어를 미리 보여주는 기능이 아니었나 생각됩니다. '자바스'라고만 입력해도 미리 예상되는 '자바스크립트'라는 완성된 단어를 미리 보여주므로 사용자들이 매우 편리하게 느꼈을 것입니다.

이렇듯 요즘 여기저기 많이 사용되고 있고 어디든 사용될 수 있는 기법이고 페이지 전환을 하지 않고 사용자가 원하는 데이터를 서버에서 얻어와 가공해서 사용할 수 있기 때문에 매우 유용합니다. 다만, 유의해야 할 것은 이러한 기법으로 정보를 제공하면 웹 브라우저의 앞으로, 뒤로 버튼과 같은 히스토리 기능을 통해 페이지의 행위가 기록되지 않고 페이지의 내용만 자동으로 읽어 두는 검색 엔진의 크롤링이라는 기술에는 대처가 안 되기 때문에 검색 엔진의 검색을 통해 노출되기를 원하는 웹 페이지라면 사용해야 할 곳을 적절히 조절해야 사용자에게 불편을 주지 않고 검색 엔진에 노출되는 홍보 효과도 충분히 가질 수 있을 것입니다. 또한, 너무 오래된 브라우저는 이 기능을 지원하지 않습니다. Ajax를 지원하지 않는 브라우저 목록은 다음과 같습니다.

- 오페라 7 이하
- 마이크로소프트 인터넷 익스플로러 4.0 이하
- 텍스트 기반의 브라우저 링크스, w3m
- 시각장애인을 위한 브라우저
- 1997년 이전 브라우저

그럼 지금부터 이 유용한 기능을 어떻게 사용하는지 학습해보도록 하겠습니다.

12.1 서버 설치하기

우선 HTTP 요청을 받고 요청받은 것을 확인하기 위해 서버가 필요합니다. 이 책에서는 여러 가지 서버 중에서 요즘 널리 사용되는 아파치 톰캣(Apache Tomcat)을 활용해볼 것입니다. 우선 이 서버를 설치해 사용하려면 자바라고 하는 프로그램 언어가 필요합니다.

⋮ 자바 설치 12.1.1

우선 웹사이트 http://java.sun.com로 접속합니다.

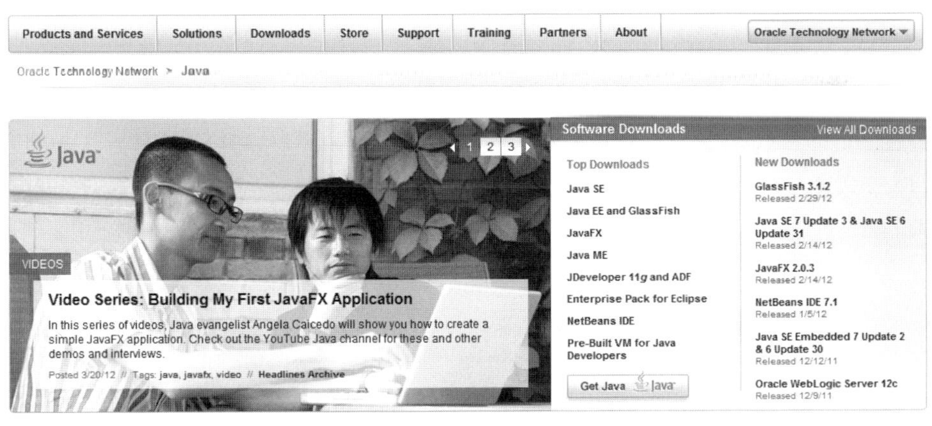

그림 12-1 http://java.sun.com

그림 12-1의 오른쪽에 보이는 Software Downloads 아래 Top Downloads 첫 번째에 Java SE 링크가 있습니다. 첫 번째에 없을 수도 있으니 확인하시고 클릭해시 링크로 이동합니다.

가운데에 Java Platform, Standard Edition이라는 이름의 테이블이 보입니다. 이 테이블을 따라 이래로 내려가시면서 훑어 보시면 다음과 같이 Java SE 6 Update31이라는 메뉴가 보입니다. 그 오른쪽의 JDK 에 있는 빨간 〈Download〉 단추를 클릭합니다.

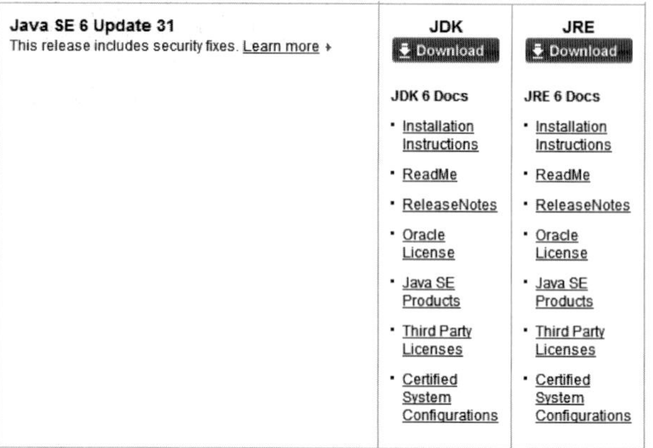

그림 12-2 JDK 내려받기

다음 그림과 같이 각각의 운영체제에 맞는 내려받기 메뉴가 나오는데 그냥 클릭하면 내려받아지지 않으니 중간에 보이는 라디오 버튼 Accept License Agreement를 먼저 선택하셔야 한다는 점에 주의하시기 바랍니다. 선택하지 않고 왜 안 되냐고 뭐라 하시면 안 됩니다.

Java SE Development Kit 6 Update 31

You must accept the Oracle Binary Code License Agreement for Java SE to download this software.

○ Accept License Agreement   ◉ Decline License Agreement

Product / File Description	File Size	Download
Linux x86 (32-bit)	77.07 MB	jdk-6u31-linux-i586-rpm.bin
Linux x86 (32-bit)	81.34 MB	jdk-6u31-linux-i586.bin
Linux Intel Itanium (64-bit)	60.27 MB	jdk-6u31-linux-ia64-rpm.bin
Linux Intel Itanium (64-bit)	67.92 MB	jdk-6u31-linux-ia64.bin
Linux x64 (64-bit)	77.32 MB	jdk-6u31-linux-x64-rpm.bin
Linux x64 (64-bit)	81.62 MB	jdk-6u31-linux-x64.bin
Solaris x86 (32-bit)	81.23 MB	jdk-6u31-solaris-i586.sh
Solaris x86 (32-bit)	137.35 MB	jdk-6u31-solaris-i586.tar.Z
Solaris SPARC (32-bit)	86.2 MB	jdk-6u31-solaris-sparc.sh
Solaris SPARC (32-bit)	141.89 MB	jdk-6u31-solaris-sparc.tar.Z
Solaris SPARC (64-bit)	12.24 MB	jdk-6u31-solaris-sparcv9.sh
Solaris SPARC (64-bit)	15.59 MB	jdk-6u31-solaris-sparcv9.tar.Z
Solaris x64 (64-bit)	8.5 MB	jdk-6u31-solaris-x64.sh
Solaris x64 (64-bit)	12.25 MB	jdk-6u31-solaris-x64.tar.Z
Windows x86 (32-bit)	78.98 MB	jdk-6u31-windows-i586.exe
Windows Intel Itanium (64-bit)	63.34 MB	jdk-6u31-windows-ia64.exe
Windows x64 (64-bit)	69.55 MB	jdk-6u31-windows-x64.exe

그림 12-3 라이선스 동의

제품을 내려받으신 다음에는 해당 프로그램을 실행하셔서 설치를 진행하시면 됩니다.

▪ 아파치 톰캣 설치 ^{12.1.2}

자바를 설치하셨다면 웹 사이트 http://tomcat.apache.org/를 방문하여 아파치 톰캣을 내려받
도록 합니다. 이 사이트는 자바로 운영되는 무료 서버 아파치 톰캣(Apache Tomcat)의 웹 사이
트이며 접속하게 되면 바로 내려받기할 수 있는 메뉴가 왼쪽에 준비되어 있습니다.

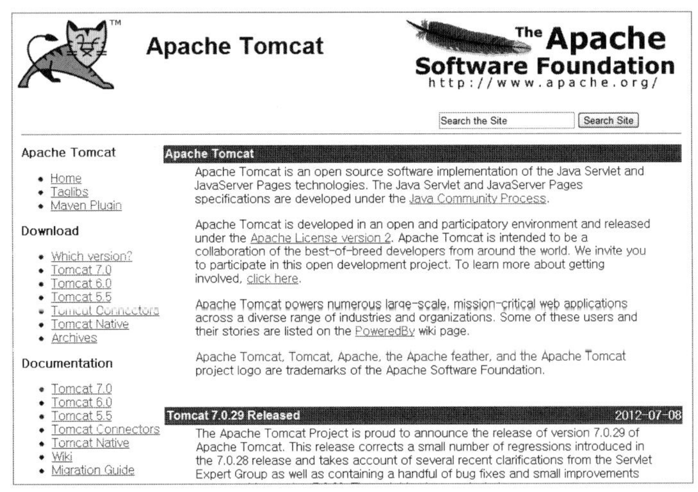

그림 12-4 http://tomcat.apache.org

그림 12-4처럼 Download라는 메뉴가 왼쪽에 투박하게 바로 보입니다. 자신이 원하는 톰캣 비
전을 선택하여 내려받기 페이지로 이동합니다.

내려받기 페이지로 이동한 다음 오른쪽 아래로 내려와 보시면 그림 12-5와 같은 파일들이 보입
니다. Binary Distributions의 Core 항목에 있는 자신이 운영체제에 맞는 파일을 적당한 폴더
로 내려받습니다.

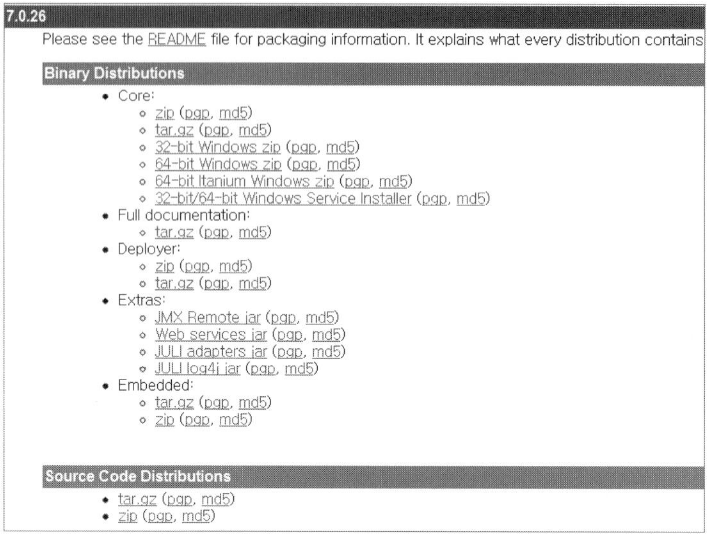

그림 12-5 톰캣 내려받기

내려받기가 완료되면 압축을 풀어 바로 사용할 수 있는지 확인해보도록 합니다. 압축을 풀어둔 폴더에 들어가 bin이라는 이름의 폴더를 찾아 들어갑니다. 윈도우용을 내려받으셨다면 그림 12-6과 같은 파일들을 확인하실 수 있을 겁니다.

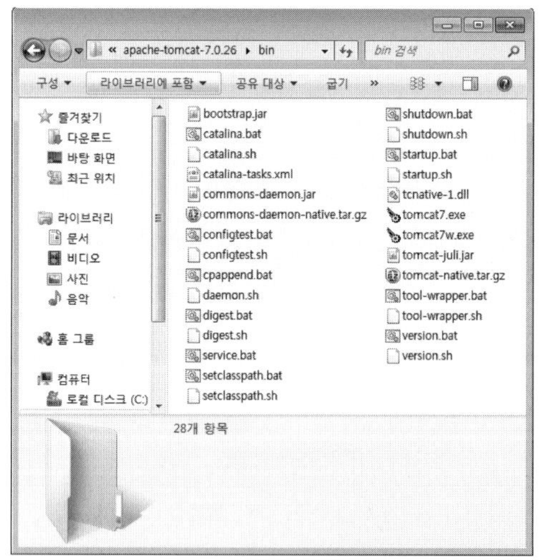

그림 12-6 내려받은 파일 확인

윈도우 계열의 운영체제를 사용하시는 분은 startup.bat 파일로 서비를 시작하고 shutdown.bat 파일로 종료합니다. 이와는 달리 리눅스 계열의 운영체제를 사용하시는 분들은 startup.sh로 시작하고 shutdown.sh로 종료합니다.

그러면 여러분의 운영체제가 윈도우라는 가정하에 startup.bat을 실행해서 서버가 올바르게 작동하는지 확인하도록 하겠습니다. 서버가 올바르게 실행된다면 그림 12-7과 같은 콘솔 창이 뜹니다.

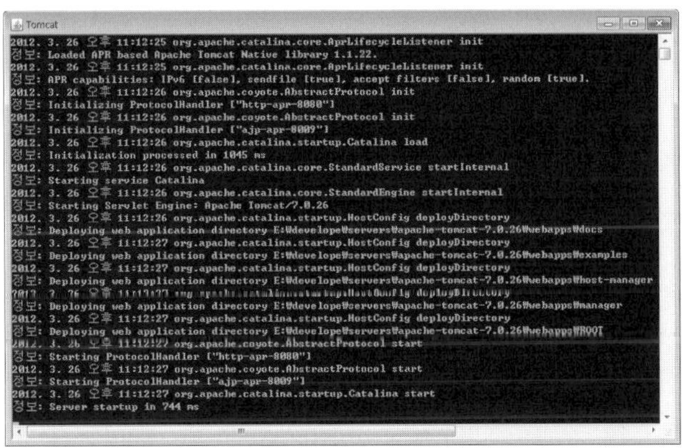

그림 12-7 톰캣 실행

그리고 이제 http://localhost:8080 주소를 웹 브라우저 주소 표시줄에 입력해 올바른 페이지가 나오는지 확인해 보도록 합니다. 저의 경우 톰캣 7.0 버전을 설치했고 이 주소를 입력했을 때 그림 12-8과 같은 페이지가 나왔습니다.

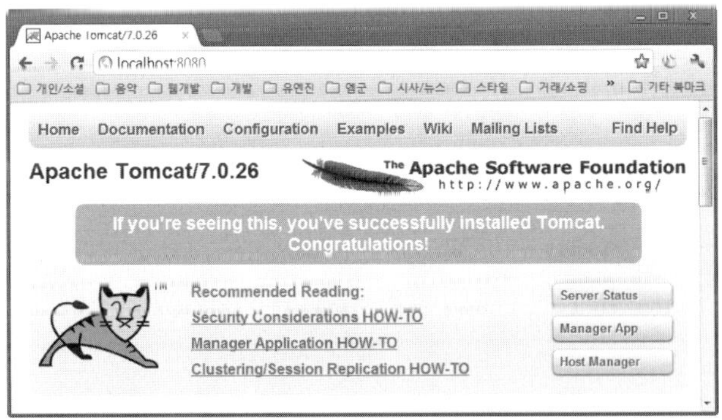

그림 12-8 톰캣 동작 확인

이제 여러분은 XMLHttpRequest(Ajax)를 사용하고 학습하기 위한 준비를 마치셨습니다.

12.2 요청 보내기

우선 기본적으로 XMLHttpRequest 객체를 어떻게 생성하고 활용하는 방법에 대한 부분입니다. 아주 간단하게 HTTP 요청을 보낼 수 있습니다. 보내는 방법과 설정을 알아보겠습니다.

▪ XMLHttpRequest 객체 생성 12.2.1

이 객체는 인터넷 익스플로러 계열에서는 독특한 이름을 가지고 있습니다. 참 재미있게도 이 객체의 이름을 마이크로소프트사에서 처음 지었다고 합니다. 하지만, 인터넷 익스플로러에서는 ActiveXObject라는 독자적인 이름을 사용했습니다. 그래서 이 객체를 생성하려면 별도의 처리가 필요합니다.

예제	XMLHttpRequest 객체의 생성과 사용

```
var xmlhttp = null;
if (window.XMLHttpRequest) {
  xmlhttp = new XMLHttpRequest();
} else {
  xmlhttp = new ActiveXObject("Microsoft.XMLHTTP");
}
```

그래서 일반적으로 위와 같은 방법으로 객체를 생성하여 사용합니다. 예전에는 XMLHttpRequest 객체를 지원하지 않는 오래된 브라우저도 더러 있어서 ActiveXObject와 XMLHttpRequest 객체 모두를 검사하고 지원하지 않는 브라우저인지를 검사했습니다. 지금도 간혹 발견되는 경우가 있어 검사하는 곳도 많이 있습니다. 하지만, 이제는 정말 찾아보기 어려울 만큼의 극소수만이 해당 브라우저를 사용하기 때문에 지원하지 않는 브라우저는 없다고 판단하고 웹 애플리케이션을 만드는 경우가 상당히 많습니다. 여러분이 제작하는 웹 애플리케이션의 접속자들이 어떤 환경인지를 판단하고 어떻게 처리해야 할지 고민해야 하는 부분입니다.

그렇게 만들어진 Request(요청) 객체가 실제로 동작하기까지의 과정을 간단히 구현해보겠습니다.

예제 | 12-1

```html
<!DOCTYPE html>
<html>
<head>
<meta charset="UTF-8">
<title>XMLHttpRequest</title>
<script type="text/javascript">
   var HTTPCtrl = {
        getHTTP: function(){
           var xmlhttp = null;
           if (window.XMLHttpRequest) {
              xmlhttp = new XMLHttpRequest();
           } else {
              xmlhttp = new ActiveXObject("Microsoft.XMLHTTP");
           }

           return xmlhttp;
        }
   };
   var client = HTTPCtrl.getHTTP();
   client.open('GET', '12-2.jsp', true);
   client.send()
</script>
</head>
<body>
XMLHttpRequest 학습을 위한 페이지입니다.
</body>
</html>
```

예제 | 12-2

```jsp
<%@ page language="java" contentType="text/html, charset=UTF-8"
        pageEncoding="UTF-8"%>
<% System.out.println("Welcome JavaScript"); %>
```

예제 12-1은 HTML 페이지와 JSP 페이지 두 개로 이루어져 있습니다. HTML 문서에서 요청을 보내고 요청을 보낸 응답을 하고 있는지 확인하기 위한 페이지가 JSP 페이지입니다. 이 두 개의 파일을 미리 설치한 톰캣의 하위 폴더인 webapps 폴더에 study-js라는 폴더를 만들고 파일을 넣어 둡니다. 그리고 http://localhost:8080/study-js/12-1.html 주소를 웹 브라우저로 열어봅니다. 물론 톰캣은 실행 상태여야 합니다.

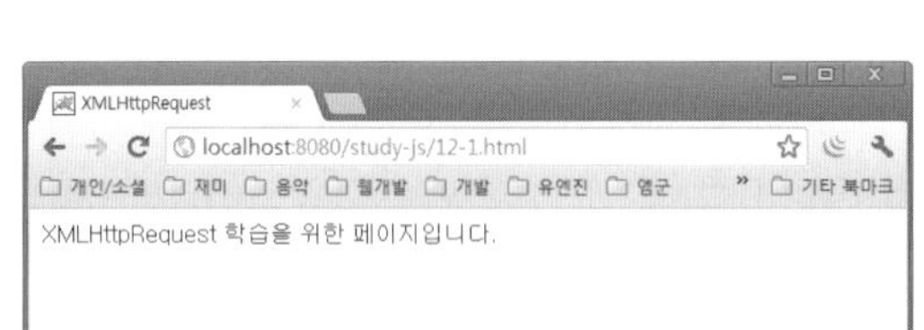

그림 12-9 웹 서버의 HTML 파일 실행

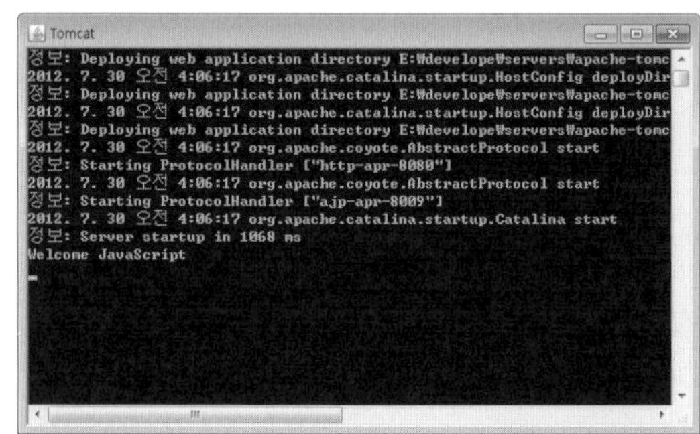

그림 12-10 톰캣 서버 실행

그림 12-9와 같은 웹 애플리케이션이 실행되고 톰캣 서버의 실행 콘솔 창에는 'Welcome JavaScript'라는 문구가 새겨지게 됩니다. 잠깐 JSP 파일을 설명하고 넘어가자면 〈%@ page language="java" contentType="text/html; charset=UTF-8" pageEncoding="UTF-8"%〉이라는 문구는 자바 언어를 사용할 수 있는 HTML 페이지를 만들겠다는 뜻입니다. 그리고 〈% System.out.println("Welcome JavaScript"); %〉 부분은 시스템 출력 창에 'Welcome JavaScript'라는 문구를 출력하라는 뜻입니다. 그래서 이 JSP 페이지가 호출되면 톰캣 실행 창에 문구가 출력됩니다.

▪ XMLHttpRequest 요청 상세 ^{12.2.2}

우리가 기본적으로 서버에 지정한 URL로 요청해도 서버에서는 특정 정보를 판별해 데이터를 다르게 주는 경우가 있습니다. 같은 URL이어도 때로는 JSON, XML, HTML 등으로 구분해서 서버에서 전송해주는 이러한 기술을 RESTful이라고 명명하고 있는데 이럴 때에는 단순한 요청으로는 원하는 정보를 요청하지 못할 수도 있습니다. 이때 사용하는 것이 HttpHeader라고 하는 정보인데 이곳에 특정 정보를 입력해야 하는 경우가 반드시 생깁니다.

XMLHttpRequest.setRequestHeader(key, value) 메서드로 설정하는 헤더 정보 중 다음 목록과 같은 key는 보안상의 이유로 설정에 실패하거나 접속 자체가 종료될 수도 있기 때문에 조심해서 사용해야 합니다. 요청 서버의 관리자나 개발자에게 물어보신다면 쉽게 어떤 설정을 해야 하는지 대답을 얻으실 수 있습니다.

【 key로 시용할 때 주의할 단어 】

Accept-Charset	Accept-Encoding	Connection
Content-Length	Content-Transfer-Encoding	Date
Expect	Host	Keep-Alive
Referer	TE	Trailer
Transfer-Encoding	Upgrade	Via

앞서 보았던 XMLHttpRequest.open( ) 메서드는 여러 전달 정보를 가질 수 있습니다. 그 중 반드시 입력해야 하는 것 두 개가 HTTP 메서드 유형과 URL입니다. 그 외 정보로는 동기화/비동기화 설정(async), 사용자(user), 비밀번호(password)가 있습니다. 모든 정보를 담는 open( ) 메서드는 다음과 같습니다.

```
XMLHttpRequest.open(method, url, async, user, password)
```

이 정보들은 다음과 같은 의미가 있습니다. 눈여겨 봐주세요. 잘 사용하지도 않고 굳이 설명도 필요 없는 user, password 부분은 생략했습니다.

표 12-1 open( ) 메서드 인수

인수	설명
method	폼을 전송할 때 사용하는 HTTP 메서드로, 대문자 문자열로 사용한다. GET, POST, HEAD, PUT, DELETE와 같은 값들이 있다.
url	요청할 페이지의 URL 혹은 URI 주소이다.
async	요청된 페이지가 응답이 끝날 때까지 동기화 상태로 기다리지 않을 것인지를 true, false로 설정하게 된다. false로 설정하면 응답이 끝날 때까지 다른 동작을 멈추겠다는 것이고 true로 설정하면 기다리지 않고 다른 동작을 진행하겠다는 의미이다. 기본값은 true이기 때문에 대부분은 생략하고 사용한다.

필요한 인수를 설정하였다면 XMLHttpRequest.send( ) 메서드를 이용하여 호출하면 됩니다.
이 과정의 순서를 정리해보면 다음과 같습니다.

① XMLHttpRequest 객체를 생성합니다. (new XMLHttpRequest)

② 생성된 XMLHttpRequest 객체에 연결을 생성하고 준비 상태로 만듭니다.
  (XMLHttpRequest.open( ))

③ 준비 상태인 XMLHttpRequest 객체에 각종 필요한 설정을 해줍니다.
  (XMLHttpRequest...)

④ 준비가 끝난 XMLHttpRequest 객체를 전송합니다. (XMLHttpRequest.send( ))

이 진행 순서는 반드시 잊지 말고 기억해두시기 바랍니다.

12.3 결과 받기

당연한 일이겠지만 앞의 예처럼 단순히 요청만 보내고 끝나는 경우보다는 요청의 결과를 요구
하는 경우가 더욱 많습니다. 요청이 올바르게 전달되었는지 확인이 필요하거나 처음 요청부터
어떤 결과, 즉 데이터를 필요로 해서 요청하는 경우가 더 많기 때문입니다.

그렇다면, 결과는 어떻게 받을 수 있을까요? 아주 단순합니다. XMLHttpRequest 객체의 이벤트를 발생시켜주기 때문에 해당 이벤트에 리스너(Listener)를 할당해주면 됩니다. XMLHttpRequest.onreadystatechange 속성으로 readystatechange 이벤트가 있습니다. 여기에 리스너를 할당하면 요청한 서버의 상태가 변경될 때마다 이벤트가 발생하게 됩니다.

XMLHttpRequest.readyState 준비 상태 ^{12.3.1}

XMLHttpRequest.readyState는 readystatechange라는 이름만 봐도 알 수 있듯이 이벤트가 일어날 때 변경됩니다. 이렇게 변경된 코드의 값은 표 12-2와 같습니다.

표 12-2 readyState 상태 코드

코드	XMLHttpRequest 객체의 상태
0	UNINITIALIZED 객체가 생성되었지만, 초기화가 되지 않은 상태로 open( ) 메서드가 호출되지 않았다.
1	LOADING 객체가 생성되었지만, send( ) 메서드가 호출되지 않았다.
2	LOADED send( ) 메서드는 호출되었지만, 상태와 헤더는 아직 사용할 수 없다.
3	INTERACTIVE 몇몇 데이터는 수신했다. 일부 결괏값을 구하고자 이 상태에서 responseBody나 responseText 속성을 사용하면 에러가 발생한다. 상태와 응답 헤더를 아직 완전히 사용할 수 없다.
4	COMPLETED 모든 데이터를 수신했으며 responseBody와 responseText 속성으로 완전한 데이터를 얻을 수 있다.

그렇다면, 이를 활용해서 HTTP 요청이 완료될 때까지 "로딩 중입니다…"라는 메시지를 사용자에게 보여줄 수도 있을 것 같습니다.

예제 | 12-3

```
<!DOCTYPE html>
<html>
```

```html
<head>
<meta charset="UTF-8">
<title>XMLHttpRequest</title>
<style type="text/css">
  #loadingMassageContainer {
      width: 100%;
      height: 100%;
      position: absolute;
      left: 0px;
      top: 0px;
      text-align: center;
      background-color: #DDD;
  }
</style>
<script type="text/javascript">
  var HTTPCtrl = {
     getHTTP: function(){
        var xmlhttp = null;
        if (window.XMLHttpRequest) {
          xmlhttp = new XMLHttpRequest();
        } else {
          xmlhttp = new ActiveXObject("Microsoft.XMLHTTP");
        }
        return xmlhttp;
     }
  };
  var request = HTTPCtrl.getHTTP();
  request.open('GET', '12-4.jsp', true);
  request.onreadystatechange = function(){
     var divElem = document.getElementById('loadingMassageContainer');
     if (request.readyState === 4) {
       divElem.style.display = 'none';
       var msg = request.responseText;
       alert('서버로부터 전송받은 메시지: ' + msg);
     } else {
       divElem.style.display = '';
     }
  };

  request.send()
```

```
</script>
</head>
<body>
XMLHttpRequest 학습을 위한 페이지입니다.
<div id="loadingMassageContainer">
    로딩 중입니다...
</div>
</body>
</html>
```

 12-4

```
<%@ page language="java" contentType="text/html; charset=UTF-8"
    pageEncoding="UTF-8"%>
<% Thread.sleep(5000); %>
Request State Completed
```

예제 12-3에서는 너무 빨리 응답해버리면 로딩 메시지를 제대로 볼 수 없으므로 일부러 예제 12-4 JSP 페이지에서 약 5초 정도 응답을 멈추게 했습니다. 이 때문에 약 5초간은 메시지를 볼 수 있을 것입니다. 그리고 5초가 지난 다음 그림 12-11처럼 서버로부터 받은 응답 메시지를 확인해 볼 수가 있습니다.

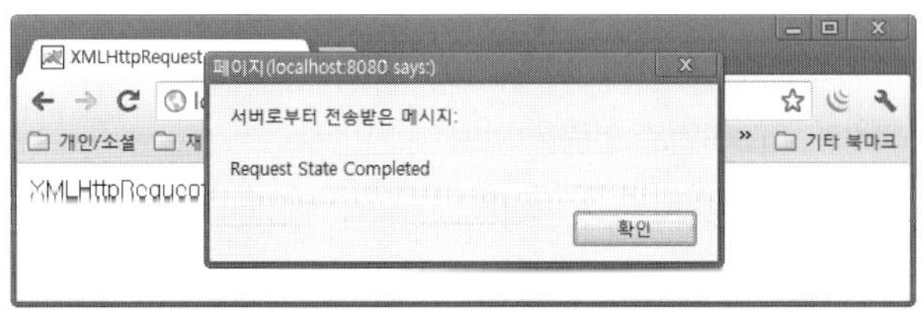

그림 12-11 서버로부터의 응답 메시지

이 경우는 일부러 서버의 응답을 늦추었지만, 모바일 상태이거나 일부 인터넷이 느린 환경 또는 서버의 과부하나 많은 데이터 때문에 속도가 늦어지는 경우 사용자들은 제대로 작동 중인지 작동이 잘 되었는지 알 수 없으므로 이러한 메시지를 이미지 등의 형식으로 자주 보여주곤 합니다.

그리고 완료되었을 때는 readyState가 4라는 것은 반드시 기억해주시기 바랍니다. 이처럼 readyState가 4라는 값을 갖게 된다면 우리는 서버 요청을 통해 응답받은 데이터를 사용할 수가 있게 됩니다. 이때 XMLHttpRequest.responseText 속성을 통해 응답받은 문자형 데이터를, XMLHttpRequest.responseXML 속성을 통해 XML 문서 객체를 받아 볼 수 있습니다.

XMLHttpRequest.status 응답 상태 12.3.2

HTTP 객체로부터 응답을 받았다고 해서 항상 올바르게 처리되었다고 장담할 수는 없습니다. 서버의 상태나 서버 측 개발자의 실수 등 여러 가지 이유로 말미암아 제대로 된 응답을 받지 못할 수도 있으니까요. 그러므로 서버의 상태를 확인해야 할 필요성이 생겼습니다. 개발자의 삶이란 항상 이러한 예기치 못한 오류와 함께 한다는 것을 잊지 마세요.

그렇다면, 서버가 올바르게 동작하고 나에게 응답해주었는지 확인하는 방법이 필요합니다. 제목을 보고 예상하셨겠지만 바로 XMLHttpRequest.status라고 하는 속성이 그러한 서버의 상태를 저장합니다. 다음 목록은 status 속성의 반환값과 코드별 의미를 정리한 것입니다.

- **100** Continue
- **101** Switching protocols
- **200** OK 에러 없이 전송 성공
- **201** Created POST 명령 실행 및 성공
- **202** Accepted 서버가 클라이언트 명령을 받음
- **203** Non-authoritative information 서버가 클라이언트 요구 중 일부만 전송
- **204** No content 클라이언트 요구를 처리했으나 전송할 데이터가 없음
- **205** Reset content
- **206** Partial content
- **300** Multiple choices 최근에 옮겨진 데이터를 요청
- **301** Moved permanently 요구한 데이터를 변경된 URL에서 찾았음
- **302** Moved temporarily 요구한 데이터가 변경된 URL에 있음을 명시

- **303** See other 요구한 데이터를 변경하지 않았기 때문에 문제가 있음

- **304** Not modified

- **305** Use proxy

- **400** Bad request 클라이언트의 잘못된 요청으로 처리할 수 없음

- **401** Unauthorized 클라이언트의 인증 실패

- **402** Payment request 예약됨

- **403** Forbidden 접근이 거부된 문서를 요청함

- **404** Not found 문서를 찾을 수 없음

- **405** Method not allowed 리소스를 허용 안 함

- **406** Not acceptable 허용할 수 없음

- **407** Proxy authentication required 프락시 인증 필요

- **408** Request timeout 요청시간이 지남

- **409** Conflict

- **410** Gone 영구적으로 사용할 수 없음

- **411** Length required

- **412** Precondition failed 전체조건 실패

- **413** Request entity too large

- **414** Request-URI too long URL이 너무 김

- **415** Unsupported media type

- **500** Internal server error 내부 서버 오류(잘못된 스크립트 실행 시)

- **501** Not implemented 클라이언트에서 서버가 수행할 수 없는 행동을 요구함

- **502** Bad gateway 서버의 과부하 상태

- **503** Service unavailable 외부 서비스가 죽었거나 현재 멈춤 상태

- **504** Gateway timeout

- **505** HTTP version not supported 지원되지 않는 HTTP 버전

이 코드 목록은 내용이 많으므로 모든 것을 기억하실 필요는 없습니다. 예상하지 않았던 코드가 나오면 그때그때 찾아보아도 되기 때문입니다. 하지만, 몇 가지 코드는 자주 나오기 때문에 기억하실 필요가 있습니다.

- **코드 200** 정상적으로 모두 완료되었다는 뜻입니다.

- **코드 400** 요청이 바르지 않습니다.

- **코드 403** 보안 때문에 접근할 수 없습니다.

- **코드 404** 요청한 페이지를 찾을 수 없습니다.

- **코드 500** 서버 오류입니다.

이와 같은 다섯 가지 정도만 기억하시고 나머지는 필요할 때 찾아보시면 되겠습니다.

그렇다면, HTTP로 요청할 때 몇 가지 오류를 처리해줄 수가 있습니다. 사용자도 개발자도 정확히 상태를 알 수 있게 되겠죠? 이를 좀 더 알기 쉽게 알려주는 방법으로 예제 12-5와 같은 방법이 있습니다. 이 예제의 코드와 순서를 잘 숙지해 놓으신다면 큰 도움이 되실 것입니다.

예제 | 12-5

```
request.onreadystatechange = function(){
  var divElem = document.getElementById('loadingMassageContainer');
  if (request.readyState === 4) {
    divElem.style.display = 'none';
    var status = request.readyState;
    if (status === 200) {
      var msg = request.responseText;
      alert('요청 완료 서버로부터 전송받은 메시지: ' + msg);
    } else if (status === 400) {
      alert('올바르지 못한 요청입니다.');
    } else if (status === 403) {
      alert('보안문제로 접근할 수 없습니다.');
    } else if (status === 404) {
      alert('페이지를 찾을 수 없습니다. \n요청 URL을 확인해주세요.');
    } else if (status === 500) {
      alert('요청한 서버의 오류입니다.
                \n잠시 후에 다시 시도하거나 관리자에게 문의하세요.');
```

```
    } else {
        alert('요청이 올바르게 처리되지 않았습니다. \nStatus Code: ' + status);
    }
  } else {
    divElem.style.display = '';
  }
};
```

이와 같은 내용은 대부분 사용할 때마다 반복되기 때문에 언제든 불러다 사용할 수 있는 스크립트 파일로 따로 만들어 두면 쉽게 사용할 수 있는 모듈 형태가 될 수 있습니다.

예제 | 12-6

```
var HTTP = {
  TYPE_XML: 'XML',
  TYPE_TEXT: 'TEXT',
  /**
   * 새로운 XMLHttpRequest 객체를 생성해 반환합니다.
   * @returns XMLHttpRequest
   */
  getHTTP: function(){
    var xmlhttp = null;
    if (window.XMLHttpRequest) {
      xmlhttp = new XMLHttpRequest();
    } else {
      xmlhttp = new ActiveXObject("Microsoft.XMLHTTP");
    }
    return xmlhttp;
  },
  /**
   * 서버로 요청을 보냅니다.
   * @param method: POST, GET과 같은 전송 방식
   * @param url: 전달 요청 주소
   * @param callback: 정상 응답일 때 실행할 메서드
   * @param dataType: 응답받을 데이터 형태
   */
  send: function(method, url, callback, dataType){
    var request = this.getHTTP();
```

```javascript
        var xml = this.TYPE_XML;
        var text = this.TYPE_TEXT;
        request.open(method, url, true);
        request.onreadystatechange = function(){
            if (request.readyState === 4) {
                var response = null;
                var status = request.status;
                if (dataType === xml){
                    response = request.responseXML;
                } else if (dataType === text) {
                    response = request.responseText;
                }
                // 생성되었던 XMLHttpRequest 객체를 초기화합니다.
                // 초기화하지 않으면 새로운 요청마다 쌓이게 됩니다.
                request = null;
                // 정상 응답일 경우 전달받은 콜백 함수를 실행하고 아니면 알림을 띄운다.
                if (status === 200) {
                    callback(response);
                } else if (status === 400) {
                    alert('올바르지 못한 요청입니다.');
                } else if (status === 403) {
                    alert('보안 문제로 접근할 수 없습니다.');
                } else if (status === 404) {
                    alert('페이지를 찾을 수 없습니다. \n요청 URL을 확인해 주세요.');
                } else if (status === 500) {
                    alert('요청한 서버의 오류입니다.
                        \n잠시 후에 다시 시도하거나 관리자에게 문의하세요.');
                } else {
                    alert('요청이 올바르게 처리되지 않았습니다. \nStatus Code: ' + status);
                }
            }
        };
        request.send();
    },
    /**
     * GET 방식으로 요청을 보냅니다.
     * @param url: 전달 요청 주소
     * @param callback: 정상 응답일 때 실행할 메서드
     * @param dataType: 응답받을 데이터 형태
     */
```

```javascript
get: function(url, callback, dataType){
   this.send('GET', url, callback, dataType);
},


/**
 * POST 방식으로 요청을 보냅니다.
 * @param url: 전달 요청 주소
 * @param callback: 정상 응답일 때 실행할 메서드
 * @param dataType: 응답받을 데이터 형태
 */
post: function(url, callback, dataType){
   this.send('POST', url, callback, dataType);
},
/**
 * XML 형태의 응답을 받는 요청을 GET 방식으로 요청합니다.
 * @param url: 전달 요청 주소
 * @param callback: 정상 응답일 때 실행할 메서드
 */
getXML: function(url, callback){
   this.send('GET', url, callback, this.TYPE_XML);
},
/**
 * XML 형태의 응답을 받는 요청을 POST 방식으로 요청합니다.
 * @param url: 전달 요청 주소
 * @param callback: 정상 응답일 때 실행할 메서드
 */
postXML: function(url, callback, dataType, dataType){
   this.send('POST', url, callback, this.TYPE_XML);
},
/**
 * TEXT 형태의 응답을 받는 요청을 GET 방식으로 요청합니다.
 * @param url: 전달 요청 주소
 * @param callback: 정상 응답일 때 실행할 메서드
 */
getText: function(url, callback){
   this.send('GET', url, callback, this.TYPE_TEXT);
},
/**
 * TEXT 형태의 응답을 받는 요청을 POST 방식으로 요청합니다.
 * @param url: 전달 요청 주소
```

```
   * @param callback: 정상 응답일 때 실행할 메서드
   */
  postText: function(url, callback, dataType, dataType){
     this.send('POST', url, callback, this.TYPE_TEXT);
  }
};
```

예제 12-6의 자바스크립트 파일처럼 모듈 형태로 만들어 둔다면 다음 예제처럼 언제든 필요할 때는 자바스크립트 파일만 불러서 'HTTP.getText('12-4.jsp', function(result){ ... });'과 같은 형태로 복잡한 과정은 다 빼버리고 편리하게 사용할 수 있습니다. 이는 요청 방식과 응답의 형태가 제한적이고 반복적이기 때문입니다. 이렇게 제한적이고 반복적이라면 예제와 같이 몇 가지 경우의 수에 대해 미리 만들어 놓은 메서드를 호출하는 것만으로도 쉽고 편리하게 사용할 수 있습니다. 이러한 방식으로 하나하나씩 여러분만의 라이브러리를 만들어가시기 바랍니다. 이러한 자신만의 라이브러리가 쌓이게 된다면 남들보다 몇 배는 빠르고 효율적으로 개발하실 수 있습니다.

실제 만들어 놓은 예제를 활용하는 간단한 방법을 예제로 살펴보겠습니다.

예제 | 12-7

```html
<!DOCTYPE html>
<html>
<head>
<meta charset="UTF-8">
<title>XMLHttpRequest</title>
<script type="text/javascript" src="12-6.js"></script>
<script type="text/javascript">
  HTTP.getText('12-4.jsp', function(result){
     alert(result);
  });
</script>
</head>
<body>
XMLHttpRequest 학습을 위한 페이지입니다.
</body>
</html>
```

예제 12-7의 경우 〈script type="text/javascript" src="12-6.js"〉〈/script〉 를 통해 미리 만들어둔 스크립트 파일을 로드한 후에 해당 스크립트 파일에서 미리 만들어둔 HTTP 객체를 이용하는 예제입니다. HTTP.getText( ) 메서드를 이용하는 방법이 아주 간편해 보이죠? 그저 URL과 응답받은 데이터를 인자로 받아 활용하는 콜백 함수만 전달해 주면 간단하게 사용할 수 있습니다.

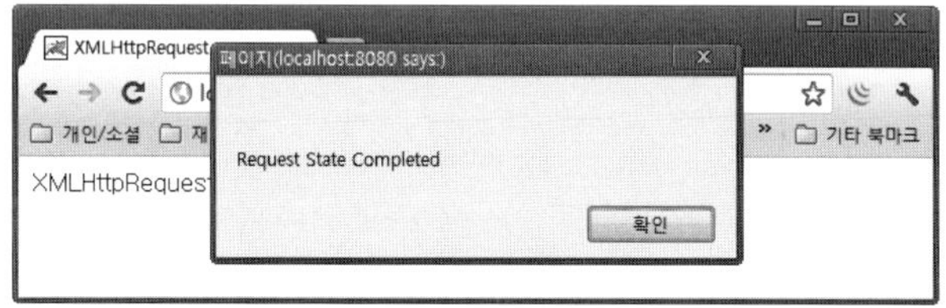

그림 12-12 라이브러리화한 자바스크립트

실행했을 때 짧고 쉬운 구문으로 이루어져 있음에도 그림 12-12와 같이 정상적인 응답을 하는 것을 확인할 수 있습니다. 이처럼 Ajax 관련 기능을 포함해 유용한 기능들을 모아 미리 만들어둔 라이브러리들이 많이 있습니다. 이 책 후반에서 다룰 jQuery 라고 하는 라이브러리를 비롯해 프로토타입이나 도조 등 매우 많은 라이브러리가 있습니다. 하지만, 라이브러리를 사용하지 못하는 상황이 생길 수도 있으므로 라이브러리를 사용하시더라도 기본적인 부분을 항상 잊지 않도록 해주세요.

제 13 장

HTML5의 새로운 요소

요즘 들어 새롭다는 표현보다는 당연하다는 표현이 적절할 만큼 HTML5가 활발하게 사용되고 있습니다. CSS3와 더불어 강력한 성능의 웹 애플리케이션을 제작하는 새로운 웹 기술로 사용되는 것입니다. 이러한 웹 기술들은 사용자의 요구와 개발자들의 욕구를 적절히 받아들이고 있어서 사용자에게는 더욱 편리하고 효율적인 웹 애플리케이션의 사용 경험을 제공하고 개발자들에게는 더욱 다양하고 멋진 웹 애플리케이션을 제작할 수 있는 환경을 제공하고 있습니다.

그중 가장 큰 특징은 어도비(Adobe)사의 플래시(Flash)라는 제품의 도움을 받거나 웹 브라우저에 다른 특수한 것들을 내려받거나 설치하지 않고도 그에 버금가는, 혹은 그보다 멋진 애플리케이션을 제작할 수 있게 되었다는 점입니다. 어도비사에서 더는 플래시를 개발하지 않겠다는 발표도 나왔었죠. 그럼 도대체 어떤 기술들이 이러한 현상을 만들어 내게 되었는지 대표적인 몇 가지를 지금부터 알아보도록 하겠습니다.

13.1 미디어 요소 〈video〉, 〈audio〉

기존에 우리가 웹 브라우저를 동해 동영상을 시청하려면 〈object〉 엘리먼트 등을 사용해야 했습니다. 하지만, 이 〈object〉 엘리먼트가 동영상을 지칭하는 것인지 아니면 다른 ActiveX와 같은 것을 지칭하는 것인지 명확히 알 수 없었고 브라우저의 특성에 따라 각기 다른 동작을 하는가 하면 심지어 동작을 하지 않는 일도 있었습니다.

이것은 기존의 HTML 문서가 애플리케이션보다는 단지 글자를 특정 형식에 맞춰 보여주는 문서의 기능에만 집중했기 때문입니다. 하지만, 이제 HTML은 웹 애플리케이션으로써, 단순한 문서가 아닌 사용자들과 소통하고 수많은 작업을 할 수 있는 가장 유용한 수단이 되었기 때문에 사용자들이 원하는 기능 중에 가장 많은 비중을 차지하는 여러 가지 기능을 HTML5의 표준으로 채택하였습니다. 우리는 그중에 먼저 미디어(Media) 요소를 살펴보려고 합니다.

▎HTML 구성 ^{13.1.1}

새로운 객체이고 새로운 태그이기 때문에 어색하신 분들이 있을 것이란 생각에 간단한 HTML 활용법을 먼저 설명하고자 합니다. 어떤 속성을 사용할 수 있는지 내부에는 어떤 태그가 들어가는지 이러한 부분들을 유의해서 보신다면 더 좋을 것 같습니다. 이미 해당 태그에 익숙하신 분들은 HTML 구성 부분은 지나가서도 좋습니다.

〈video〉 엘리먼트

〈video〉 엘리먼트는 쉽게 설명하자면 동영상 플레이어입니다. 이전 버전의 HTML에서는 〈embed〉 엘리먼트를 통해 동영상이나 음악과 같은 미디어 요소를 삽입하고는 했지만 HTML5에서는 〈video〉 엘리먼트와 〈audio〉 엘리먼트를 통해 집적 사용할 수 있습니다. 우선 다음 예제를 통해 어떤 방식으로 사용되는지 보겠습니다.

예제 | 13-1

```
<!DOCTYPE html>
<html>
<head>
<meta charset="UTF-8">
<title>HTML5 video</title>
</head>
<body>
  <video id="video1" width="100%" controls autoplay>
    <source src="http://www.w3schools.com/html5/mov_bbb.mp4"
      type="video/mp4"></source>
    <source src="http://www.w3schools.com/html5/mov_bbb.ogg"
      type="video/ogg"></source>
    <span>HTML5 비디오를 지원하지 않는 브라우저를 사용하고 계십니다.</span>
  </video>
</body>
</html>
```

예제 13-1을 실행하게 되면 HTML5의 〈video〉 엘리먼트를 지원하는 브라우저에서는 그림 13-1과 같은 화면을 보여주며 바로 동영상을 재생하게 됩니다. 예제의 〈span〉 엘리먼트는 〈video〉

엘리먼트를 지원하지 않는 브라우저에서 보이게 될 내용입니다.

그림 13-1 HTML5의 〈video〉 엘리먼트

이러한 화면을 보여주는 것 외에도 여러 가지를 설정할 수 있습니다. 추가 설정은 표 13-1에서 볼 수 있는 속성을 이용하면 됩니다.

표 13-1 video 객체의 속성

속성	설명
src	미디어 자원의 주소를 제공한다.
poster	비디오를 사용할 수 없을 때 보여줄 이미지이다.
preload	none, metadata, auto 키워드를 지정하여 미디어의 다운로드 상태를 결정한다.
autoplay	미디어를 자동 재생한다.
loop	미디어를 반복 재생한다.
audio	오디오 채널을 세어한다.
controls	사용자 에이전트(브라우저)가 제공하는 기본 컨트롤러를 사용한다.
width	미디어의 가로 크기를 정의한다.
height	미디어의 세로 크기를 정의한다.

또한, 앞의 예제에서 〈video〉 엘리먼트 내부에 〈source〉 엘리먼트가 두 개 있음을 알 수 있습니다. 이것은 재생할 비디오 파일을 지정하는 것인데 〈video〉 엘리먼트에서 사용할 수 있는 속성 중에서 src 속성과 같은 역할을 합니다. 하지만, 따로 두 개를 설정한 이유는 브라우저마다 재생할 수 있는 동영상 파일의 포맷이 다르기 때문입니다. 즉 같은 영상이 mp4 형식과 ogg 형식으로 두 가지 포맷으로 인코딩되어 있고 해당 파일을 모두 이와 같은 방식으로 〈source〉 엘리먼트를 삽입해 두면 해당 브라우저에서 지원하는 파일 포맷을 자동으로 찾아 재생하게 됩니다.

〈audio〉 엘리먼트

〈audio〉 엘리먼트는 〈video〉 엘리먼트와 비슷한 일을 하지만 동영상이 아닌 소리 파일을 지원한다는 점이 다릅니다. 요즘은 잘 사용되지 않지만, 예전에 많이 사용하던 배경 음악을 담을 수도 있고 필요에 따라 각각 다른 위치에 삽입할 수도 있습니다. 예제 13-2와 그를 실행한 화면인 그림 13-2를 보며 〈video〉 엘리먼트와 무엇이 다른지 확인해 보시면 확실히 이해하실 수 있을 것입니다.

예제	13-2

```
<!DOCTYPE html>
<html>
<head>
<meta charset="UTF-8">
<title>HTML5 audio</title>
</head>
<body>
  <audio controls="controls">
    <source src="http://www.w3schools.com/html5/song.ogg"
      type="audio/ogg"></source>
    <source src="http://www.w3schools.com/html5/song.mp3"
      type="audio/mpeg"></source>
    <span>HTML5 비디오를 지원하지 않는 브라우저를 사용하고 계십니다.</span>
  </audio>
</body>
</html>
```

그림 13-2 HTML5의 〈audio〉 엘리먼트

〈audio〉 엘리먼트는 〈video〉 엘리먼트와 매우 유사합니다. 쉽게 이야기해서 〈video〉 태그와 같지만 소리 파일을 재생하는 것이고 소리 파일에 관련된 것이기 때문에 화면에 대한 내용이나 속성이 없다는 것입니다. 실행 화면이 어떤 차이가 나는지 그림 13-2와 함께 비교해 보시고 어떤 속성이 그대로이고 어떤 속성이 없는지 표 13-2를 보며 〈video〉 엘리먼트와 비교해 보시기 바랍니다. 먼저 보았던 비디오 객체와 마찬가지로 src 속성을 통해 소리 파일을 재생할 수 있지만, 특정 브라우저에 따라 재생되거나 재생되지 않는 것을 방지하기 위해 〈source〉 엘리먼트를 두 가지 삽입하였습니다.

표 13-2 audio 객체의 속성

속성	설명
src	미디어 자원의 주소를 제공한다.
autoplay	미디어를 자동 재생한다.
loop	미디어를 반복 재생한다.
controls	사용자 에이전트(브라우저)가 제공하는 기본 컨트롤러를 사용한다.

미디어 요소의 이벤트

위의 〈video〉 엘리먼트와 〈audio〉 엘리먼트를 살펴보면 상당히 비슷합니다. 그도 그럴 것이 두 엘리먼드 모두 미니어 소스를 사용하는 요소들이기 때문입니다. 이 때문에 이벤트와 속성들도 굉장히 비슷한 면이 많습니다. 또한, 이 미디어 객체의 이벤트 모델은 같게 작성되어 있는데 표 13-3을 참고하시기 바랍니다. 이 이벤트들을 알고 적절히 사용할 수 있어야 후에 미디어 태그와 관련된 애플리케이션을 정확하게 제작할 수 있다는 것을 기억하시기 바랍니다.

표 13-3 미디어 객체의 이벤트

이벤트 이름	이벤트 내용
loadstart	사용자 에이전트(브라우저)가 미디어 데이터를 검색하기 시작한다. 이러한 검색은 자원 선택 알고리즘의 일부분이다.
progress	사용자 에이전트(브라우저)가 미디어 데이터를 가져오고 있다.
suspend	사용자 에이전트(브라우저)는 현재 미디어 데이터를 가져오고 있지 않으며, 이러한 것은 의도된 것이다. 아직 미디어 자원 전체를 내려받지 않았다.
abort	사용자 에이전트(브라우저)가 미디어 데이터를 완전히 내려받기 전에 중지했지만, 이것이 에러 때문은 아니다.
error	미디어 데이터를 가져오는 과정에서 에러가 발생했다.
emptied	이전에 NETWORK_EMPTY 상태가 아니었던 미디어 요소가 그러한 상태로 지금 막 변경되었다. (사용자에게 보고를 준비 중인, 로드 중의 심각한 에러 때문이었을 수도 있고, 자원 선택 알고리즘이 이미 실행 중인 상태에서 load( ) 메서드를 호출했기 때문일 수도 있다.)
stalled	사용자 에이전트(브라우저)가 미디어 데이터를 가져오려고 하고 있지만, 데이터가 예기치 못하게 단절되었다.
play	재생이 시작되었다. play( ) 함수가 반환된 뒤, 혹은 autoplay 속성으로 재생을 시작한 이후이다.
pause	재생이 일시 정지되었다. pause( ) 함수가 반환된 뒤에 일어난다.
loadedmetadata	사용자 에이전트(브라우저)가 이제 막 미디어 자원의 길이와 크기를 판단하였고 텍스트 트랙이 준비되었다.
loadeddata	사용자 에이전트(브라우저)는 현재의 재생 위치에 대해서 미디어 데이터를 처음으로 렌더링할 수 있다.
waiting	다음 프레임을 사용할 수 없어서 재생이 중단되었다. 하지만, 사용자 에이전트는 그 프레임이 곧 사용 가능해지리라 예상하고 있다.
playing	재생이 시작되었다.
canplay	사용자 에이전트(브라우저)는 미디어 데이터의 재생을 다시 시작할 수 있지만, 지금 다시 시작할 경우 현재의 재생 속도로 진행한다면 버퍼링을 위해 멈추는 일 없이 끝까지 재생하는 것은 불가능하리라 예상하고 있다.
canplaythrough	재생을 지금 시작할 경우, 현재의 재생 속도로 진행한다면 버퍼링을 위해 멈추는 일 없이 끝까지 진행할 수 있으리라 예상하고 있다.

→ 다음 페이지에 계속

← 전 페이지에 이어

이벤트 이름	이벤트 내용
seeking	IDL 속성 seeking이 true로 바뀌었고, 탐색 작업에 시간이 걸려서 사용자 에이전트가 이 이벤트를 발생시킬 시간이 있다.
seeked	IDL 속성 seeking이 false로 바뀌었다.
timeupdate	현재의 재생 위치가 바뀌었다.
ended	미디어 자원의 끝에 도달하였으므로 재생이 정지되었다.
ratechange	defaultPlaybackRate 또는 playbackRate 속성이 지금 막 업데이트되었다.
durationchange	duration 속성이 지금 막 업데이트되었다.
volumechange	volume 또는 muted 속성이 변경되었습니다. 관련된 속성의 설정자가 반환된 뒤에 발생한다.

그렇다면, 이와 같은 미디어 요소를 자바 스크립트에서 어떻게 제어하고 사용할 수 있는지 몇 가지 예를 들어 보면서 그 활용 방법을 살펴보겠습니다.

▪ 자바스크립트로 미디어 객체 활용 ^{13.1.2}

우선 자바스크립트로 미디어 객체를 다루려면 객체가 가진 속성들에는 어떤 것들이 있는지를 확인해야 합니다. 항상 하는 것이지만 무언가 외울 게 많다는 것은 잠 가슴 아픈 일이지요. 표 13-4를 모두 외울 필요는 없지만, 자주 사용되겠다 싶은 것들은 익혀 두시는 것이 좋습니다. 만일 외우기 어려우시다면 반드시 색인 등을 해두고 필요할 때 바로 찾아 사용할 수 있도록 하시기 바랍니다.

표 13-4 미디어 객체의 속성들

속성	형식	설명
buffered	TimeRanges	현재 재생 중인 미디어의 버퍼링된 시간이다.
currentSrc	문자열	현재 재생 중인 미디어의 URL이다.
currentTime	숫자	재생 중인 미디어의 현재 위치이다.

→ 다음 페이지에 계속

← 전 페이지에 이어

속성	형식	설명
defaultPlaybackRate	숫자	기본 미디어 재생 속도 배속이다. 기본값은 1.0으로, 원래의 속도대로 재생한다.
duration	숫자	미디어의 재생 길이이다. 미디어 데이터가 없다면 NaN을 반환한다.
ended	Boolean	재생이 종료됐는지의 여부이다.
initialTime	숫자	초기 재생 위치이며 초 단위 숫자로 표현된다.
loop	Boolean	미디어의 반복 재생 여부이다.
muted	Boolean	음소거 여부이다.
networkState	숫자	네트워크 상태를 나타내는 0부터 3까지의 정수이다.
paused	Boolean	미디어 재생 일시 정지 여부이다.
poster	문자열	〈video〉 엘리먼트의 poster 속성이다.
playbackRate	숫자	미디어 재생 속도 배속이다. 기본값은 1.0으로 원래의 속도대로 재생한다. 이 속성을 조절하면 빨리 감기나 천천히 재생 기능을 구현할 수 있다.
played	TimeRanges	현재 재생 중인 미디어의 재생된 시간이다.
preload	문자열	〈video〉 엘리먼트의 preload 속성이다.
readyState	숫자	〈video〉 엘리먼트의 준비 상태이다. 0~3까지의 숫자값을 가진다.
seekable	TimeRanges	탐색 가능한 범위이다.
seeking	Boolean	미디어의 특정 위치로 탐색 중인지를 반환한다. 탐색 전이거나 탐색을 완료한 다음에는 항상 false이다.
src	문자열	〈video〉 엘리먼트의 src 속성이다.
startOffsetTime	Date	시작 위치를 Date 객체로 반환한다.
tracks	TextTrack[ ]	text track 배열이다.
videoHeight	숫자	동영상 원본의 높이이다.
videoWidth	숫자	동영상 원본의 너비이다.
volume	숫자	0.0(음 소거)부터 1.0(최대)까지의 실수로 표현하는 음량 크기이다.
width	숫자	〈video〉 엘리먼트의 width 속성이다.

앞서 배웠던 이벤트와 이 속성들을 통해 비디오를 제어하는 간단한 예제를 만들어보도록 하겠습니다. 먼저 미디어 객체의 속성들을 살펴보기로 하겠습니다.

<table><tr><td>예제</td><td>13-3</td></tr></table>

```html
<!DOCTYPE html>
<html>
<head>
<meta charset="UTF-8">
<title>Media Element</title>
<script type="text/javascript">
  var mediaCtrl = {
    failed: function(e) {
      switch (e.target.error.code) {
        case e.target.error.MEDIA_ERR_ABORTED:
          alert('비디오 재생이 중단되었습니다.');
          break;
        case e.target.error.MEDIA_ERR_NETWORK:
          alert('네트워크 오류로 비디오 다운로드에 문제가 발생했습니다.');
          break;
        case e.target.error.MEDIA_ERR_DECODE:
          alert('동영상 파일에 문제가 있거나
                 브라우저에서 지원하지 않는 영상입니다.');
          break;
        case e.target.error.MEDIA_ERR_SRC_NOT_SUPPORTED:
          alert('서버의 응답 혹은 네트워크상태가 좋지 않거나
                 포맷이 지원되지 않기 때문에 동영상을 로드할 수 없습니다.');
          break;
        default:
          alert('알 수 없는 오류가 발생했습니다.');
          break;
      }
    }
  }
  function viewCurrentTime() {
    var elVideo = document.getElementById('videoElement');
    document.getElementById('timeInput').value = elVideo.currentTime;
    var statusHTML = [];
    var attributes = elVideo.attributes;
```

```javascript
            statusHTML.push('buffered: ', elVideo.buffered, '<br />');
            statusHTML.push('currentSrc: ', elVideo.currentSrc, '<br />');
            statusHTML.push('currentTime: ', elVideo.currentTime, '<br />');
            statusHTML.push('defaultPlaybackRate: ',
                            elVideo.defaultPlaybackRate,
                             '<br />');
            statusHTML.push('duration: ', elVideo.duration, '<br />');
            statusHTML.push('ended: ', elVideo.ended, '<br />');
            statusHTML.push('initialTime: ', elVideo.initialTime, '<br />');
            statusHTML.push('loop: ', elVideo.loop, '<br />');
            statusHTML.push('muted: ', elVideo.muted, '<br />');
            statusHTML.push('networkState: ', elVideo.networkState, '<br />');
            statusHTML.push('paused: ', elVideo.paused, '<br />');
            statusHTML.push('playbackRate: ', elVideo.playbackRate, '<br />');
            statusHTML.push('played: ', elVideo.played, '<br />');
            statusHTML.push('preload: ', elVideo.preload, '<br />');
            statusHTML.push('readyState: ', elVideo.readyState, '<br />');
            statusHTML.push('seekable: ', elVideo.seekable, '<br />');
            statusHTML.push('src: ', elVideo.src, '<br />');
            statusHTML.push('startOffsetTime: ', elVideo.startOffsetTime, '<br />');
            statusHTML.push('tracks: ', elVideo.tracks, '<br />');
            statusHTML.push('videoHeight: ', elVideo.videoHeight, '<br />');
            statusHTML.push('videoWidth: ', elVideo.videoWidth, '<br />');
            statusHTML.push('volume: ', elVideo.volume, '<br />');
            document.getElementById('videoStatusContainer').innerHTML
                = statusHTML.join('');
        }
    </script>
</head>
<body>
    <div style="float: left;">
        <h1>미디어 태그 활용하기</h1>
        <video id="videoElement" controls="controls"
               ontimeupdate="viewCurrentTime();"
                 onerror="mediaCtrl.failed(event);">
            <source src="http://www.w3schools.com/html5/mov_bbb.mp4"
                type="video/mp4"></source>
            <source src="http://www.w3schools.com/html5/mov_bbb.ogg"
                type="video/ogg"></source>
        </video>
```

```
    <br />
    현재 위치: <input id="timeInput" /><br />
    현재 상태: <input id="statusInput" />
  </div>
  <div id="videoStatusContainer" style="float: left;"></div>
</body>
</html>
```

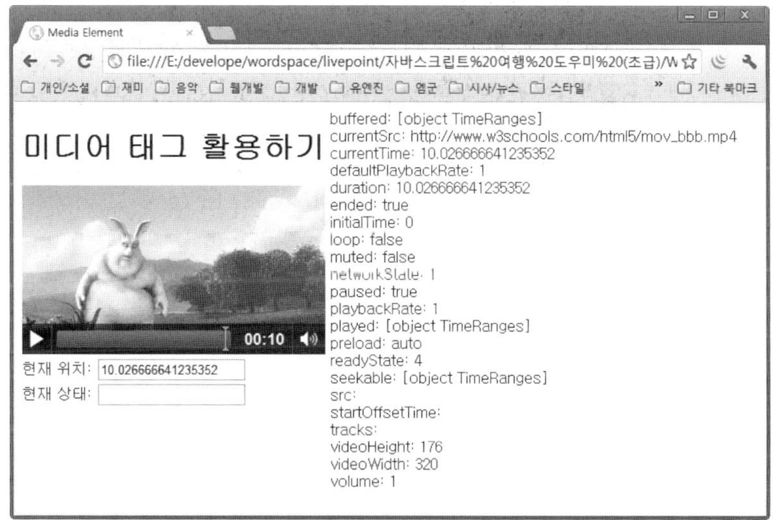

그림 13-3 미디어 태그 활용

그림 13-3에서 보는 바와 같이 미디어 객체의 여러 가지 정보를 한 화면에 담아 보았습니다. ontimeupdate 이벤트를 통해 비디오의 재생 위치가 변경되면 비디오 정보들을 모아 id가 videoStatusContainer인 엘리먼트에 표현하도록 하고 비디오 재생 오류가 발생할 것을 대비해 onerror 이벤트에는 어떤 오류인지 오류 정보를 알 수 있도록 했습니다.

이 대부분의 속성값을 우리가 조작할 수 있고 이 값을 조작하면 우리가 원하는 결과를 얻어낼 수가 있습니다. 예를 들어 현재 재생 위치를 30초 부분으로 넘기고 싶다면 elVideo.currentTime=30으로 설정해주면 됩니다. 간단하죠? 이번에는 이를 활용해서 비디오를 컨트롤해보도록 하겠습니다.

```html
<!DOCTYPE html>
<html>
<head>
<meta charset="UTF-8">
<title>Media Element</title>
<script type="text/javascript">
   var mediaCtrl = {
      failed: function(e) {
         switch (e.target.error.code) {
            case e.target.error.MEDIA_ERR_ABORTED:
               alert('비디오 재생이 중단되었습니다.');
               break;
            case e.target.error.MEDIA_ERR_NETWORK:
               alert('네트워크 오류로 비디오 다운로드에 문제가 발생했습니다.');
               break;
            case e.target.error.MEDIA_ERR_DECODE:
               alert('동영상 파일에 문제가 있거나 브라우저에서 지원하지 않는 영상입니다.');
               break;
            case e.target.error.MEDIA_ERR_SRC_NOT_SUPPORTED:
               alert('서버의 응답 혹은 네트워크 상태가 좋지 않거나
                      포맷이 지원되지 않기 때문에 동영상을 로드할 수 없습니다.');
               break;
            default:
               alert('알 수없는 오류가 발생했습니다.');
               break;
         }
      },
      go: function(videoElem, sec){
         videoElem.currentTime = videoElem.currentTime + sec;
      }
   }
   var pageCtrl = {
      before: function(){
         mediaCtrl.go(document.getElementById('videoElement'), -5);
      },
      next: function(){
         mediaCtrl.go(document.getElementById('videoElement'), 5);
      },
```

```
        play: function(src){
           var videoElem = document.getElementById('videoElement');

           if (videoElem.src) {
             videoElem.play();
           } else {
             alert('재생할 파일이 지정되지 않았습니다.')
           }
        },
        playMP4: function() {
           var videoElem = document.getElementById('videoElement');
           videoElem.src = 'http://www.w3schools.com/html5/mov_bbb.mp4';
           videoElem.load();
        },
        playOGG: function() {
           var videoElem = document.getElementById('videoElement');
           videoElem.src = 'http://www.w3schools.com/html5/mov_bbb.ogg';
           videoElem.load();
        },
        stop: function(){
           var videoElem = document.getElementById('videoElement');
           videoElem.pause();
           videoElem.currentTime = 0;
        },
        pause: function(){
           document.getElementById('videoElement').pause();
        }
     }
</script>
</head>
<body>
   <h1>미디어 태그 활용하기</h1>
   <video id="videoElement" controls="controls"
     onerror="mediaCtrl.failed(event);"></video>
   <br />

   <button type="button" onclick="pageCtrl.playMP4();">MP4 파일로 설정</button>
   <button type="button" onclick="pageCtrl.playOGG();">OGG 파일로 설정</button>
   <br />
```

```
    <button type="button" onclick="pageCtrl.before();">5초 앞으로</button>
    <button type="button" onclick="pageCtrl.next();">5초 뒤로</button>
    <button type="button" onclick="pageCtrl.play();">재생</button>
    <button type="button" onclick="pageCtrl.pause();">일시정지</button>
    <button type="button" onclick="pageCtrl.stop();">정지</button>
</body>
</html>
```

예제 13-4를 살펴보면 우선 mediaCtrl 객체에 go( )라는 새로운 메서드를 추가했습니다. 이 메서드는 비디오 엘리먼트의 재생 위치를 현재 위치를 기준으로 초 단위로 변경할 수 있도록 합니다. 그리고 몇 가지 기능 버튼들을 만들어 두고 pageCtrl 객체에 만들어둔 메서드들을 호출하도록 했습니다. 이 기능들은 비디오 엘리먼트를 다룰 때 가장 많이 사용될 예정인 기능들입니다.

그림 13-4 예제 13-4의 실행 모습

한가지 유념해서 보셔야 할 부분은 stop( ) 메서드 부분입니다. 비디오 객체는 일시 정지와 정지를 구분하고 있지 않습니다. 그러므로 정지 부분은 재생을 멈추고 나서 파일의 가장 처음으로 돌리는 방법으로 구현되었습니다. 비디오 객체에는 stop( )이라는 메서드가 없다는 점을 기억하시기 바랍니다. 꼭 나중에 왜 안 되냐고 묻는 사람이 있습니다. 그와 더불어 src 속성 정보가 변경되었을 때는 반드시 load( ) 메서드를 호출해 주어야 새로운 파일을 읽어온다는 점도 잊지 마세요.

13.2 그리기 객체 〈svg〉, 〈canvas〉

여러분이 HTML5와 관련한 지식을 더 배우게 된다면 기존의 플래시 애니메이션과 같은 효과를 HTML 문서 내에서 직접 구현할 수가 있습니다. 이를 활용한다면 그래프를 통해 사용자에게 보기 쉬운 통계 자료를 제공할 수도 있고 역동적이고 재미난 게임을 만들어 제공할 수도 있습니다.

그림 13-5 http://statico.github.com/webgl-demos/ducks

그림 13-5는 자바스크립트로 만든 3D 게임 예 중 하나입니다. 이처럼 복잡하고 화려한 그래픽을 만드는 일은 드물지만 한눈에 정보를 쉽게 읽을 수 있는 그래프와 같은 시각적인 요소는 반드시 필요해지게 마련입니다. 사용자에게 좀 더 이해하기 쉽고 한눈에 알아볼 수 있는 것들을 제공하려면 그리기와 관련된 요소의 사용 방법을 익혀야 할 것입니다. 〈svg〉 엘리먼트와 〈canvas〉 엘리먼트가 바로 그것입니다. 지금부터 그리기 요소를 이용하는 몇 가지 방법을 익혀 간단한 그래프 정도는 제작할 수 있도록 해보겠습니다.

▪ SVG [13.2.1]

SVG(Scalable Vector Graphics)는 이름에서 알 수 있듯이 2차원 벡터 그래픽을 표현하기 위한 XML 기반의 파일 형식입니다. 어디서 시작하고 어느 방향으로 어디까지 도착한다는 형식의

XML 표현식을 통해서 제작할 수 있습니다. 여기서 벡터 방식이란 선을 긋고 연결해 그리는 방식을 이야기합니다. 우리가 흔히 펜을 들고 그림을 그리는 방식과 비슷하다고 보시면 됩니다. 점 하나하나에 색을 입히고 점들이 모여 그림을 표현하는 픽셀 방식과는 상당히 대조적입니다.

미국의 어느 드라마에서는 어떤 배꼽 없는 천재 소년이 이러한 픽셀 방식으로 점을 찍어 그림을 그리더군요. 이런 방식으로 그림을 그리는 사람이 과연 있을지는 의문이지만 일반적으로 우리가 그림을 그리는 방식인 벡터 방식을 HTML에서 이용하려면 어디서부터 선이 시작되고 어떤 모양의 선인지 두께와 색상은 어떤지 어디까지 선을 그려낼 것인지와 같은 많은 정보가 있어야 합니다.

픽셀은 점으로 표현되어 있어 매우 정교한 표현을 할 수 있지만 확대하면 모자이크처럼 점이 확대되어 자연스럽지 않은 그림이 되지만, 벡터 방식의 표현은 이 같은 그리기와 관련된 많은 정보 덕분에 선이 그대로 확대되므로 확대하더라도 문제가 되는 경우가 적습니다. 이 때문에 주로 크기가 자주 바뀌지만 같은 모양을 갖는 그림을 그릴 때 많이 사용합니다. 기업이나 회사의 이미지를 나타내는 로고와 같은 것들이 주로 그런 것들입니다. 이러한 SVG가 HTML 표준에 포함되어 HTML 문서에서도 사용할 수 있게 되었다는 사실은 어떤 분에게는 매우 반가울 것이고 어떤 분들에게는 두통 유발거리가 추가된 것일 수도 있습니다. 배울 것들이 점점 더 많아지기 때문일 것입니다.

이러한 SVG를 조금 더 깊이 있게 학습하고자 하시는 분들은 우선 HTML과는 별개의 XML 체계를 갖고 있다는 것에 먼저 유념하셔야 합니다. 전혀 다른 새로운 XML 언어라는 것을 어느 정도 알아 두셔야 학습에 문제가 생기지 않을 것입니다.

생소한 속성 이름들과 태그 이름때문에 아마 상당히 어렵게 느껴지실 것입니다. 이 SVG 기술은 이미 예전부터 사용되어 오던 것으로, 대단히 많은 요소와 속성이 있기 때문입니다. HTML과는 전혀 다른 별개의 XML 언어였지만 HTML5에서는 이를 사용할 수 있도록 지원해 준 것입니다. 그래서 상당히 많은 분량의 학습량이 필요한데 모든 것을 자세히 기술하기에는 무리가 있기 때문에 해당 부분에 대해 더욱 자세히 알고자 하신다면 별도로 전문서 등을 이용해서 학습해야 합니다. 이 절에서는 SVG가 어떤 형식으로 표현되고 어떻게 활용할 수 있는지에 대한 간단한 사용법을 익혀 활용하는 것이 주목적이므로 기초적인 지식만 다루도록 하겠습니다.

SVG만의 독특한 점은 매우 많이 있는데 그중에서 애니메이션 기능을 갖고 있다는 것도 매우 주목할 만한 부분 중 하나입니다. 즉 움직이는 객체를 만들어 낼 수가 있다는 점이죠. 간단한 예제를 보면 이해하기 더 쉬울 것 같군요.

예제 | 13-5

```
<!DOCTYPE html>
<html>
<head>
<meta charset="UTF-8">
<title>Drowing 객체</title>
</head>
<body>
<svg style="margin:10px" version="1.1" width="320" height="320"
                xmlns="http://www.w3.org/2000/svg">
   <!-- 그러데이션 색상을 정의한 객체입니다. -->
   <defs>
      <radialGradient id="circleGrad">
         <stop offset="0%" stop-color="rgb(255, 255, 0)" />
         <stop offset="100%" stop-color="rgb( 0, 255, 0)" />
      </radialGradient>
   </defs>

   <!-- 위에서 정의한 그러데이션으로 채운 타원 객체를 만듭니다. -->
   <ellipse fill="url(#circleGrad)" stroke="#000" cx="50%" cy="50%"
            rx="50%" ry="50%">
      <!-- 애니메이션을 지정합니다. -->
      <animate attributeName="rx" values="0%;50%;0%" dur="2s"
         repeatCount="indefinite" />
      <animate attributeName="ry" values="0%;50%;0%" dur="2s"
         repeatCount="indefinite" />
   </ellipse>
</svg>
</body>
</html>
```

예제 13-5를 HTML5를 지원하는 브라우저로 열어보면 원 하나가 커졌다가 작아졌다가 하면서
움직이는 모습을 볼 수 있을 것입니다. 이렇듯 태그를 통해 그림 13-6과 같이 모양이나 움직임,
색과 같은 것들을 지정하면 그것을 브라우저가 나타내주게 됩니다.

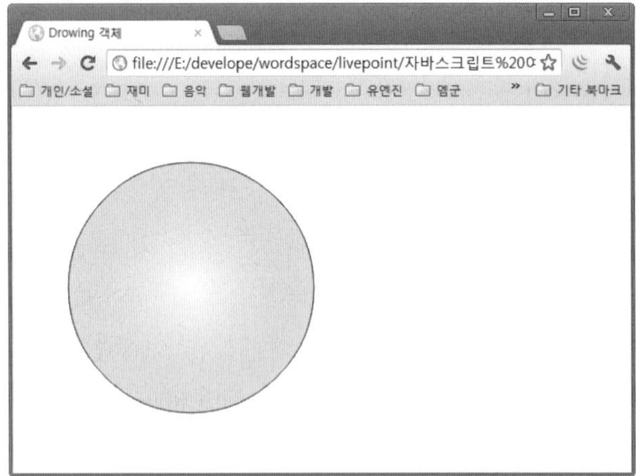

그림 13-6 예제 13-5의 실행 모습

우선 ⟨defs⟩ 엘리먼트 부분을 살펴보겠습니다. 이것은 일종의 불러 사용할 수 있는 정의 파일입니다. 내부에 미리 특정한 내용을 정의해 놓을 수가 있습니다. 그리고 이 자체만으로는 표현할 능력이 없지만 다른 엘리먼트들이 해당 정의를 불러 사용할 수 있습니다. ⟨radialGradient⟩ 엘리먼트에 id 속성을 부여한 것은 바로 이렇게 id를 통해 호출하기 위함입니다. ⟨radialGradient⟩ 엘리먼트는 그러데이션 색상을 표현하는 것으로, 내부에 두 개의 ⟨stop⟩ 엘리먼트를 통해 어디서 어떤 색으로 시작해 어디까지 어떤 색으로 끝날 것인가를 지정해 주고 있습니다.

이렇게 만들어둔 정의를 사용하는 곳은 아래에 있는 타원을 그리는 ⟨ellipse⟩ 엘리먼트입니다. fill 속성을 통해 자신의 내부를 ⟨radialGradient⟩로 채우도록 했습니다. stroke 속성을 통해 어느 색으로 선을 그을 것인지 정하고 cx, cy, rx, ry 속성을 통해 어디서 어디까지 그릴 것인지를 지정합니다. 그리고 내부에는 ⟨animate⟩ 엘리먼트를 통해 애니메이션을 지정했습니다. 어떤 속성에 애니메이션을 줄 것인지 attributeName 속성으로 지정하고 얼마간의 간격으로 애니메이션이 될 것인지 dur 속성을 이용하여 2초라고 지정해 주었습니다. 이렇게 만들어진 객체들은 DOM(Document Object Model)을 통해 접근할 수 있기 때문에 자바스크립트를 통해 변화를 주거나 삭제하거나 추가할 수가 있습니다.

우선 가장 먼저 알아야 할 부분으로 웹 페이지에 SVG 객체를 첨부하는 방법 중에는 앞서 예제와 같이 직접 서술할 수도 있지만, 따로 SVG 파일을 만들어 첨부하는 방법도 있습니다.

예제

```
<!-- img 태그로 SVG 표현하기 -->
<img src="SVG_Test.svg" alt="Test SVG" />
<!-- object 태그로 SVG 표현하기 -->
<object type="image/svg+xml" data="SVG_Test.svg" width="300px"
                height="300px">
  <p>사용하시는 브라우저는 이 그림을 표시하는 기능이 없습니다.
  <a href="http://www.adobe.com/svg/viewer/install/main.html">
    SVG 플러그인</a>을 설치해보세요.</P>
</object>
```

앞의 예제와 같이 〈img〉 태그를 사용하거나 〈object〉 태그를 이용해서 표현할 수도 있습니다.
또한, DOM 접근 방식을 통해 자바스크립트로 이용할 수 있다고 했었는데 이때 주의사항이 있
습니다. 다음 예제처럼 SVG 객체를 생성할 때는 createElementNS( ) 메서드를 통해 네임스페
이스를 지정해 주어야 한다는 점입니다.

예제

```
<script type="text/javascript">
var svgns = 'http://www.w3.org/2000/svg';
var elLine = document.createElementNS( 'line', svgns );

elLine.setAttribute('x1', 100 );
elLIne.setAttribute('x2', 200 );
/* 중략 */
svgRoot.appendChild( elLine ),
</script>
```

그렇다면, 이처럼 생성할 수 있는 SVG 엘리먼트에는 어떤 것이 있는지를 먼저 알아두셔야 할
것입니다. 표 13-5를 보시고 우리가 사용하게 되는 기본적인 SVG 엘리먼트에는 어떠한 것들이
있는지 확인해 보십시오.

표 13-5 기본 SVG 엘리먼트

엘리먼트	설명/사용 예
`<svg>`	SVG에서 최상위 태그로 HTML에서의 ⟨html⟩ 태그와 같은 역할을 하며 정해진 규약에 따라 아래와 같이 사용한다. 코드 `<svg xmlns="http://www.w3.org/2000/svg" version="1.1"></svg>`
`<desc>`	SVG에 대한 설명을 위한 태그로 SVG에는 영향을 주지 않는다. HTML의 주석 태그(⟨!— —⟩)와 비슷하다. 코드 `<desc>화면에는 나타나지 않는 부분입니다.</desc>`
`<rect>`	사각형을 그린다. 기본적인 크기와 높이를 지정해 주어야 한다. 코드 `<rect width="300" height="100" stroke="black" />`
`<circle>`	원을 그린다. r 속성을 통해 원의 반지름(크기)을 지정해 준다. 코드 `<circle cx="100" cy="50" r="40" stroke="black" />`
`<ellipse>`	타원을 그린다. ⟨circle⟩과 비슷하지만, r 속성 대신 rx, ry 속성으로 가로 반지름 세로 반지름을 정해 주어야 한다. 코드 `<ellipse cx="300" cy="80" rx="100" ry="50" stroke="black" />`
`<line>`	선을 그린다. x1, y1 속성으로 시작 위치를 정하고 x2, y2 속성으로 마지막 위치를 지정한다. 코드 `<line x1="0" y1="0" x2="200" y2="200" style="stroke:rgb(255,0,0);stroke-width:2" />`
`<polyline>`	선을 여러 번 꺾어 그릴 수 있다. points 속성에 x, y 좌표 한 세트를 한 칸씩 띄어서 여러 세트를 입력하여 표현할 수 있다. 해당 위치를 차례대로 지나가며 선을 그리게 된다. 코드 `<polyline points="20,20 40,25 60,40 80,120 120,140 200,180" style="fill:none;stroke:black;stroke-width:3" />`
`<path>`	패스로 정의된 곡선을 그린다. d 속성에 M 문자는 시작 위치를 나타내어 뒤에 x, y 좌표를 지정하고 q 문자는 선을 잡아당겨 휘게 하는 기준 위치를 지정할 수 있다. 그리고 L 문자를 통해 통과 지점을 설정해 ⟨polyline⟩처럼 위치를 통과시킬 수 있다. 이때 마지막에 Z 문자를 삽입하게 되면 시작 지점을 선으로 연결해 도형으로 만들어 줄 수 있다. 코드 `<path d="M150 0 L75 200 L225 200 Z" />`

→ 다음 페이지에 계속

← 전 페이지에 이어

엘리먼트	설명/사용 예
`<text>`	문자를 적는다. 이 문자는 그래픽으로 표현된 문자임에 유의해야 한다. 또한, dx 속성이나 dy 속성을 통해 정렬의 기준 위치를 설정할 수 있다. 코드 `<text x="0" y="15" fill="red">I love SVG</text>`
`<g>`	여러 요소를 하나의 그룹으로 정의하여 사용한다.

```
<path id="lineBC" d="M 250 50 l 150 300" stroke="red" stroke-
        width="3" fill="none" />
<path id="lineBC" d="M 175 200 l 150 0" stroke="red" stroke-
        width="3" fill="none" />
<path id="quadcurveABC" d="M 100 350 q 150 -300 300 0"
        stroke="blue" stroke-width="5" fill="none" />
<!-- Mark relevant points -->
<g stroke="black" stroke-width="3" fill="black">
        <circle id="pointA" cx="100" cy="350" r="3" />
        <circle id="pointB" cx="250" cy="50" r="3" />
        <circle id="pointC" cx="400" cy="350" r="3" />
</g>
<!-- Label the points -->
<g font-size="30" font="sans-serif" fill="black"
        stroke="none" text-anchor="middle">
        <text x="100" y="350" dx="-30">A</text>
        <text x="250" y="50" dy="-10">B</text>
        <text x="400" y="350" dx="30">C</text>
</g>
```

태그 지체는 알 만한 단어거나 약자이기 때문에 금방 익숙해지실 수 있을 거라 생각됩니다. 하지만, 속성의 경우도 모두 약자로 되어 있기 때문에 알아보기 어려운 것들도 있을 수 있을 것입니다. 하지만, 몇 가지 공통적인 속성과 개별적인 속성을 기억해 두신다면 그리 어렵지 않게 사용할 수 있을 것입니다. 개별적인 속성은 표 내부에서 언급되어 있기 때문에 공통적인 속성 몇 가지만을 짚어 보겠습니다.

cx, cy는 위치를 지정합니다. 그리고 strock와 strock-width와 같은 속성은 그리는 선에 관해 어떤 색으로 할지 어떤 두께로 할지를 정의합니다. 그리고 선의 시작과 끝이 연결되어 내부 공간이 만들어질 때에는 fill 속성으로 내부를 어떠한 색이나 패턴으로 채워줄 수도 있습니다.

그렇게 그린 그림에 어떤 특정한 효과를 주거나 부가적인 데이터를 표현할 수도 있습니다. 이에 대해 정의한 문서가 http://www.w3.org/TR/SVG11/types.html 웹 페이지에 있긴 하지만 분량이 좀 많습니다. 혹시 좀 더 상세한 내용을 알고 싶으시다면 참고해 보시는 것도 좋겠네요. 여기서는 자주 사용할 만한 몇 가지만 간단히 설명해 보도록 하겠습니다. 우선 표 13-6을 봐주세요.

표 13-6 기본 데이터 형식과 인터페이스

데이터 형식	설명
`<animate>`	시간에 따라 그래픽 요소들을 변경하기 위해 사용한다. SVG 엘리먼트 내부에 삽입되며 움직임에 걸리는 시간과 어떤 것을 움직일 것인지에 대한 값을 포함해야 한다. 코드 ``` <animate attributeName="rx" values="0%;50%;0%" dur="2s" repeatCount="indefinite" /> ```
`<text>`	문자를 적는다. 이 문자는 그래픽으로 표현된 문자임에 유의해야 한다. 또한, dx 속성이나 dy 속성을 통해 정렬의 기준 위치를 설정할 수 있다. 코드 ``` <text x="0" y="15" fill="red">I love SVG</text> ```
`<integer>`	숫자를 적는다. 이 문자는 그래픽으로 표현된 문자임에 유의해야 한다. 또한, dx 속성이나 dy 속성을 통해 정렬의 기준 위치를 설정할 수 있다. 코드 ``` <integer x="0" y="15" fill="red">-250</integer> ```
`<number>`	실수를 적는다. 이 문자는 그래픽으로 표현된 문자임에 유의해야 한다. 또한, dx 속성이나 dy 속성을 통해 정렬의 기준 위치를 설정할 수 있다. 코드 ``` <number x="0" y="15" fill="red">25.2345</number> ```

표 13-5와 표 13-6은 가장 자주 사용되는 SVG 엘리먼트를 나열한 것입니다. 하지만, 깊이 알려면 많은 것을 알아야 하기 때문에 많은 시간을 투자해야 합니다. 이를 대체하기 위해 많은 자바스크립트 라이브러리가 있다는 것이 그나마 다행이라 하겠습니다. 많은 자바스크립트 라이브러리 중 SVG 관련 가장 많은 사랑을 받는 라이브러리는 라파엘(Raphael)이라는 라이브러리가 아닐까 합니다. 이는 브라우저의 경계도 어느 정도 없앨 수 있고 SVG를 굉장히 편리하게 사용할 수 있도록 해줍니다. 더 자세한 내용은 http://raphaeljs.com 웹사이트에서 확인하실 수 있

습니다. 이 라파엘 라이브러리는 그 자체 외에도 여러 가지 플러그인을 함께 제공하고 있어서
사용하기가 무척 편리합니다.

예제 | 13-6 http://raphaeljs.com/growing-pie.html 수정

```html
<!DOCTYPE html>
<html>
<head>
<meta charset="UTF-8">
<title>그리기 객체</title>
<style type="text/css">
body {
   background: #333;
   color: #fff;
   font: 300 100.1% "Helvetica Neue", Helvetica,
        "Arial Unicode MS", Arial, sans-serif;
}
#holder {
   height: 480px;
   left: 50%;
   margin: -240px 0 0 -320px;
   position: absolute;
   top: 50%;
   width: 640px;
}
#copy {
   bottom: 0;
   font: 300 .7em "Helvetica Neue", Helvetica,
        "Arial Unicode MS", Arial, sans-serif;
   position: absolute;
   right: 1em;
   text-align: right;
}
#copy a {
   color: #fff;
}
</style>
<script type="text/javascript"
            src="http://raphaeljs.com/raphael.js"></script>
```

```
<script type="text/javascript">
window.onload = function () {
    var r = Raphael("holder");
    r.customAttributes.segment = function (x, y, r, a1, a2) {
        var flag = (a2 - a1) > 180,
            clr = (a2 - a1) / 360;
        a1 = (a1 % 360) * Math.PI / 180;
        a2 = (a2 % 360) * Math.PI / 180;
        return {
            path: [["M", x, y], ["l", r * Math.cos(a1), r * Math.sin(a1)],
                ["A", r, r, 0, +flag, 1, x + r * Math.cos(a2), y + r *
                    Math.sin(a2)],
                ["z"]],
            fill: "hsb(" + clr + ", .75, .8)"
        };
    };
    function animate(ms) {
        var start = 0,
            val;
        for (i = 0; i < ii; i++) {
            val = 360 / total * data[i];
            paths[i].animate({segment: [200, 200, 150, start, start += val]},
                            ms || 1500, "bounce");
            paths[i].angle = start - val / 2;
        }
    }

    var data = [24, 92, 24, 52, 78, 99, 82, 27],
        paths = r.set(),
        total,
        start,
        bg = r.circle(200, 200, 0).attr({stroke: "#fff", "stroke-width": 4});
    data = data.sort(function (a, b) { return b - a;});

    total = 0;
    for (var i = 0, ii = data.length; i < ii; i++) {
        total += data[i];
    }
    start = 0;
    for (i = 0; i < ii; i++) {
```

```
      var val = 360 / total * data[i];
      (function (i, val) {
        paths.push(r.path().attr({segment: [200, 200, 1, start, start + val],
            stroke: "#fff"}).click(function () {
          total += data[i];
          data[i] *= 2;
          animate();
        }));
      })(i, val);
      start += val;
    }
    bg.animate({r: 151}, 1000, "bounce");
    animate(1000);
    var t = r.text(200, 20, "Click on segments to make them bigger.")
    .attr({font:
               '100 20px "Helvetica Neue", Helvetica, "Arial Unicode MS",
               Arial, sans-serif', fill: "#fff"});
};
</script>
</head>
<body>
  <div id="holder"></div>
  <p id="copy">Demo of <a href="http://raphaeljs.com/">Raphael</a>
      ?JavaScript Vector Library</p>
</body>
</html>
```

예제 13-6은 라파엘 웹사이트에서 제공하는 원형 그래프의 한 예입니다. 이 웹 애플리케이션을
실행시키면 그림 13-7과 같은 결과를 보실 수 있습니다. 여기에 플러그인으로 제공되고 있는
몇 가지를 더하면 훨씬 더 간결하고 효율적인 소스 코드로 더 화려한 그래픽을 보여줄 수도 있
습니다. 해당 플러그인은 http://g.raphaeljs.com 웹 사이트에서 확인하실 수 있습니다.

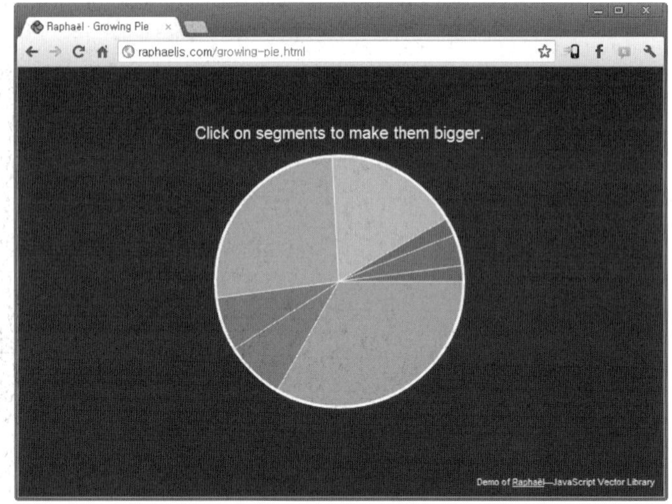

그림 13-7 예제 13-6의 실행 모습

▦ 캔버스 13.2.2

캔버스(Canvas)는 SVG 객체와는 다른 관점에서 시작합니다. SVG가 벡터 그래픽, 즉 선을 기준으로 하는 그래픽이라면 캔버스는 픽셀 단위의 그래픽입니다. 그러므로 SVG는 크기를 줄이거나 늘려도 크게 제약을 받지 않지만, 캔버스는 크기가 정확하게 적용되어야 합니다. 대신 이 캔버스는 2D 그래픽뿐만 아니라 3D 그래픽까지도 표현할 수 있도록 해주고 브라우저에 따라 컴퓨터 하드웨어인 그래픽 카드의 그래픽 가속 기능까지도 사용할 수 있도록 해주기 때문에 이를 통한 3D 게임까지 만들어지고 있습니다. 물론 아직은 게임 클라이언트 프로그램을 설치한 만큼의 성능은 나오지 않고 있기 때문에 기존의 게임과 비교하면 굉장히 느리고 불편하지만, 앞으로는 게임 클라이언트의 설치 없이 게임을 즐길 수 있을 정도로 발전할 것으로 생각됩니다. 물론 자바스크립트의 성능이 지금보다 훨씬 더 많이 좋아지고 난 후에나 가능한 이야기겠지요.

어찌 되었든 이는 자바스크립트에서 다루는 그래픽 중 매우 큰 부분을 차지하고 있기 때문에 이 부분도 잠깐 짚어 보고 넘어가야 하겠습니다. 단 캔버스를 깊이 이해하려면 상당한 시간과 노력이 필요합니다. 이 책에서는 간단한 사용 방법만을 다룰 것입니다. 조금 더 깊이 있는 이해를 원하시는 분들은 별도의 다른 학습을 진행하시길 추천해 드립니다.

이 캔버스에 대한 자세한 이해를 원하시면 https://developer.mozilla.org/ko/HTML/Canvas 웹 사이트 모질라 제단의 튜토리얼 페이지에서 좀 더 많은 정보를 무료로 얻어 보실 수 있습니다. 여기에서 나오는 예제들도 해당 모질라 재단의 예제를 참고하였습니다.

우선 캔버스는 XML 태그를 통해 만들어지지 않고 <canvas> 엘리먼트로 영역만을 지정합니다. 그리고 자바스크립트를 통해 해당 캔버스 전용 context라고 하는 객체를 얻어 해당 객체를 통해 그래픽을 표현하게 됩니다. 즉 <body> 엘리먼트 안에 <canvas id="vas" width="200" height="300"></canvas>와 같은 형식으로 캔버스 영역을 지정해줍니다.

예제

```
var example = document.getElementById('example');
var context = example.getContext('2d');
context.fillStyle = "rgb(255,0,0)";
context.fillRect(30, 30, 50, 50);
```

그리고 이 예제와 같은 방식으로 context 객체를 이용해서 그래픽을 표현할 수 있습니다. 위의 예제에서는 캔버스에 사각형을 그리는 방법을 보여주고 있습니다. fillStyle( ) 메서드 에서는 내부의 색상을 어떻게 채울 것인지 지정해 주고 있고 fillRect( ) 메서드에서는 x1, y1, width, height의 순서로 시작점과 크기를 지정해 주고 있습니다. 예제에서는 x 30, y 30 지점에 width 50, height 50 크기의 사각형을 그리게 됩니다.

또 놀라운 것은 이 Canvas API를 이용해서 사진의 얼굴을 인식한다든가 하는 일들도 할 수 있다는 것입니다. 요즘 페이스북 같은 웹 애플리케이션에서 이러한 것들을 볼 수 있죠. 이 내용은 http://badassjs.com/post/1461943420/face-detection-in-javascript-via html5 canvas 웹 페이지에서 확인할 수 있습니다.

우선 캔버스를 이용하고자 앞서 설명한 것처럼 <canvas> 엘리먼트를 통해 영역을 확보해야 합니다. 영역 안에서 그림을 그릴 때 가장 먼저 해야 할 것은 어느 위치에 그림을 그릴 것인가 하는 지점을 정하는 일입니다. beginPath( ) 메서드를 통해 그림 그리기를 시작한다는 명령을 주고 moveTo( ) 메서드로 그리기를 시작할 위치를 지정해야 합니다. 그런 다음 그림을 표현하는 명령을 내려주면 됩니다.

사각형

우선 일반적으로 가장 많이 사용하게 되는, 사각형을 그릴 수 있는 메서드들은 다음과 같습니다.

- **fillRect(x,y,width,height)**   속이 찬 사각형을 그립니다.

- **strokeRect(x,y,width,height)**   사각형의 테두리를 그립니다.

- **clearRect(x,y,width,height)**   지정한 영역을 지워서 완전히 투명하게 만듭니다.

세 메서드는 모두 같은 인자를 받습니다. x와 y는 캔버스에서 사각형의 왼쪽 위 꼭짓점이 어디에 있는지(원점에 상대적인) 좌표를 지정합니다. width와 height는 당연히 사각형의 너비와 높이를 가리킵니다. 이 함수들의 동작을 직접 살펴보겠습니다.

예제 | 13-7

```
<!DOCTYPE html>
<html>
<head>
<meta charset="UTF-8">
<title>HTML5</title>
<script type="text/javascript">
function draw(){
  var canvas = document.getElementById('canvas');
  if (canvas.getContext){
    var ctx = canvas.getContext('2d');
    ctx.fillRect(25,25,100,100);
    ctx.clearRect(45,45,60,60);
    ctx.strokeRect(50,50,50,50);
  }
}
</script>
</head>
<body onload="draw();">
  <canvas id="canvas" width="300" height="300"></canvas>
</body>
</html>
```

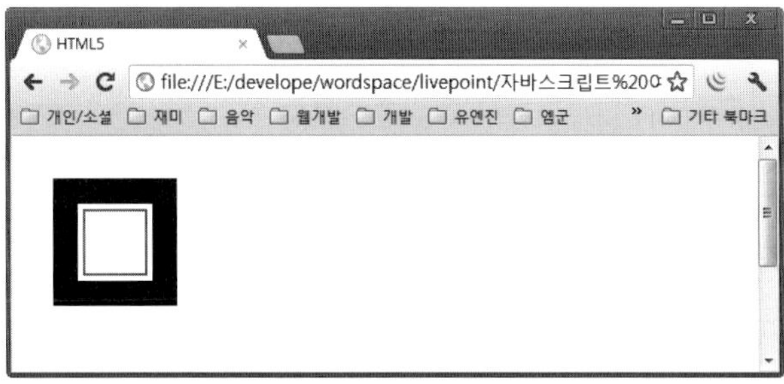

그림 **13-8** 예제 13-7의 실행 모습

예제 13-7을 실행하면 그림 13-8과 같은 결과가 나오게 됩니다. fillRect( ) 메서드는 100×100 픽셀 크기의 커다란 검은 사각형을 그립니다. clearRect( ) 메서드는 중간에서 60×60 픽셀 크기의 사각형을 지워 내고, 마지막으로 strokeRect( ) 메서드는 지워진 사가형 안에 50×50 크기의 사각형 테두리를 그립니다.

다음으로 clearRect( ) 메서드 대신 쓸 수 있는 두 가지 방법과 그려진 도형의 색깔과 선 모양을 어떻게 바꾸는지를 설명하도록 하겠습니다.

경로를 지정해 도형 그리기

앞서 사각형을 그렸던 것과는 달리 선을 그리려면 다음과 같은 몇 가지 과정이 추가로 필요해지게 됩니다.

- **beginPath( )**   노형 그리기에 대한 정보를 시작합니다.
- **closePath( )**   도형 그리기에 대한 정보를 종료합니다.
- **stroke( )**   도형의 테두리를 그립니다.
- **fill( )**   도형의 안쪽을 지정된 색으로 채웁니다

우선 beginPath( ) 메서드는 새로운 도형에 대한 정보를 시작하게 됩니다. 이 메서드가 호출될 때마다 정보는 초기화되기 때문에 하나의 도형을 새로 그릴 때마다 호출해 주어야 합니다. 그리고 closePath( ) 메서드가 호출되기 전까지 도형이 거쳐야 할 경로를 입력해 주고 난 후에

closePath( ) 메서드를 호출하면 마지막 지점에서 시작점까지 선을 이어주면서 종료가 됩니다. 그런 다음 stroke( ) 메서드로 테두리를 그리거나 fill( ) 메서드로 내부를 채우는 일을 하게 됩니다.

이때 fill( ) 메서드를 호출하면 closePath( ) 메서드가 자동으로 호출되기 때문에 fill( ) 메서드를 사용한다면 closePath( ) 메서드는 생략할 수 있습니다. 이것을 바탕으로 간단한 삼각형을 그려 본다면 예제 13-8과 같을 것입니다.

예제 | 13-8

```
<!DOCTYPE html>
<html>
<head>
<meta charset="UTF-8">
<title>HTML5</title>
<script type="text/javascript">
   function draw() {
      var canvas = document.getElementById('canvas');
      if (canvas.getContext) {
         var ctx = canvas.getContext('2d');
         ctx.beginPath();
         ctx.moveTo(75, 50);
         ctx.lineTo(100, 75);
         ctx.lineTo(100, 25);
         ctx.fill();
      }
   }
</script>
</head>
<body onload="draw();">
   <canvas id="canvas" width="300" height="300"></canvas>
</body>
</html>
```

그림 13-9 예제 13-8의 실행 모습

시작 위치 변경하기

앞의 예제에도 나왔지만, 궁금하셨을 부분일 것입니다. 이것은 매우 유용하며 실제로 아무것도 그리진 않지만, 위에서 말한 경로 목록의 일부인 moveTo( ) 메서드입니다. 이 메서드가 하는 일은 그림을 그리다가 펜이나 연필을 들어 올렸다가 다른 곳에 내려놓는 것으로 생각할 수 있습니다.

```
moveTo(x, y);
```

시작 위치를 변경하는 방법은 위의 구문과 같이 매우 단순합니다. 이것이 사용되는 가장 큰 이유 중 하나는 beginPath( ) 메서드를 실행하여 초기화했을 때 위치도 초기화되어 기본 위치가 0, 0 좌표로 설정되기 때문일 것입니다. 하지만, 그 외에도 연결되어 있지 않은 또 다른 선이나 도형을 그릴 때도 사용할 수 있습니다.

선 그리기

도형을 그리는 것 외에도 단순히 선을 그려야 하는 경우도 많이 있습니다. 이럴 때 사용되는 메서드가 lineTo( ) 메서드입니다.

```
lineTo(x, y);
```

이것은 현재 캔버스에 설정된 위치에서 인자로 받은 좌표까지 선을 긋습니다. 앞서 삼각형을 그리는 예제 13-8에서도 사용되었다는 것을 알 수 있습니다.

호와 원 그리기

지금까지 직선으로 표현되는 간단한 메서드들과 사용되는 방법들을 살펴보았습니다. 이러한 도형은 단순하므로 비교적 쉽게 사용할 수 있지만, 곡선으로 표현해야 하는 호나 원을 그리려면 몇 가지 정보가 더 필요합니다. 따라서 조금 더 복잡하게 느껴지실 것입니다.

예제 | 13-9

```html
<!DOCTYPE html>
<html>
<head>
<meta charset="UTF-8">
<title>HTML5</title>
<script type="text/javascript">
  function draw() {
    var canvas = document.getElementById('canvas');
    if (canvas.getContext) {
      var ctx = canvas.getContext('2d');
      for (i = 0; i < 4; i++) {
        for (j = 0; j < 3; j++) {
          ctx.beginPath();
          var x = 25 + j * 50; // x 좌표
          var y = 25 + i * 50; // y 좌표
          var radius = 20;       // 호의 반지름
          var startAngle = 0;   // 시작 각도
          var endAngle = Math.PI + (Math.PI * j) / 2; // 끝점
          var anticlockwise = i % 2 == 0 ? false : true; // 시계 반대 방향인가?
          ctx.arc(x, y, radius, startAngle, endAngle, anticlockwise);
          if (i > 1) {
            ctx.fill();
          } else {
            ctx.stroke();
          }
        }
```

```
        }
      }
    }
</script>
</head>
<body onload="draw();">
    <canvas id="canvas" width="300" height="300"></canvas>
</body>
</html>
```

예제 13-9에서 두 개의 for 루프는 호들의 행과 열에 대해 반복됩니다. 각 호에 대해서 저는 beginPath( ) 메서드로 새로운 패스를 시작합니다. 그 아래에는 의미를 파악하기 쉽도록 변수를 이용하여 모든 인자를 설정하고 있습니다. 보통 이 부분은 한 문장으로 끝나겠죠 x와 y 좌표는 쉽게 이해하실 것입니다. 반지름(radius)과 시작 각도(startAngle)는 고정하였습니다. 끝점(endAngle)은 180도(첫 열)로 시작해서 한 번에 90도씩 증가하여 완전한 원(마지막 열)이 됩니다. 시계 반대 방향 설정 인수(anticlockwise)에 해당하는 부분에서는 첫 번째 줄과 세 번째 줄에서 시계 방향으로, 그리고 둘째 줄과 네 번째 줄에서는 시계 반대 방향으로 그리도록 합니다. 마지막으로 if 문은 위쪽 반은 테두리만 그리도록 하고 나머지 반은 채워진 호를 그리도록 합니다. 이를 실행한 결과인 그림 13-10을 참고로 코드를 다시 살펴보시면서 어떻게 그려지는지를 확인하시기 바랍니다.

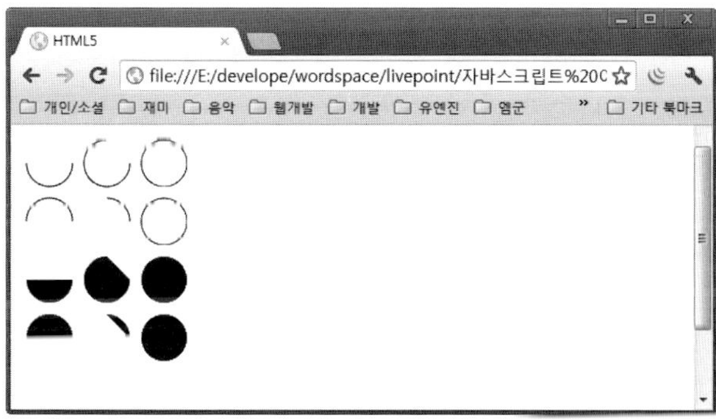

그림 **13-10** 예제 13-9의 실행 모습

제 14 장

jQuery: 더욱 빠르고 강력한 자바스크립트

자바스크립트를 사용하여 웹 애플리케이션을 제작하다 보면 여러 가지 문제점에 부딪히기도 하고 고려해야 할 사항이 생기기도 합니다. 그래서 자바스크립트를 이용하여 개발하는 대부분 개발자는 자신만의 라이브러리를 만들어 사용하거나 다른 사람이 만들어 놓은 라이브러리를 사용하곤 합니다. 이러한 라이브러리 중에 가장 많은 사람에게 사랑받는 라이브러리로는 프로토타입(Prototype), jQuery, 도조(dojo), 무툴즈(MooTools) 등이 있습니다.

그중 가장 많은 사람이 사용하는 라이브러리는 단연 jQuery일 것입니다. 그러나 편리하고 강력하기는 하지만 처음 보는 분들은 사용하는 문법이 매우 생소하고 어렵다고 느끼실 수도 있습니다. 바로 이런 독자분들을 위해 이 장을 미련하였습니다. 하지만, jQuery 프로젝트는 아직도 진행형이고 앞으로 계속 변화해 나갈 것이기 때문에 jQuery 웹 사이트(http://jquery.com)나 jQuery API를 직접 확인하시면서 배우는 것이 좋습니다. 여기서는 기본적인 이해를 돕고 많이 사용되는 몇 가지의 메서드들과 활용법을 중점으로 이야기할 것이기 때문입니다.

우선 이 장을 시작하기 전에 jQuery 라이브러리를 내려받아 두거나 항시 인터넷 접속이 가능한 환경이라면 CDN(Content Delivery Network)을 통해 웹 페이지에 삽입해야 합니다. http://docs.jquery.com/Downloading_jQuery 웹 페이지에서 원하는 버전을 직접 내려받거나 아래에 있는 CDN 호스트를 통해 HTML 페이지에 삽입할 수 있습니다. 이 글을 쓰는 현재 가장 최신 버전은 1.7.2이지만 원하는 버전으로 수정해 사용하실 수도 있습니다.

Google Ajax API CDN (SSL 지원)

LINK http://ajax.googleapis.com/ajax/libs/jquery/1.7.2/jquery.min.js

Microsoft CDN (SSL 지원)

LINK http://ajax.aspnetcdn.com/ajax/jQuery/jquery-1.7.2.min.js

jQuery CDN (Media Temple)

LINK http://code.jquery.com/jquery-1.7.2.min.js
http://code.jquery.com/jquery-1.7.2.js (전체 버전)

CDN을 통해 jQuery 라이브러리를 삽입하는 방법은 다음 예제와 같이 스크립트 태그를 삽입하는 것입니다. 제가 테스트해본 바로는 CDN을 이용할 때는 마이크로소프트 CDN을 이용하는 게 국내에서는 가장 빠른듯하더군요. 더욱 자세히 알고 싶다면 http://jquery.com 웹 사이트를 방문해보시기 바랍니다.

예제 |

```
<script src="http://ajax.aspnetcdn.com/ajax/jquery/jquery-1.5.js"></script>
```

14.1 jQuery 기본

jQuery 라이브러리가 추구하는 것 중에 가장 사랑받는 부분은 단순한 문법과 객체의 재사용이라고 할 수 있습니다. 한 줄의 명령 문장으로 기본적인 자바스크립트 10~20줄의 역할을 대신할 수 있기 때문입니다.

jQuery 특성 14.1.1

이 jQuery 라이브러리는 jQuery라는 이름의 객체로 생성되는데, 이 객체의 생김새가 아주 간단하면서도 멋지게 되어 있습니다. 우선 배열이 있습니다. 이 배열은 jQuery 라이브러리를 사용하는데 가장 중요한 것으로, HTML 요소나 데이터를 담는 데 사용합니다. 그리고 두 가지 명령어 묶음이 있습니다. 하나는 배열 내부에 있는 요소나 데이터를 사용하는 명령이고 다른 하나는 배열의 참조 없이 자체 수행하는 명령입니다.

그리고 객체의 재사용성을 높이고자 대부분의 명령은 return this라는 체계를 가지고 있는데, 이는 데이터를 얻기 위한 명령어 외의 대부분에 적용되어 있습니다. 그러므로 반환된 객체에 다시 새로운 명령을 내릴 수가 있습니다. 이러한 용법을 **메서드 체인**이라고 부르기도 합니다.

- **CSS 선택자**　HTML 문서의 구조를 명료히면서도 읽기 쉬운 형태로 표현하고 사용할 수 있습니다.

- **플러그인 아키텍처**　중복되는 기능과 코드가 엉키는 등의 Feature Creep*을 피하고 창의적인 산출물을 공유할 수 있으며 이미 개발된 많은 플러그인을 쉽고 빠르게 이용할 수 있습니다.

- **메서드 체인**　여러 개의 동작(기능)을 한 줄에 나열하여 임시 변수의 사용을 최소화하여 불필요한 코드의 반복을 피할 수 있습니다.

- **크로스 브라우저**　브라우저마다 달리 발생하는 이벤트, 객체 등을 처리하고자 여러 개의 메서드 또는 여러 번의 분기를 사용하지 않고 jQuery에서 제공하는 메서드 또는 문장으로 간단히 해결할 수 있습니다.

* Feature Creep: 기본 기능 외에 새로운 기능을 계속 추가하는 것을 말합니다.

이외에노 여러 가지 특징들이 있지만 가장 대표적인 특징은 위와 같습니다. 이러한 특성들이 바로 jQuery의 장점이자 많은 사람으로부터 사랑을 받는 이유일 것입니다. 위키피디아에서는 jQuery를 다음과 같이 소개하고 있습니다.

jQuery란?

jQuery는 HTML 클라이언트 측 스크립트 언어를 단순화하도록 설계된, 브라우저 호환성이 있는 자바스크립트 라이브러리이다. 존 레식에 의해, 2006년 뉴욕 시 바캠프(Barcamp NYC)에서 공식으로 소개되었다. jQuery는 오늘날 가장 인기있는 자바스크립트 라이브러리 중 하나이다.

jQuery는 MIT 라이선스와 GNU 일반 공중 사용 허가서 v2의 듀얼 라이선스를 가진 자유 오픈 소프트웨어이다. jQuery의 문법은 코드 보기, 문서 객체 모델 찾기, 애니메이션 만들기, 이벤트 제어, Ajax 개발이 쉽도록 디자인되었다. 또한, jQuery는 개발자가 플러그인을 개발할 수 있는 기능을 제공한다

마이크로소프트와 노키아는 자사 플랫폼에 jQuery를 포힘하는 계획을 빌표한 바 있나. 마이크로소프트는 비주얼 스튜니오의 ASP.NET AJAX 프레임워크와 ASP.NET MVC 프레임워크에 적용했고 노키아는 자사의 런타임 웹 위젯 개발 플랫폼에 통합하였다. 또한, jQuery는 미디어위키에도 1.16 버전부터 시용되고 있디.

http://ko.wikipcdia.org/wiki/JQuery

이와 함께 위키피디아에서는 jQuery의 대표적인 기능을 다음과 같이 정의하고 있네요.

- DOM 엘리먼트 선택

- DOM 탐색(Taversal) 및 수정 (CSS 1~3 지원. 기본적인 XPath를 플러그인 형태로 지원)

- 이벤트

- CSS 조작

- 특수 효과와 애니메이션

- Ajax

- 확장성

- 유틸리티 – 브라우저 버전, "each" 메서드

- 자바스크립트 플러그인

자 이제 jQuery를 배워보고픈 맘이 들었나요?

▪ jQuery의 구조와 코어 ^{14.1.2}

앞서 특성에 대해 이야기를 하며 잠시 언급했던 것처럼 jQuery는 배열을 기본으로 합니다. 배열에 HTML 요소나 데이터 등을 담아 이용하는 방법이기 때문에 먼저 이러한 독특한 구조에 대해 이해해야 합니다.

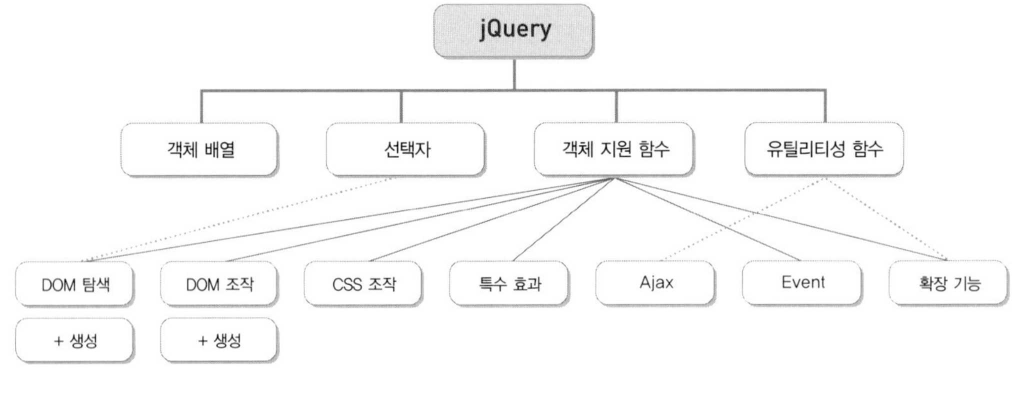

그림 14-1 jQuery의 구조

그림 14-1은 큰 분류로 나누어본 jQuery의 구조입니다. 가장 크게는 jQuery 객체가 있고 그 아래로 객체를 저장하는 배열과 저장할 객체를 선택하는 선택자, 그리고 객체를 이용하거나 지원하는 메서드와 객체와는 상관없는 유틸리티성 함수가 있습니다. 이러한 구조를 토대로 사용자는 새로운 메서드를 추가로 확장하여 자신만의 jQuery 플러그인을 만들어 낼 수도 있습니다.

또한, 배열을 기본으로 하기 때문에 항상 반복 구문(Loop)을 실행하게 되는 경우가 많은데 이럴 때 사용하기 위한 jQuery.each( ) 메서드와 같은 jQuery 코어(Core) 기능들이 있습니다. 여기서 코어라고 불리는 것은 어떤 특정한 객체가 담겨 있지 않은 jQuery 모체를 이야기합니다. 아무것도 담지 않아도 혼자서도 어떠한 일들을 해낼 수 있는 기본 모체를 코어라고 이해하시면 될 듯합니다.

이 코어 메서드들이 jQuery를 만들어 내는 핵심이라고 할 수도 있을 것입니다. 이러한 코어 메서드는 유틸리티성 함수에 포함되기도 하지만 jQuery의 근간이 되는 메서드들이기도 합니다. 뒤 유틸리티 등에서 다룰 부분들은 빼고 jQuery 문서에서 코어라 서술해놓은 부분부터 먼저 확인해보겠습니다.

jQuery.holdReady(boolean)

인자를 true로 지정하면 jQuery의 ready 이벤트를 잠시 붙잡아 둡니다. 그리고 false를 지정하면 다시 풀리게 됩니다. 주로 $.ready( ) 메서드 내부에 들어 있는 실행 명령들이 특정 조건 이후에 실행되어아 할 때 사용하게 됩니다. 다음 예제를 살펴봐 주시기 바랍니다. 참고로 $는 jQuery 객체를 간략히 나타내는 기호입니다.

예제

```
$.holdReady(true);
$.getScript("myplugin.js", function() {
  $.holdReady(false),
});
```

위의 예제를 실행했을 때 getScript( ) 메서드 이전의 holdReady(true) 메서드로 인해 jQuery.ready( ) 메서드 내부에 있는 실행문들이 실행되지 않습니다. 하지만 getScript( ) 메서드가 완료된 다음 콜백(Callback) 실행 명령으로 넣어준 holdReady(false) 메서드로 인해 getScript( ) 메서드로 불려온 문서가 모두 로딩된 후에 $.ready( ) 내부에 명령문들이 실행된다는 내용입니다.

jQuery(selector [, context])

가장 기본이 되는 jQuery 객체를 생성하는 메서드입니다. 물론 jQuery 객체는 이미 존재하고 있지만 여기서 이야기하는 jQuery 객체는 모체가 되는 jQuery의 정의 객체를 상속받아 엘리먼트나 어떤 데이터 등을 담아 둔 jQuery 인스턴스 객체를 이야기합니다. 다음 구문과 같은 형태로 jQuery 객체를 생성합니다.

```
jQuery( selector [ , context ]  )
  jQuery( selector [, context] )
  jQuery( element )
  jQuery( object )
  jQuery( elementArray )
  jQuery( jQuery object )
  jQuery()

jQuery( html [ , ownerDocument ]  )
  jQuery( html [, ownerDocument] )
  jQuery( html, props )

jQuery( callback  )
  jQuery( callback )
```

jQuery.noConflict( )

jQuery 객체를 대변하는 변수 $ 문자를 Prototype과 같은 다른 라이브러리와 함께 사용할 때 다른 라이브러리에서 $ 변수를 사용할 수 있도록 jQuery가 사용하지 않도록 설정합니다.

예제

```
<script type="text/javascript" src="other_lib.js"></script>
<script type="text/javascript" src="jquery.js"></script>
<script type="text/javascript">
$.noConflict();
//$ 문자를 사용하는 다른 라이브러리의 코드는 여기서부터 사용할 수 있습니다.
</script>
```

jQuery.sub( )

jQuery의 또 다른 변수명을 설정합니다. 예를 들어 var myQuery = jQuery.sub( );를 선언했다면 이후로는 jQuery.each( ) 대신 myQuery.each( ) 형식으로 메서드를 사용하게 됩니다.

예제

```
(function(){
   var sub$ = jQuery.sub();
   sub$.fn.myCustomMethod = function(){
     return 'just for me';
   };
   sub$(document).ready(function() {
     sub$('body').myCustomMethod()
   });
})();
typeof jQuery('body').myCustomMethod // undefined
```

jQuery.when( )

when( ) 메서드를 실행하고 돌아온 결과를 다음 두 예제처럼 뒤의 then(function(x){ ... }) 혹은 done(function(x){ ... }) 함수의 x 인자로 받아 사용합니다.

예제

```
$.when( $.ajax("test.aspx") ).then(function(ajaxArgs){
   alert(ajaxArgs[1]); /* ajaxArgs는 배열 [ "success", statusText, jqXHR ] */
});
```

> 예제 |

```
$.when( { testing: 123 } ).done(
  function(x){ alert(x.testing); } /* alerts "123" */
);
```

이때 다음 예제와 같이 여러 개의 일을 시킬 수도 있습니다.

> 예제 |

```
$.when($.ajax("/page1.php"), $.ajax("/page2.php")).done(function(a1, a2){
  /* a1과 a2는 각각 page1과 page2 Ajax 요청을 위한 인자임 */
  var jqXHR = a1[2]; /* 인자는 배열 [ "success", statusText, jqXHR ] */
  if ( /Whip It/.test(jqXHR.responseText) ) {
    alert("First page has 'Whip It' somewhere.");
  }
});
```

여기까지가 jQuery 문서 내의 코어 부분입니다. 그럼 이제부터 본격적인 jQuery의 세계로 빠져 보기로 하겠습니다.

14.2 jQuery 문법

jQuery의 문법은 사용하기에 쉽고 편리합니다. 예제 14-1처럼 알아보기도 쉬울 뿐만 아니라 굉장히 간편하고 가볍습니다. 어느 정도 익혀 두고 사용해본 다음에는 jQuery 없는 자바스크립트가 너무 불편하고 싫어질 정도입니다. 하지만, 과함은 부족함만 못하다는 말이 있듯이 너무 jQuery에 의존해서는 안 될 것입니다.

> 예제 | 14-1

```
<!DOCTYPE html>
<html>
```

```
<head>
<script src="http://code.jquery.com/jquery-latest.js"></script>
<script type="text/javascript">
   // jQuery를 이용해 테두리를 지정
   $(function(){
      $('p:last').css('border', '1px solid black');
   });

   // 기본 자바스크립트를 이용해 테두리를 지정
   window.onload = function() {
      var ps = document.getElementsByTagName('p');
      ps[ps.length - 2].style.border = '2px solid black';
   }
</script>
</head>
<body>
   <p>Hello</p>
   <p>and</p>
   <p>Goodbye</p>
</body>
</html>
```

■ 선택자 _{14.2.1}

선택자(Selector)는 jQuery 객체 생성을 하거나 하위의 탐색 메서드에서 사용합니다. 이렇게 선택자를 통해 객체를 생성하거나 메서드를 사용하게 되면 선택된 엘리먼트들은 앞서 설명한 jQuery 객체의 배열에 저장되어 jQuery 객체로 반환되게 됩니다. 그리고 그렇게 반환된 jQuery 객체는 내부 엘리먼트를 활용한 객체 지원 메서드에서 활용됩니다.

앞에서 다루었던 DOM API 부분 중 document.querySelector( ), querySelectorAll( ) 메서드와 같이 표 14-1과 같은 기본 CSS 선택자와 필터 등을 이용할 수 있습니다. 거기에 추가로 jQuery만의 고유의 선택자도 지원됩니다. CSS 선택자와 비교하면서 이 설을 보시면 너욱 좋을 것입니다. 이런 선택자를 사용하는 예제는 http://api.jquery.com/category/selectors/ 웹 페이지를 통해 다양하게 살펴보실 수 있습니다. 그리고 선택자를 사용할 때는 가능한 범위를 좁혀서 HTML 문서 내부 구조를 최대한 덜 탐색하게 하는 것이 성능에 좋다는 것을 잊지 마세요.

표 14-1 기본 CSS 선택자

선택자	설명
*	모든 엘리먼트를 선택한다.
E	태그 이름이 E인 모든 엘리먼트를 선택한다.
E F	E의 자손이면서 태그 이름이 F인 모든 엘리먼트를 선택한다.
E>F	E의 바로 아래 자식이면서 태그 이름이 F인 모든 엘리먼트를 선택한다.
E+F	E의 형제 엘리먼트로 바로 다음에 나오는 모든 엘리먼트 F를 선택한다.
E~F	E의 형제 엘리먼트로 다음에 나오는 모든 엘리먼트 F를 선택한다.
E:has(F)	태그 이름이 F인 자손을 하나 이상 가지는 태그 이름이 E인 모든 엘리먼트를 선택한다.
E.C	클래스 이름이 C를 가지는 모든 엘리먼트 E를 선택한다. E를 생략하면 *.C와 같다.
E#I	아이디가 I인 엘리먼트 E를 선택한다. E를 생략하면 *#I와 같다.
E[A]	속성 A를 가지는 모든 엘리먼트 E를 선택한다.
E[A=V]	값이 V인 속성 A를 가지는 모든 엘리먼트 E를 선택한다.
E[A~=V]	값이 V로 시작하는 속성 A를 가지는 모든 엘리먼트 E를 선택한다.
E[A$=V]	값이 V로 끝나는 속성 A를 가지는 모든 엘리먼트 E를 선택한다.
E[A*=V]	값에 V를 포함하는 속성 A를 가지는 모든 엘리먼트 E를 선택한다.

때로는 페이지에 있는 엘리먼트 위치나 다른 엘리먼트와 연관된 관계를 기반으로 엘리먼트를 선택해야 합니다. 표 14-2의 선택자를 이용해 위치를 정해주게 되면 손쉽게 위치를 기반으로 하여 선택할 수 있을 뿐 아니라 모든 엘리먼트를 검색하지 않아도 되기 때문에 성능 향상에 많은 도움을 주게 됩니다.

표 14-2 위치 기반 선택자(필터)

선택자	설명
:first	페이지에서 처음으로 일치하는 엘리먼트이다. li a:first는 리스트 아이템의 첫 번째 링크를 반환한다.
:last	페이지에서 마지막으로 일치하는 엘리먼트이다. li a:last는 리스트 아이템의 마지막 링크를 반환한다.
:fist-child	첫 번째 자식 엘리먼트이다. li:first-child는 각 리스트의 첫 번째 아이템을 반환한다.

→ 다음 페이지에 계속

← 전 페이지에 이어

선택자	설명
`:last-child`	마지막 자식 엘리먼트이다. li:last-child는 각 리스트의 마지막 아이템을 반환한다.
`:only-child`	형제가 없는 모든 엘리먼트를 반환한다.
`:nth-child(n)`	n번째 자식 엘리먼트이다. li:nth-child(2)는 각 리스트의 두 번째 리스트 아이템을 반환한다.
`:nth-child(even|odd)`	짝수 또는 홀수 자식 엘리먼트이다. li:nth-child(even)은 각 목록의 짝수 번째 자식 엘리먼트를 반환한다.
`:nth-child(Xn+Y)`	전달된 공식에 따른 n 번째 자식 엘리먼트이다. Y는 0인 경우 생략 가능하다. li:nth-child(3n)은 3의 배수 번째 아이템을 반환한다. li:nth-child(5n+1)은 5의 배수 +1번째 아이템을 반환한다.
`:even / :odd`	페이지 전체의 짝수/홀수 번째 엘리먼트이다. li:even은 모든 짝수 번째 아이템을 반환한다.
`.eq(n)`	n번째로 일치하는 엘리먼트를 반환한다.
`:gt(n)`	n번째 엘리먼트(포함되지 않음) 이후의 엘리먼트를 반환한다.
`:lt(n)`	n번째 엘리먼트(포함되지 않음) 이전의 엘리먼트를 반환한다.

CSS 명세만으로는 표현할 수 없는 특성이 있는 엘리먼트를 선택해야 할 때도 있습니다. 이럴 때는 표 14-3의 정의 필터 선택자를 이용하면 편리합니다.

표 14-3 정의 필터 선택자

선택자	설명
`:animated`	현재 애니메이션이 적용되고 있는 엘리먼트를 선택한다.
`:button`	모든 버튼을 선택한다. 〈input [type=submit]〉, 〈input [type=reset]〉, 〈input [type=button]〉, 〈button〉
`:checkbox`	확인란 엘리먼트만 선택한다. 〈input [type=checkbox]〉
`:checked`	선택된 확인란이나 라디오 버튼만 선택한다. (CSS에서 지원)
`:contains(foo)`	텍스트 foo를 포함하는 엘리먼트만 선택한다.
`:disabled`	인터페이스에서 비활성화 상태인 모든 폼 엘리먼트를 선택한다.

→ 다음 페이지에 계속

← 전 페이지에 이어

선택자	설명
:enabled	인터페이스에서 활성화 상태인 모든 폼 엘리먼트를 선택한다.
:file	모든 엘리먼트를 선택한다. 〈input [type=file]〉
:header	헤더 엘리먼트만 선택한다. 예를 들어 〈h1〉부터 〈/h6〉까지의 엘리먼트를 선택한다.
:hidden	감춰진 엘리먼트만 선택한다.
:image	폼 이미지를 선택한다. 〈input [type=image]〉
:input	폼 엘리먼트만 선택한다. 〈input〉, 〈select〉, 〈textarea〉, 〈button〉
:not(selector)	selector가 아닌 것을 선택한다. 괄호 안의 조건이 아닌 것을 선택한다.
:parent	빈 엘리먼트를 제외하고 텍스트도 포함해서 자식 엘리먼트를 가지는 엘리먼트를 선택한다.
:password	비밀번호 엘리먼트만 선택한다. 〈input [type=password]〉
:radio	라디오 버튼 엘리먼트만 선택한다. 〈input [type=radio]〉
:reset	리셋 버튼을 선택한다. 〈input [type=reset]〉이나 〈button [type=reset]〉
:selected	선택된 엘리먼트만 선택한다.
:submit	전송 버튼을 선택한다. 〈button [type=submit]〉이나 〈input [type=submit]〉
:text	텍스트 엘리먼트만 선택한다. 〈input [type=text]〉
:visible	보이는(visible) 엘리먼트만 선택한다.

이러한 선택자를 이용하여 쉽게 원하는 엘리먼트에 접근할 수 있는 것이 jQuery의 가장 큰 장점 중 하나일 것입니다. 앞서 예제 14-1에서도 잠깐 나왔지만 jQuery를 이용해 엘리먼트를 조작하려면 먼저 조작하고자 하는 엘리먼트를 먼저 선택해야 합니다.

예제의 내용 중에서 $('p:last').css('border', '1px solid black'); 부분을 보시면 〈p〉 엘리먼트들 중 마지막 엘리먼트를 선택해 테두리 CSS 정보를 변경하는 것을 확인하실 수가 있습니다. 이처럼 앞으로 사용되는 대부분의 조작은 선택자를 통해 특정 엘리먼트를 선택한 다음 조작하는 것들이 매우 많습니다.

▪ 속성 관련 메서드 ^{14.2.2}

jQuery 객체의 내부 배열에 엘리먼트가 들어 있을 때 해당 엘리먼트의 속성(Attribute)을 조작하거나 읽어들일 수 있는 메서드들이 있습니다. 속성과 관련된 메서드는 굉장히 자주 쓰이기도 하고 중요도가 매우 높은 편에 속합니다. 그러므로 다음의 간단한 예제들을 반드시 확인하고 넘어가셔야 합니다. 물론 예제는 매우 단순하기 때문에 어렵지 않게 이해하실 수 있을 것입니다. 이 예제들은 jQuery API 웹 사이트(http://api.jquery.com/category/attributes)에서 발췌한 것입니다.

.addClass( )

엘리먼트의 class 속성에 인자로 받은 CSS 클래스를 추가합니다.

예제 | 14-2

```
<!DOCTYPE html>
<html>
<head>
  <style>
  p { margin: 0px; font-size:16px; }
  .selected { border: 1px solid black; }
  </style>
  <script src="http://code.jquery.com/jquery-latest.js"></script>
</head>
<body>
  <p>Hello</p>
  <p>and</p>
  <p>Goodbye</p>
  <script>
```

```
        // 마지막 <p> 엘리먼트에 selected 클래스 추가
        $("p:last").addClass("selected");
    </script>
</body>
</html>
```

.removeClass( )

엘리먼트의 class 속성에서 지정한 CSS 클래스를 제거합니다.

예제 | 14-3

```
<!DOCTYPE html>
<html>
<head>
<style>
.border {
   border: 1px solid black;
}
</style>
<script src="http://code.jquery.com/jquery-latest.js"></script>
</head>
<body>
   <p class="border">Hello</p>
   <p class="border">and</p>
   <p class="border">then</p>
   <p class="border">Goodbye</p>
   <script>
       // 짝수 번째 <p> 엘리먼트로부터 border 클래스 삭제
       // 순서는 0부터 시작합니다.
       $("p:even").removeClass("border");
   </script>

</body>
</html>
```

.hasClass( )

class 속성 중 해당하는 CSS 클래스가 있는지 없는지를 true, false로 반환합니다.

예제 | 14-4

```html
<!DOCTYPE html>
<html>
<head>
<style>
p {
   margin: 8px;
   font-size: 16px;
}

.selected {
   color: red;
}
</style>
<script src="http://code.jquery.com/jquery-latest.js"></script>
</head>
<body>

   <p>1번</p>
   <p class="selected">2번</p>
   <p>3번</p>

   <div id="result1">첫째 p 엘리먼트는 selected class가 있나요?:</div>
   <div id="result2">마지막 p 엘리먼트는 selected class가 있나요?:</div>
   <div id="result3">모든 p 엘리먼트 중 selected class가 있는 게 있나요?:</div>
   <script>
      // append( )는 내부의 가장 뒤에 내용을 추가하는 메서드입니다.
      $("div#result1").append($("p:first").hasClass("selected").toString());
      $("div#result2").append($("p:last").hasClass("selected").toString());
      $("div#result3").append($("p").hasClass("selected").toString());
   </script>
</body>
</html>
```

.toggleClass( )

class 속성값 중 인자로 주어지는 클래스 이름을 추가했다가 삭제하기를 번갈아(toggle) 합니다.

예제 | 14-5

```html
<!DOCTYPE html>
<html>
<head>
<style>
p {
    margin: 4px;
    font-size: 16px;
    font-weight: bolder;
    cursor: pointer;
}

.blue {
    color: blue;
}


.highlight {
    background: yellow;
}
</style>
<script src="http://code.jquery.com/jquery-latest.js"></script>
</head>
<body>
    <p class="blue">Click to toggle</p>
    <p class="blue highlight">highlight</p>
    <p class="blue">on these</p>
    <p class="blue">paragraphs</p>
    <script>
        // 모든 <p> 엘리먼트에 클릭 이벤트 설정
        $("p").click(function() {
            // 이벤트가 발생한 엘리먼트에 highlight 클래스를 토글합니다.
            $(this).toggleClass("highlight");
        });
    </script>
</body>
</html>
```

.attr( )

엘리먼트의 속성(Attribute) 정보를 설정하거나 반환합니다.


```
<!DOCTYPE html>
<html>
<head>
<style>
em {
   color: blue;
   font-weight;
   bold;
}

div {
   color: red;
}
</style>
<script src="http://code.jquery.com/jquery-latest.js"></script>
</head>
<body>

   <p>뭐 이것저것 <em title="huge, gigantic">큰거</em> 공룡말야</p>

   em 태그의 title 내용은...
   <div></div>

   <script>
      var title = $("em").attr("title");
      $("div").text(title);
   </script>

</body>
</html>
```

.removeAttr( )

엘리먼트에 인자로 받은 값과 같은 이름을 갖는 속성 항목을 제거합니다.

예제 | 14-7

```
<!DOCTYPE html>
<html>
<head>
  <script src="http://code.jquery.com/jquery-latest.js"></script>
</head>
<body>
  <button>Enable</button>
<input type="text" title="hello" />
<div id="log"></div>
<script>
(function() {
    var inputTitle = $("input").attr("title");
    $("button").click(function () {
      var input = $(this).next();
      if ( input.attr("title") == inputTitle ) {
        input.removeAttr("title");
      } else {
        input.attr("title", inputTitle);
      }
      $("#log").html( "&#60;input&#62; 엘리먼트 title 속성의 값은 " +
              input.attr("title") + "입니다. ");
    });
})();
</script>
</body>
</html>
```

.html( )

엘리먼트의 innerHTML 내용을 설정하거나 반환합니다.

예제 | 14-8

```
<!DOCTYPE html>
<html>
<head>
  <style>
```

```
   p { margin:8px; font-size:20px; color:blue;
         cursor:pointer; }
   b { text-decoration:underline; }
   button { cursor:pointer; }
   </style>
   <script src="http://code.jquery.com/jquery-latest.js"></script>
</head>
<body>
  <p>
     <b>Click</b> to change the <span id="tag">html</span>
  </p>
  <p>
     to a <span id="text">text</span> node.
  </p>
  <p>
     This <button name="nada">button</button> does nothing.
  </p>
  <script>
     $("p").click(function () {
        var htmlStr = $(this).html();
        $(this).text(htmlStr);
     });
  </script>
</body>
</html>
```

.prop( )

엘리먼트 객제의 속성(Property) 정보에 직접 접근하어 값을 설정하거나 반환합니다.


```
<!DOCTYPE html>
<html>
<head>
   <style>
   p { margin: 20px 0 0 }
   b { color: blue; }
</style>
```

```
    <script src="http://code.jquery.com/jquery-latest.js"></script>
</head>
<body>
<input id="check1" type="checkbox" checked="checked">
<label for="check1">Check me</label>
<p></p>
<script>
   $("input").change(function() {
   var $input = $(this);
   $("p").html(".attr('checked'): <b>" + $input.attr('checked') + "</b><br>"
          + ".prop('checked'): <b>" + $input.prop('checked') + "</b><br>"
          + ".is(':checked'): <b>" + $input.is(':checked') ) + "</b>";
}).change();
</script>
</body>
</html>
```

.removeProp( )

엘리먼트 객체의 속성 정보를 제거합니다.


```
<!DOCTYPE html>
<html>
<head>
   <style>
   img { padding:10px; }
   div { color:red; font-size:24px; }
</style>
   <script src="http://code.jquery.com/jquery-latest.js"></script>
</head>
<body>
   <p></p>
<script>
     var $para = $("p");
     $para.prop("luggageCode", 1234);
     $para.append("The secret luggage code is: ",
               String($para.prop("luggageCode")), ". ");
```

```
$para.removeProp("luggageCode");
$para.append("Now the secret luggage code is: ",
                String($para.prop("luggageCode")), ". ");
</script>
</body>
</html>
```

.val( )

폼 엘리먼트로부터 value 값을 설정하거나 반환합니다.

<table><tr><td>예제</td><td>14–11</td></tr></table>

```
<!DOCTYPE html>
<html>
<head>
  <style>
  p { color:red; margin:4px; }
  b { color:blue; }
  </style>
  <script src="http://code.jquery.com/jquery-latest.js"></script>
</head>
<body>
  <p></p>
  <select id="single">
    <option>Single</option>
    <option>Single2</option>
  </select>
  <select id="multiple" multiple="multiple">
    <option selected="selected">Multiple</option>
    <option>Multiple2</option>
    <option selected="selected">Multiple3</option>
  </select>
<script>
  function displayVals() {
    var singleValues = $("#single").val();
    var multipleValues = $("#multiple").val() || [];
    $("p").html("<b>Single:</b> " +
                singleValues +
                " <b>Multiple:</b> " +
```

```
                multipleValues.join(", "));
  }
  $("select").change(displayVals);
  displayVals();
</script>
</body>
</html>
```


■ 탐색 ^{14.2.3}

앞서 학습했던 선택자를 이용해 기존 배열에 있는 엘리먼트를 기준으로 탐색(Traversing)을 할 수 있습니다. document 객체로부터 탐색하는 것보다 더욱 빠르고 정확하게 찾을 수 있기 때문에 탐색 메서드를 알아두면 웹 애플리케이션의 성능 향상에 큰 도움이 됩니다.

이것도 몇 가지 분류를 할 수가 있는데 필터링(Filtering), 구조 탐색(Tree) 그리고 그 외의 것으로 분류하고 있습니다. '그 외의 것들'은 정말 너무 제각각 이라 그런 이름을 붙인 게 아닌가 싶네요.

필터링

표 14-4 필터링 메서드

메서드	설명
.eq(index)	선택한 요소 중에서 인덱스와 일치하는 단일 요소를 선택 반환한다.
.filter(expr)	선택한 요소에서 표현식(expr)과 일치하는 요소의 집합을 선택 반환한다. 표현식에는 selector, function, element, jQuery 객체가 올 수 있다.
.first( )	선택한 요소에서 첫 번째 단일 요소를 선택 반환한다.
.has(selector)	선택한 요소에서 selector 항목을 가지는 요소의 집합을 선택 반환한다.
.is(expr)	표현식과 일치하는 조건이 있으면 true를 반환한다. 표현식에는 selector, function, element, jQuery 객체가 올 수 있다.
.last( )	.first( )와 반대되는 메서드로, 마지막 단일 요소를 선택 반환한다.
.map(callback)	jQuery 개체에 있는 요소의 집합을 다른 집합으로 변경해서 이동한다.
.not(expr)	표현식과 일치하지 않는 요소의 집합을 선택 반환한다.
.slice(start, [end])	선택한 요소에서 start, end 번째에 해당하는 집합을 선택 반환한다.

필터링 메서드는 필터링을 통해 현재 선택된 엘리먼트를 기준으로 탐색하는 메서드입니다. 예제 14-12는 .eq( ) 메서드를 실행하기 위한 예제이고 그림 14-2는 이 예제를 실행한 모습입니다.

예제 | 14-12

```html
<!DOCTYPE html>
<html>
<head>
<style>
div {
   width: 60px;
   height: 60px;
   margin: 10px;
   float: left;
   border: 2px solid blue;
}

.blue {
   background: blue;
}
</style>
<script src="http://code.jquery.com/jquery-latest.js"></script>
</head>
<body>
   <div></div>
   <div></div>
   <div></div>

   <div></div>
   <div></div>
   <div></div>
   <script type="text/javascript">
      // <body> 내부에 있는 모든 <div> 엘리먼트 중 인덱스가 2인 엘리먼트
      // 인덱스는 0부터 시작하므로 3번째 엘리먼트를 찾는다.
      $("body").find("div").eq(2).addClass("blue");
   </script>

</body>
</html>
```

find( ) 메서드는 굉장히 자주 되는 메서드 중 하나입니다. 특히 필터링을 통해 특정한 엘리먼트를 찾아야 할 때 매우 사용하기 좋습니다. 이 예제에서는 find( ) 메서드로 모든 〈div〉 엘리먼트를 찾은 다음 eq( ) 메서드를 통해 인덱스가 2인 엘리먼트만 골라서 클래스를 추가했습니다.

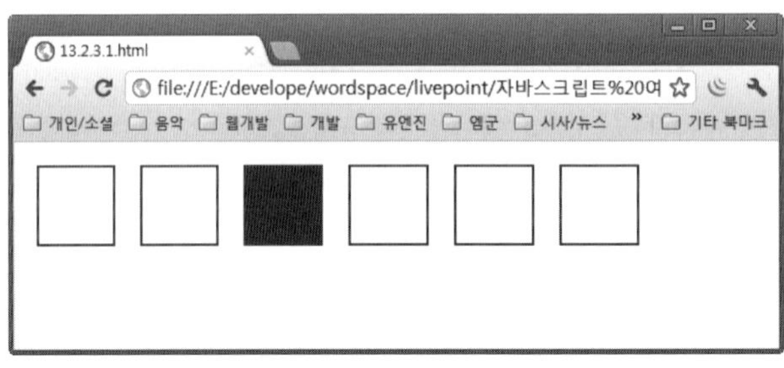

그림 14-2 find( ) 메서드와 eq( ) 메서드 사용 예제

구조 탐색(Tree)

구조화에 관련된 검색을 이야기하려 합니다. 영어 Tree는 나무라는 뜻이지만, 프로그래밍에서 말하는 트리는 연결 관계가 있는 구조를 뜻합니다. 마치 나무의 뿌리와 줄기, 가지, 잎과 같이 연결된 구조에 대해 검색할 수 있다면 더욱 빠르고 정확하게 원하는 엘리먼트를 찾을 수 있고 성능 면에서도 더 좋은 결과를 얻을 수 있습니다.

표 14-5 구조 탐색 메서드

메서드	설명
.children([selector])	선택된 개체의 자식 중 selector와 같은 엘리먼트를 가져온다.
.closest([selector])	선택된 개체에서 DOM Tree를 통해 가장 가까운 조상 엘리먼트를 가져온다.
.find([selector])	선택된 개체에서 selector와 일치하는 엘리먼트를 가져온다.
.next([selector])	선택된 개체에서 selector와 일치하는 형제 엘리먼트를 가져온다. 일치하는 항목이 없으면 다음 항목으로 이동해 엘리먼트를 찾는다.
.parent([selector])	선택된 개체에서 selector와 일치하는 부모 엘리먼트를 가져온다.
.prev([selector])	선택된 개체에서 selector와 일치하는 바로 앞의 형제 엘리먼트를 가져온다.
.siblings([selector])	선택된 개체에서 selector와 일치하는 형제 엘리먼트를 가져옵니다. 자신은 제외한다.

표 14-5의 메서드들은 구조를 기반으로 엘리먼트를 탐색합니다. 대충 봐도 한눈에 알 수 있을 듯한데요. children(자식들), next(다음), parent(부모) 이러한 메서드 이름만 봐도 알 수 있을 것입니다. 이 메서드들은 현재 jQuery 객체에 담겨 있는 엘리먼트들을 기준으로 연결 관계가 있는 엘리먼트를 찾게 되어 있습니다. 부모 엘리먼트, 즉 자신을 포함하는 직속 상위 엘리먼트나 혹은 자식 엘리먼트, 즉 자신에게 포함된 직속 하위 엘리먼트, 그리고 자신과 같은 부모 엘리먼트를 가진 형제 엘리먼트와 같이 어떤 특정 연결 관계가 있는 것들입니다.

기타 메서드

지금까지 보았던 메서드들 외에도 사용자의 편의를 위한 몇 가지 메서드들이 이 외에도 있으며 또한 버전이 업그레이드됨에 따라 더욱 많은 메서드들이 추가될 것입니다. 현재 유용하게 사용되고 있는 메서드들을 보겠습니다.

표 14-6 기타 메서드

메서드	설명
.add( )	일치하는 요소의 집합에 요소를 추가한다.
.andSelf( )	현재 설정 스택에 요소의 이전 설정을 추가한다.
.contents( )	텍스트 및 주석 노드를 포함 일치하는 요소 집합의 자식 집합을 반환한다.
.end( )	이전 상태로 일치하는 집합을 반환한다.

앞서 이야기했던 것처럼 정말 뜬금없는 함수들이 아닌가 싶습니다. 표 14-6의 메서드를 보면 말이죠. 그저 기능을 위해 생성된 사용자들에게 편의를 제공하기 위한 함수라고 밖에는 설명하기 어렵겠네요.

물론 API 문서로 직접 하나씩 확인해보시는 것이 가장 좋지만, 이 중 한 가지 예제를 준비해 보았습니다. 예제 14-13은 andSelf( ) 메서드의 예입니다.

예제 | 14-13

```
<!DOCTYPE html>
<html>
```

```
<head>
  <style>
  p, div { margin:5px; padding:5px; }
  .border { border: 2px solid red; }
  .background { background:yellow; }
  </style>
  <script src="http://code.jquery.com/jquery-latest.js"></script>
</head>
<body>
  <div>
    <p>First Paragraph</p>
    <p>Second Paragraph</p>
  </div>
<script>
  $("div").find("p").andSelf().addClass("border");
  $("div").find("p").addClass("background");
</script>
</body>
</html>
```

그림 14-3에서 보는 것처럼 andSelf( ) 메서드를 통해 반환받은 jQuery 객체에 border 클래스를 추가했더니 이전에 호출했던 〈div〉 엘리먼트에도 함께 적용되는 것을 확인할 수 있습니다. 즉 find( ) 메서드를 호출한 jQuery 객체 내의 배열과 find( ) 메서드를 통해 찾아진 배열을 합해서 반환한다는 것입니다.

다른 메서드들도 이름만으로도 알 수 있도록 이름이 지어져 있으므로 이와 같은 방법으로 테스트해보신다면 더욱 확실하게 알 수 있을 것입니다.

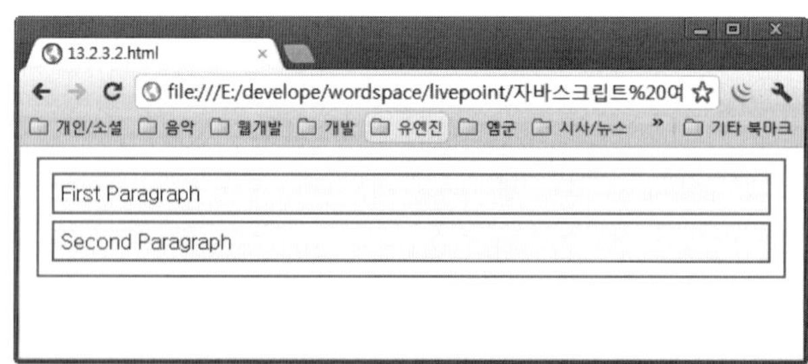

그림 14-3 andSelf( ) 메서드의 예

▪ 스타일 ^{14.2.4}

jQuery 객체는 속성에도 여러 가지로 관여하고 있고 앞서 본 것처럼 CSS 클래스와 관련된 몇 가지 메서드도 있는 것과 마찬가지로 문서의 스타일이나 엘리먼트의 외형과 관련된 메서드도 제공하고 있습니다. 어려울 수도 있지만, 많지 않고 매우 요긴하게 사용되는 것들이기 때문에 정확히 짚고 넘어가는 것이 좋습니다.

표 14-7 스타일 관련 메서드

메서드	설명
addClass(className)	엘리먼트의 class 속성에 스타일 클래스를 추가한다.
css(propertyName , value)	엘리먼트의 style 속성을 추가하거나 반환한다.
hasClass(className)	엘리먼트의 class 속성에 찾고자 하는 클래스가 있는지 검사하여 true, false 값으로 반환한다.
height(value)	엘리먼트의 높이를 반환하거나 설정한다.
innerHeight()	엘리먼트의 innerHeight(height와 padding 을 더한 값)을 반환한다.
innerWidth( )	엘리먼트의 innerWidth(width와 padding을 더한 값)을 반환한다.
offset( )	전체 문서 내에서의 left, top 좌표를 left, top 속성을 가진 객체 형태로 반환한다.

→ 다음 페이지에 계속

← 전 페이지에 이어

메서드	설명
`outerHeight( [includeMargin] )`	엘리먼트의 border 두께를 포함한 높이를 반환한다. 인자로 true를 지정하면 margin을 포함한 값을 반환한다. 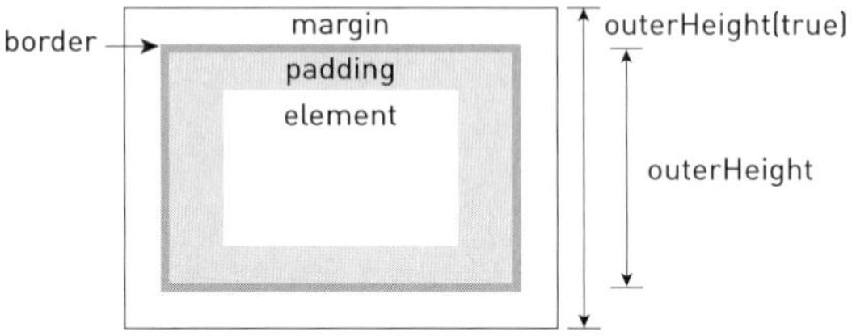
`outerWidth( [includeMargin] )`	엘리먼트의 border 두께를 포함한 너비를 반환한다. 인자로 true를 지정하면 margin을 포함한 값을 반환한다. 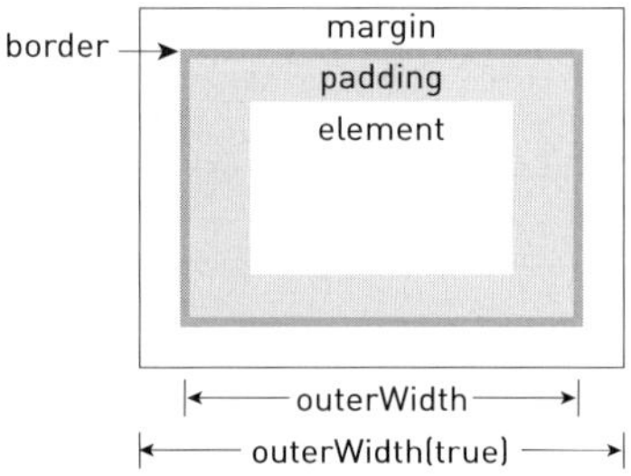
`position( )`	엘리먼트가 부모 엘리먼트 내에서의 left, top 좌표를 left, top 속성을 가진 객체 형태로 반환한다.
`removeClass( [className] )`	엘리먼트의 class 속성값 중 클래스 이름이 일치하는 클래스를 제거한다. 만일 인자가 없을 때 모든 값을 제거한다.
`scrollLeft( value )`	문서 내의 수평 스크롤 위치를 반환하거나 설정한다.
`scrollTop( value )`	문서 내의 수직 스크롤 위치를 반환하거나 설정한다.
`toggleClass( className )`	addClass( ) 메서드와 removeClass( ) 메서드를 번갈아 반복한다.
`width( value )`	엘리먼트의 너비를 반환하거나 설정한다.

jQuery에서 제공하는 스타일 관련 메서드를 표 14-7로 정리했습니다. 먼저 주의하실 것은 jQuery의 기본적인 사용법 중 하나인데, 설정도 할 수 있고 반환도 할 수 있는 같은 이름의 메서드라면 설정 시에는 value 값을 인자로 전해주고 이와는 달리 반환값을 받고자 한다면 value

인자를 넘겨주지 않으면 됩니다. 즉 하나의 메서드로 두 개의 역할을 동시에 수행하도록 하고 있습니다.

또한, 너비나 높이 등에 관련된 몇 개의 메서드들은 혼란스러울 수 있습니다. 너비를 알고자 한 다면 width, innerWidth, outerWidth 중에 내가 과연 어떤 것을 써야 할지에 대한 혼란을 막 고자 표에 그림을 함께 첨부했으니 자신이 원하는 것은 과연 어떠한 것인지 정확하게 판단하시 길 바랍니다. 그리고 width( ) 메서드와 height( ) 메서드에서는 설정할 수 있지만 inner~( ) 혹 은 outer~( ) 메서드는 설정할 수는 없고 값만 받을 수 있다는 점도 잊지 마세요.

▦ 이벤트 ^{14.2.5}

이번에는 이벤트(Event) 관련입니다. DOM API를 설명할 때도 이벤트에 관련된 여러 가지 내 용을 알아보았지만 jQuery 객체를 통해 더욱 편리하고 손쉽게 이벤트를 관리할 수 있습니다. 특히 지난번 DOM API를 통해 이벤트를 조작할 때 주의하여야 했던 여러 가지 브라우저 사용 을 모두 지원하므로 더욱 편합니다. 물론 앞의 예제처럼 나만의 라이브러리를 만들어서 사용 하는 것도 좋겠지만 jQuery를 사용한다면 이미 만들어져 있으므로 굳이 또 만들 필요는 없겠 지요.

이벤트 지원

아시는 것처럼 각각의 엘리먼트에는 상당히 많은 이벤트가 있습니다. 이때 각각의 이벤트를 등 록하거나 등록된 이벤트를 실행시키는 것은 jQuery를 통해 매우 쉽게 할 수 있습니다. jQuery 에는 이미 대부분의 이벤트가 이벤트 이름을 이용한 메서드로 만들어져 있기 때문입니다.

여기에 이벤트를 설정하거나 이벤트를 발생시키는 것 또한 jQuery 객체의 여타 설정과 반환 법 칙을 따라 가능합니다. 즉 다음 구문처럼 핸들러를 추가할 때는 인수로 넣어주고, 강제로 발생 시킬 때는 인수를 설정하지 않으면 됩니다.

```
$('button').click(function(){ … });  // 클릭 이벤트에 실행될 명령 추가
$('button').click();                  // 클릭 이벤트 강제 발생
```

이렇게 설정하거나 강제 발생시킬 수 있는 이벤트는 다음 목록과 같습니다. 다만, 특이한 것은 ready( ) 메서드인데, 이것은 load 이벤트의 변경된 명칭이라고 생각하시면 됩니다. 이 외의 메서드 이름은 모두 이벤트 이름과 같습니다.

【 이벤트 】

blur	change	click	dblclick	focus
hover	keydown	keypress	keyup	mousedown
mouseenter	mouseleave	mouseout	mouseup	ready
resize	scroll	select	submit	

.bind(eventType [, eventData], handler(eventObject))

bind( ) 메서드는 주의 깊게 살펴볼 필요가 있습니다. bind( ) 메서드는 이벤트에 핸들러를 연결하는 것이고 unbind( ) 메서드는 이벤트와 핸들러의 연결을 해제하는 것입니다.

다음 예제처럼 하나의 이벤트를 이용해 연결할 수도 있고 그다음 예제에서와같이 이벤트 핸들러에서 사용할 데이터를 삽입할 수도 있습니다.

예제

```
$('#foo').bind('click', function(event) {
  alert('마우스 커서 좌표 ('+ event.pageX + ', ' + event.pageY + ')');
});
```

예제

```
var message = 'Spoon!';
$('#foo').bind('click', {msg: message}, function(event) {
  alert(event.data.msg);
});
message = 'Not in the face!';
$('#bar').bind('click', {msg: message}, function(event) {
  alert(event.data.msg);
});
```

또는 다음과 같이 여러 이벤트에 한꺼번에 핸들러를 연결해줄 수도 있습니다.

예제

```
$('#foo').bind('mouseenter mouseleave', function() {
  $(this).toggleClass('entered');
});
```

그리고 다음 예제와 같이 JSON 데이터 형식을 빌려 여러 이벤트에 각각의 핸들러를 지정해줄
수도 있습니다.

예제

```
$('#foo').bind({
  click: function(){ alert('click'); },
  mouseover: function() { alert('mouseover'); }
});
```

.unbind([eventType] [, handler(eventObject)])

위에서 bind( ) 메서드를 통해 이벤트와 핸들러를 연결할 수 있었던 것처럼 unbind( ) 메서드를
사용하면 이벤트와 핸들러의 연결을 끊어줄 수도 있습니다. jQuery 객체를 통해 엘리먼트에 등
록된 모든 이벤트를 해제하고 싶을 때는 다음 예제와 같이 아무런 인자도 주지 않고 선언해주면
됩니다.

예제

```
$('#foo').unbind();
```

만일 특정한 이벤트만 골라서 해당 이벤트에 연결된 핸들러를 모두 해제하고 싶다면 인자에 이
벤트 이름만 넣어주면 됩니다. 다음 예제와 같습니다.

예제

```
$('#foo').unbind('click');
```

그리고 특정 이벤트에 특정 핸들러만 연결을 해제하려면 다음 예제와 같은 방법으로 사용하실
수 있습니다.

예제

```
var handler = function() {
 alert('무궁화 꽃이 피었습니다.');
};
$('#foo').bind('click', handler);
$('#foo').unbind('click', handler);
```

.live( )

live( ) 메서드는 매우 독특합니다. 현재 HTML 문서 내부에 있는 선택자로 선택된 엘리먼트와
함께 나중에 추가되는 선택자에 해당하는 엘리먼트에도 자동으로 이벤트 핸들러가 적용됩니다.
이것은 Ajax를 통해 데이터를 받아와 엘리먼트를 새로 생성하거나 삭제하는 등 엘리먼트의 변
동이 잦을 때 더욱 빛을 발합니다.

단 주의할 점은 live( ) 메서드를 이용할 때는 $(Element Object).live( ) 형식으로 사용해서는 안
되고 오직 선택자를 이용해 $('SELECTOR').live( ) 형식으로만 사용해야 한다는 것입니다.

예제

```
// jQuery 1.3+
$("a.offsite").live("click", function(){ alert("Goodbye!"); });
// jQuery 1.4.3+
$(document).delegate("a.offsite", "click", function(){ alert("Goodbye!"); });
// jQuery 1.7+
(document).on("click", "a.offsite", function(){ alert("Goodbye!"); });
```

그리고 jQuery 버전에 따라 앞의 예제와 같이 편리한 메서드들도 있으니 API 웹 사이트를 방문해 확인해 보시기 바랍니다. 여기에 나온 delegate( ) 메서드는 undelegate( ) 메서드로 핸들러를 해제하고 on( ) 메서드는 off( ) 메서드로 해제할 수 있습니다. 사용되는 인자에 대해서는 위의 bind( ) 메서드와 같으므로 bind( ) 메서드를 참조하시기 바랍니다.

.die( )

bind( ) 메서드에 unbind( ) 메서드로 핸들러와의 연결을 해제했다면 live( ) 메서드는 die( ) 메서드로 핸들러 연결을 해제할 수 있습니다. 이 또한 unbind( ) 메서드와 인자가 같으니 참조하시기 바랍니다.

.one( )

one( ) 메서드는 bind( ) 메서드와 같습니다. 하지만, 한 가지만 기억하세요. 한 번만 실행되고 핸들러 연결이 자동 해제됩니다.

■ 효과 ^{14.2.6}

jQuery는 웹 페이지에 여러 가지 애니메이션 효과(Effect)를 지원하고 있습니다. 특정 영역을 숨기거나 보여주거나 하는 등의 여러 가지 효과를 통해 웹 애플리케이션을 더욱 역동적으로 보일 수 있도록 해주고 생동감을 줄 수 있습니다. 때문에 UI(User Interface) 부분에 많이 활용할 수 있는 기능입니다.

또한, 이 효과들은 순식간에 나타나기도 하지만 duration 옵션을 이용하면 시간을 두고 서서히 변하게 할 수도 있습니다. 변화하는 과정을 직접 지켜보신다면 내용의 이해가 훨씬 쉬울 것입니다. 거듭 말씀드리지만, 이 부분은 직접 실행해 보신다면 쉽게 이해할 수 있지만, 글로만 배우려 하신다면 매우 어려워질 수도 있다는 것을 명심하시기 바랍니다.

그럼 지금부터 학습하기 전에 계속해서 반복되는 인자로 사용되는 단어에 대해 살짝 짚어 보겠습니다.

- **duration**　효과가 나타나는 시간(duration)을 조절할 수 있는데, 이때 'fast', 'normal', 'slow' 문자열이나 1/1,000초 단위로 숫자를 입력할 수 있습니다.

- **easing**   효과에 특별한 방식을 지정합니다.

- **callback**   효과가 모두 끝난 다음 실행할 콜백 함수입니다.

이 부분들을 다시 한 번 상기하면서 속성과 메서드들을 확인해 보도록 하겠습니다.

jQuery.fx.interval

메서드가 아닌 설정 값으로, 효과가 시작해서 종료할 때까지 엘리먼트의 모양을 변경하는 시간 간격을 설정할 수 있습니다. duration과 마찬가지로 1/1,000초를 기준으로 숫자를 설정하게 되는데 기본값은 13입니다.

jQuery.fx.off

위와 마찬가지로 메서드가 아닌 설정 값입니다. boolean 값으로 설정하게 되며 true일 때는 효과가 duration 시간에 걸쳐 나타나게 되고 false일 때는 duration 없이 바로 나타나게 됩니다.

.hide([duration] [, easing] [, callback])

엘리먼트가 화면에 표시되지 않도록 숨겨 줍니다. 예제 14-14를 확인해보세요.

예제	14-14

```
<!DOCTYPE html>
<html>
<head>
<style>
span {
  background: #def3ca;
  padding: 3px;
  float: left;
}
</style>
<script src="http://code.jquery.com/jquery-latest.js"></script>
</head>
<body>
  <button id="hidr">Hide</button>
  <button id="showr">Show</button>
```

```
<div>
    <span>동해물과</span> <span>백두산이</span>
    <span>마르고</span> <span>닳도록</span>
    <span>하느님이</span> <span>보우하사</span>
    <span>우리나라</span> <span>만세</span>
</div>
<script>
    $("#hidr").click(function() {
        $("span:last-child").hide("fast", function() {
            //arguments.callee라는 것은
            //내부의 모든 엘리먼트에 적용하겠다는 것입니다.
            //arguments.callee를 뺀다면 맨 뒤의 "우리나라 만세" 글자에만 적용됩니다.
            $(this).prev().hide("fast", arguments.callee);
        });
    });
    $("#showr").click(function() {
        $("span").show(2000);
    });
</script>
</body>
</html>
```

예제를 실행시킨 화면의 〈Hide〉 버튼을 클릭하게 되면 맨 뒤에서부터 하나씩 〈span〉 엘리먼트 가 사라지는 것을 보실 수 있습니다. duration 값을 직접 밀리 초로 줄 수도 있지만, fast라는 예 약어로 주었기 때문에 빠르게 하나씩 사라집니다. (만일 설정하지 않는다면 즉시 사라집니다.)

외부의 hide() 메서드에서는 종료 시 수행할 명령을 주었고 내부의 hide() 메서드는 편리하게 사용하기 위한 옵션(casing)을 추가해 주었습니다. 그림 14-4는 이를 수행한 결과 화면입니다.

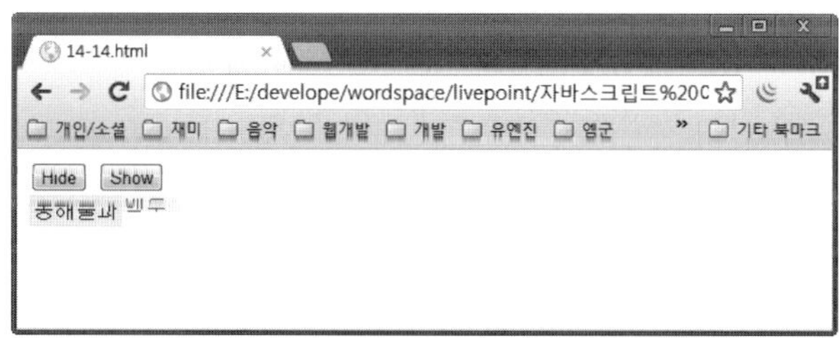

그림 14-4 예제 14-14 실행 모습

.show([duration] [, easing] [, callback])

숨겨진 엘리먼트가 화면에 표시되도록 합니다. 예제 14-15를 확인해보세요.

예제 | 14-15

```html
<!DOCTYPE html>
<html>
<head>
<style>
span {
    display: none;
}
div {
    display: none;
}
p {
    font-weight: bold;
    background-color: #fcd;
}
</style>
<script src="http://code.jquery.com/jquery-latest.js"></script>
</head>
<body>
    </span>
    <div>
        <form>
            <input type="text" value="" />
        </form>
    </div>
    <p style="display: none;">숨어 있는 중...</p>
    <script type="text/javascript">
$("p").show(4000, function() {
    $(this).text("Ok, DONE! (이젠 보여요!)");
});
    </script>
</body>
</html>
```

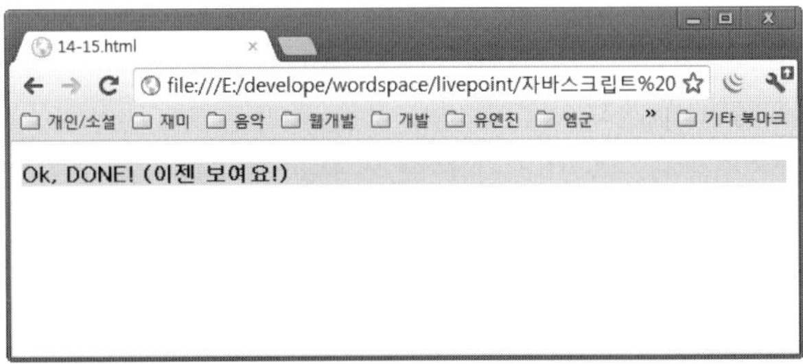

그림 14-5 예제 14-15 실행 모습

.toggle([duration] [, easing] [, callback])

show( ) 메서드와 hide( ) 메서드를 번갈아 반복합니다. 예제 14-16를 확인해보세요.

예제 | 14-16

```html
<!DOCTYPE html>
<html>
<head>
<script src="http://code.jquery.com/jquery-latest.js"></script>
</head>
<body>
  <button>Toggle</button>
  <p>Hello</p>
  <p style="display: none">Good Bye</p>
  <script>
    $("button").click(function() {
      $("p").toggle();
    });
  </script>
</body>
</html>
```

.slideDown([duration] [, easing] [, callback])

엘리먼트가 위에서 아래로 열리며 슬라이드처럼 보입니다. 다음 자바스크립트를 참고하세요.

```
$('#clickme').click(function() {
   $('#book').slideDown('slow', function() {
      // 애니메이션 완료
   });
});
```

.slideUp([duration] [, easing] [, callback])

엘리먼트가 아래에서 위로 슬라이드처럼 닫히며 숨습니다.

.slideToggle([duration] [, callback])

slideUp( ) 메서드와 slideDown( ) 메서드를 번갈아 반복합니다.

.fadeIn([duration] [, easing] [, callback])

엘리먼트의 투명도가 변하며 보이게 됩니다.

.fadeOut([duration] [, easing] [, callback])

엘리먼트의 점점 투명해지며 숨겨집니다.

.fadeTo(duration, opacity [, easing] [, callback])

엘리먼트 현재의 투명도에서 opacity까지 투명해집니다. opacity는 0부터 1까지의 값으로 설정
할 수 있습니다.

.fadeToggle([duration] [, easing] [, callback])

엘리먼트의 투명도를 변경해 안보였다가 다시 보였다가 반복합니다.

.animate(properties [, duration] [, easing] [, callback])

properties에 설정한 값만큼 엘리먼트를 변경합니다. properties는 다음 예제와 같이 CSS를
기준으로 합니다.

```javascript
$('#clickme').click(function() {
  $('#book').animate({
    opacity: 0.25,
    left: '+=50',
    height: 'toggle'
  }, 5000, function() {
    // 애니메이션 완료
  });
});
```

.queue([queueName])

현재 실행되지 않고 남아 실행되어야 할 효과를 배열로 돌려줍니다. 기본 queueName는 fx로 설정되어 있습니다. 다음 예제 14-17처럼 여러 기지 효과를 넣어두고 해당 jQuery 객체의 queue('fx') 메서드를 통해 가져온 배열의 길이를 통해 몇 개의 효과가 남아 있는지 확인할 수 있습니다.


```html
<!DOCTYPE html>
<html>
<head>
<style>
div {
  margin: 3px;
  width: 40px;
  height: 40px;
  position: absolute;
  left: 0px;
  top: 60px;
  background: green;
  display: none;
}
div.newcolor {
  background: blue;
}
```

```
p {
   color: red;
}
</style>
<script src="http://code.jquery.com/jquery-latest.js"></script>
</head>
<body>
   <p>
      The queue length is: <span></span>
   </p>
   <div></div>
   <script>
      var div = $("div");
      function runIt() {
         div.show("slow");
         div.animate({
            left : '+=200'
         }, 2000);
         div.slideToggle(1000);
         div.slideToggle("fast");
         div.animate({
            left : '-=200'
         }, 1500);
         div.hide("slow");
         div.show(1200);
         div.slideUp("normal", runIt);
      }
      function showIt() {
         var n = div.queue("fx");
         $("span").text(n.length);
         setTimeout(showIt, 100);
      }
      runIt();
      showIt();
   </script>
</body>
</html>
```

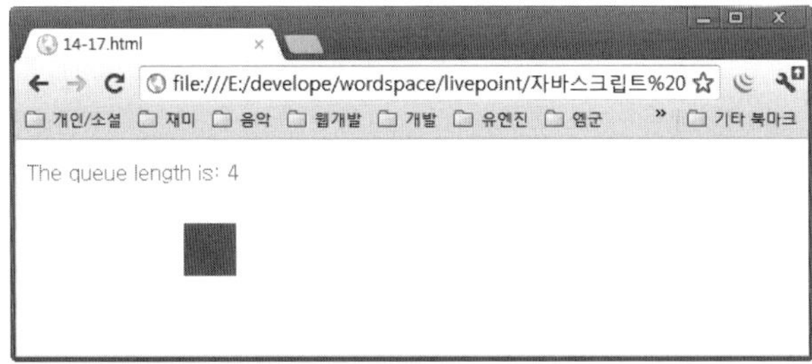

그림 14-6 예제 14-17 실행 모습

.dequeue([queueName])

.dequeue( ) 메서드가 호출되면 큐에서 빠져나와 다음 메서드를 실행하게 됩니다. 큐에서 빠져
나오려면 이 메서드를 반드시 호출해야 합니다. 예제 14-18에서 dequeue( ) 메서드를 호출히는
부분을 제거하면 진행되지 않는 것을 확인하실 수 있습니다.

예제 | 14-18

```
<!DOCTYPE html>
<html>
<head>
<style>
div {
    margin: 3px;
    width: 50px;
    position: absolute;
    height: 50px;
    left. 10px;
    top: 30px;
    background-color: yellow;
}

div.red {
    background-color: red;
}
</style>
<script src="http://code.jquery.com/jquery-latest.js"></script>
```

```
</head>
<body>
   <button>Start</button>
   <div></div>
   <script>
     $("button").click(function() {
        $("div").animate({
           left : '+=200px'
        }, 2000);
        $("div").animate({
           top : '0px'
        }, 600);
        $("div").queue(function() {
           $(this).toggleClass("red");
           /* $(this).dequeue(); */
        });
        $("div").animate({
           left : '10px',
           top : '30px'
        }, 700);
     });
   </script>
</body>
</html>
```

주석으로 싸였던 /* $(this).dequeue(); */ 부분의 주석 해제하고 다시 실행시켜 보면 올바르게 원하는 대로 진행이 됩니다.

.clearQueue([queueName])

현재 queueName 에 설정되어 남아있는 모든 효과를 제거합니다. 즉 queue( ) 메서드를 통해 쌓여 있는 모든 명령과 현재 진행 중인 것까지 포함해서 모두 정지하고 초기화합니다. 예제 14-19를 실행시켜 〈Start〉 버튼을 클릭해서 큐(Queue)를 쌓고 〈Stop〉 버튼을 클릭하면 즉시 모든 명령이 정지되고 멈추는 것을 확인하실 수 있습니다.

예제 | 14-19

```
<!DOCTYPE html>
<html>
<head>
<style>
div {
    margin: 3px;
    width: 40px;
    height: 40px;
    position: absolute;
    left: 0px;
    top: 30px;
    background: green;
    display: none;
}
div.newcolor {
    background: blue;
}
</style>
<script src="http://code.jquery.com/jquery-latest.js"></script>
</head>
<body>
    <button id="start">Start</button>
    <button id="stop">Stop</button>
    <div></div>
    <script>
$("#start").click(function () {
    var myDiv = $("div");
    myDiv.show("slow");
    myDiv.animate({left:'+=200'},5000);
    myDiv.queue(function () {
        var _this = $(this);
        _this.addClass("newcolor");
        this.dequeue();
    }),
    myDiv.animate({left:'-=200'},1500);
    myDiv.queue(function () {
        var _this = $(this);
        _this.removeClass("newcolor");
```

```
      _this.dequeue();
    });
    myDiv.slideUp();
  });
  $("#stop").click(function () {
    var myDiv = $("div");
    myDiv.clearQueue();
    myDiv.stop();
  });</script>
</body>
</html>
```

.delay(duration [, queueName])

delay( ) 메서드는 queueName에 설정된 다음 메서드의 실행까지 시간 간격을 삽입합니다. 예제 14-20을 실행시켜 보면 .first 클래스를 가진 〈div〉 엘리먼트는 .second 클래스를 가진 〈div〉 엘리먼트보다 0.8초 늦게 fadeIn( ) 메서드를 실행하는 것을 확인하실 수 있습니다.

예제 | 14-20

```
<!DOCTYPE html>
<html>
<head>
<style>
div { position: absolute; width: 60px; height: 60px; float: left; }
.first { background-color: #3f3; left: 0;}
.second { background-color: #33f; left: 80px;}
</style>
    <script src="http://code.jquery.com/jquery-latest.js"></script>
</head>
<body>
<p><button>Run</button></p>
<div class="first"></div>
<div class="second"></div>
<script>
    $("button").click(function() {
        $("div.first").slideUp(300).delay(800).fadeIn(400);
        $("div.second").slideUp(300).fadeIn(400);
```

```
    });
</script>
</body>
</html>
```

.stop([clearQueue] [, jumpToEnd])

현재 실행 중인 효과를 멈추고 다음 효과로 진행하도록 합니다. 이때 jumpToEnd 인자는 1.7 버전 이상에서만 적용되니 참고하시기 바랍니다. 예제 14–21를 실행하면 버튼을 눌렀을 때 현재 진행 중인 효과를 바로 중단하고 새로 주어진 효과를 적용하는 것을 확인하실 수 있습니다.

예제 | 14–21

```
<!DOCTYPE html>
<html>
<head>
<style>.block {
background-color: #abc;
border: 2px solid black;
width: 200px;
height: 80px;
margin: 10px;
}
</style>
    <script src="http://code.jquery.com/jquery-latest.js"></script>
</head>
<body>
    <button id="toggle">slideToggle</button>
<div class="block"></div>
<script>
    var $block = $('.block');
    /* Toggle a sliding animation animation */
    $('#toggle').on('click', function() {
        $block.stop() slideToggle(1000);
    });
</script>
</body>
</html>
```

⋮ Ajax ^{14.2.7}

웹 애플리케이션을 제작하다가 jQuery와 같은 라이브러리를 접하게 된 가장 큰 계기는 아마도 Ajax 통신 때문이라 생각합니다. 만일 Ajax라는 단어가 유행하지 않았다면 우리는 아직 라이브 러리에 대한 이해도가 많이 부족하지 않았을까 하는 것이 저의 개인적 견해입니다. Ajax가 단 순한 웹 애플리케이션 통신을 일컬을 뿐 아니라 포괄적인 의미에서 웹 애플리케이션 통신 기술 을 뜻한다고 이해하셔도 될듯합니다. jQuery에서도 분류를 그렇게 해놓았네요.

jQuery.ajax(url [, settings]), jQuery.ajax(settings)

우선 가장 기본적인 메서드가 바로 ajax( )라는 메서드입니다. 이 메서드를 통해 특정 URL로 XMLHttpRequest를 이용한 요청을 하고 그에 대한 응답을 받아 처리하게 됩니다. url은 인자 중 가장 먼저 써주거나 객체 데이터에 url이라는 이름으로 따로 삽입하셔도 됩니다. 이때 settings에 어떠한 설정들을 할 수 있는지 먼저 알아야 합니다. 표 14-8에서 settings에 사용되 는 인자를 설명했습니다.

표 14-8 settings 인자

이름	타입	설명
url	String	요청 URL이다.
type	String	사용할 HTTP 메서드로, 일반적으로 POST나 GET을 사용한다.
data	Object	요청에 전달되는 프로퍼티를 가진 객체이다.
dataType	String	응답의 결과로 반환되는 데이터 종류(xml, html, json, jsonp, script, text)를 지정한다.
timeout	Number	제한 요청 시간을 지정한다.
global	Boolean	true나 false에 따라 전역 함수를 활성화하거나 비활성화한다. 전역 함수는 엘리먼트에 덧붙일 수 있으며 Ajax 호출 동안 다양한 위치나 조건 에서 실행된다.
contentType	String	요청에 명시되는 콘텐츠 타입이다. 생략하면 application/x-www-form-urlencoded가 기본으로 설정된다.
sucess	Function	답이 성공 상태 코드를 반환하면 호출되는 함수이다.
error	Function	응답이 에러 상태 코드를 반환하면 호출되는 함수이다.

→ 다음 페이지에 계속

← 전 페이지에 이어

이름	타입	설명
complete	Function	요청이 완료되면 호출되는 함수이다.
async	Boolean	false이면 요청이 동기 호출로 전송된다. 기본은 비동기 요청이다.
processData	Boolean	false로 설정되면, URL 인코딩된 형태로 처리되어 전달된 데이터를 금지한다. 기본 값은 데이터가 application/x-www-form-urlencoded 타입의 요청에 사용하는 형태의 URL로 인코딩된다.
ifModified	Boolean	true일 때 Last-Modified 헤더를 확인하여 마지막 요청 이후에 응답 콘텐츠가 변경되지 않았다면 요청은 성공한다. 만일 생략하면 헤더를 확인하지 않는다.

표 14-8에 나와있는 내용을 살 살펴본 다음 이후에 나오는 메서드들을 보시면 어떤 인자가 사용되는지 아실 수 있을 것입니다. 다음 예제와 같은 방식으로 사용합니다.

예제

```
$.ajax({
  url: 'ajax/test.html',
  success: function(data) {
    $('.result').html(data);
    alert('로딩이 완료되었습니다');
  }
});
```

jQuery.ajaxSetup(options)

이 메서드는 이후에 Ajax 관련 메서드를 사용할 때 특별히 지정되지 않은 값에 대한 기본 설정을 할 수 있는 메서드입니다. options에는 마찬가지로 표 14-8의 데이터를 설정힐 수 있습니다.

jQuery.get(url [, data] [, success(data, textStatus, jqXHR)] [, dataType])

type이 get 방식으로 고정되어 Request 요청을 하는 메서드입니다. 다음 예제와 같은 방식으로 사용합니다.

```
$.get("test.php",
  function(data){
    $('body').append( "Name: " + data.name )  // John
      .append( "Time: " + data.time );         // 2pm
  }, "json");
```

jQuery.getJSON(url [, data] [, success(data, textStatus, jqXHR)])

type이 get 방식으로, 그리고 dataType이 JSON 방식으로 고정되어 Request 요청을 합니다.

jQuery.getScript(url [, success(script, textStatus, jqXHR)])

type이 get 방식으로, 그리고 dataType이 script 방식으로 고정되어 Request 요청을 합니다.
주로 스크립트 파일을 가져올 때 사용합니다.

.load(url [, data] [, complete(responseText, textStatus, XMLHttpRequest)])

load( ) 메서드는 독특한 녀석인데, 이 녀석은 jQuery 기본 객체로 사용하는 것이 아니라 특정
엘리먼트가 지정된 jQuery 객체를 사용합니다. load( ) 메서드를 통해 불려온 데이터가 엘리먼
트에 HTML 형태로 그대로 삽입되게 됩니다.


```
<!DOCTYPE html>
<html>
<head>
  <style>
  body{ font-size: 12px; font-family: Arial; }
  </style>
  <script src="http://code.jquery.com/jquery-latest.js"></script>
</head>
<body>
<b>성공 응답 (공백):</b>
<div id="success"></div>
<b>에러 응답:</b>
```

```
<div id="error"></div>
<script>
  $("#success").load("/not-here.php", function(response, status, xhr) {
    if (status == "error") {
      var msg = "에러가 발생했습니다: ";
      $("#error").html(msg + xhr.status + " " + xhr.statusText);
    }
  });
</script>
</body>
</html>
```

예제 14-22에서 보는 것과 같이 엘리먼트에 Request에 의한 결과를 그대로 삽입합니다.

jQuery.post(url [, data] [, success(data, textStatus, jqXHR)] [, dataType])

type이 POST 방식으로 고정되어 Request 요청을 하는 메서드입니다.

.ajaxComplete(handler(event, XMLHttpRequest, ajaxOptions))

jQuery를 통한 Request 요청이 완료되었을 때 엘리먼트에 대한 조작을 설정합니다. 다음 예제
와 같이 Request 요청이 완료되었을 때 사용자에게 알림을 제공하고자 할 때 사용합니다.

예제

```
$("#msg").ajaxComplete(function(event,request, settings){
  $(this).append("<li>Request Complete.</li>");
});
```

.ajaxError(handler(event, jqXHR, ajaxSettings, thrownError))

jQuery를 통한 Request 요청에 문제가 있을 때 엘리먼트에 대한 조작을 설정합니다.

.ajaxSend(handler(event, jqXHR, ajaxOptions))

jQuery를 통한 Request 요청이 보내졌을 때 엘리먼트에 대한 조작을 설정합니다.

.ajaxStart(handler( ))

jQuery를 통한 Request 요청이 시작되었을 때 엘리먼트에 대한 조작을 설정합니다.

.ajaxStop(handler( ))

jQuery를 통한 Request 요청이 중단되었을 때 엘리먼트에 대한 조작을 설정합니다.

.ajaxSuccess(handler(event, XMLHttpRequest, ajaxOptions))

jQuery를 통한 Request 요청이 올바르게 완료되었을 때 엘리먼트에 대한 조작을 설정합니다.

jQuery.param(obj)

obj를 URL에 첨부할 수 있는 형태의 파라미터 데이터로 바꾸어 반환합니다. 다음 예제와 같은
형태로 사용할 수 있습니다.

예제

```
var myObject = {
  a: {
    one: 1,
    two: 2,
    three: 3
  },
  b: [1,2,3]
};
var shallowEncoded = $.param(myObject, true);
var shallowDecoded = decodeURIComponent(shallowEncoded);

alert(shallowEncoded);
alert(shallowDecoded);
```

.serialize( )

〈form〉 엘리먼트를 포함하는 jQuery 객체일 때 〈form〉에서 전송될 데이터를 URL에 첨부할
수 있는 형태의 파라미터 데이터로 바꾸어 반환합니다.

```html
<!DOCTYPE html>
<html>
<head>
   <style>
   body, select { font-size:12px; }
   form { margin:5px; }
   p { color:red; margin:5px; font-size:14px; }
   b { color:blue; }
   </style>
   <script src="http://code.jquery.com/jquery-latest.js"></script>
</head>
<body>
<form>
     <select name="single">
       <option>Single</option>
       <option>Single2</option>
     </select>
<br />
     <select name="multiple" multiple="multiple">
       <option selected="selected">Multiple</option>
       <option>Multiple2</option>
       <option selected="selected">Multiple3</option>
     </select>
<br/>
     <input type="checkbox" name="check" value="check1" id="ch1"/>
     <label for="ch1">check1</label>
     <input type="checkbox" name="check" value="check2"
         checked="checked" id="ch2"/>
     <label for="ch2">check2</label>
<br />
     <input type="radio" name="radio" value="radio1"
         checked="checked" id="r1"/>
     <label for="r1">radio1</label>
     <input type="radio" name="radio" value="radio2" id="r2"/>
     <label for="r2">radio2</label>
   </form>
   <p><tt id="results"></tt></p>
<script>
```

```
    function showValues() {
       var str = $("form").serialize();
       $("#results").text(str);
    }
    $(":checkbox, :radio").click(showValues);
    $("select").change(showValues);
    showValues();
</script>
</body>
</html>
```

예제 14-23를 실행하면 다음과 같은 형태의 데이터가 표현됩니다.

```
'single=Single&multiple=Multiple&multiple=Multiple3&check=check2&ra
dio=radio1'
```

.serializeArray( )

<form> 엘리먼트를 포함하는 jQuery 객체일 때 <form>에서 전송될 데이터를 {name: inputName, value: inputValue} 형태의 객체 배열로 만들어 반환합니다.

예제	14-24

```
<!DOCTYPE html>
<html>
<head>
  <style>
  body, select { font-size:14px; }
  form { margin:5px; }
  p { color:red; margin:5px; }
  b { color:blue; }
  </style>
  <script src="http://code.jquery.com/jquery-latest.js"></script>
</head>
<body>
  <p><b>Results:</b> <span id="results"></span></p>
```

```html
    <form>
      <select name="single">
        <option>Single</option>
        <option>Single2</option>
      </select>
      <select name="multiple" multiple="multiple">
        <option selected="selected">Multiple</option>
        <option>Multiple2</option>
        <option selected="selected">Multiple3</option>
      </select><br/>
      <input type="checkbox" name="check" value="check1" id="ch1"/>
      <label for="ch1">check1</label>
      <input type="checkbox" name="check" value="check2"
          checked="checked" id="ch2"/>
      <label for="ch2">check2</label>
      <input type="radio" name="radio" value="radio1"
          checked="checked" id="r1"/>
      <label for="r1">radio1</label>
      <input type="radio" name="radio" value="radio2" id="r2"/>
      <label for="r2">radio2</label>
    </form>
<script>
    function showValues() {
      var fields = $(":input").serializeArray();
      $("#results").empty();
      jQuery.each(fields, function(i, field){
        $("#results").append(field.value + " ");
      });
    }
    $(":checkbox, :radio").click(showValues);
    $("select").change(showValues),
    showValues();
</script>
</body>
</html>
```

예제 14-24에서 보면 each( ) 메서드를 통해 배열에 있는 각 객체의 value 속성값을 출력하는
것을 보실 수 있습니다.

제 15 장

jQuery UI와 플러그인

15.1 jQuery UI   **15.2** jQuery 플러그인   **15.3** jQuery 확장

jQuery가 유명해지고 사람들이 많이 찾는 데에 큰 역할을 한 것 중 하나가 바로 jQuery UI일 것입니다. 웹 애플리케이션에 필요한 여러 가지 사용자 인터페이스(User Interface, UI)들을 간편하고 쉽게 사용할 수 있도록 플러그인 형태로 제작되어 배포되고 여러 가지 문서나 API도 제공되는데, 이를 이용하면 원하는 UI를 쉽게 만들 수 있습니다. 이와 함께 jQuery UI처럼 여러 가지 형태의 UI나 기능을 플러그인으로 제작하여 활용할 수도 있습니다

15.1 jQuery UI

http://jqueryui.com 웹 사이트에 자세한 내용과 함께 버전에 따라 변경되는 부분 등의 최신 정보들이 나와 있으니 어떤 것들이 있는지 꼭 직접 확인해 보시기 바랍니다. 또한, jQuery UI 활용에 대한 자세한 문서는 http://docs.jquery.com/UI 웹 페이지에서 갱신되고 있습니다.

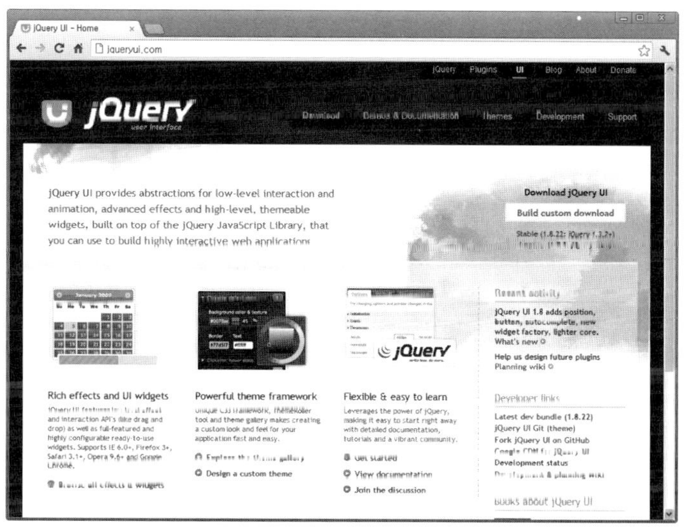

그림 15-1 jqueryui.com

jQuery UI를 활용하려면 자바스크립트 파일과 함께 기본적으로 디자인된 CSS 파일도 함께 필요합니다. 이 CSS 파일은 여러 가지 테마를 통해 특정한 명명 규칙에 따른 클래스를 기준으로 만들어져 있기 때문에 jQuery UI를 사용하지 않고 CSS 파일만을 사용하기도 합니다.

이도 마찬가지로 웹 사이트에서 직접 내려받아 삽입할 수도 있고 CDN(Content Delivery Network) 서비스를 통해 링크를 삽입하는 방식으로 이용할 수도 있습니다. http://jqueryui.com/download 웹 페이지에서 내려받기한다면 자신이 원하는 부분만을 포함한 파일을 내려받을 수 있습니다만 일반적으로 인터넷이 가능한 환경에서 작업하신다면 CDN을 추천합니다. jQuery처럼 다음과 같은 CDN이 있으나 개인적으로 국내 환경에서는 마이크로소프트사의 http://www.asp.net/ajaxlibrary/cdn.ashx 웹 페이지에서 제공하는 CDN 서비스를 이용하시는 것이 저의 테스트 상에서는 가장 빨랐습니다.

- http://code.jquery.com/

- http://www.asp.net/ajaxlibrary/cdn.ashx

- https://developers.google.com/speed/libraries/devguide?hl=ko-KR#jquery

jQuery UI를 활용하려면 당연하지만 우선 jQuery UI에서 어떤 것들이 제공되고 있는지를 먼저 확인한 다음 자신에게 필요한 것을 찾아 활용할 수 있어야 합니다. 여기엔 크게 두 가지로 구분할 수 있는데, 브라우저와의 상호작용을 위한 기본 사용자 편의 지원 기능과 이를 이용해 미리 만들어둔 몇 가지의 위젯입니다. 다음과 같은 것들을 제공하고 있습니다.

상호 작용

- **Draggable** 마우스 드래그로 엘리먼트를 이동할 수 있도록 합니다.
- **Droppable** 엘리먼트 위에 드래그한 엘리먼트를 드롭할 수 있도록 하고 해당 이벤트를 감지합니다.
- **Resizable** 엘리먼트의 크기를 변경할 수 있는 UI를 제공합니다.
- **Selectable** 엘리먼트를 선택할 수 있는 UI를 제공합니다.
- **Sortable** 엘리먼트를 정렬할 수 있는 UI를 제공합니다.

위젯(Widgets)

- **Accordion**   아코디언 형태의 UI를 제공합니다.

- **Autocomplete**   자동완성 기능과 UI를 제공합니다.

- **Button**   엘리먼트를 버튼처럼 보이도록 하는 UI를 제공합니다.

- **Datepicker**   날짜 선택 도구 UI를 제공합니다.

- **Dialog**   알림창 레이어를 띄울 수 있는 UI를 제공합니다.

- **Progressbar**   진행 막대 UI를 제공합니다.

- **Slider**   슬라이더 막대 형식의 입력 도구를 제공합니다.

- **Tabs**   탭 메뉴 형식의 UI를 제공합니다.

유틸리티(Utilities)

- **Position**   엘리먼트의 위치에 관련된 기능을 제공합니다.

- **Effects**   jQuery UI의 효과에 관련한 기능을 제공합니다.

그럼 지금부터 어떤 것들이 어떤 역할을 하는지 간략히 소개하고 기본적인 활용법을 살펴보겠습니다.

■ 상호 작용 15.1.1

jQuery UI는 대부분 UI에 관련된 내용입니다. 그런 만큼 각각의 엘리먼트를 원하는 내로 조작할 수 있도록 하는 것에 중점을 둔다면 그 중심이 되는 것이 상호작용(Interactions)을 담당하는 UI 기능입니다. 여기서는 특정 엘리먼트를 조작하기 위한 III를 배워보도록 하겠습니다.

Draggable

드래그 앤 드롭(끌어서 놓기, Drag-and-drop)라는 말을 많이 들어 보셨을 것입니다. 이는 마우스로 버튼을 눌러서 옮긴 다음 버튼을 떼는 일련의 동작을 말하는데, 그 중 끌기(Drag)는 마우스 버튼을 누른 상태에서 마우스를 이동하여 옮기는 것을 이야기합니다. HTML5에서부터 이 동작이 지원되지만, 이전의 웹 브라우저에서는 지원되지 않기 때문에 웹 애플리케이션 개발자들은 이러한 기능을 자바스크립트를 통해 임의로 만들어 사용하고는 했습니다. jQuery를 통해 이러한 기능을 더욱 편리하게 사용할 수 있도록 한 것이 바로 Draggable입니다.

예제 | 15-1

```html
<!DOCTYPE html>
<html>
<head>
    <link href="http://ajax.googleapis.com/ajax/
        libs/jqueryui/1.8/themes/base/jquery-ui.css" rel="stylesheet"
        type="text/css"/>
    <script src="http://ajax.googleapis.com/ajax/
        libs/jquery/1.5/jquery.min.js"></script>
    <script src="http://ajax.googleapis.com/ajax/
        libs/jqueryui/1.8/jquery-ui.min.js"></script>
    <style type="text/css">
        #draggable { width: 100px; height: 70px; background: silver; }
    </style>
    <script>
    $(document).ready(function() {
        $("#draggable").draggable();
    });
    </script>
</head>
<body style="font-size:62.5%;">
<div id="draggable">Drag me</div>
</body>
</html>
```

예제 15-1는 가장 단순한 사용 예제입니다. $("#draggable").draggable( );라고 기술한 것만으로도 해당 엘리먼트는 마우스 드래그 기능을 사용할 수 있게 됩니다.

Droppable

앞서 설명한 Draggable과 함께 짝으로 다니는 것이 바로 Droppable입니다. 드래그만으로 끝나는 것이 아니라 특정 엘리먼트 위에 끌어다 놓을 때 발생하는 이벤트를 드롭(Drop)이라고 합니다. Draggable이 제공하는 옵션, 함수, 이벤트를 확인하려면 http://docs.jquery.com/UI/Draggable 웹 페이지를 방문해보시기 바랍니다.

예제 | 15-2

```html
<!DOCTYPE html>
<html>
<head>
  <link href="http://ajax.googleapis.com/ajax/
    libs/jqueryui/1.8/themes/base/jquery-ui.css"
    rel="stylesheet" type="text/css"/>
  <script src="http://ajax.googleapis.com/ajax/
    libs/jquery/1.5/jquery.min.js"></script>
  <script src="http://ajax.googleapis.com/ajax/
    libs/jqueryui/1.8/jquery-ui.min.js"></script>
  <style type="text/css">
    #draggable { width: 75px; height: 25px;
                 background: silver; padding: 10px; }
    #droppable { position: absolute; left: 250px; top: 0;
                 width: 125px; height: 75px; background: gray;
                 color: white; padding: 10px; }
  </style>
  <script>
  $(document).ready(function() {
    $("#draggable").draggable();
    $("#droppable").droppable({
      drop: function() { alert('dropped'); }
    });
  });
  </script>
</head>
<body style="font-size:62.5%;">
<div id="droppable">Drop here</div>
<div id="draggable">Drag me</div>
</body>
</html>
```

예제 15-2를 실행시켜 보면 두 개의 영역이 웹 페이지에 표시됩니다. draggable 영역을 드래그할 수 있는데 droppable 영역에 드롭했을 때 이벤트가 발생하는 것을 확인할 수 있습니다.

Resizable

이것은 특정 영역의 크기를 조절할 수 있는 UI를 제공해줍니다. 여기서 크기 조절을 위해 마우스 이벤트인 드래그 앤 드롭 이벤트를 사용하는데, 앞서 설명한 Draggable, Droppable 두 가지가 함께 사용되고 있습니다. 말보다는 예제를 바로 보는 것이 더 빠르겠군요.

예제	15-3

```html
<!DOCTYPE html>
<html>
<head>
  <link href="http://ajax.googleapis.com/ajax/
    libs/jqueryui/1.8/themes/base/jquery-ui.css"
    rel="stylesheet" type="text/css"/>
  <script src="http://ajax.googleapis.com/ajax/
    libs/jquery/1.5/jquery.min.js"></script>
  <script src="http://ajax.googleapis.com/ajax/
    libs/jqueryui/1.8/jquery-ui.min.js"></script>
  <style type="text/css">
    #resizable { width: 100px; height: 100px; background: silver; }
  </style>
  <script>
$(document).ready(function() {
    $("#resizable").resizable();
});
  </script>
</head>
<body style="font-size:62.5%;">
<div id="resizable"></div>
</body>
</html>
```

예제 15-3를 실행시켜 보면 그림 15-2와 같은 실행 화면을 보실 수 있습니다. 사각형의 영역 오른쪽 아래 작은 줄이 보이시나요? 그곳을 드래그해서 영역의 크기를 바꿀 수 있습니다.

그림 15-2 드래그로 크기 조절

역시 상세 내용은 http://docs.jquery.com/UI/Resizable 웹 페이지에서 확인하실 수 있습니다.

Selectable

Selectable은 특정 영역을 선택 가능하게 하여 주는 UI입니다. 이것도 역시 예제를 바로 보겠습니다.

예제 | 15-4

```
<!DOCTYPE html>
<html>
<head>
  <link href="http://ajax.googleapis.com/ajax/
      libs/jqueryui/1.8/themes/base/jquery-ui.css"
      rel="stylesheet" type="text/css"/>
  <script src="http://ajax.googleapis.com/ajax/
      libs/jquery/1.5/jquery.min.js"></script>
  <script src="http://ajax.googleapis.com/ajax/
      libs/jqueryui/1.8/jquery-ui.min.js"></script>
```

```
<style type="text/css">
#selectable .ui-selecting {
  background: silver;
}
#selectable .ui-selected {
  background: gray;
}
</style>
<script>
$(document).ready(function() {
  $("#selectable").selectable();
});
</script>
</head>
<body style="font-size:62.5%;">
<ul id="selectable">
  <li>Item 1</li>
  <li>Item 2</li>
  <li>Item 3</li>
  <li>Item 4</li>
  <li>Item 5</li>
</ul>
</body>
</html>
```

예제 15-4를 실행시키면 그림 15-3과 같은 화면이 보입니다. 〈li〉 아이템을 하나씩 선택할 수 있고 Ctrl 키를 누른 채로 마우스 버튼을 클릭하면 여러 개를 동시에 선택할 수도 있습니다.

상세 내용은 http://docs.jquery.com/UI/Selectable 웹 페이지에서 확인하실 수 있습니다.

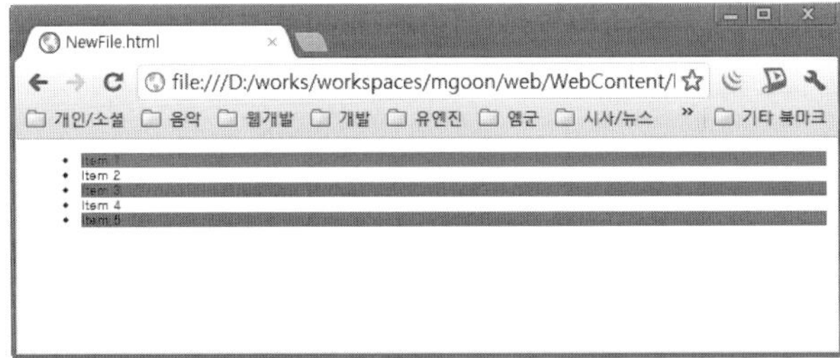

그림 15-3 개체 선택

Sortable

Sortable은 정렬에 관련된 UI입니다. 끌어다 놓기를 통해 예제 15-5에 나와 있는 〈li〉 엘리먼트
순서를 바꿀 수 있습니다.

예제 | 15-5

```
<!DOCTYPE html>
<html>
<head>
  <link href="http://ajax.googleapis.com/ajax/
    libs/jqueryui/1.8/themes/base/jquery-ui.css"
    rel="stylesheet" type="text/css"/>
  <script src="http://ajax.googleapis.com/ajax/
    libs/jquery/1.5/jquery.min.js"></script>
  <script src="http://ajax.googleapis.com/ajax/
    libs/jqueryui/1.0/jquery-ui.min.js"></script>
  <script>
  $(document).ready(function() {
    $("#sortable").sortable();
  });
  </script>
</head>
<body style="font-size:62.5%;">
<ul id="sortable">
  <li>Item 1</li>
  <li>Item 2</li>
```

```
    <li>Item 3</li>
    <li>Item 4</li>
    <li>Item 5</li>
</ul>
</body>
</html>
```

jQuery UI 위젯 ^{15.1.2}

앞서 jQuery UI의 몇몇 기능들을 살펴보았습니다. 단순한 기능들이지만 그것들을 이용해 자주
사용되는 여러 가지 사용자 인터페이스인 위젯(Widget)들을 만들어 두었습니다. 덕분에 우리는
몇 가지 구문으로 아주 간단하게 사용자들에게 편리한 UI를 생성해줄 수 있습니다.

Accordion

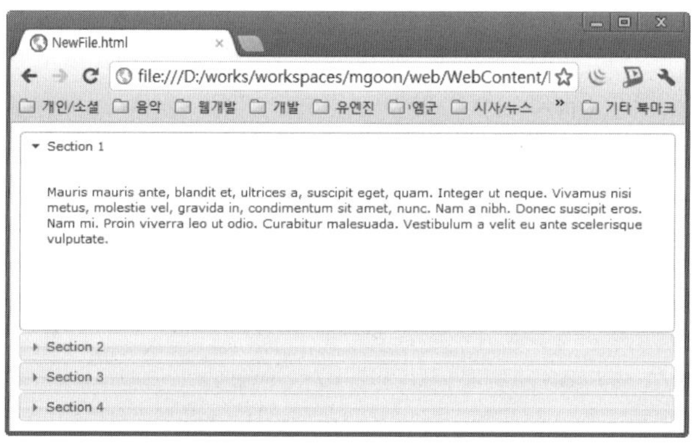

그림 15-4 아코디언 위젯

그림 15-4과 같은 모양으로 여러 영역 중 하나의 영역만 보여주고자 할 때 사용합니다. 예제
15-6를 실행했을 때 그림 15-4과 같은 UI를 생성한 것을 볼 수 있습니다. 아코디언이라 불리는
기법인데 몇 가지 규칙과 $("#accordion").accordion( );라는 간단한 구문만으로 표현할 수 있습
니다. 이때 사용되는 규칙은 id가 accordion인 〈div〉 영역 안에 〈h3〉로 각 문단의 제목을 입력
하고 그 아래 〈div〉 안에 해당하는 내용을 작성해야 한다는 것입니다.

예제 | 15-6

```html
<!DOCTYPE html>
<html>
<head>
   <link href="http://ajax.googleapis.com/ajax/
      libs/jqueryui/1.8/themes/base/jquery-ui.css"
      rel="stylesheet" type="text/css"/>
   <script src="http://ajax.googleapis.com/ajax/
      libs/jquery/1.5/jquery.min.js"></script>
   <script src="http://ajax.googleapis.com/ajax/
      libs/jqueryui/1.8/jquery-ui.min.js"></script>
   <script>
   $(document).ready(function() {
      $("#accordion").accordion();
   });
   </script>
</head>
<body style="font-size:62.5%;">
<div id="accordion">
   <h3><a href="#">Section 1</a></h3>
   <div>
      <p>
      <!-- Section 1 -->
      </p>
   </div>
   <h3><a href="#">Section 2</a></h3>
   <div>
      <p>
      <!-- Section 2 -->
      </p>
   </div>
   <h3><a href="#">Section 3</a></h3>
   <div>
      <p>
      <!-- Section 3 -->
      </p>
      <ul>
         <li>List item one</li>
         <li>List item two</li>
```

```
        <li>List item three</li>
      </ul>
    </div>
    <h3><a href="#">Section 4</a></h3>
    <div>
      <p>
      <!-- Section 4 -->
      </p>
    </div>
</div>
</body>
</html>
```

이 아코디언 위젯의 상세한 옵션, 이벤트, 함수, 테마 등은 http://docs.jquery.com/UI/Accordion
웹 사이트에서 확인하실 수 있습니다.

Autocomplete

자동완성이라 불리는 이 위젯은 검색 사이트의 예상 검색어 미리 보여주기 기능처럼 입력 상자
에 어떤 입력을 받았을 때 그 입력을 바탕으로 예상되는 단어 목록을 나열해 클릭이나 키보드
방향키 등으로 쉽고 빠르게 입력할 수 있도록 도와주는 도구입니다.

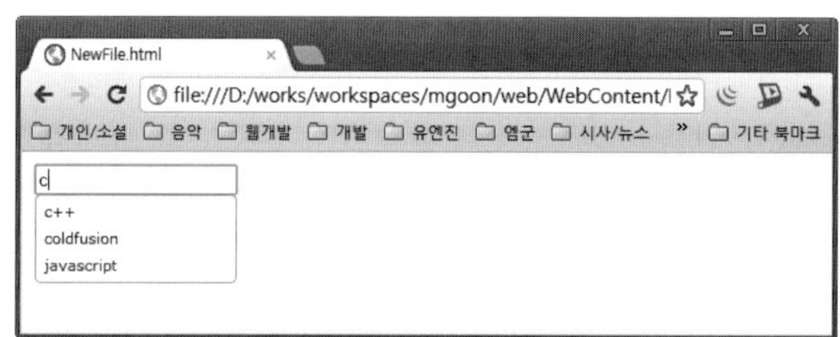

그림 15-5 자동완성 위젯

그림 15-5는 〈input〉 엘리먼트에 입력했을 때 그에 일치하는 데이터 목록을 보여주는 예로, 예
제 15-7를 실행했을 때의 모습입니다. 예제에서는 미리 source라는 데이터를 입력해 두고 사용

하였지만, Ajax 기법을 활용하면 다양한 검색 환경에서 볼 수 있는 자동완성 기능을 구현할 수 있습니다.

예제 | 15-7

```
<!DOCTYPE html>
<html>
<head>
  <link href="http://ajax.googleapis.com/ajax/libs/jqueryui/1.8/themes
    /base/jquery-ui.css" rel="stylesheet" type="text/css"/>
  <script src="http://ajax.googleapis.com/ajax/libs/jquery/1.5/
    jquery.min.js"></script>
  <script src="http://ajax.googleapis.com/ajax/libs/jqueryui/1.8/
    jquery-ui.min.js"></script>
  <script>
  $(document).ready(function() {
    $("input#autocomplete").autocomplete({
    source: ["c++", "java", "php", "coldfusion", "javascript", "asp",  "ruby"]
    });
  });
  </script>
</head>
<body style="font-size:62.5%;">
<input id="autocomplete" />
</body>
</html>
```

이를 여러 가지 방법으로 활용하기 위한 예제가 http://docs.jquery.com/UI/Autocomplete 웹 페이지에서 제공되고 있습니다.

Button

버튼 위젯은 확인란나 라디오 버튼, 그리고 그 외 여러 가지 엘리먼드를 마치 버든처럼 보이게 만들어 줄 수 있습니다. 마우스를 올렸을 때(mouseover)와 마우스가 벗어났을 때(mouseout) 등의 이벤트에 대한 반응이 미리 정의되어 있기 때문에 일관성 있게 사용자들에게 버튼의 모양을 보여줌으로써 선택 혹은 클릭하는 곳임을 쉽게 알려줄 수 있습니다.

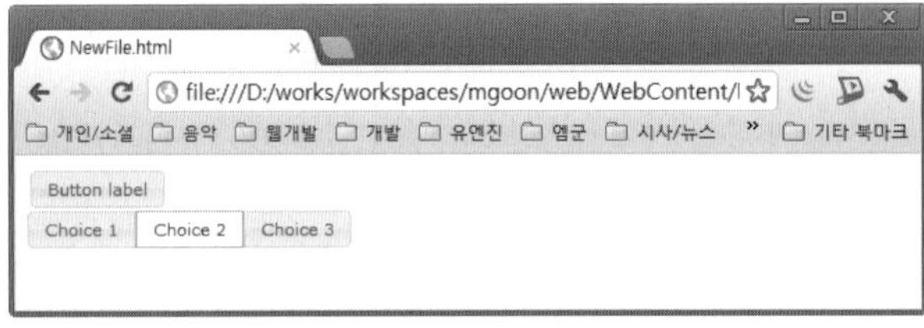

그림 15-6 버튼 위젯

그림 15-6처럼 특정 엘리먼트를 버튼 모양으로 바꾸어 줍니다. 이 그림은 예제 15-8을 실행한 모습입니다.

예제 │ 15-8

```html
<!DOCTYPE html>
<html>
<head>
  <link href="http://ajax.googleapis.com/ajax/
    libs/jqueryui/1.8/themes/base/jquery-ui.css"
    rel="stylesheet" type="text/css"/>
  <script src="http://ajax.googleapis.com/ajax/
    libs/jquery/1.5/jquery.min.js"></script>
  <script src="http://ajax.googleapis.com/ajax/
    libs/jqueryui/1.8/jquery-ui.min.js"></script>
  <script>
    $(document).ready(function() {
      $("button").button();
      $("#radio").buttonset();
    });
  </script>
</head>
<body style="font-size:62.5%;">
<button>Button label</button>
<div id="radio">
  <input type="radio" id="radio1" name="radio" />
    <label for="radio1">Choice 1</label>
  <input type="radio" id="radio2" name="radio" checked="checked" />
    <label for="radio2">Choice 2</label>
```

```
    <input type="radio" id="radio3" name="radio" />
       <label for="radio3">Choice 3</label>
</div>
</body>
</html>
```

이 버튼에 대한 다양한 활용 예제들을 보려면 http://docs.jquery.com/UI/Button 웹 페이지를
참고하시기 바랍니다.

Datepicker

가장 많이 사용되는 위젯 중 하나인 날짜 선택 위젯입니다. 이는 특정한 날짜를 선택하기 위한
달력 형식의 입력 도구를 사용자에게 제공해 줍니다. HTML5에서는 날짜 선택 도구가 기본으
로 제공되기 때문에 HTML5가 완전히 정착되고 나면 또 다른 모습이 될지도 모르겠습니다.

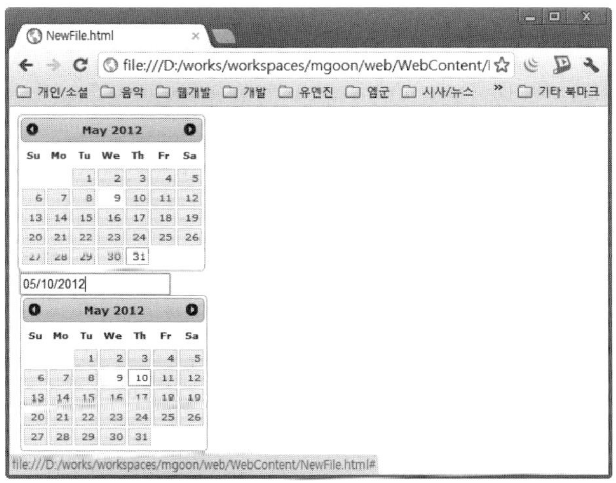

그림 15-7 날짜 선택 위젯

일반 영역 엘리먼트에 적용하면 해당 영역에 날짜 선택 위젯이 나타나고 〈input〉 엘리먼트에
적용하면 해당 엘리먼트가 포커스를 받았을 때 위젯이 나오고 선택된 날짜를 〈input〉 엘리먼트
에 값으로 입력하게 됩니다.

그림 15-7는 예제 15-9를 실행한 모습입니다. 여기에 미리 특정 날짜를 선택해 두거나 날짜를 선택했을 때 반환되는 날짜 데이터의 형식을 설정하고 최소 날짜와 최대 날짜를 설정해 그 안에서만 선택할 수 있게 하는 등 여러 가지를 추가로 설정할 수 있습니다. 이러한 추가 설정 부분에 대해서는 웹 페이지 http://docs.jquery.com/UI/Datepicker를 참고하시기 바랍니다.

예제 | 15-9

```
<!DOCTYPE html>
<html>
<head>
  <link href="http://ajax.googleapis.com/ajax/
    libs/jqueryui/1.8/themes/base/jquery-ui.css"
    rel="stylesheet" type="text/css"/>
  <script src="http://ajax.googleapis.com/ajax/
    libs/jquery/1.5/jquery.min.js"></script>
  <script src="http://ajax.googleapis.com/ajax/
    libs/jqueryui/1.8/jquery-ui.min.js"></script>
  <script>
  $(document).ready(function() {
    $(".datepicker").datepicker();
  });
  </script>
</head>
<body style="font-size:62.5%;">
<div class="datepicker"></div>
<input type="text" class="datepicker">
</body>
</html>
```

Dialog

날짜 선택 위젯과 함께 가장 많이 활용되는 도구 중 하나인 대화 상자 위젯입니다. 사용자에게 특정 메시지를 알리는 alert( ) 메서드의 역할을 하기도 합니다. 또한, 요즘 브라우저의 기본적인 설정 중 팝업 차단 설정으로 말미암아 사용자에게 보여주지 못하게 된 부분을 이러한 대화 상자를 통해 사용자에게 전달해 줄 수 있기 때문에 많이 활용되고 있습니다.

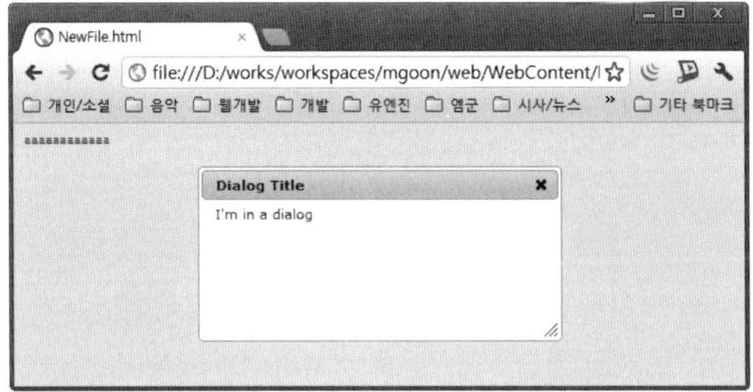

그림 15-8 대화 상자 위젯

이 도구 또한 다양한 옵션을 통해 여러 가지 모습으로 꾸밀 수 있습니다.

http://docs.jquery.com/UI/Dialog 웹 페이지에 여러 가지 방법의 활용 예제들이 있습니다.

예제 | **15-10**

```
<!DOCTYPE html>
<html>
<head>
  <link href="http://ajax.googleapis.com/ajax/
    libs/jqueryui/1.8/themes/base/jquery-ui.css"
    rel="stylesheet" type="text/css"/>
  <script src="http://ajax.googleapis.com/ajax/
    libs/jquery/1.5/jquery.min.js"></script>
  <script src="http://ajax.googleapis.com/ajax/
    libs/jqueryui/1.8/jquery-ui.min.js"></script>
  <script>
$(document).ready(function() {
    $( "#dialog" ).dialog({
        height: 140,
        modal: true
    });
});
  </script>
</head>
<body style="font-size:62.5%;">
  aaaaaaaaaaaa
```

```
<div id="dialog" title="Dialog Title">I'm in a dialog</div>
</body>
</html>
```

Progressbar

프로그레스 바 위젯은 흔히 진행 막대라고 합니다. 얼마나 진행되었는지를 표현하는 위젯인데 자주 활용되지는 않지만, 특정 과정의 진행 상태를 시각적으로 보여주고자 할 때 손쉽게 활용할 수 있습니다.

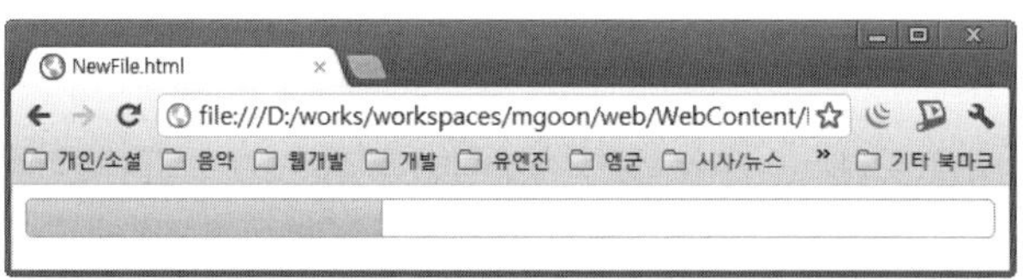

그림 15-9 진행 막대 위젯

이 진행 막대 위젯 또한 다양한 방법의 활용 예제들과 옵션들이 있는데 이에 관해서는 웹 사이트 http://docs.jquery.com/UI/Progressbar를 참고하시기 바랍니다.

예제 | 15-11

```
<!DOCTYPE html>
<html>
<head>
  <link href="http://ajax.googleapis.com/ajax/
    libs/jqueryui/1.8/themes/base/jquery-ui.css"
    rel="stylesheet" type="text/css"/>
  <script src="http://ajax.googleapis.com/ajax/
    libs/jquery/1.5/jquery.min.js"></script>
  <script src="http://ajax.googleapis.com/ajax/
    libs/jqueryui/1.8/jquery-ui.min.js"></script>
  <script>
  $(document).ready(function() {
    $("#progressbar").progressbar({ value: 37 });
  });
```

```
    </script>
</head>
<body style="font-size:62.5%;">
    <div id="progressbar"></div>
</body>
</html>
```

Slider

정해진 수치를 입력받거나 표현하는 위젯입니다. 이 또한 아직 많이 활용되고 있지는 않지만 특
정한 값을 받아야 하고 값의 범위가 정해져 있을 때라면 편리하게 사용할 수 있습니다.

그림 16-10 슬리이디 위젯

이 도구를 활용하기 위한 여러 가지 방법에 대한 예제는 http://docs.jquery.com/UI/Slider 웹
페이지에서 찾아보실 수 있습니다.


```
<!DOCTYPE html>
<html>
<head>
    <link href="http://ajax.googleapis.com/ajax/
        libs/jqueryui/1.8/themes/base/jquery-ui.css"
        rel="stylesheet" type="text/css"/>
```

```
<style>
  #demo-frame > div.demo { padding: 10px !important; }
  #eq span {
     height:120px; float:left; margin:15px
  }
</style>
<script src="http://ajax.googleapis.com/ajax/
  libs/jquery/1.5/jquery.min.js"></script>
<script src="http://ajax.googleapis.com/ajax/
  libs/jqueryui/1.8/jquery-ui.min.js"></script>

<script>
$(document).ready(function() {
   // setup master volume
   $( "#master" ).slider({
      value: 60,
      orientation: "horizontal",
      range: "min",
      animate: true
   });
   // setup graphic EQ
   $( "#eq > span" ).each(function() {
      // read initial values from markup and remove that
      var value = parseInt( $( this ).text(), 10 );
      $( this ).empty().slider({
         value: value,
         range: "min",
         animate: true,
         orientation: "vertical"
      });
   });
});
</script>
</head>
<body style="font-size:62.5%;">
<div class="demo">
<p class="ui-state-default ui-corner-all ui-helper-clearfix"
      style="padding:4px;">
   <span class="ui-icon ui-icon-volume-on" style="float:left;
   margin:-2px 5px 0 0;"></span>
   Master volume
</p>
```

```
<div id="master" style="width:260px; margin:15px;"></div>
<p class="ui-state-default ui-corner-all"
    style="padding:4px; margin-top:4em;">
  <span class="ui-icon ui-icon-signal"
    style="float:left; margin:-2px 5px 0 0;"></span>
  Graphic EQ
</p>
<div id="eq">
  <span>88</span>
  <span>77</span>
  <span>55</span>
  <span>33</span>
  <span>40</span>
  <span>45</span>
  <span>70</span>
</div>
</div><!-- End demo -->
<div class="demo-description" style="clear:left;">
<p>수직 슬라이더와 수평 슬라이더를 여러 가지 옵션과 함께 사용하여 음악 재생기 UI를 만들어 본 모습 </p>
</div><!-- End demo-description -->
</body>
</html>
```

Tabs

낳은 사랑을 받는 위젯 중 앞서 살펴본 아코디언 위젯 같은 역할을 하는 위젯으로, 특정 제목과
내용 영역을 연결하여 여러 내용 영역 중 특정한 영역만 보여주도록 하는 탭 메뉴 위젯입니다.
이때 이를 정확히 연결하려면 제목 리스트의 〈a〉 태그의 href 속성값과 〈div〉 내용 태그의 id
속성값이 일치해야 합니다. 예제 15-13의 내용을 확인해 보세요.

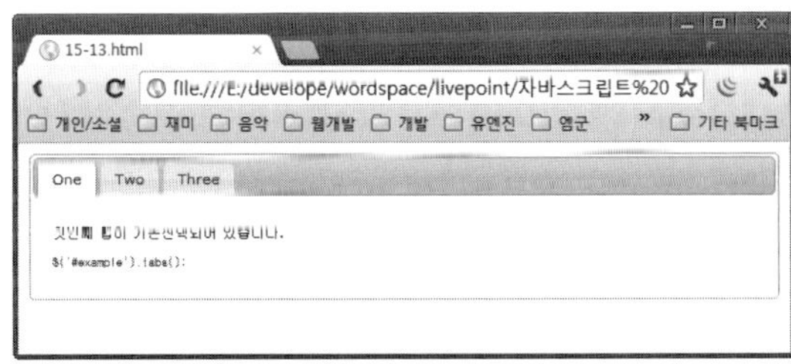

그림 15-11 탭 메뉴 위젯

이 탭 메뉴 위젯에 대한 여러 가지 설정 방법이나 모양 변경 방법들을 확인하길 원하신다면
http://docs.jquery.com/UI/Tabs 웹 페이지를 방문해보시기 바랍니다.


```html
<!DOCTYPE html>
<html>
<head>
  <link href="http://ajax.googleapis.com/ajax/
    libs/jqueryui/1.8/themes/base/jquery-ui.css"
    rel="stylesheet" type="text/css"/>
  <script src="http://ajax.googleapis.com/ajax/
    libs/jquery/1.5/jquery.min.js"></script>
  <script src="http://ajax.googleapis.com/ajax/
    libs/jqueryui/1.8/jquery-ui.min.js"></script>
<script>
  $(document).ready(function() {
    $("#tabs").tabs();
  });
  </script>
</head>
<body style="font-size:62.5%;">
<div id="tabs">
  <ul>
    <li><a href="#fragment-1"><span>One</span></a></li>
    <li><a href="#fragment-2"><span>Two</span></a></li>
    <li><a href="#fragment-3"><span>Three</span></a></li>
  </ul>
  <div id="fragment-1">
    <p>첫 번째 탭이 기본으로 선택되어 있습니다.</p>
    <pre><code>$('#example').tabs();</code></pre>
  </div>
  <div id="fragment-2">
    동해 물과 백두산이 마르고 닳도록...
  </div>
  <div id="fragment-3">
    하느님이 보우하사 우리나라 만세!
  </div>
</div>
</body>
</html>
```

15.2 jQuery 플러그인

지금까지 살펴본 jQuery UI처럼 여러 가지 형태의 UI 혹은 기능을 플러그인(Plugin)으로 제작하여 배포할 수 있습니다. 실제로 많은 웹 애플리케이션 개발자들과 회사 또는 단체들이 자신들이 만든 플러그인을 공유하고 있습니다. 그러면 이 절에서는 몇 가지 쓸만한 플러그인에 대해 살펴볼까 합니다. http://plugins.jquery.com/ 웹 사이트에서 자신이 만든 jQuery 플러그인을 등록할 수 있으며 이미 등록된 플러그인도 찾아볼 수 있습니다.

정규 jQuery 웹사이트에 있는 플러그인 페이지 외에도 우리나라 웹 사이트 중 웹 리소스 사이트인 웹 스토리 메이커라는 사이트에도 jQuery 플러그인을 찾을 수 있습니다. http://www.webstorymaker.com/tag/jquery-plugin/ 웹 페이지를 방문하시면 jQuery 플러그인만 모아둔 페이지를 보실 수 있습니다. 많은 도움을 받으실 수 있을 것으로 생각합니다.

▪ 검증 15.2.1

웹 애플리케이션에서 가장 많이 볼 수 있는 것 중 한 가지는 사용자의 데이터를 입력받기 위한 폼 내용을 검증(Validation)하는 것입니다. 혹시 외국 웹 사이트를 자주 방문하신다면 그림 15-12와 비슷한 필수 항목이라는 영어 문구를 보신 적이 있으실 것입니다.

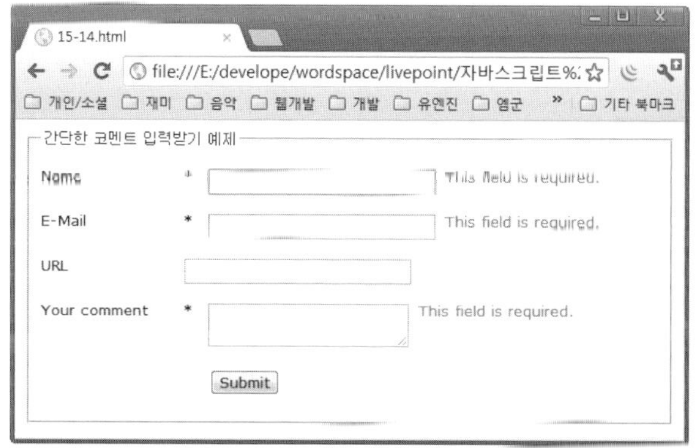

그림 15-12 폼 내용 검증

이것을 자바스크립트로 구현하려면 상당히 많은 코드와 체크를 위한 여러 가지 로직이 필요한데 jquery.validate.js 라이브러리를 이용하면 예제 15-14와 같은 간단한 스크립트로 해결할 수 있습니다.

예제 | 15-14

```html
<!DOCTYPE html>
<html>
<head>
<script src="http://code.jquery.com/jquery-latest.js"></script>
<script type="text/javascript"
    src="http://jzaefferer.github.com/jquery-validation/
      jquery.validate.js"></script>
<style type="text/css">
* {
  font-family: Verdana;
  font-size: 96%;
}
label {
  width: 10em;
  float: left;
}
label.error {
  float: none;
  color: red;
  padding-left: .5em;
  vertical-align: top;
}
p {
  clear: both;
}
.submit {
  margin-left: 12em;
}
em {
  font-weight: bold;
  padding-right: 1em;
  vertical-align: top;
}
```

```
</style>
<script type="text/javascript">
   $(document).ready(function() {
     $("#commentForm").validate();
   });
</script>
</head>
<body>
   <form class="cmxform" id="commentForm" method="get" action="">
     <fieldset>
        <legend>간단한 코멘트 입력받기 예제</legend>
        <p>
           <label for="cname">Name</label>
           <em>*</em><input id="cname" name="name"
                   size="25" class="required" min="2" />
        </p>
        <p>
           <label for="cemail">E-Mail</label>
           <em>*</em><input id="cemail" name="email"
                   size="25" class="required email" />
        </p>
        <p>
           <label for="curl">URL</label>
           <em> </em><input id="curl" name="url"
                   size="25" class="url" value="" />
        </p>
        <p>
           <label for="ccomment">Your comment</label>
           <em>*</em><textarea id="ccomment" name="comment"
                   cols="22" class="required"></textarea>
        </p>
        <p>
           <input class="submit" type="submit" value="Submit" />
        </p>
     </fieldset>
   </form>
</body>
</html>
```

이 라이브러리는 CDN을 통해 내려받거나 이용할 수도 있기 때문에 CDN 웹 사이트를 확인해 보시기 바랍니다. CDN은 다음 홈페이지를 참조하시기 바랍니다.

- http://code.jquery.com/

- http://www.asp.net/ajaxlibrary/cdn.ashx

- https://developers.google.com/speed/libraries/devguide?hl=ko-KR#jquery

자세한 내용은 http://docs.jquery.com/Plugins/Validation/Validator 웹 페이지에서 확인하실 수 있으므로 여기서는 간단한 내용만 확인하도록 하겠습니다.

예제 15-14에서 어떤 방식으로 폼을 검증하는지 궁금하실 것으로 생각됩니다. 여기서 검증할 엘리먼트를 찾는 방식은 특정 클래스 이름으로 〈input〉 엘리먼트에 validation 플러그인에서 지정한 클래스 이름이 있다면 해당하는 검증을 하고 검증에 통과하면 〈form〉의 submit( ) 메서드를 실행하게 되는 식입니다. 하지만, 클래스 이름이 미리 지정되어 있을 수도 있으니 이는 처음 validate( ) 함수를 선언할 때 옵션으로 추가할 수도 있습니다.

또 알림이 영어로 되어 있어 불편할 수 있기 때문에 필요에 따라 한글로 바꾸어 줄 필요가 있습니다. 이때는 jquery.validate.js를 로드하고 난 후에 다음 예제와 같은 형태로 한글화할 수 있습니다. {Number}는 인자로 대체됩니다.

예제

```javascript
(function(validator){
  if (validator) {
    var messages = validator.messages;
    messages["required"] = "필수 항목입니다.";
    messages["remote"] = "입력값 {0} 를 다시 확인해주십시오.";
    messages["number"] = "숫자만 입력하실 수 있습니다.";
    messages["equalTo"] = "같은 값을 다시 한 번 입력해주십시오.";
    messages["email"] = "이메일 주소를 입력해주세요.";
    messages["url"] = "URL 주소를 입력해주세요.";
    messages["min"] = "최소 {0} 까지 입력할 수 있습니다.";
    messages["max"] = "최대 {0} 까지 입력할 수 있습니다.";
    messages["minlength"] = "{0} 글자 이상 입력해야 합니다.";
```

```
      messages["maxlength"] = "{0} 글자 이하 입력해야 합니다.";
      messages["rangelength"] = "{0} ~ {1} 글자 사이로 입력해야 합니다.";
   }
})(jQuery.validator);
```

■ 템플릿 ^{15.2.2}

템플릿(Template)은 도장이란 뜻처럼 자주 반복되는 HTML 추가를 해야 할 때 이용하면 매우 편리한 플러그 인입니다. 특히 Ajax 통신을 통해 데이터를 받아오는 기술과 연계될 때가 특히 많은데, 이럴 때 예제 15-15와 같은 형태로 사용하실 수 있습니다.

<table><tr><td>예제</td><td>15-15</td></tr></table>

```html
<!DOCTYPE html>
<html>
<head>
   <style>
table { border-collapse:collapse; margin:8px; background-color:#f8f8f8; }
table td { border:1px solid blue; padding:3px; }
</style>
   <script src="http://code.jquery.com/jquery-latest.min.js"></script>
   <script src="http://ajax.microsoft.com/ajax/
      jquery.templates/beta1/jquery.tmpl.min.js"></script>
</head>
<body>

<button id="showBtn">Show movies</button><br/>
<table><tbody id="movieList"></tbody></table>
<script>
   var movies = [
   { Name: "The Red Violin", ReleaseYear: "1998",
      Director: "Francois Girard" },
   { Name: "Eyes Wide Shut", ReleaseYear: "1999",
      Director: "Stanley Kubrick" },
   { Name: "The Inheritance", ReleaseYear: "1976",
      Director: "Mauro Bolognini" }
```

```
    ];
    var markup = "<tr><td colspan='2'>${Name}</td><td>Released:
    ${ReleaseYear}</td><td>Director: ${Director}</td></tr>"
    /* Compile markup string as a named template */
    $.template( "movieTemplate", markup );
    /* Render the named template */
    $( "#showBtn" ).click( function() {
        $( "#movieList" ).empty();
        $.tmpl( "movieTemplate", movies ).appendTo( "#movieList" );
    });
</script>
</body>
</html>
```

내려받기 혹은 CDN을 이용하고자 하시려면 다음의 URL을 이용하시면 됩니다.

- https://github.com/jquery/jquery-tmpl

- http://ajax.aspnetcdn.com/ajax/jquery.templates/beta1/jquery.tmpl.js

- http://ajax.aspnetcdn.com/ajax/jquery.templates/beta1/jquery.tmpl.min.js

이 템플릿 플러그인에는 if 문과 같은 분기 문도 사용할 수 있기 때문에 이를 활용하시면 매우
편리한 최고의 플러그인 중 하나로 이용하실 수 있습니다.

http://api.jquery.com/category/plugins/templates/ 웹 페이지에서 자세한 정보를 얻으실
수 있습니다.

▪ 풀 캘린더 ^{15.2.3}

풀 캘린더는 굉장히 재미있습니다. http://arshaw.com/fullcalendar 웹 사이트에서 보실 수
있는데, 구글 캘린더와 연동도 되고 구현되는 내용도 굉장히 비슷합니다.

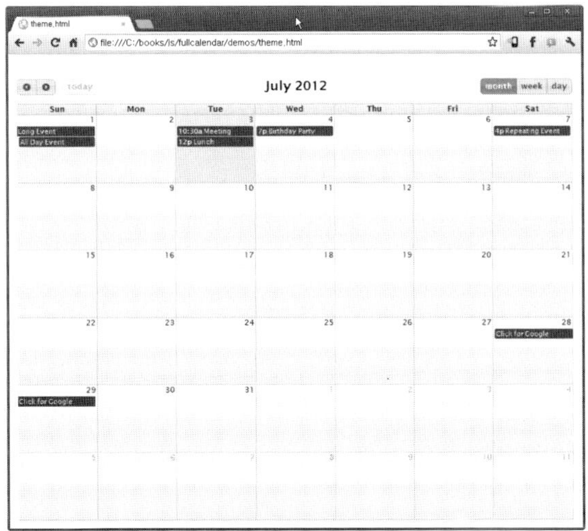

그림 15 13 풀 캘린더 실행 모습

그림 15-13을 보면 아시겠지만, UI는 jQuery UI를 따르고 있습니다. 때문에 jQuery UI의 테마를 어떤 것으로 하느냐에 따라 다양한 테마를 표현할 수 있습니다. 이것을 구현한 예제는 예제 15-16 theme.html입니다. 풀 캘린더 사이트에서 최신 버전인 fullcalendar-1.5.3.zip을 내려받은 다음 압축을 푸시면 demos 폴더에서 theme.html 파일을 확인하실 수 있습니다.

예제 | 15-16 theme.html

```
<!DOCTYPE html PUBLIC "-//W3C//DTD XHTML 1.0 Strict//EN"
            "http://www.w3.org/TR/xhtml1/DTD/xhtml1-strict.dtd">
<html>
<head>
<link rel='stylesheet' type='text/css' href='cupertino/theme.css' />
<link rel='stylesheet' type='text/css'
    href='../fullcalendar/fullcalendar.css' />
<link rel='stylesheet' type='text/css'
    href='../fullcalendar/fullcalendar.print.css' media='print' />
<script type='text/javascript' src='../jquery/jquery-1.7.1.min.js'>
    </script>
<script type='text/javascript'
    src='../jquery/jquery-ui-1.8.17.custom.min.js'></script>
```

```html
<script type='text/javascript'
    src='../fullcalendar/fullcalendar.min.js'></script>
<script type='text/javascript'>
  $(document).ready(function() {
    var date = new Date();
    var d = date.getDate();
    var m = date.getMonth();
    var y = date.getFullYear();
    $('#calendar').fullCalendar({
      theme: true,
      header: {
        left: 'prev,next today',
        center: 'title',
        right: 'month,agendaWeek,agendaDay'
      },
      editable: true,
      events: [
        {
          title: 'All Day Event',
          start: new Date(y, m, 1)
        },
        {
          title: 'Long Event',
          start: new Date(y, m, d-5),
          end: new Date(y, m, d-2)
        },
        {
          id: 999,
          title: 'Repeating Event',
          start: new Date(y, m, d-3, 16, 0),
          allDay: false
        },
        {
          id: 999,
          title: 'Repeating Event',
          start: new Date(y, m, d+4, 16, 0),
          allDay: false
        },
        {
          title: 'Meeting',
          start: new Date(y, m, d, 10, 30),
```

```
          allDay: false
        },
        {
          title: 'Lunch',
          start: new Date(y, m, d, 12, 0),
          end: new Date(y, m, d, 14, 0),
          allDay: false
        },
        {
          title: 'Birthday Party',
          start: new Date(y, m, d+1, 19, 0),
          end: new Date(y, m, d+1, 22, 30),
          allDay: false
        },
        {
          title: 'Click for Google',
          start: new Date(y, m, 28),
          end: new Date(y, m, 29),
          url: 'http://google.com/'
        }
      ]
    });
  });
</script>
<style type='text/css'>
  body {
    margin-top: 40px;
    text-align: center;
    font-size: 13px;
    font-family: "Lucida Grande",Helvetica,Arial,Verdana,sans-serif;
    }
  #calendar {
    width: 900px;
    margin: 0 auto;
    }
</style>
</head>
<body>
<div id='calendar'></div>
</body>
</html>
```

웹 사이트를 방문해보시면 아시겠지만, 활용 문서도 무척 꼼꼼하게 잘되어 있어서 영어를 잘 못 하더라도 보는 데 큰 지장은 없을 정도입니다. 일정표와 관련된 웹 애플리케이션을 작성할 때 사용하면 매우 활용도가 높을 것입니다.

15.3 jQuery 확장

jQuery 라이브러리가 아무리 여러 가지 좋은 기능이 많고 편리한 기능이 많다 하더라도 사용자 의 모든 요구를 수용할 수는 없습니다. 또한, 웹 애플리케이션의 특성이나 개발자의 특성에 따 라서 자주 사용되는 메서드도 다를 것입니다. 때문에 jQuery 측은 이러한 많은 요구를 모두 수 용할 수는 없지만, 사용자들이 원하는 대로 확장할 수 있도록 하는 방법을 마련해 두고 있습니 다. 지금부터 jQuery를 확장하는 방법에 대해 알아보도록 하겠습니다.

■ 유틸리티 함수 확장 ^{15.3.1}

유틸리티 함수는 jQuery 객체 내부의 배열에 있는 엘리먼트들을 사용하지 않는 기능 함수입니 다. 예들 들면 jQuery.trim( ) 등과 같은 함수입니다. 이러한 함수를 따로 만들어 사용할 수도 있지만, window 객체 안에 객체나 메서드가 많아지면 많아질수록 브라우저의 성능은 떨어지므 로 window 객체에 객체나 메서드를 두어 개수를 늘리기보다 jQuery 내부에 만들어 두면 좀 더 일관성 있는 문법을 갖게 되고 성능에도 도움을 주게 됩니다.

```
jQuery.functionName = function(){ … };
```

유틸리티 함수를 확장하려면 위의 구문과 같은 방법으로 원하는 함수를 추가할 수 있습니다. 또 한, 이러한 방법 외에도 기존의 jQuery.extend( ) 메서드를 활용해 확장하는 방법도 있습니다.

```
jQuery.extend({
  functionName1 : function(){ … },
  functionName2 : function(){ … }
});
```

앞 구문처럼 jQuery.extend( ) 메서드를 이용한 방식으로도 확장할 수 있습니다. 실제 해보는
것이 이해하기 더 좋을 것 같으니 예제를 한 번 보기로 하죠.

예제 | 15-17

```html
<!DOCTYPE html>
<html>
<head>
<meta charset="UTF-8">
  <title>jQuery 확장하기</title>
  <link href="http://ajax.googleapis.com/ajax/
    libs/jqueryui/1.8/themes/base/jquery-ui.css"
    rel="stylesheet" type="text/css"/>
  <script src="http://ajax.googleapis.com/ajax/
    libs/jquery/1.5/jquery.min.js"></script>
  <script src="http://ajax.googleapis.com/ajax/
    libs/jqueryui/1.8/jquery-ui.min.js"></script>
  <script type="text/javascript">
    $.reload = function(){
      location.replace(location.href);
    };
    $(function(){
      var progressbar = $( "#progressbar" ).progressbar({
        value: 0
      });
      var runReload = function() {
        var value = parseInt(progressbar.progressbar( "option", "value"));
        if (value < 100) {
          progressbar.progressbar( "option", "value", value + 1);
          setTimeout(runReload, 100);
        } else {
          $.reload();
        }
      }
      runReload();
    });
  </script>
</head>
<body>
```

```
    <h3>10초 후에 페이지를 새로 고침</h3>
    <div id="progressbar"></div>
</body>
</html>
```

예제 15-17은 jQuery.reload( ) 메서드를 추가해서 페이지를 새로 고침하는 기능을 구현했습니다. jQuery.메서드명 = function( ){ ... }와 같은 단순한 명령으로 jQuery에 원하는 기능을 추가할 수 있습니다. 그리고 이와 함께 jQuery UI를 통해서 새로 고침하기까지 남은 시간을 보여주도록 구성해 보았습니다.

그림 15-14 jQuery 확장

▪ 객체 지원 함수 ^{15.3.2}

객체 지원 함수는 앞서 설명했던 jQuery 내의 배열에 접근해서 해당 배열 내부의 데이터를 조작하거나 어떤 값을 받아 반환하는 등의 일을 하는 함수입니다. jQuery('SELECTOR').val( ) 메서드와 같은 것들이 바로 객체 지원 함수라 할 수 있습니다.

간혹 이런 함수나 메서드는 당연히 있을 줄 알았는데 없어서 아쉬웠던 기능들이 몇 가지 있었을 것입니다. 특히 〈form〉을 많이 다룬다면 더더욱 많을 것입니다. 예를 들어 jQuery('SELECTOR').readonly( ) 같은 메서드가 있어서 readonly 속성을 추가하거나 제거할 수 있고 상태에 따라 true, false 값을 돌려준다면 얼마나 좋을까요? 이러한 개개인의 생각이 많으므로 이 확장성은 끝없는 편리함을 만들어 줄 수도 있습니다만, 편리를 쫓다 너무 무겁고 효율성 떨어지는 라이브러리가 되지 않도록 확장할 때 주의하셔야 할 것입니다.

```
jQuery.fn.functionName = function(){ ⋯ };


jQuery.fn.extend({
  functionName1 : function(){ ⋯ },
  functionName2 : function(){ ⋯ }
});
```

위 두 구문이 확장하는 방법입니다. 앞서 확장할 때와 방식은 같지만 다른 부분은 fn이라고 하
는 부분입니다. 이러한 방식으로 확장한 내용은 jQuery 객체의 배열을 참조해서 활용할 수가
있습니다.

예제 | 15-18

```
<!DOCTYPE html>
<html>
<head>
<meta charset="UTF-8">
  <title>jQuery 확장하기</title>
  <script src="http://ajax.googleapis.com/ajax/
    libs/jquery/1.5/jquery.min.js"></script>
  <script type="text/javascript">
  $.fn.readonly = function(b) {
    if (b -- undefined) {
      b = true;
    }
    return this.each(function() {
      if (b) {
        $(this).attr("readonly", "readonly");
      } else {
        $(this).removeAttr("readonly");
      }
    });
  };
  </script>
</head>
<body>
  <input id="textInput" />
```

```
<button id="btnSetReadonly" onclick="$('#textInput').readonly(true);">
    readonly 설정</button>
<button id="btnRemoveReadonly"
    onclick="$('#textInput').readonly(false);">readonly 제거</button>
</body>
</html>
```

예제 15-18에서 조금 전에 이야기했던 readonly( ) 메서드를 구현해 보았습니다. 여기서 주의해서 볼 부분은 return this.each(function( ) { ... });입니다. 왜 return 값을 this.each( )로 주느냐인데, 이것은 사실 this.each( ); return this; 구문과 같습니다. 전에 이야기했던 jQuery의 특징 중 하나인 메서드 체인이라는 것이 바로 이런 것을 일컫는 것으로, 자기 자신을 다시 돌려주어 자신을 다시 활용할 수 있도록 하는 것입니다.

즉 this.each( ) 함수를 실행하고 나서 반환되는 return 값은 결국 this이고 이것을 다시 반환하도록 설정하는 것입니다. 또한, 배열 내에 객체를 가진 jQueryObject.each( ) 메서드는 인자로 받은 함수 function( ) { ... } 내에서 this에 jQueryObject[i] 객체를 연결해서 해당 함수 안에서 this란 배열 내에 들어 있는 엘리먼트 등의 객체가 됩니다.

예제 15-18에서 저는 readonly( ) 메서드에 인자가 없을 때 true 값을 갖도록 해두었지만, 일반적인 jQuery 내부의 메서드들과 같은 형식을 갖고자 한다면 인자가 없을 때에는 readonly 상태에 대한 값을 반환하도록 하는 것이 좋습니다. 그래야, jQuery 내부 메서드 사용에 통일성이 깨지지 않겠지요. 앞서도 살펴본 인자가 있으면 인자 값으로 설정하고 인자가 없으면 설정된 값을 반환한다는 규칙입니다. 이 예제를 고쳐보고 필요한 대로 확장해 나간다면 jQuery는 이미 여러분의 것이 되어 있을 것입니다.

제 16 장

정규 표현식과 디버깅

만일 첫 장부터 차례로 글을 읽고 손으로 예제를 코딩해보고 이해를 거듭
해가며 여기까지 오셨다면 지금쯤은 어느 정도 수준의 웹 애플리케이션을 제작할
수 있을 것입니다. 하지만, 좀 더 나은 그리고 좀 더 깔끔한, 그리고 좀 더 구조화
되어 유지보수하기 쉬운 애플리케이션을 만들려면 몇 가지 더 알아 두셔야 할 것들이 있습니다.

물론 이 한 권의 책에서 모든 것을 다룰 수는 없습니다. 이 책에서 다루지 않은 디자인 패턴(디
자인 패턴이라고 해서 포토샵이나 일러스트 같은 디자인을 말하는 것이 아닙니다. 개발 방향이
나 방식에 관한 디자인을 일컫습니다.)이나 개발 방법론에 대한 것 등 수없이 많은 것이 있지만
그런 전문적인 내용을 익히기 전에 알아 두셔야 할 하두 가지를 소개하면서 이 책을 미무리하고
자 합니다.

16.1 정규 표현식

정규식 혹은 정규 표현식(Regular Expression)이라고 불리는 것은 문자열의 특정 패턴을 찾아
검사하거나 특정 패턴에 맞도록 문자나 문자열을 변환하는 것을 말합니다. 가장 많이 사용되는
예로는 strObject.replace('pattern', 'newStr')과 같은 메서드가 있을 것입니다. 특정 정규 표현
식과 일치하는 부분을 새로운 부분으로 치환하여 돌려주는 메서드이죠. 이처럼 문자열 객체가
가진 메서드는 표 16-1처럼 몇 가지가 더 있습니다. 이러한 메서드들은 알아둔다면 필요할 때
굉장히 요긴하게 사용할 수 있습니다.

표 16-1 정규 표현식 문자열 메서드

메서드	설명
`String.match(RegExp)`	표현식과 일치하는 부분을 반환한다
`String.replace(RegExp, replacement)`	표현식과 일치하는 부분을 치환하여 반환한다.
`String.search(RegExp)`	표현식과 일치하는 위치를 반환한다.
`String.split(RegExp)`	표현식과 일치하는 부분으로 구분하여 배열로 반환한다.

그 외에도 정규식은 매우 요긴하게 사용되는데, 예를 들어 〈input〉 엘리먼트를 통해 입력받은 데이터가 ' 가나다 '라고 했을 때 앞뒤로 있는 공백 때문에 '가나다' == ' 가나다 '라는 수식은 false의 결과를 나타내게 될 것입니다. 이때 자바와 같은 다른 프로그래밍 언어들은 trim( )같은 함수를 사용하여 간단히 문제를 해결할 수 있지만, 자바스크립트는 이러한 함수가 없으므로 별도로 만들어서 써야 합니다. 물론 앞서 다루었던 jQuery와 같은 라이브러리에서는 공백을 없애는 jQuery.trim( )과 같은 메서드를 제공하지만, 항상 라이브러리를 사용하는 것은 아니므로 정규식을 통해 직접 만들어서 사용해야 하는 경우가 종종 생깁니다. 그 외에도 split( )와 같이 정규식을 사용하는 메서드는 여러분의 개발을 굉장히 편하게 해줄 것입니다.

▌정규 표현식 사용하기 ^{16.1.1}

정규 표현식을 사용하려면 먼저 정규식 패턴 객체를 생성해야 합니다. 이 패턴(Pattern) 객체를 통해 정규 표현식과 문자열을 비교해야 하기 때문입니다.

```
var pattern = new RegExp('pattern', 'flags');

var pattern = /pattern/flags;
```

패턴 객체를 생성하려면 위 두 구문과 같은 방법으로 만들어야 하는데, 이를 위해선 우선 위 구문에서 사용된 패턴(pattern)과 플래그(flags)가 무엇인지, 어떤 역할을 하는지를 알아야 합니다. 그래야 내가 원하는 패턴을 만들어 필요한 곳에 사용할 수 있으니까요.

패턴

이 패턴은 기본적인 문자열부터 시작합니다. 'abc'라는 문자열만으로도 하나의 패턴이 됩니다. 'abc'와 일치하는 'abc'라는 문자열을 찾을 수 있는 것입니다. 'abcdefg'.replace(/abc/, '에이비씨')를 실행했을 때 결과물로 '에이비씨defg'라는 문자열을 얻을 수 있습니다. 이처럼 일반적으로 사용되는 문자 외에 특별한 의미가 있는 문자들이 있습니다.

표 16-2 정규 표현식 패턴

패턴	의미
\	\ 다음에 나오는 특수문자를 문자열로 인식한다. 가령, /라는 특수문자는 일반적으로 프로그램에서 나누기로 인식하게 되어 있다. 이것을 나누기가 아닌 그냥 문자열 /로 인식시키려면 \/로 써주면 된다.
^	줄의 처음과 패턴이 일치한다. 가령 ^A라고 써주면 검색하고자 하는 문장의 시작 문자가 A인지를 검사하는 것이다.
$	줄의 끝과 패턴이 일치한다. 가령 A$라고 써주면 검색하고자 하는 문장의 마지막 문자가 A인지를 검사하는 것이다.
*	0개 이상의 문자와 일치한다(모든 것이라는 의미).
+	1개 이상의 문자와 매치, {1,}와 같은 의미이다.
?	0 또는 1개의 문자를 의미한다. 즉, A?b라면 A라는 문자와 b라는 문자 사이에 문자가 0개 또는 1개 가 들어갈 수 있다는 뜻이다. (예: Ab, Aab, Acb 등)
.	1개의 문자와 일치한나.
( )	한 번 패턴 검색을 수행한 다음 그 결과를 기억한다. /(foo)/는 foo라는 단어를 검색한 다음 그 단어를 배열 등과 같은 저장 장소에 남겨두어 나중에 다시 호출할 수 있도록 한다.
|	OR 연산자이다.
{n}	n 개의 문자이다. (예: a{2} 는 a 문자 두 개, 즉, aa를 의미한다.)
{n,}	n 개 이상의 문자이다.
{n,m}	n 개 이상 m 개 이하의 문자이다.
[xyz]	문자 세트를 의미한다. 가령, [a-z]라면 a부터 z까지의 모든 문자와 매치하는 것으로, [ ]안이 -는 범위를 나타낸다.
[^xyz]	네거티브(-) 문자 세트이다.
[\b]	백스페이스와 일치한다.
\b	단어의 시작 또는 끝에서 빈 문자열과 일치한다.
\B	단어의 시작 또는 끝이 아닌 곳에서의 빈 문자열괴 일치한다.
\cX	control 문자와 일치한다.
\d	0부터 9까지의 아라비아 숫자와 매치. [0-9]과 같은 의미이다.
\f	폼 피드(Form Feed)와 일치한다.
\n	라인 피드(Line Feed)와 일치한다.
\r	캐리지 리턴과 일치한다.

→ 다음 페이지에 계속

← 전 페이지에 이어

패턴	의미
\s	화이트 스페이스 문자(공백 문자)와 일치합니다. [\t\n\r\f\v]과 같은 의미이다.
\S	\s가 아닌 문자들과 일치합니다. [^ \t\n\r\f\v]과 같은 의미이다.
\t	탭을 의미한다.
\v	수직 탭을 의미한다.
\w	w는 문자가 아닌 0, 1, 2, 3, … 등과 같은 숫자를 의미한다.
\W	W는 문자가 아닌 요소, 즉 % 등과 같은 특수 문자를 의미한다.
\n	n은 마지막 일치하는 문장이다.
\ooctal \xhex	8(octal)진수, 10(hex)진수 값이다.

표 16-2와 같은 특수한 문자를 이용하면 여러분이 원하는 문자열의 구성 패턴을 만들어 비교하고 찾을 수 있습니다. 이때 대소문자 구분이 있다는 것에 주의하세요. 앞서 이야기했던 String.trim( )이란 메서드(함수)를 다음과 같이 만들어 보았습니다.

예제

```
function trim(str){
   return str.replace(/^\s*/,'').replace(/\s*$/, '');
}

String.prototype.trim = function() {
   return this.replace(/^\s*/, '').replace(/\s*$/, '');
}
```

이 예제에서는 String.replace( ) 함수와 정규 표현식을 이용해 trim( ) 함수를 구현해본 것입니다. 두 개의 패턴 /^\s*/과 /\s*$/를 해석해 보면 각각 다음과 같은 의미가 됩니다.

- **/^\s*/ 패턴**   ^ 문자열이 시작하는 지점이고 \s 공백 문자 * 몇 개든 일치하는 것들을 " 공백 없는 빈 문자열로 변환합니다.

- **/\s*$/ 패턴** \s 공백 문자 * 몇 개든 일치하는 것들이고 $ 문자열이 끝나는 지점을 " 공백 없는 빈 문자열로 변환합니다.

조금 이해가 가시나요? 아직은 어렵게 느껴지실 것입니다. 그럼 조금 더 이해하기 쉽도록 다시 한 번 설명해보도록 하겠습니다.

패턴 /^AAA/는 문자열이 시작하는 지점(^)에 AAA 문자가 있다면이라는 의미입니다. 즉 'AABB'는 해당 사항이 없고 'BAAABB'도 해당 사항이 없습니다. 'AAABB'처럼 문자열 시작과 동시에 AAA 문자열이 나오는 것만 해당하는 것입니다. 조금 바꿔서 /^A*/ 패턴이라면 'AABB'도 해당합니다. 물론 'AAABB'도 해당합니다. * 문자는 바로 앞의 패턴이 몇 번이든 해당한다면 그렇지 않을 때까지 모두 일치하는 것으로 간주한다는 의미입니다. 뒤에 나오는 유용한 정규식 패턴들을 보면서 해석해 보신다면 확실히 이해하실 수 있을 것입니다.

플래그

플래그라는 것은 일종의 패턴의 옵션이라고 볼 수 있습니다. 여기에는 세 가지 종류가 있는데 그것은 다음과 같습니다.

표 16-3 플래그

플래그	설명
g	패턴에 일치하는 문자를 찾은 다음 멈추지 않고 계속 전체를 모두 비교한다.
i	대소문자를 가리지 않고 비교한다.
m	여러 줄에 걸쳐 비교한다

흔히 자바와 같은 다른 프로그래밍 언어를 다루어본 분들이 가지는 의문 중의 하나가 왜 자바스 크립트에는 replaceAll( ) 같은 메서드가 없을까라는 것입니다. 자바와 같은 프로그래밍 언어에 서 replace( ) 메서드와 replaceAll( ) 메서드가 다른 점은 replace( ) 메서드는 일치하는 것을 만 나면 한 번만 바꾸고 끝나지만 replaceAll( ) 메서드는 문자열의 끝까지 일치하는 패턴을 검색해 서 모두 바꾸어준다는 것입니다. 자바스크립트에서는 플래그를 지정하는 방식으로 이를 구현할 수 있습니다.

```javascript
function replaceAll(str, strPattern, replacement) {
  var pattern = new RegExp(strPattern, 'g');
  return str.replace(pattern, replacement);
}
String.prototype.replaceAll(strPattern, replacement) {
  var pattern = new RegExp(strPattern, 'g');
  return this.replace(pattern, replacement);
}
```

앞의 예제에서 구현한 replaceAll( ) 메서드는 다음과 같이 다른 방식으로도 구현할 수 있습니다.


```javascript
function replaceAll(str, strPattern, replacement) {
  var array = str.split(strPattern);
  return array.join(replacement);
}
String.prototype.replaceAll(strPattern, replacement) {
  var array = this.split(strPattern);
  return array.join(replacement);
}
```

앞의 두 예제는 같은 결과가 나오지만 작동하는 방식은 전혀 다릅니다. 기본적인 replace( ) 메
서드를 사용하느냐 split( ) 메서드를 통해 배열로 만들고 join( ) 메서드를 통해 배열을 다시 합
치느냐 하는 점에서 차이가 있는 것입니다. 실제로 옛 버전의 인터넷 익스플로러의 경우를 제외
하고는 두 번째 예제가 훨씬 더 좋은 성능을 발휘합니다. 단 이 뒤에 나올 대체 문자를 쓸 일이
없을 때만 사용할 수 있다는 단점이 있습니다. 대체 문자에 대해서는 뒤에서 자세히 다루도록
하겠습니다.

이처럼 정규식에 플래그를 삽입할 때는 성능이나 작동에 대해 깊이 생각해볼 필요가 있습니다.

RegExp 객체의 메서드

정규 표현식에서 사용하는 메서드에는 다음과 같이 두 가지가 있습니다.

표 16-4 정규 표현식 메서드

메서드	설명
test( )	정규식과 일치하는 문자열이 있으면 true, 없으면 false를 반환한다.
exec( )	정규식과 일치하는 문자열을 반환한다.

다음 예제와 같이 간단하게 이용할 수 있습니다.

예제

```
var pattern = /[0-9]*/;
var str = 'aaabbccc101';
if (pattern.test(str)) {
   alert('숫자 (' + pattern.exec() + ')가 포함되어 있습니다.')
}
```

대체 문자

정규 표현식을 사용하는 String 객체의 함수를 사용하다 보면 지정한 패턴과 일치하는 문자열을 바꾸지 않고 그대로 사용하고자 할 때가 있습니다. 이때 다음 표와 같은 방식으로 패턴과 일치하는 문자를 그대로 받아 사용할 수 있습니다.

표 16-5 대체 문자

형식	설명
$&	일치하는 문자열이다.
$`	일치하는 문자열의 앞부분 문자열이나.
$'	일치하는 문자열의 뒷부분 문자열이다.
$1 ~ $9	일치하는 첫 번째 문자열부터 9번째 문자열이다.

이를 활용하면 여러 가지 활용하기 좋은 기능을 만들어 사용할 수 있습니다. 우선 간단히 일치하는 부분을 찾아 이를 활용하는 방법을 보겠습니다.

예제 | 16-1

```
<!DOCTYPE html>
<html>
<head>
<meta charset="UTF-8">
<title>정규 표현식(RegExp)</title>
<script type="text/javascript">
  window.onload = function(){
    var el = document.getElementById('content');
    var html = el.innerHTML;
    el.innerHTML = html.replace(/[0-9]절/g, '<b>$&</b>');
  }
</script>
</head>
<body>
<h1>애국가</h1>
<div id="content">
  1절<br />
  동해 물과 백두산이 마르고 닳도록 하느님이 보우하사 우리나라 만세 <br />
  무궁화 삼천리 화려강산 대한 사람 대한으로 길이 보전하세<br />
  <br />
  2절<br />
  남산 위에 저 소나무 철갑을 두른 듯 바람서리 불변함은 우리 기상일세<br />
  무궁화 삼천리 화려강산 대한 사람 대한으로 길이 보전하세<br />
  <br />
  3절<br />
  가을 하늘 공활한데 높고 구름 없이, 밝은 달은 우리 가슴 일편단심일세<br />
  무궁화 삼천리 화려강산 대한 사람 대한으로 길이 보전하세<br />
  <br />
  4절<br />
  이 기상과 이 맘으로 충성을 다하여 괴로우나 즐거우나 나라 사랑하세<br />
  무궁화 삼천리 화려강산 대한 사람 대한으로 길이 보전하세<br />
</div>
</body>
</html>
```

예제 16-1의 경우는 '1절', '2절', '3절'과 같은 /[0-9]절/ 패턴에 일치하는 부분을 〈b〉 태그로 감싸 보았습니다. 이 외에도 수많은 적용 사례를 만들 수 있으니 여러분도 한번 찾아보시기 바랍니다.

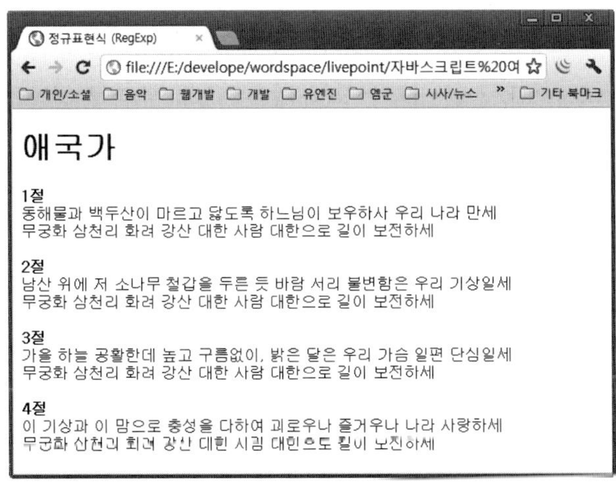

그림 16-1 일치하는 문자열 찾기

: 유용한 정규식 패턴 ^{16.1.2}

정규식을 사용하다 보면 특수한 경우를 제외하고는 대부분 사용되는 부분이 몇 가지로 제한적입니다. 그래서 많이 사용되는 패턴들과 함수를 정리해보았습니다.

【전자우편 주소】

```
/^[ㄱ ㄱA-9_ㅣ.-]ㅣ@([a-z0 9 ]+\.)ㅣ[a-z0-9]{2,4}$/
```

【URL】

```
/^(file|gopher|news|nntp|telnet|https?|ftps?|sftp):\/\/([a-z0-9-
]+\.)+[a-z0-9]{2,4}.*$/
```

【HTML 태그】

```
/\<(/?[^\>]+)\>/
```

【전화번호(123-123-2344 혹은 123-1234-1234)】

```
/(\d{3}).*(\d{3}).*(\d{4})/
```

【날짜(3/28/2007 혹은 3/28/07)】

```
/^\d{1,2}\/\d{1,2}\/\d{2,4}$/
```

【jpg, gif 또는 png 확장자를 가진 그림 파일명】

```
/([^\s]+(?=\.(jpg|gif|png))\.\2)/
```

【1부터 50 사이의 번호(1과 50 포함)】

```
/^[1-9]{1}$|^[1-4]{1}[0-9]{1}$|^50$/
```

【16진수로 된 색깔 번호】

```
/#?([A-Fa-f0-9]){3}(([A-Fa-f0-9]){3})?/
```

【적어도 소문자 하나, 대문자 하나, 숫자 하나가 포함된 문자열(8글자 이상 15글자 이하)】

올바른 암호 형식 등을 확인할 때 사용할 수 있습니다.

```
/(?=.*\d)(?=.*[a-z])(?=.*[A-Z]).{8,15}/
```

앞의 예들은 사용자의 입력을 받고 회원 가입과 같은 폼을 작업하는 데 주로 많이 사용하는 정규식 패턴들입니다. 그리고 예제 16-2 stringFunctions.js는 가장 흔하고 많이 사용되는, String 데이터의 정규식을 통한 유용한 확장 함수를 구현한 것입니다. 정규식을 더 유연하게 사용하길 원하시면 직접 해석해보고 만들어보는 수밖에 없습니다. 정규식에 나오는 특수 문자들을 보고 패턴을 이해할 수 있게 된다면 쉽게 읽고 쓰실 수 있게 될 것입니다. 각 확장 함수의 자세한 내용은 프리렉 홈페이지 자료실에 있는 stringFunctions.js 파일을 참고하시기 바랍니다.

예제 | 16-2 stringFunctions.js

```javascript
(function(){
  /**
    * 문자열 오른쪽, 왼쪽 공백 제거
    * @return : String
    */
  String.prototype.trim = function() {
    return this.replace(/(^\s*)|(\s*$)/g, "");
  };
/* ~ 중략 ~ */
  /**
    * 숫자만 추출해서 반환
    * @return : String
    */
  String.prototype.abstractNum = function() {
    return (this.trim().replace(/[^0-9]/g, ""));
  };
/* ~ 중략 ~ */
  /**
    * 특수문자 변환
    * 큰따옴표(") -> &#34;
    * 작은따옴표(') -> &#39;
    * @return : String
    */
  String.prototype.quota = function() {
    return this.replace(/"/g, "&#34;").replace(/'/g, "&#39;");
  };
/* ~ 중략 ~ */
  /*--------- 긱슝 체느 암수늘 --------*/
  /**
    * 정규식에 쓰이는 득수문사를 찾아서 이스케이프한다(예외처리한다).
    * @return : String
    */
  String.prototype.meta = function() {
    var str = this;
    var result = "";
    for ( var i = 0; i < str.length; i++) {
      if ((/([\$\(\)\*\+\.\[\]\?\\\^\{\}\|]{1})/).test(str.charAt(i)))
{
```

```javascript
            result += str.charAt(i).replace(
                (/([\$\(\)\*\+\.\[\]\?\\\^\{\}\|]{1})/), "\\$1");
        } else {
            result += str.charAt(i);
        }
    }
    return result;
};
/* ~ 중략 ~ */
    /**
     * 한글 체크 - arguments[0] : 추가 허용할 문자들
     * @return : boolean
     */
    String.prototype.isKor = function() {
        return (/^[가- ]+$/).test(this.remove(arguments[0])) ? true : false;
    };
/* ~ 중략 ~ */
    /**
     * 이메일의 유효성을 체크
     * @return : boolean
     */
    String.prototype.isEmail = function() {
        return (/\w+([-+.]\w+)*@\w+([-.]\w+)*\.[a-zA-Z]{2,4}$/).
            test(this.trim());
    };

    /**
     * 전화번호 체크 - arguments[0] : 전화번호 구분자
     * @return : boolean
     */
    String.prototype.isPhone = function() {
        var arg = arguments[0] ? arguments[0] : "";
        return eval("(/(02|0[3-9]{1}[0-9]{1})" + arg + "[1-9]{1}[0-9]{2,3}" + arg
            + "[0-9]{4}$/).test(this)");
    };
/* ~ 중략 ~ */
})();
```

16.2 디버깅

프로그램이 좋은 구조를 갖는 것이 중요한 것은 프로그램의 성능과 관련된 것이기도 하지만 업그레이드를 하거나 오류가 나타났을 때 빠르게 오류를 찾고 고치는 등의 유지보수와도 관련이 있습니다. 좋은 구조라면 프로그램 전체를 뜯어보지 않고 관련된 부분만 찾아보고 문제를 해결할 수 있기 때문입니다.

그러나 좋은 구조라 하더라도 오류가 발생했을 때 정확히 어느 부분에서 어떤 오류가 일어났는지 정확히 알 수 없을 때가 잦습니다. 그럼에도, 좋은 구조라면 오류의 발생 지점의 범위를 줄일 수 있으므로 더 빠르게 오류를 찾아낼 수 있습니다.

이렇게 오류를 찾아내고 고치고자 어떤 객체가 어떤 데이터를 가졌는지를 찾는 방법은 여러 가지가 있습니다. 예전에는 의심되는 부분의 데이터를 alert( ) 메시드 등으로 확인하고는 했었습니다. 하지만, 이제는 여러 가지 좋은 방법들이 제공되고 있기 때문에 더 효율적이고 빠르게 찾아 고칠 수가 있게 되었으니 참 좋은 세상이 되었습니다.

▪ 어떤 웹 브라우저를 기준으로 할 것인가? 16.2.1

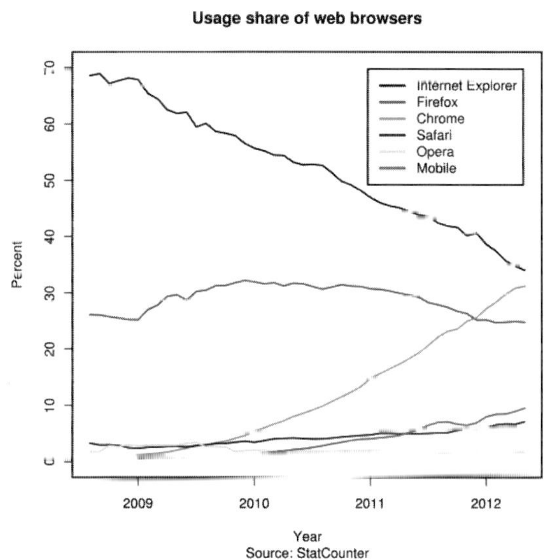

그림 16-2 웹 브라우저 점유율 추이

그림 16-2 그래프는 미국의 StatCounter에서 집계한, 2008년부터 최근까지의 웹 브라우저 세계 시장 점유율 추이입니다. 그동안 70% 가까운 시장 점유율을 보인 마이크로소프트사의 인터넷 익스플로러 웹 브라우저가 이제 가파른 내림세를 그리고 있음을 알 수 있습니다. 과거 인터넷 익스플로러가 빠르게 성장할 수 있었던 이유에는 여러 가지가 있겠으나 가장 큰 이유는 마이크로소프트 윈도우 운영체제에 기본으로 설치되어 있어 따로 설치할 필요가 없어 접근성이 좋았기 때문인듯합니다. 그러나 그 높은 점유율을 이유로 ActiveX같은, 다른 브라우저에서는 접근할 수 없는 자기들만의 프로그램을 설치해서 사용하게 하고 HTML 혹은 자바스크립트 표준도 따르지 않는 등의 이유로 점점 내림세를 그리기 시작한 것이 아닌가 합니다. 게다가 브라우저를 업그레이드하려면 윈도우도 함께 업그레이드해야 한다는 단점 때문에 더욱 사용자에게서 멀어지게 된 것으로 보고 있습니다.

그래서 사람들은 다른 브라우저를 찾았습니다. 파이어폭스나 오페라 사파리 같은 프로그램들을 찾아서 사용하기 시작하는데 초창기에는 파이어폭스가 상당히 인기 있었습니다. 그러다 구글에서 크롬 브라우저를 개발했습니다. 구글팀에서 빠른 업데이트와 성능, 그리고 웹 표준의 지원을 무기로 가파르게 성장하게 되었고, 이제는 인터넷을 사용하는 사람 중에 크롬을 모르는 사람이 없을 정도가 되었습니다. 이제 대세는 크롬 브라우저라고까지 말하는 사람도 있습니다. 이러한 브라우저 점유율 변화에 대해 나름대로 추측해본 몇 가지 이유는 다음과 같습니다.

- 구동이 빠르다.

- 판올림(업데이트)이 빠르다.

- 시스템에 해를 주는 악성 코드의 위험이 적다.

- 웹 표준 지원이 좋다.

- 개발자를 위한 기능이 탁월하다.

기존의 다른 브라우저 제조사들은 업데이트 한 번에 몇 개월에서 몇 년이 걸리고는 했었지만, 크롬 브라우저는 2주 혹은 한 달 주기로 지속적인 업데이트를 진행하며 사용자들의 요구를 빠르게 수용했습니다. 그리고 브라우저를 최초 실행했을 때 브라우저가 나타나는 속도는 인터넷 익스플로러는 물론이고 파이어폭스와도 비교할 수 없었습니다. 물론 시스템마다 어느 정도 차이는 있을 것입니다. 특히 개발자들에게 환영을 받았던 부분인 적극적인 웹 표준 지원과

HTML5의 구동 속도 향상과 같은 점들이 더욱 매력적으로 다가왔고 개발자 도구 또한 아주 유용하게 사용할 수 있습니다.

하지만, 사실 아직 국내에서는 인터넷 익스플로러 환경을 완전히 무시할 수는 없습니다. 흔한 예로 현재 인터넷 뱅킹을 하려면 인터넷 익스플로러의 ActiveX 없이는 보안 문제를 해결할 수 없는 환경 때문입니다. 몇몇 은행들이 크롬이나 파이어폭스 등을 지원하는 오픈뱅킹 서비스를 제공하고 있지만, 비밀번호 발생기(OTP)를 사용해야 하는 등 아직은 약간의 제한이 있는 상황입니다. 저도 크롬을 주 브라우저로 사용하지만, 인터넷으로 금융 서비스를 이용하려면 인터넷 익스플로러를 사용할 수밖에 없는 실정입니다. 가끔 스마트폰을 이용하기도 하지만요.

그럼 이쯤에서 우리는 과연 어떤 브라우저를 기준으로 해야 할지를 고민해 볼 필요가 있습니다. 그에 대한 대답은 당연하게도 모든 브라우저에서 작동하도록 해야 한다는 것입니다. 특히 모바일 환경이 아닌 PC에서 보이는 웹 애플리케이션이라면 더더욱 그렇고 모바일이라면 몇몇 가지로 제한할 수 있습니다. 다만, 예외로 인터넷 뱅킹과 같이 특정한 브라우저에서만 구동되는 웹 애플리케이션을 개발한다면 그럴 필요는 없을 것입니다.

이처럼 우리가 개발할 웹 애플리케이션이 어디에서 구동될 것인지를 생각하는 것도 매우 중요한 일입니다. 모든 브라우저를 기준으로 한다면 하나의 개발용 브라우저를 두고 나머지 브라우저를 통해 모니터링하는 방법을 택하면 될 것입니다. 그렇게 선택한 브라우저는 여러분에게 개발 도구를 지원해 주고 있기 때문에 이를 활용한다면 더욱 쉽게 개발할 수 있을 것입니다.

각 브라우저가 지원하는 개발 도구는 크롬이나 인터넷 익스플로러나 파이어폭스 모두 비슷합니다. 기능들 또한 비슷합니다. 브라우저별로 특성이 없지는 않지만, 어느 브라우저에 익숙해졌나 하는 정도의 차이일 것입니다. 사실 살펴보는 방식도 큰 차이는 없으므로 이것저것 모두 반드시보다는 하나의 브라우저에 우선 익숙해지고 나면 다른 브라우저를 사용해도 그게 어려움이 없을 것입니다.

어떤 브라우저를 선택하시든 자신에게 가장 편한 브라우저를 선택하시면 됩니다. 단 웹 애플리케이션을 만들고 테스트할 때 PC 웹 애플리케이션이라면 최소한 인터넷 익스플로러, 파이어폭스, 크롬 이렇게 세 개는 반드시 테스트하셔야 합니다. 아울러 모바일 웹 애플리케이션이라면 각각의 모바일 에뮬레이터를 검색하고 내려받아 설치한 다음 테스트하시거나 직접 해당 모바일 기기로 테스트하셔야 합니다.

█ 웹 브라우저의 디버깅 도구 ^{16.2.2}

이제 본격적으로 직접 디버깅 도구(Debugging Tool)를 실행해보도록 합니다. 여기서는 그림 16-3과 같은 크롬 브라우저를 기준으로 설명하겠습니다.

그림 16-3 크롬 정보

우선 웹 브라우저에서 오류 판정을 한 것이 있는지 있다면 어떤 부분에서 왜 했는지에 대한 정보를 간단히 살펴볼 수가 있습니다. 실제 브라우저를 실행해서 앞서 5장에서 만든 '타격게임 시뮬레이션(예제 5-3)'을 실행시켜 보세요. 그러면 그림 16-4와 같은 화면이 나타날 것입니다. 여기서부터 개발자 도구를 실행시키는 법입니다.

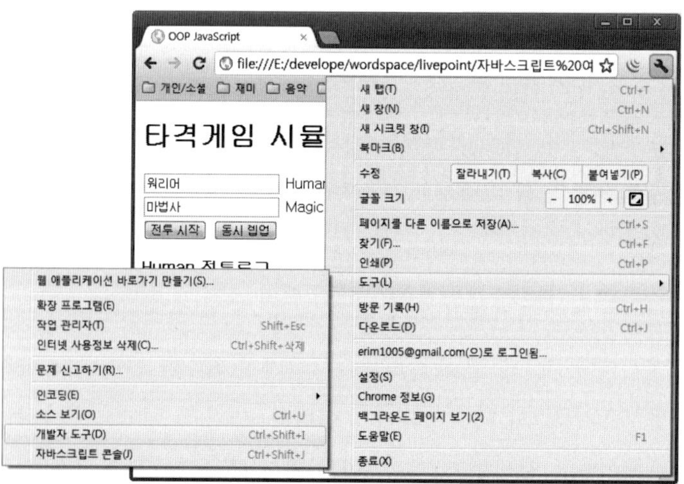

그림 16-4 개발자 도구 실행

맨 위의 주소 표시줄 옆의 〈도구〉 아이콘(🔧) → [도구(L)] → [개발자 도구(L)] 순서로 클릭하여 실행합니다. 혹은 그냥 F12 단축 키를 눌러도 개발자 도구를 실행할 수 있습니다. 실행된 모습은 그림 16-5처럼 브라우저 아래에 창이 나타나거나 그림 16-6와 같은 새 창이 생성되어 나타날 것입니다.

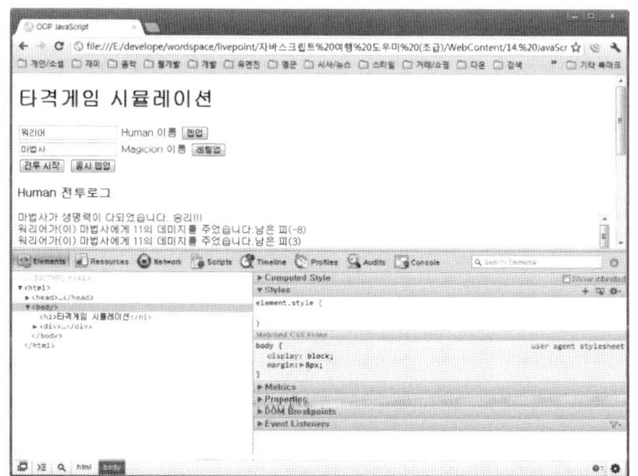

그림 16-5 개발자 도구

그림 16-6 개발자 도구 분리

이렇게 나타난 창의 오른쪽 가장 하단에 빨간 동그라미 ×(●)와 1이라는 숫자가 보이시죠? 빨간 동그라미 ×는 알림의 종류를 나타내고 1은 알림의 개수를 나타내는 것입니다. 이때 무엇을 일리고자 하는지 확인하려면 클릭해보면 됩니다.

클릭해서 확인하면 그림 16-7처럼 디버깅 도구 아래에 새로운 창이 또 나타납니다. 거기에는 어떤 알림인지 그리고 어디서 발생한 알림인지 친절하게 위치까지 보여주고 있습니다. 5-3.html : 39라는 밑줄이 그어진 글자는 5-3.html 문서의 39번 줄에서 발생했다는 표시입니다. 다시 밑줄이 그어져 있는 위치를 클릭하면 해당 위치로 바로 이동할 수 있습니다. 이때 알림의 종류에는 그림 16-7의 아래쪽에서 보는 것처럼 세 가지가 있습니다

그림 16-7 에러 확인

표 16-6 알림 종류

알림	설명
Errors	오류로, 빨간 동그라미에 ×가 나타난다.
Warnings	잠재적 오류의 가능성을 나타내고 노란색 삼각형에 느낌표 모양이 나타난다.
Logs	아무 모양이 없고 문자만 있다. 이는 개발자가 console.log( ) 메서드를 통해 남긴 것이다.

이러한 알림 기능 때문에 요즘 웹 애플리케이션 개발자들은 alert( ) 메서드 대신 console.log( ) 메서드를 많이 사용하고 있습니다.

그림 16-8 개발자 도구 메뉴

그럼 이제 개발자 도구의 가장 상단에 있는 그림 16-8의 메뉴들이 어떤 메뉴들인지 확인해보도록 하겠습니다.

[Elements]

메뉴의 아이콘 그림을 보니 대충 감이 잡히시나요? 〈 〉 모양은 태그 엘리먼트를 표현하는 그림입니다. 태그가 〈tagName〉의 모양을 갖고 있기 때문인가 봅니다.

해당 메뉴로 들어가면 앞서 그림에서 보았듯이 왼쪽에는 HTML 엘리먼트의 내용이 나오고 오른쪽에는 왼쪽에서 선택된 엘리먼트의 자세한 속성을 볼 수 있습니다. 이 메뉴는 주로 웹 디자이너, 그리고 웹 애플리케이션 개발자와 웹 퍼블리셔 혹은 코더라 불리는 HTML 코딩 전문가들이 많이 사용하게 됩니다. 현재 엘리먼트에 어떤 속성이 적용되어 있는지 보는 것은 웹 화면에 해당 엘리먼트가 어떻게 표현되고 있는지 보는 데 있어서 무척 중요하기 때문입니다. 그리고 보이는 부분에 대한 것만 나타나는 것이 아니라 해당 엘리먼트에 적용된 이벤트와 같이 눈으로 볼 수 없는 것들도 확인할 수 있습니다.

왼쪽에서 선택한 정보를 볼 수 있는 오른쪽의 내용은 표 16-7과 같습니다. 이때 왼쪽 창에서 직접 소스 코드 내용을 수정해보면서 살펴볼 수도 있지만, 오른쪽 창에 세세한 내용을 추가하거나 특정 부분을 삭제해보면서 어떻게 변경되는지를 가늠해볼 수도 있습니다.

그림 16-9 [Elements] 메뉴

표 16-7 [Elements] 메뉴의 오른쪽 정보 창

메뉴	설명
Computed Style	선택된 엘리먼트에 적용된 스타일 목록을 보여준다.
Styles	선택된 엘리먼트가 영향을 받을 수 있는 모든 스타일 목록을 보여준다. 덮어 쓰이거나 하는 이유로 적용되지 못한 스타일은 취소 선이 그어져 있다.
Metrics	선택된 엘리먼트의 크기에 관련된 정보를 보여준다. padding, border, margin 정보도 여기에 포함된다.

→ 다음 페이지에 계속

← 전 페이지에 이어

메뉴	설명
Properties	선택된 엘리먼트의 속성과 사용할 수 있는 함수를 보여준다. 여기에는 어떤 틀(Class, Definition)을 상속받았는지와 해당 틀의 정보도 나타난다.
DOM Breakpoints	DOM 내용이 변경될 때 해당 정보를 살펴볼 수 있도록 멈춤(break)을 설정한 위치(point) 정보를 보여준다.
Event Listeners	선택된 엘리먼트에 등록된 이벤트 리스너(Event Listener)의 정보를 보여준다.

[Resources]

현재의 HTML 문서가 사용하는 자원들의 현황을 보여줍니다. 여기에는 .js 파일이나 .css 파일, 문서 내에서 사용되는 이미지 파일들처럼 문서 내부가 아닌 외부에서 끌어와 사용하는 모든 자원과 상태가 표시됩니다.

[Network]

HTML 문서 내부에서 외부의 자원을 사용하기 위해 보낸 요청에 대한 내용을 나타냅니다. 이때 나타나는 항목은 표 16-8과 같습니다.

표 16-8 [Network] 메뉴의 오른쪽 정보 창

정보 제목	정보 내용
Name	요청한 파일 이름(URL 정보)이다.
Method	요청 방식이다.
Status	요청에 대한 결과 상태이다.
Type	요청한 파일의 종류를 나타낸다.
Initiator	요청을 시도한 파일의 위치를 나타낸다.
Size	요청한 파일의 크기이다.
Time	요청에 대한 응답이 올 때까지의 시간이다.
Timeline	응답 시간을 그래프로 보여준다.

이 내용은 후에 웹 애플리케이션의 성능에서 매우 중요한 자료가 됩니다. 이 때문에 어떤 파일이 어느 위치에 있을 때 빠른지 어떤 방식으로 요청하는 것이 좋은지 시간이 될 때마다 한 번씩 살펴보고 수정할 필요가 있습니다.

[Scripts]

스크립트의 내용과 디버깅에 필요한 도구와 정보를 제공합니다. 이에 대해서는 뒤에서 조금 더 자세히 다루어 보기로 합니다.

[Timeline]

현재 문서에서 엘리먼트를 문서에 표현하고 문서에서 스크립트를 처리하고 문서와 문서에 필요한 자원들을 로딩하는 데 걸리는 시간과 메모리를 그래프로 보여줍니다. 이 또한 웹 애플리케이션의 성능을 측정하고 향상시키는 데 매우 중요한 자료가 되므로 자주 보고 비교할 필요가 있습니다.

[Profiles]

웹 페이지를 분석하고 그 결과를 제공합니다. 이 메뉴가 가장 많이 사용되는 때는 갑자기 웹 애플리케이션이 느려지거나 메모리를 많이 차지할 때 어느 부분이 가장 무거운지 비교하고 확인해서 특정 스크립트나 자원 등을 적절히 사용하고 있는지 혹시 어딘가에서 잘못된 코드 때문에 메모리 누수가 나타나거나 무한 루프 등으로 무거워지고 있지는 않은지 확인하고자 할 때입니다.

[Audits]

적합성 검사입니다. 사용되지 않는 자원이나 소스 코드가 있는지 있다면 어디에서 얼마나 있는지, 또한 스크립트나 CSS가 얼마나 사용되고 있는지 등에 관련한 정보를 제공하고 있습니다. 얼마나 재사용을 잘 할 수 있는 코드를 만들고 잘 활용하고 있는지 확인해주고 해당 결과를 분석해 제공합니다.

[Console]

콘솔 창입니다. 앞서 알림을 확인할 때 나왔던 창과도 같습니다. 오류나 오류 위험이 있는 부분 그리고 console.log( ) 메서드를 통해 확인한 로그 내용이 여기에 남게 됩니다.

▦ 스크립트 디버깅 16.2.3

아무리 잘 만든 프로그램이라 하더라도 오류가 없다고 절대 보장할 수 없습니다. 개발자의 사소한 실수 탓에, 그리고 웹 브라우저와 같은 플랫폼의 버그 때문에, 또는 네트워크 상태에 의해 수많은 요인에 의해 오류는 발생하기 때문입니다.

이렇게 오류가 발생했을 때 빠르게 오류가 발생한 부분을 찾아 원인을 분석하고 대처 방법을 생각해 내야 합니다. 특히 인터넷으로 서비스되는 웹 애플리케이션은 단 1분 만에도 몇만 명의 사용자들이 오류를 겪게 되기도 합니다. 이렇게 오류를 접한 사용자 중 상당수의 사람은 해당 애플리케이션에 대해 나쁜 인상을 받을 수 있습니다.

이렇게 발생한 오류의 원인은 상당수가 자바스크립트로 말미암은 것이므로 이 오류를 빠르게 찾아내고 원인을 분석하기 위해 가장 중요한 것이 바로 개발자 도구의 [Scripts] 메뉴입니다. 자바스크립트 개발의 전문가가 되고 싶다면 반드시 개발자 도구의 스크립트 메뉴를 최대한 자주 접하고 이것저것 눌러보고 이용해 보아서 익숙하게 다룰 수 있어야 합니다. 괜찮으니까 아무거나 막 눌러보고 만져보세요. 장담하건대 폭발하지 않습니다.

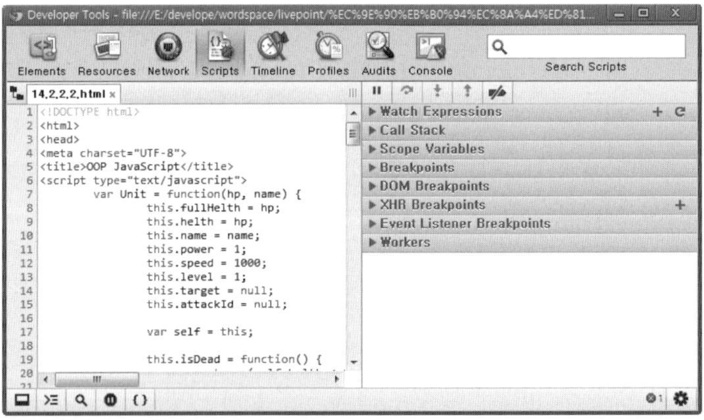

그림 16-10 스크립트 메뉴

그림 16-10이 바로 [Scripts] 메뉴의 모습입니다. [Elements] 메뉴와 상당히 비슷한 모습입니다.

중단점(Breakpoint)

스크립트가 실행되다가 중단점이 설정된 곳에 다다르게 되면 더는 실행하지 않고 멈추게 됩니다. 이렇게 중단점을 설정하는 이유는 해당 위치의 스크립트를 실행할 때 어떤 객체가 어떤 데이터를 가졌는지 확인하여 이상 없이 실행되는지 확인하기 위함입니다. 중단점은 여러 개를 설정할 수 있으며 설정된 중단점은 오른쪽 창의 [Breakpoints] 메뉴에 목록으로 나타나게 됩니다. 또 목록의 아이템을 클릭하면 왼쪽 코드 창의 해당 위치로 바로 이동하기 때문에 매우 편리합니다.

중단점을 설정하는 방법은 매우 간단합니다. 왼쪽 코드 부분의 줄 번호를 클릭하는 것으로 중단점을 설정하고 해제할 수 있습니다.

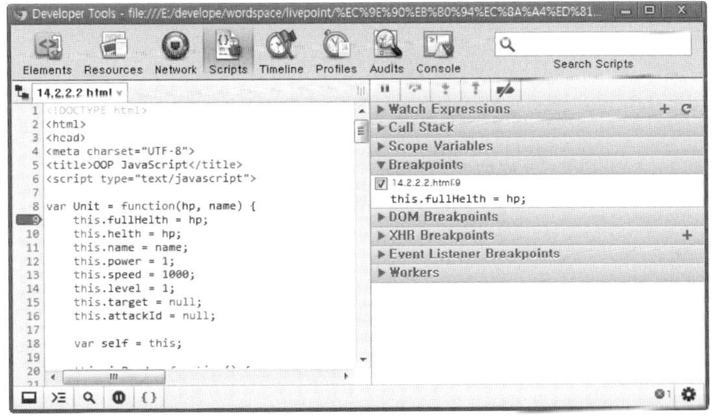

그림 16-11 중단점 설정

중단점이 설정되고 나면 그림 16-11처럼 줄 번호 부분에 파란색 화살표가 표시되고 [Breakpoints] 창의 목록에 해당 중단점이 추가됩니다. 목록에 있는 확인란을 해제하면 멈추지 않고 위치만 기억하고 체크되어 있으면 해당 지점에서 멈추게 됩니다.

예외 자동 밈춤

크롬 개발자 도구의 [Scripts] 메뉴는 중단점을 따로 지정하지 않더라도 문제가 있는 코드의 실행을 요청하면 예외(Exception)가 발생했을 때 자동으로 멈추게 할 수 있는 기능을 제공합니다.

이 기능은 그림 16-12와 같이 개발자 도구의 가장 아래 둥근 모양의 일시 정지 버튼을 클릭해서
예외 자동 멈춤을 설정할 수 있습니다.

그림 16-12 예외 자동 멈춤 설정

이 버튼을 클릭하면 세 가지 상태가 돌아가며 바뀌게 되는데 각 상태는 표 16-9와 같습니다.

표 16-9 일시 정지 버튼

상태	설명
⏸ 회색	멈추지 않음
⏸ 파란색	모든 예외 발생 시 멈춤
⏸ 보라색	잡히지 않은 예외 발생 시 멈춤

간혹 콘솔 창에는 나타나지 않지만, 예외 상황이 발견될 때가 있습니다. 그럴 때 어디에서 발생
하는 오류인지 감이 잡히지 않는다면 이 기능을 이용하면 바로 찾아갈 수 있습니다.

멈춤 상태에서 객체의 정보 보기

우리가 원하는 위치에서 스크립트의 실행을 멈추어 놓았을 때 가장 먼저 해야 할 일은 예외가
발생하는 실행 구문과 관련된 정보들을 확인하는 것입니다. 이는 변수가 될 수도 있고 엘리먼트
나 혹은 직접 정의하고 만든 객체일 수도 있습니다.

정보를 확인하고자 왼쪽 스크립트 내용에 마우스를 올려놓고 잠시 기다리면 그림 16-13와 같은
창이 나타나면서 마우스가 가리키는 객체에 대한 정보를 보여주게 됩니다.

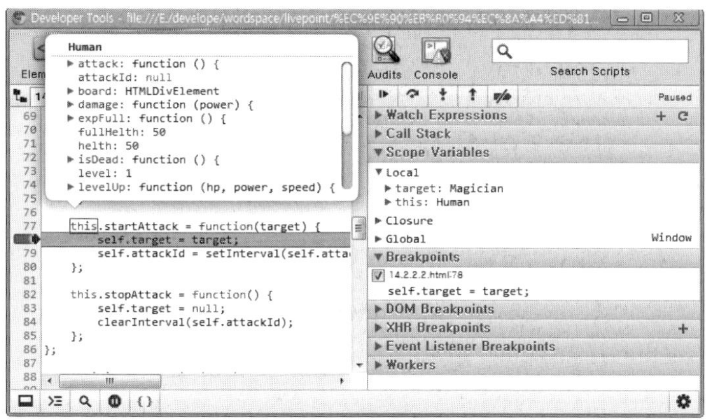

그림 16-13 객체 정보 확인

하지만, 객체에 대한 정보뿐이 아니라 사용할 수 있는 모든 변수를 확인할 수도 있습니다. 눈치가 빠른 분들이라면 그림 16-13에서 이미 확인하셨을지도 모르겠네요. 그것은 바로 오른쪽의 [Scope Variables] 창입니다. 그림에서 보는 것처럼 현재 위치에서 사용할 수 있는 변수를 위치 기준으로 보여주고 있습니다. 클릭해보면 그 안에 있는 내용을 자세히 확인할 수 있습니다.

아울러 단순한 변수의 내용뿐만이 아닌 변수를 통한 어떤 연산이나 특정 구문의 실행 결과도 볼 수도 있습니다. 오른쪽의 [Watch Expressions] 창을 통해서 확인할 수 있는데, 그림 16-14처럼 해당 메뉴에는 〈+〉 버튼과 〈새로 고침〉 버튼이 있습니다. 〈+〉 버튼을 누른 다음 확인하고자 하는 실행 구문을 입력하면 반환 결과를 확인할 수 있습니다. 앞서와 마찬가지로 객체이고 내용이 있을 때는 클릭을 통해서 내부로 접근할 수 있습니다.

그림 16-14 객체 내부로 접근

이렇게 변수 자체로는 확인이 어려운 실행 결과도 미리 확인해볼 수 있습니다. 다만, 이때 주의하셔야 할 점은 실행 결과를 보려고 실제로 실행하기 때문에 실행할 때마다 값이 바뀌거나 영향을 줄 수 있으므로 어디에 어떤 영향을 주는지 충분히 생각해보신 다음 이용하셔야 한다는 점입니다.

스크립트 거슬러 올라가기

스크립트 실행을 멈추어 놓고 찾아보았더니 현재 위치에서는 문제가 없고 현재의 함수를 호출할 때 이미 전달 값이 잘못 넘어온 경우도 자주 보게 됩니다. 그럴 때는 현재 함수를 호출한 함수로 거슬러 올라가 전달된 값이 왜 잘못되었는지를 찾아보아야 합니다. 이럴 때 사용하는 기능이 Call Stack입니다. [Call Stack] 창은 그림 16-15와 같이 매우 단순합니다.

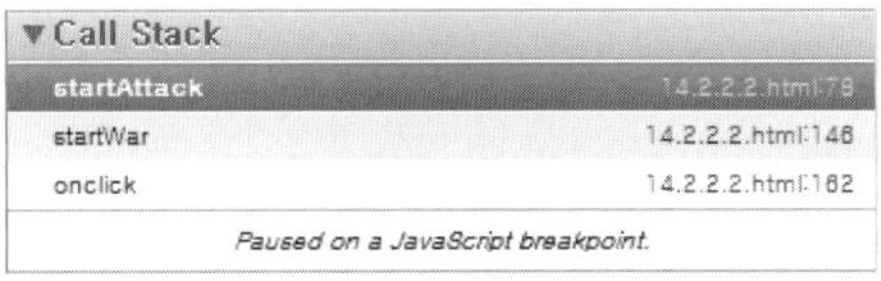

그림 16-15 Call Stack 기능

현재 위치를 기준으로 현재 함수를 호출한 위치로 거슬러 올라가며 목록을 보여주게 됩니다. 목록을 클릭하면 클릭에 해당하는 위치에서 정보 확인을 할 수 있습니다. 그림 16-15를 보면 startAttack( ) 함수를 호출한 것은 startWar( ) 함수입니다. 또 startWar( ) 함수를 호출한 것은 onclick( ) 함수, 즉 클릭 이벤트 리스너입니다.

멈춤 상태에서 흐름 조절

예외 상황이 발생하게 되면 정확히 어느 부분에서 발생했는지 알 수 없는 경우가 상당히 많습니다. 하지만, 경험이 쌓이고 좋은 구조로 만들어 놓았다면 정확한 위치는 아니더라도 대략적인 위치를 아는 것은 어렵지 않습니다. 이럴 때 가늠해 본 위치에 중단점을 지정해 놓고 한 줄씩 실행해 가며 변수의 변화를 확인하는 것은 매우 유용합니다. 모든 디버깅 도구가 그렇듯 웹 브라우저의 개발자 도구에도 이러한 기능이 제공되고 있습니다.

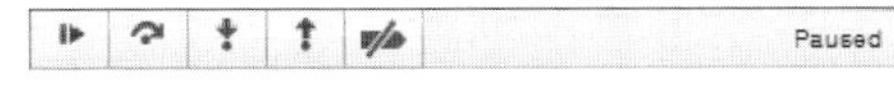

그림 16-16 중단점 관련 버튼

개발자 도구의 오른쪽 위에 있는 그림 16-16의 버튼들이 바로 그것입니다. 이 버튼들을 통해 흐름을 제어할 수 있습니다. 이 버튼들은 표 16-10과 같은 기능들을 가지고 있습니다.

표 16-10 중단점 관련 버튼 설명

버튼	설명
▶	현재의 멈춤 상태를 해제하고 스크립트를 진행한다.
↷	현재 줄을 실행하고 다음 줄로 이동한다.
↓	현재 함수의 내부로 들어간다. 현재 실행문이 함수가 아니라면 다음 줄로 이동한다.
↑	현재 함수를 호출한 위치로 이동한다.
▨	중단점 설정을 비활성화하거나 활성화한다.

이 버튼들을 이리저리 눌러보며 많이 갖고 놀아 보셔야 합니다. 때론 이 버튼을 얼마나 잘 활용하느냐 하는 것이 예외 상황 해결의 핵심이 되기도 합니다.

지금까지 오류 혹은 예외 상황을 해결하기 위한 도구를 살펴보았습니다. 크롬을 중심으로 살펴보았지만, 인터넷 익스플로러, 파이어폭스, 그 외의 기타 브라우저들도 이와 비슷한 개발자 도구들을 지원하고 있습니다. 표 인터넷 익스플로러를 버전별로 테스트할 수 있는 프로그램인 IETester(http://www.my_debugbar.com/wiki/IETester/HomePage)라는 프로그램도 있습니다. 인터넷 익스플로러는 버전별로 워낙 차이가 크기 때문에 버전별 테스트는 웹 애플리케이션 제작에 필수입니다.

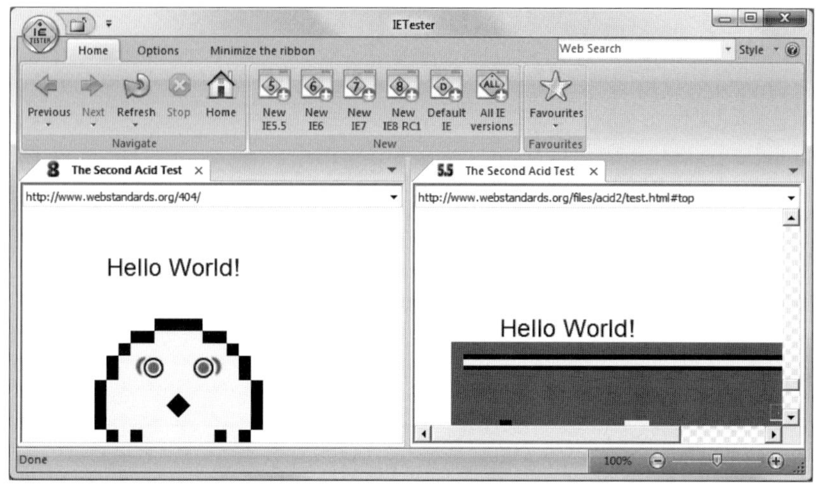

그림 16-17 IETester

하지만, 먼저도 말씀드렸던 것처럼 우선은 하나의 도구를 잘 이용하도록 하셔야 합니다. 어차피 필요한 기능들은 비슷하고 사용 방법도 비슷하기 때문입니다.

부디 개발도 개발이지만 유지와 보수에 필수인 오류 수정이나 예외 처리와 같은 부분에서도 전문가가 되시길 바랍니다. 때론 유지와 보수에 더 많은 시간을 할애하게 될 때가 있을 것입니다. 이러한 오류나 예외를 빠르게 찾아서 처리하지 못하면 온종일 단 몇 줄의 글자만 뚫어지게 쳐다보고 있을 수도 있기 때문입니다. (실제로 그런 개발자를 꽤 많이 보았답니다.)

INDEX

E

F

G